2021年国家统一法律职业资格考试

· 2021年 ·

主观题

行政法

李佳 —— 编著

专题讲座

基础版 ③

人民日报出版社

图书在版编目（CIP）数据

主观题行政法专题讲座：基础版／李佳编著 . —
北京：人民日报出版社，2021.5
　ISBN 978-7-5115-7006-2

　Ⅰ.①主… Ⅱ.①李… Ⅲ.①行政法－中国－资格考
试－自学参考资料 Ⅳ.①D922.1

　中国版本图书馆 CIP 数据核字（2021）第 067209 号

书　　　名：**主观题行政法专题讲座：基础版**
作　　　者：李　佳
出 版 人：刘华新
责任编辑：周海燕
封面设计：赵怡迪

出版发行：人民日报出版社
社　　　址：北京金台西路 2 号
邮政编码：100733
发行热线：（010）65369509　65369527　65369846　65363528
邮购热线：（010）65369530　65363527
编辑热线：（010）65369518
网　　　址：www. peopledailypress. com
经　　　销：新华书店
印　　　刷：大厂回族自治县彩虹印刷有限公司

开　　　本：787mm×1092mm　　　1/16
字　　　数：550 千字
印　　　张：23
版次印次：2021 年 5 月第 1 版　2021 年 5 月第 1 次印刷

书　　　号：ISBN 978-7-5115-7006-2
定　　　价：98.00 元

序 言
Preface

从书籍定位来看，本书侧重于对小知识点的细节化讲授和小型案例的练习，后期白皮书侧重于实务化大案例的学习。尤其是 2020 年已经通过客观题，但由于各种原因主观题只差一点通过的考生更不可焦躁，也不可骄傲，一定要有从零开始、从头再来的心态。原因如下：

第一，行政法的案例题是以案例为基础进行设问，将行政法体系中的一些环节抽出来集中考查，其本质上是一个大型选择题。选择题由于选项的限制，只能考查 4 个角度，而案例题则可以有很多个设问，所以，题干的内容较为复杂，设问的切入点也更加综合化。因此，我们对于案例题的训练需要遵循一个循序渐进的规律，不能盲目跃进，直接一步到位，应当先从小型案例题的训练开始，先将知识拆解、细分成小点，最后再去做综合性的案例。

第二，仅从考查的知识点上来判断，很难把主观题和客观题截然对立开来，2019 年考查的撤诉程序、2018 年考查的起诉期、2017 年考查的先行登记保存的条件和程序、听证主持人要求、2016 年考查的许可延期制度等均是很细腻的、选择题式的小知识点，如果考生仅仅关注原告、被告和判决等宏观知识点，就会痛失很多基础分，而主观题只要错失一问，一般就会丢掉 4 分左右，这是非常恐怖的一个数字。

第三，根据艾宾浩斯遗忘曲线，记忆内容会随着时间的推移而不断被遗忘，对于你刚记住的知识点，如果未经复习的情况下，一个月后就会只能记忆 21.1% 的知识。我相信很多考生在 2020 年主观题考完后应该是没有怎么重复知识点的学习的，那么，你认为你还能保留多少记忆呢？此时，不拿出几分"雄关漫道真如铁，而今迈步从头越"的气势来是不行的。

此时，考生会问老师既然要从头来过，我们该怎么复习呢，对此，我提出以下几点小建议：

第一，主客一体。虽然行政法学科也有一些知识点是仅仅在客观题中会考查的，比如编制管理、行政立法程序和公务员法，但是，大部分知识点客观题和主观题是重合的，所以，考生需要用对待客观题的细腻态度和执着精神来对待主观题。

第二，学会读题。很多考生一见到大案例就惶恐，不知从何入手，但此时，实际上大案例只是多个小案例的堆砌，读题无非不逃脱"找主体，看行为，分阶段，辨诉求，摆规则，讲证据"18 个字，大家应当先从小案例的读题开始，一点点的扩展到中型案例，最后才能达到在阅读大案例时的胸有成竹、游刃有余的状态。

第三，勤动笔。主观题比客观题提出更高要求的是不仅要知其然，还要知其所以然。而我们的考生很多都是只会判断结论，不能精准地给出法言法语化的解释理由，而这些解释理由，往往构成了阅卷中的主要采分点，此时，就需要大家平时多记忆一些标准化的法言法语，并多动笔写一写，这样才能实现应试思维从客观题向主观题的转换。

第四，贴近实践。司法部副部长赵大程指出："主观题中，我们将把法治实践中一些具有典型性、指导性的'活生生'的案例拿来，根据命题技术规范进行加工改造后使用"，而行政法对于实践案例地考查体现得非常明显，比如，2019 年的主观题是根据最高人民法院指导案例"戴世华诉济南市公安消防支队消防验收纠纷案"改编，2018 年的主观题是根据指导案例"鲁潍（福建）盐业进出口有限公司苏州分公司诉江苏省苏州市盐务管理局盐业行政处罚案"改编。

第五，注重新法。2020 年考试题目侧重考查了当年新增的《关于审理行政协议案件若干问题的规定》。2021 年考生需要重点关注的有《行政处罚法》《关于行政机关负责人出庭应诉若干问题的规定》《关于正确确定县级以上地方人民政府行政诉讼被告资格若干问题的规定》和《关于审理国家赔偿案件确定精神损害赔偿责任适用法律若干问题的解释》等，本书均收录了以上新法内容。

所有光鲜亮丽的成功的背后，都堆积着不舍昼夜地坚持。只要你愿意，并为之坚持，总会有那么一天，你会活成自己喜欢的模样！

李佳

2021 年 3 月 28 日于无锡家中

目 录
Contents

专题一　行政法概述 / 1

第一节　行政法的基本概念及体系 / 1

一、行政的概念 / 1

二、行政法的法律渊源 / 1

第二节　行政法的基本原则 / 3

一、合法行政原则 / 3

二、合理行政原则 / 4

三、程序正当原则 / 5

四、高效便民原则 / 6

五、诚实守信原则 / 6

六、权责统一原则 / 7

专题二　行政主体 / 13

一、行政主体的概念 / 13

二、行政机关 / 14

三、开展行政活动的其他组织 / 16

四、行政主体的判定 / 17

专题三　公务员法 / 21

一、公职行为和个人行为的区分 / 21

二、公务员的救济制度 / 22

专题四　具体行政行为概述 / 23

第一节　具体行政行为的概念 / 23

一、具体行政行为的定义和构成 / 23

二、具体行政行为的分类 / 30

第二节　具体行政行为的成立和效力 / 31

一、具体行政行为的成立 / 31

二、具体行政行为的效力 / 32

三、具体行政行为的违法要素 / 33

四、具体行政行为的无效、撤销和废止 / 36

五、行政行为违法的传染性 / 39

专题五 行政许可 / 43

第一节 行政许可的概述 / 43

一、行政许可的概念 / 43

二、行政许可的特征 / 43

三、行政许可和相关概念的区别 / 44

四、行政许可类型 / 46

第二节 行政许可的设定与具体规定 / 48

一、行政许可的设定与具体规定概述 / 48

二、行政许可设定的事项范围 / 48

三、行政许可的设定和具体规定的权限范围 / 49

四、行政许可的停止实施程序 / 50

第三节 行政许可的实施 / 51

一、行政许可的实施主体 / 51

二、行政许可实施的一般程序 / 53

三、行政许可实施的听证程序 / 55

第四节 行政许可的监督检查 / 55

一、监督检查的手段 / 55

二、监督检查的后果 / 56

三、许可实施与监督检查的收费 / 59

专题六 行政处罚 / 64

第一节 行政处罚概述 / 64

一、行政处罚的概念和基本特征 / 64

二、行政处罚的种类 / 66

第二节 行政处罚的设定与具体规定 / 69

一、行政处罚的设定与具体规定概述 / 69

二、行政处罚的设定 / 69

三、行政处罚的具体规定 / 70

四、补充设定 / 72

五、立法后评估 / 72

第三节 行政处罚的实施 / 72

一、行政处罚的实施主体 / 72

二、管辖规则 / 74

三、行政处罚的实施程序 / 75

　　四、行政处罚的实体规则 　　　　　　　　　　　　／80

　　五、行政处罚的证据规定 　　　　　　　　　　　　／82

第四节　治安管理处罚的实施 　　　　　　　　　　　　／83

　　一、治安管理处罚的实施主体 　　　　　　　　　　／83

　　二、治安管理处罚的实施程序 　　　　　　　　　　／83

　　三、治安管理处罚的实体规则 　　　　　　　　　　／85

第五节　行政处罚的执行 　　　　　　　　　　　　　　／85

　　一、罚款的执行 　　　　　　　　　　　　　　　　／85

　　二、拘留的执行 　　　　　　　　　　　　　　　　／87

专题七　行政强制 　　　　　　　　　　　　　　　　　／91

第一节　行政强制概述 　　　　　　　　　　　　　　　／91

　　一、行政强制执行的概念和特征 　　　　　　　　　／91

　　二、行政强制措施的概念和特征 　　　　　　　　　／92

　　三、行政强制措施与行政强制执行的差别 　　　　　／93

　　四、行政处罚和行政强制措施的区别 　　　　　　　／94

第二节　行政强制的种类和设定 　　　　　　　　　　　／95

　　一、行政强制的种类 　　　　　　　　　　　　　　／95

　　二、行政强制的设定和具体规定 　　　　　　　　　／97

第三节　行政强制措施的实施 　　　　　　　　　　　　／98

　　一、行政强制措施的实施主体 　　　　　　　　　　／98

　　二、行政强制措施的一般程序 　　　　　　　　　　／100

　　三、查封、扣押的程序 　　　　　　　　　　　　　／100

　　四、冻结的程序 　　　　　　　　　　　　　　　　／102

第四节　行政强制执行的实施 　　　　　　　　　　　　／103

　　一、间接强制执行 　　　　　　　　　　　　　　　／103

　　二、直接强制执行主体 　　　　　　　　　　　　　／105

　　三、行政机关自行强制执行的程序规则 　　　　　　／106

　　四、行政机关申请法院强制执行的程序规则 　　　　／110

专题八　政府信息公开 　　　　　　　　　　　　　　　／117

　　一、政府信息公开制度概述 　　　　　　　　　　　／117

　　二、政府信息的公开主体 　　　　　　　　　　　　／117

　　三、政府信息公开的范围 　　　　　　　　　　　　／119

　　四、政府信息公开的程序 　　　　　　　　　　　　／122

　　五、信息更正程序 　　　　　　　　　　　　　　　／126

　　六、监督和保障 　　　　　　　　　　　　　　　　／127

专题九　行政程序 　　　　　　　　　　　　　　　　　／129

　　一、行政程序的概念和价值 　　　　　　　　　　　／129

二、违反法定程序的案例解析 / 130

专题十 行政争议法总论 / 135
一、行政争议法概述 / 135
二、行政复议与行政诉讼的联系 / 136
三、行政复议与行政诉讼的程序衔接关系 / 137

专题十一 行政诉讼参加人 / 142
第一节 行政诉讼被告 / 142
一、被告的概念 / 142
二、直接提起行政诉讼后，被告资格的确认 / 142
三、经过复议后再起诉，被告的确定 / 151
第二节 行政诉讼原告 / 157
一、原告的概念 / 157
二、原告资格的判断（法律上利害关系的判断） / 158
三、组织的原告资格问题 / 161
四、原告资格的转移 / 163
第三节 共同诉讼 / 163
一、共同诉讼的概念 / 163
二、共同诉讼的类型 / 164
三、追加共同被告 / 164
四、追加共同原告 / 164
第四节 行政诉讼第三人 / 165
一、第三人的概念 / 165
二、第三人的确认 / 165
三、第三人参加诉讼的程序 / 168
第五节 诉讼代表人与诉讼代理人 / 170
一、诉讼代表人 / 170
二、诉讼代理人 / 170

专题十二 行政诉讼的管辖 / 174
第一节 管辖的一般原理 / 174
一、管辖的概念 / 174
二、级别管辖 / 174
三、地域管辖 / 175
四、管辖恒定原则 / 179
五、跨区域管辖 / 179
六、共同管辖 / 179
第二节 裁定管辖 / 179
一、移送管辖 / 179

二、指定管辖和移转管辖　　　　　　　　　　　　　　　　/ 180

三、管辖权异议　　　　　　　　　　　　　　　　　　　　/ 181

专题十三　行政诉讼的受案范围　　　　　　　　　　　　　/ 184

第一节　受案范围概述　　　　　　　　　　　　　　　　　/ 184

　一、受案范围的概念　　　　　　　　　　　　　　　　　/ 184

　二、受案范围的确定标准　　　　　　　　　　　　　　　/ 184

第二节　具体行政行为可受案　　　　　　　　　　　　　　/ 184

　一、应予受理的案件　　　　　　　　　　　　　　　　　/ 184

　二、不予受案的范围　　　　　　　　　　　　　　　　　/ 187

第三节　行政协议可受案　　　　　　　　　　　　　　　　/ 196

第四节　部分抽象行政行为可附带性受案　　　　　　　　　/ 196

　一、审查方式　　　　　　　　　　　　　　　　　　　　/ 197

　二、审查对象　　　　　　　　　　　　　　　　　　　　/ 197

　三、申请审查时间　　　　　　　　　　　　　　　　　　/ 198

　四、管辖法院　　　　　　　　　　　　　　　　　　　　/ 198

　五、审查程序和实体要求　　　　　　　　　　　　　　　/ 198

　六、申请审查结果　　　　　　　　　　　　　　　　　　/ 198

　七、对于法院审查权的监督制度　　　　　　　　　　　　/ 199

专题十四　行政诉讼程序　　　　　　　　　　　　　　　　/ 203

第一节　起诉和受理　　　　　　　　　　　　　　　　　　/ 203

　一、起诉　　　　　　　　　　　　　　　　　　　　　　/ 203

　二、受理　　　　　　　　　　　　　　　　　　　　　　/ 210

第二节　行政诉讼审理程序　　　　　　　　　　　　　　　/ 212

　一、行政诉讼一审程序　　　　　　　　　　　　　　　　/ 212

　二、行政诉讼二审程序　　　　　　　　　　　　　　　　/ 216

第三节　行政诉讼审理中的特殊制度　　　　　　　　　　　/ 217

　一、撤诉制度　　　　　　　　　　　　　　　　　　　　/ 217

　二、缺席判决制度　　　　　　　　　　　　　　　　　　/ 219

　三、行政机关负责人出庭制　　　　　　　　　　　　　　/ 219

　四、调解制度　　　　　　　　　　　　　　　　　　　　/ 222

　五、诉讼保全与先予执行制度　　　　　　　　　　　　　/ 223

　六、行政行为的停止执行问题　　　　　　　　　　　　　/ 225

　七、延期审理、诉讼中止与诉讼终结制度　　　　　　　　/ 226

　八、妨害行政诉讼行为的排除制度　　　　　　　　　　　/ 227

　九、回避制度　　　　　　　　　　　　　　　　　　　　/ 228

第四节　行政诉讼与其他诉讼交叉案件　　　　　　　　　　/ 229

　一、行政与刑事交叉案件的处理　　　　　　　　　　　　/ 229

　二、行政与民事交叉案件的处理　　　　　　　　　　　　/ 229

专题十五　行政诉讼证据 / 241
　　一、行政诉讼证据制度的特点 / 241
　　二、证据的概念和要求 / 241
　　三、证据种类 / 242
　　四、行政诉讼举证责任 / 244
　　五、证据补充 / 248
　　六、证据调取和责令提交证据 / 249
　　七、证据的对质辨认和核实 / 250
　　八、证据的审核认定 / 252

专题十六　行政诉讼的法律适用 / 257
　　一、行政诉讼法律适用的含义 / 257
　　二、行政诉讼法律适用的规则 / 257
　　三、法律规范冲突解决规则 / 259

专题十七　行政诉讼的裁判与执行 / 262
　第一节　一审判决 / 262
　　一、具体行政行为合法时的判决形式 / 262
　　二、具体行政行为违法时的判决形式 / 263
　　三、几种类型判决的特别说明 / 269
　　四、宣判制度 / 275
　第二节　二审判决 / 275
　第三节　行政诉讼的裁定和决定 / 276
　　一、行政诉讼裁定 / 276
　　二、行政诉讼决定 / 277
　第四节　行政诉讼的执行 / 278
　　一、执行机关 / 278
　　二、执行措施 / 278
　　三、执行程序 / 278

专题十八　行政公益诉讼 / 283
　　一、行政公益诉讼的原告资格 / 283
　　二、管辖法院 / 283
　　三、诉讼程序 / 283
　　四、证据制度 / 284
　　五、一审判决和执行 / 284

专题十九　行政协议及其诉讼制度 / 287
　　一、行政协议的概念 / 287
　　二、行政协议与相关概念的区别 / 287

三、行政协议的种类 / 289

四、行政协议的本质 / 290

五、行政协议的主体 / 291

六、行政协议的效力 / 292

七、行政协议的管辖 / 294

八、行政协议的诉讼程序 / 295

九、行政协议案件实体问题 / 297

十、证据制度和法律适用制度 / 297

十一、行政协议判决形式 / 298

专题二十　行政复议制度 / 302

第一节　行政复议受案范围 / 302

第二节　行政复议参加人和行政复议机关 / 302

一、行政复议申请人 / 302

二、行政复议被申请人 / 302

三、行政复议第三人 / 303

四、行政复议机关 / 303

五、复议代理人和代表人 / 306

第三节　行政复议程序 / 306

一、行政复议的一般程序 / 306

二、行政复议的特别程序 / 309

第四节　行政复议的证据和法律适用制度 / 311

一、行政复议证据制度 / 311

二、行政复议法律适用制度 / 311

第五节　行政复议的决定 / 312

一、行政复议的决定 / 312

二、对于抽象行政行为附带性审查的复议决定 / 314

三、行政复议的执行 / 315

四、行政复议指导和监督 / 315

专题二十一　国家赔偿 / 320

第一节　国家赔偿总论 / 320

一、国家赔偿的概念 / 320

二、国家赔偿的归责原则 / 320

三、国家赔偿的构成要件 / 322

第二节　行政赔偿 / 323

一、行政赔偿的概念 / 323

二、行政赔偿范围 / 323

三、行政赔偿请求人和赔偿义务机关 / 325

四、行政赔偿程序概述 / 327

　　五、行政追偿的概念和条件　　　　　　　　　　／330
第三节　司法赔偿　　　　　　　　　　　　　　　／330
　　一、司法赔偿的概念　　　　　　　　　　　　／330
　　二、司法赔偿范围　　　　　　　　　　　　　／330
　　三、司法赔偿请求人和赔偿义务机关　　　　　／338
　　四、司法赔偿程序　　　　　　　　　　　　　／340
　　五、赔偿委员会重新处理程序　　　　　　　　／343
　　六、司法追偿程序　　　　　　　　　　　　　／344
第四节　国家赔偿方式、标准和费用　　　　　　　／344
　　一、国家赔偿方式和标准的含义　　　　　　　／344
　　二、侵犯人身的赔偿方式和计算标准　　　　　／344
　　三、侵犯财产的赔偿方式和计算标准　　　　　／348

行政法概述

第一节　行政法的基本概念及体系

一、行政的概念

行政就是管理，"按照通常的意义理解，行政一词是指社会组织基于特定的目的对一定范围内的事务进行组织、管理的活动……按照这种解释，行政存在于所有社会组织当中，企业、事业单位、群众团体、国家机关，都有组织与管理活动，当然也都存在着行政。"[①] 但并不是所有的管理活动均为行政法意义上的"行政"，行政法所调控的行政，是指公共行政，也就是行政主体为了公共利益，对公共事务的组织和管理活动。每个人都希望自己能够随心所欲，但整个人类社会需要秩序，不可能存在不受限制的自由，政府对公民的行为予以适度的管理和控制是非常有必要的，政府的管理活动就是"行政"，行政权力的触角伸向了公民社会的方方面面，"行政"其实距离我们生活并没有那么遥远。

与民法不同，行政法调整的不是平等主体之间的法律关系，而是公权力主体和普通公民之间的法律关系。行政法强调一种"官""民"关系的不平等性，行政权以命令服从为其主要特征。行政机关为公共利益开展管理活动，所以法律赋予了行政机关行政优位权，行政机关可以凭借单方意志，对公民的权利义务进行安排和调整。

二、行政法的法律渊源

行政法的法律渊源，是关于行政法律规范表现形式的制度。通俗来说，行政法法律渊源就是"合法行政"合的"法"是什么，行政组织权力的效力来源是什么。如前所述，在现代社会中，立法主体日益多元化和分散化。我国行政法的成文法法律渊源的种类，根据法律文件的制定机关和等级效力具体如下：

1. 宪法。宪法的规定在行政法的法律渊源体系中具有最高法律效力。

2. 法律。指全国人民代表大会及其常务委员会制定并发布的基本法律和普通法律。

3. 行政法规。指由国务院根据宪法和法律，按照行政法规的制定权限和制定程序发布的规范性文件。行政法规可以根据宪法和法律的规定对国家行政事务作出规定。在效力等级和规定范围上，行政法规次于宪法和法律。

---

① 张树义、张力：《行政法与行政诉讼法学》，高等教育出版社 2015 年版，第 11 页。

4. 地方性法规。指由省、自治区、直辖市人民代表大会及其常委会，设区的市（这个概念后文会专门解释）的人民代表大会及其常委会，按照地方性法规制定权限和制定程序发布的规范性文件。设区的市（比如山东省威海市、潍坊市等）的人大及其常委会，在城乡建设与管理、环境保护、历史文化保护等方面可以制定地方性法规。

5. 民族自治条例和单行条例。指我国民族自治地方的人民代表大会按照自治条例和单行条例的制定权限和制定程序发布的规范性文件。

6. 行政规章。分为国务院部门规章和地方政府规章。它们可以在一定范围内对行政事务作出规定。

部门规章，是国务院组成部门和具有行政管理职能的直属机构，按照规章制定权限和制定程序发布的规范性文件。

地方政府规章，是省、自治区和直辖市、设区的市的人民政府，根据地方政府规章的制定权限和制定程序发布的规范性文件。设区的市人民政府（比如山东省济南市、威海市、潍坊市和泰安市等地的政府）在城乡建设与管理、环境保护、历史文化保护等方面可以制定地方政府规章，比如威海市的人大有权在这些事项上制定地方性法规，对应的，威海市政府就有权制定政府规章。

7. 国际条约和协定。我国参加的国际条约和国际协定，如果规定了我国行政机关的权利义务，是否可以直接作为国内行政法的渊源，需要根据实际内容进行确定。

8. 法律解释。指法律的规定需要进一步明确具体含义的，或者法律制定后出现新的情况，需要明确法律依据的情形，由法定机关根据法定程序对法律作出的解释。法律解释有相应的法律效力，是行政法的法律渊源之一。

⊙ [注意] 本部分内容和法理学有部分重合，考生可以一并学习掌握，但这些内容是行政法后续知识的基础，考生必须烂熟于心。考生只需要记忆以下两个图即可。

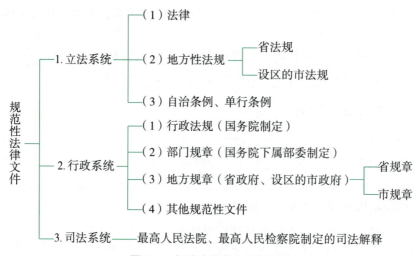

图 1-1　行政法的成文法律渊源

⊙ [知识点拨] 图 1-1 侧重于记忆，不需要太多理解，唯一需要解释的概念为"其他规范性法律文件"，"四大本"中将其称为"有普遍约束力的决定、命令"，指的是行政机关针对不特定的主体发布的具有反复适用效力的行政规范性文件。通俗地说，就是由行政机关制定的层次最低、效力最弱、制定程序最为随意的规范性法律文件。考生可以用排除法确定其他规范性文件，除了行政法规和规章，剩下的由行政机关制定的规范性法律文件，就是其他规范性文件了。由于其他规范性文件层次低、效力弱，所以它的制定主体也相当多元，拥有行政职权的行政组织都有权力制定该文件，上至国务院下至乡政府，当然，也包含公安局、司法局等政府的职能部门。

⊙ ［例］如果杭州市政府想将专车问题通过立法解决，它可以制定什么规范性文件呢？答案为规章和其他规范性文件，重要的事情需要制定规章加以规范，不重要的事情需要制定其他规范性文件加以规范。如果杭州市交通局想将专车问题通过立法解决，它可以制定什么规范性文件呢？答案只能为其他规范性文件，因为杭州市交通局无权制定规章以上的规范性文件，所以，它制定的只能是其他规范性文件了。

图 1-2　规范性法律文件的效力层次

⊙ ［知识点拨］

1. 在法律文件的效力上"宪法>法律>行政法规"这属于法律常识。

2. 在四种地方法律文件（省法规、省规章、市法规、市规章）的效力上，考生需要理解两句话：(1)"上级优于下级"，也就是上级机关制定的法律文件的效力要高于下级机关制定的法律文件的效力，所以：省法规>市法规，省规章>市规章；(2)"人大优于政府"，由于人大是国家权力机关，政府由人大产生，受人大监督，所以政府制定的法律文件的效力要弱于同级人大制定的法律文件的效力，进而，我们便可以得出结论：省法规>省规章，市法规>市规章。接着，省法规和市规章的效力自然不言自明了，无论从上级的角度，还是人大的角度，省法规都要高于市规章。最后，省规章和市法规居于同一效力层次，因为省规章有上级的优势，而市法规有人大的优势，所以二者在效力上自然难分伯仲了，发生冲突时，只能由有关机关裁决了。

3. 较难理解是，国务院部门规章和四种地方法律文件（省法规、省规章、市法规、市规章）居于同一效力层次。虽然省法规、省规章、市法规、市规章在内部有效力之分，但是，其中的任何一个法律文件对外与国务院部门规章在效力上进行比较时均为同一层次。在发生冲突后只能由国务院来裁决孰是孰非。

第二节　行政法的基本原则

行政法的基本原则是指反映行政法本质和具体制度规则内在联系的共同性规则。基本原则的作用主要是指导行政法的制定、修改和废止，指导行政法的统一适用和解释，弥补法制漏洞。

一、合法行政原则

我国合法行政原则在结构上包括对现行法律的遵守（法律优先）和依照法律授权活动

（法律保留）两个方面：

1. 法律优先，是消极意义上的合法行政，指的是行政机关实施行政管理，应当依照法律、法规、规章的规定进行，不得抵触现行有效的法律规定。

（1）行政机关的任何规定和决定都不得与法律相抵触，行政机关不得作出不符合现行法律的规定和决定。行政机关的规定和决定违法，就不能取得法律效力。

（2）行政机关有义务积极执行和实施现行有效法律规定的行政义务。行政机关不积极履行法定作为义务，将构成不作为违法。

2. 法律保留，是积极意义上的合法行政，是指行政机关应当依照法律授权活动，不得法外设定权力。"无授权，则无行政；有授权，才有行政"，换言之，行政机关作出影响公民、法人和其他组织合法权益或者增加公民、法人和其他组织义务的行政行为，必须拥有规范性法律文件的明确授权，否则，其行为就是违法的。

二、合理行政原则

合理行政原则的主要含义是行政决定应当具有理性。最低限度的理性，是指行政决定应当具有一个有正常理智的普通人所能达到的合理与适当，并且能够符合科学公理和社会公德。合理行政属于实质行政法治的范畴，实质法治是指没有通过文本的形式确立下来的法律精神、价值与理念，而形式法治是指成文法律规则。

合理行政原则包括三个原则：

1. 公平公正原则。公平公正原则实际上就是平等原则，要求行政机关平等对待行政管理相对人，不偏私、不歧视，此处的平等既包括同等情况同等对待，也包括不同情况差别对待，两种平等观各有其适用领域，后一种平等观尤其适用于对老年人、残疾人和儿童等弱势群体的保护。

◉ ［例］某市政府规定："全年国家法定节假日，生肖属猴的游客通过网络订购任一款产品（包括游客进入景区必购的索道票、观光车票等），均享受免票政策。"该政策涉嫌对其他生肖属相的人构成歧视，违反了平等原则。

2. 考虑相关因素原则。作出行政决定和进行行政裁量，只能考虑符合立法授权目的的各种因素，不得考虑不相关因素。

◉ ［例］某市民政局在公务员招考过程中，以小新为处女座为由不予录取，就违反了考虑相关因素的原则，因为星座与公务员的履职能力没有必然的、能够被科学验证的关联性。

3. 比例原则。比例原则有三方面的要求，这三个内涵是分层次的递进关系：

第一，合目的性。是指行政机关行使裁量权所采取的具体措施必须符合法律目的。

第二，适当性。是指行政机关所选择的具体措施和手段应当为法律所必需，结果与措施和手段之间存在着正当性。为达到这一要求，就需要行政机关根据具体情况，判断拟采取的措施对达到结果是否有利和必要。适当性是指光有了正确的目的不算，还得选对实现目的的方式，否则就南辕北辙了。

第三，损害最小。是指行政机关在可以采用多种方式实现某一行政目的的情况下，应当采用对当事人权益损害最小的方式，即行政机关能用轻微的方式实现行政目的，就不能选择使用手段更激烈的方式。比如，行政机关实施行政强制的时候，法律禁止其用断水、断电等方式执法，其实这就是比例原则的体现，因为这样的手段虽然可能实现行政目的，但对于民众权利侵害太大，故不为法理和情理所容。

⊙ ［总结］《行政处罚法》中比例原则体现为过罚相当。《行政许可法》中比例原则体现为许可制度的精简化，剔除不必要存在的许可证，砍掉冗余繁琐的许可环节。《行政强制法》中比例原则的体现较多，比如禁止用断水、断电等方式执法，禁止节假日和夜间执法等等。

⊙ ［例］廖某在某镇沿街路边搭建小棚经营杂货，县建设局下发限期拆除通知后强制拆除，并对廖某作出罚款 2 万元的处罚。廖某起诉，法院审理认为廖某所建小棚未占用主干道，其违法行为没有严重到既需要拆除又需要实施顶格处罚的程度，判决将罚款 2 万元改为罚款 1000 元。

问：法院判决适用了下列哪些原则？

答：比例原则和合理行政原则。比例原则要求行政机关在可以采用多种方式实现某一行政目的的情况下，应当采用对当事人权益损害最小的方式，即行政机关能用轻微的方式实现行政目的，就不能选择使用手段更激烈的方式。本题当事人违法行为没有严重到既需要拆除又需要实施顶格处罚的程度，而行政机关不当地扩大处罚程度，违反了最小侵害的要求，所以，违背了比例原则，进而违背了合理行政原则。

三、程序正当原则

在行政法律规范中，程序性规范占据着极大比例，因此程序正当也是法律上对行政活动提出的基本要求，行政机关不仅要在实体上遵守合法行政、合理行政原则的要求，而且在程序上也必须符合法律所规定的程序要求，具体包括：

（一）行政公开

为保障公民的知情权，除涉及国家秘密和依法受到保护的商业秘密、个人隐私之外，行政机关实施行政管理应当公开。公开原则并不仅仅体现在《政府信息公开条例》中，还贯穿了《行政处罚法》《行政许可法》等行政实体法的始终，行政行为的依据要公开，行为的过程要公开，行为的结果要公开。

（二）公众参与

公众参与指的是行政机关作出重要的规定或者决定时，应当听取公众意见，尤其是应当听取直接相对人与其他利害关系人的陈述或者申辩。提出的陈述申辩成立的，行政机关应当予以考虑、采纳。公众参与理念同样贯穿了行政行为的全过程，行政决定前中后都要让民众能够通过制度化的渠道介入行政机关的意志形成过程。

1. 决定前，行政机关要告知当事人行政行为的事实、理由和主要依据，因为知晓是参与的前提，如果当事人对于行政行为一无所知，如何参与进来呢？

2. 决定中，兼听则明、偏信则暗，政府要作出公正的判断，必须多渠道地搜集证据和不同的观点。所以，行政机关应当通过听取陈述申辩、听证会等多种方式，让公民可以实质性地参与到行政决定的过程中，并可实质性地影响行政决定的结果，实现社会公众和公共权力全方面的交流与互动。

3. 决定后，行政行为的决定文书必须向行政相对人和相关人说明该行政行为的事实依据、法律依据以及进行自由裁量时所考虑的政策、公益等因素，说明采纳或者不采纳某项观点或证据的理由，一方面可以避免行政机关专断，另一方面可以提高行政决定的接纳度。

（三）公务回避

行政机关工作人员履行职责，与行政管理相对人存在利害关系时，应当回避，其要求包括两个方面：

1. 利害回避

行政机关工作人员履行职责，与管理事项存在利害关系时，应当回避。

2. 保证中立而回避

当行政机关工作人员与其处理的公务无利害关系，但由于其他原因可能影响客观中立时，也应回避。例如，在行政许可程序中，参与了审查许可申请材料的工作人员已经对该案形成了固定看法，难以接受对立观点，因此，禁止其担任听证程序的主持人。基于同样理由，在行政处罚案件的听证中，本案之前的调查人员也不得担任听证主持人。

四、高效便民原则

高效便民原则分为两个方面：

1. 行政效率原则。基本内容有二：首先是积极履行法定职责，禁止不作为或者不完全作为；其次是遵守法定时限，禁止超越法定时限或者不合理延迟。延迟是行政不公和行政侵权的表现。

2. 便利当事人原则。在行政活动中增加当事人程序负担，是法律禁止的行政侵权行为，行政执法过程中要时刻秉持着以民为本、执法为民理念，一切依靠人民，一切为了人民。

⊙ ［例］ 行政处罚、行政许可实施中的各种时效规则，就体现了行政效率；而行政许可中的统一办理、联合办理、允许以电子邮件等方式提出申请，信息公开可以口头申请等规则，则体现了便利当事人的要求。

五、诚实守信原则

包括两个具体层次的要求，一是"诚"，二是"信"。

1. "诚"指的是行政信息真实原则。

行政机关公布的信息应当全面、准确、真实。无论是向普通公众公布的信息，还是向特定人或者组织提供的信息，行政机关都应当对其真实性承担法律责任。

2. "信"指的是信赖利益保护原则。

第一个层次，非因法定事由并经法定程序，行政机关不得撤销、变更已经生效的行政决定。行政法学的鼻祖奥托·迈耶曾说过："法治国家不只是通过法律把大量丰富的行政活动限制起来，而是还要使行政活动在其内部也逐渐形成一些确定内容，以保证个人权利及个人对行政活动的可预测性。"而行政机关的朝令夕改，恰恰会破坏法律的安定性，导致人民无所适从，无法理性地安排自己的生活、处分自己的权利。

第二个层次，因法定事由需要撤销、废止或者变更行政决定的，应当依照法定权限和程序进行，并对行政管理相对人因此而受到的财产损失依法予以赔偿或补偿。

⊙ ［例］ 某县政府发布通知，对直接介绍外地企业到本县投资的单位和个人按照投资项目实际到位资金金额的千分之一奖励。经张某引荐，某外地企业到该县投资 500 万元，但县政府拒绝支付奖励金。

问：县政府违反了哪个原则呢？

答：违反了诚实守信原则。

六、权责统一原则

权责统一原则包括两个具体层次的要求，一是"权"，二是"责"，权是责的前提，责是权的归宿。法律在赋予行政机关权力的同时，实际上也赋予它义务和责任，行政机关不履行其法定职责或违法、不合理地行使职权，均要承担相应的法律责任，同时对于行政机关的主要负责人和直接责任人员也要追究其个人责任。

1. 行政效能原则。行政机关依法履行经济、社会和文化事务管理职责，要由法律、法规赋予其相应的执法手段，保证政令有效。

2. 行政责任原则。行政机关违法或者不当行使职权，应当依法承担法律责任。这一原则的基本要求是行政权力和法律责任的统一，即执法有保障、有权必有责、用权受监督、违法受追究、侵权须赔偿。

📗 主观题命题规律

在主观题考试中，本专题是最重要的一个专题。一则，论述题从行政法角度命题的概率是最高的，而行政法的论述题答题最核心的答题素材就是行政法的基本原则；二则，案例的考试也从学理知识转向实务技能，从死记硬背转向综合运用，考试案例从命题人虚拟案例转向有典型性、指导性的"活生生"的案例，而这种"活生生"的疑难案例，要么需要考生用基本原则去指导法律解释和法律推理，要么需要考生用基本原则填补法律漏洞和续造法律规则，要么需要考生用基本原则去解决规则与规则之间的冲突。在大部分普通案例中，原则是规则背后的"垂帘听政"者，而在考试要考到的疑难案例中，原则很可能就直接亲自"临朝理政"了。

📗 主观题知识提升

进阶案例 1

某县服装刺绣厂破产后，路某以 36 万元的价格，向该厂清算小组购买了西街厂区的财产所有权和土地使用权。此事经清算小组请示被告，某县曾以靖政发（1997）134 号文件批复同意。路某付清价款，办理了财产移交手续，申领了土地使用证和个体营业执照，投入资金近 10 万元筹办起县新潮服装行。但是，当路某正准备开张营业时，某县政府下发靖政发（1999）172 号文件，县政府认为该片土地以 36 万元销售明显低于市场价格，会导致国有资产流失，于是，决定撤销靖政发（1997）134 号文件，收回路某的国有土地使用权。路某不服，提起诉讼。

问题： 有观点认为，县政府作出的"靖政发（1999）172 号文件"虽然没有法律授权，但是，县政府作为市场经济的管控者，有权在土地销售价格明显低于市场价格时予以管控，所以，172 号文件合法。对于该观点你是否赞同？

解析： 不赞同。合法行政原则包括法律优先和法律保留两个方面，只有同时满足两个方面的行政行为才符合合法行政原则的要求。从法律优先角度看，172 号文件收回路某国有土地使用权的行为并未违法，既然没有法律规定，那么自然也涉及不到抵触相关的法律规定；但从高层次的要求法律保留来看，则不满足合法行政原则的要求，因为没有法律规定，就意味着没有取得法律的有效授权，而法律保留原则要求"无授权，则无行政"，在没有取得法律文件授权的情况下，该县政府的行为违法。

进阶案例 2

2015 年 4 月 12 日，某工商分局接到消费者举报称，其在新一佳某店所购买的"金禾"沙琪玛配料栏标注了"TBHQ"，违反了《食品安全法》的规定。后某工商分局立即对此举报进行现场检查取证，确认新一佳某店经销的由冠生园公司生产的"苦荞金品福"沙琪玛配料栏分别标有 TBHQ、抗氧化剂（TBHQ）。某工商分局认为，上述食品虽然有法律允许的、加工过程中带入的抗氧化剂"TBHQ"，但不能在标签上标注，上述食品标签上在食品添加剂项下标注"TBHQ"不符合《食品安全国家标准预包装食品标签通则》的相关规定。当事人所售食品的标签未按国家强制标准《食品安全国家标准预包装食品标签通则》（GB7718—2011）第 4.1.3.1.4 条规定标明食品添加剂，属于《食品安全法》第 71 条第 3 款"食品和食品添加剂与其标签、说明书所载明的内容不符的，不得上市销售"。因此，对本案当事人的违法行为实施如下处罚：（1）没收违法所得 711.5 元；（2）处罚款 29288.5 元。

关联法条：

《食品安全国家标准预包装食品标签通则》

加入量小于食品总量 25% 的复合配料中含有的食品添加剂，若符合 GB2760 规定的带入原则且在最终产品中不起工艺作用，不需标示。

问题：

1. 《食品安全国家标准预包装食品标签通则》的"不需标示"是否意味着"不能标示"？

2. 工商分局对当事人的处罚是否合法？

解析：

1. 法律对于私权利和公权力所需要遵守的规则模式是不一样的，"法不禁止即可为"是指法律主体在法律未明令禁止的情况下依自己的意志行事而不受追究；"法无授权即禁止"是指法律主体在法律未明文授权的情况下不得实施某种行为，否则将会受到制裁。若私权利遵循"法不禁止即可为"，公权力遵循"法无授权即禁止"，那么体现在立法技术上，前者只需列举出权利的禁止项，即"公民不得从事……"的禁止性规定，后者只需列举出权力的授权项，即"国家有权实施……"的授权性规定。①

国家标准《食品安全国家标准预包装食品标签通则》（GB7718—2011）第 4.1.3.1.4 条规定："加入量小于食品总量 25% 的复合配料中含有的食品添加剂，若符合 GB2760 规定的带入原则且在最终产品中不起工艺作用，不需标示。"本案中冠生园公司不将"TBHQ"标注出来是符合法律规定的，为保障消费者知情权标注出来了也不构成违法。"不需标示"不等于"不能标示"，根据"法不禁止即自由"原则，冠生园公司的标注行为是该公司的一种自由，是应该允许的，同时也是对消费者与社会的一种负责任的态度。

---

① 汪习根、武小川：《权力与权利的界分方式新探——对"法不禁止即自由"的反思》，《法制与社会发展》2013 年第 4 期。

2. 法无授权即禁止，行政权力是一种要求相对人服从的强制性力量，行政权力的行使就是要使他人的意志服从权力拥有者的意志，且无需征得被支配者的同意，所以，现代法治意图通过实证法的形式来控制国家权力，主张国家权力要受到事先制定的法律规则的控制和约束。根据法律保留原则，行政机关对公民权利限制，非有法律之授权不得为之，没有法律、法规、规章的规定，行政机关不得作出影响公民、法人和其他组织合法权益或者增加公民、法人和其他组织义务的决定。在行政机关与公民、法人和其他组织关系上：第一，行政机关采取行政措施必须有立法性规定的明确授权；第二，没有立法性规定的授权，行政机关不得采取影响公民、法人和其他组织权利义务的行政措施。行政机关不遵守这一不作为义务，将构成行政违法。所以，本案中，工商局在缺乏法律文件明确授权的情况下，对当事人作出的行政处罚应属违法。

以后遇到与本案相类似的问题，我们均需要思考如下问题：首先，授权的文件是否具备授权资格？该问题的回答需要考生综合考虑《立法法》《行政处罚法》《行政许可法》以及《行政强制法》设定和具体规定的法律规定。其次，行政机关的活动是否有明确的授权？法律必须明确规定授权的内容、目的和范围，才能够限制公民的基本权利。只有清晰、明确的法律条文才能够限定公权力的边界，防止公权力过分侵犯公民权利，"现代法治国家借着法之明确性的要求，使人民得以知悉法律之规定，才能有所遵行，亦得避免国家权力之滥用，更使得法院对依据该法规所做成之国家行为，有从事司法审查之可能性。"[1] 本题主要涉及第二个维度的问题。第三，如果没有法律文件的明文规定，而有法律漏洞存在时，类似的法律规定可否作为法源依据，予以类推适用？类推适用，在刑法中是原则上被禁止；在行政法中，在具体案件，经确认有法律漏洞存在，借由类推适用该法定要件，并无创设或加重人民负担之处，亦非违反法律明确性[2]，可以类推适用，但如果是减损公民权利或增加公民义务的干预行为，不应随意类推。

进阶案例 3

李某系江宁大学学生，2013 年 3 月 10 日，李某在考试中替考。李某的替考作弊行为被发现后，听从监考人员的劝导，当即承认替考作弊的事实，后又积极配合调查，查清事实。4 月 15 日，江宁大学召开"2013 年第 4 次校长办公会"，该会议决定开除李某学籍。该会议决定的记录内容中未记载对作出李某开除学籍予以讨论的内容，亦未记载开除李某学籍应当适用具体法律及规范性文件的内容。同年 4 月 24 日，江宁大学作出 2013 第 58 号处理决定，对李某考试作弊行为作出开除学籍处分。江宁大学未书面向李某送达该决定。同时，江宁大学无证据证明对李某予以开除学籍的行为向李某履行了告知义务、听取了李某的陈述申辩。

关联法条：

《普通高等学校学生管理规定》

第 16 条 学生严重违反考核纪律或者作弊的，该课程考核成绩记为无效，并由学校视其违纪或者作弊情节，给予批评教育和相应的纪律处分。

第 54 条 学生由他人代替考试、替他人参加考试、组织作弊、使用通讯设备作弊及

---

① 城仲模主编：《行政法之一般法律原则》（二），三民书局 1998 年版，第 430-431 页。
② 葛克昌：《税捐行政法》，厦门大学出版社 2016 年版，第 429 页。

其他作弊行为严重的，学校可以给予开除学籍处分。

第 55 条 学校对学生的处分，应当做到程序正当、证据充分、依据明确、定性准确、处分适当。

第 56 条 学校在对学生作出处分决定之前，应当听取学生或者其代理人的陈述和申辩。

《江宁大学普通本、专科学生学籍管理实施细则（试行）》

第 49 条 考试违纪者，根据情节轻重和认错态度给予警告或严重警告的处分；考试作弊者根据情节轻重和认错态度给予记过及直至开除学籍的处分。

问题：

1. 本案为行政诉讼还是民事诉讼？

2. 江宁大学开除李某学籍的行为是否违反了程序正当原则？

3. 江宁大学开除李某学籍的行为是否违反了比例原则？

解析：

1. 依据《教育法》《高等教育法》的规定，高等院校是法律法规授权的组织，行使国家教育管理权，具有培养人才，并对接受普通高等学历教育的学生依法管理的法定职责。学生和高校在学籍管理、学位获得等问题上是管理者与被管理者的行政法律关系。所以，江宁大学开除李某学籍，实际上是在行使公法上的管理权，李某不服而提起的诉讼应当为行政诉讼，而非民事诉讼。

2. 违反。正当程序原则起源于英国法中古老的"自然正义"原则。其核心内容包括两个方面：（1）任何人不能做自己案件的法官。行政机关工作人员处理涉及与自己有利害关系的事务时，应主动回避或应当事人的申请回避。（2）对他人做出不利决定时，应当说明理由、听取陈述和申辩。正当程序原则不仅可以避免滥用职权、遏制腐败现象，从而可以有效保护公民的合法权益，而且还能够克服官僚主义、避免无效行政，从而可以有效提高行政效率。

开除学籍意味着普通高等学校在校学生丧失学生身份，对学生受教育的权利产生重大影响。按照程序正当原则，行政机关作出不利于公民的行政行为时，必须遵循正当、公正的程序。本案中，江宁大学作为具有对学生教育管理权限的高等学校，在作出开除李某学籍处理前，应当告知其拟作出决定的事实、理由及依据，并应同时告知李某依法享有的权利，听取李某的陈述和申辩。但江宁大学并无证据证明其在作出决定前已经遵守了法定程序，因此应当认定开除李某学籍决定的程序不当。

3. 违反。比例原则有三方面的要求，这三方面要求是分层次的递进关系：第一，合目的性，是指行政机关行使裁量权所采取的具体措施必须符合法律目的。第二，适当性，是指行政机关所选择的具体措施和手段应当为法律所必需，结果与措施、手段之间存在着正当性。第三，损害最小，是指行政机关在可以采用多种方式实现某一行政目的的情况下，应当采用对当事人权益损害最小的方式。

具体行政行为的作出，必须符合行政比例原则，意即享有作出具体行政行为之权利的机关或组织，在实施行政权的手段和行政目的之间，应当存在比例关系，不能超过目的所要求的价值或范围，必须在侵害行政相对人权利最小的范围内予以行使。《普通高等学校学生管理规定》第 54 条规定："学生由他人代替考试、替他人参加考试、组织作弊、使用通讯设备作弊及其他作弊行为严重的，学校可以给予开除学籍处分"。上述规定赋予学校针对考试作弊的学生享有纪律处分的权力，体现了应当针对考试作弊不同情形者处以不同纪律处分的立法意图。江宁大学根据李某替考作弊之情形，"可以"选择适用开除学籍处分之权利，并非"必须"适用开除学籍处分。同时，李某的替考作弊行为被发现后，当即承认作弊事实，后又积极配合调查，主观上追求从轻处罚的目的，客观上未有其他情节严重的行为。江宁大学未在《普通高等学校学生管理规定》的范围内审慎实施，未考虑开除学籍的处分结果与李某替考作弊的事实、性质、情节及社会危害性程度相当之间的比例关系，在享有多种纪律处分可选择的情况下，择其最重者予以处分，没有体现江宁大学应当在作出决定时所必须具有的合理的、善意的和有正当理由的基础，与行政法的比例原则相悖离。

进阶案例 4

2013 年 3 月，杨某向市房产管理局等单位申请廉租住房，因其家庭人均居住面积不符合条件，未能获得批准。后杨某申请公开经适房、廉租房的分配信息并公开所有享受该住房住户的审查资料信息（包括户籍、家庭人均收入和家庭人均居住面积等）。市房产管理局于 2013 年 4 月 15 日向杨某出具了《关于申请公开经适房、廉租住房分配信息的书面答复》，答复了 2008 年以来经适房、廉租房、公租房建设、分配情况，并告知，其中三批保障性住房人信息已经在政务信息网、市房管局网站进行了公示。杨某提起诉讼，要求一并公开所有享受保障性住房人员的审查材料信息。

区法院经审理认为，杨某要求公开的政府信息包含享受保障性住房人的户籍、家庭人均收入、家庭人均住房面积等内容，此类信息涉及公民的个人隐私，不应予以公开，判决驳回杨某的诉讼请求。

关联法条：

《廉租住房保障办法》

第 17 条第 5 项 经审核，家庭收入、家庭住房状况符合规定条件的，由建设（住房保障）主管部门予以公示，公示期限为 15 日；对经公示无异议或者异议不成立的，作为廉租住房保障对象予以登记，书面通知申请人，并向社会公开登记结果。

《市民政局、房产管理局关于经济适用住房、廉租住房和公共租赁住房申报的联合公告》

社区（单位），对每位申请保障性住房人的家庭收入和实际生活状况进行调查核实并张榜公示，接受群众监督，时间不少于 5 日。

问题： 杨某要求公开的政府信息包含享受保障性住房人的户籍、家庭人均收入、家庭人均住房面积等内容，此类信息涉及公民的个人隐私，请结合行政法基本原则，分析行政机关是否应当予以公开该信息？

解析：

1. 根据合法行政原则的要求，没有法律、法规、规章的依据，行政机关不能用行政行为限制公民、法人或者其他组织的权利和自由或增设义务。但是，就本案而言，政府信息的公开应适用《政府信息公开条例》第 15 条"第三方同意、公开或者行政机关、认为不公开会对公共利益造成重大影响的，予以公开"的规定。同时，《廉租住房保障办法》和《市民政局、房产管理局关于经济适用住房、廉租住房和公共租赁住房申报的联合公告》均规定，申请保障性住房人的家庭收入和实际生活状况在行政机关调查核实后会张榜公示，当住房申请人申请保障性住房时，即视为其同意行政机关公开该部分个人隐私，所以，房管局有权予以公开。

2. 保障公众知情权与保护公民隐私权两者发生冲突时，应根据比例原则的要求在公共利益和私人利益之间权衡判断。如果相应的政府信息公开或不公开涉及公共利益，则应根据比例原则，判断公开和保密何者利益更为重大。如果公开利益更为重大，不公开对公共利益可能造成重大不利影响的，则即使隐私权当事人不同意公开，也应予以公开，但应选择对当事人隐私权利损害最小的方式公开。保障性住房制度是政府为解决低收入家庭的住房问题而运用公共资源实施的一项社会福利制度，直接涉及公共资源和公共利益。在房屋供需存有较大缺口的现状下，某个申请人获得保障性住房，会直接减少可供应房屋的数量，对在其后欲获得保障性住房的轮候申请人而言，意味着机会利益的减损。为发挥制度效用、依法保障公平，利害关系方的知情权与监督权应该受到充分尊重，其公开相关政府信息的请求应当得到支持。因此，在保障性住房的分配过程中，当享受保障性住房人的隐私权直接与竞争权人的知情权、监督权发生冲突时，应根据比例原则，以享受保障性住房人让渡部分个人信息的方式优先保护较大利益的知情权、监督权，相关政府信息的公开不应也不必以权利人的同意为前提。

专题二

行政主体

一、行政主体的概念

行政主体，是指对外以自己的名义实施国家行政管理职能并承受一定法律后果的国家行政机关和社会组织。它的重要特征是实施者能够以独立名义从事行政活动并承担相关法律责任。某个主体只有具备了行政主体资格才能够在法律上成为行政活动的实施者，成为行政法律关系的一方当事人。但行政主体是一个学理概念，实践中适用更广泛的是行政机关或行政组织这样的概念，那行政机关和行政主体有什么区别？为什么要创制行政主体这个学理概念呢？

◎ ［功能一］ 行政主体这个概念能够解决行政法中控权对象的问题。原因在于：

第一，行政机关并不一定能成为行政法的控权对象，也就是行政法中真正的主体。在大多数场合下，行政机关是以行政职权享有者的身份出现，但也不排除行政机关在某些场合会以民事主体的身份出现，比如到商场购买办公用品、租借办公用房等。

第二，除了行政机关，像地铁公司、风景名胜区、高校等取得法律、法规或规章授权的主体，同样也是行政法中的控权对象，但它们并不是行政机关。

综上，我们不管某个主体之前的身份为何，只要该主体在某个法律关系中居于不平等的地位，对外开展行政活动，并承担相应的公法责任，此时即为行政主体。

◎ ［功能二］ 行政主体实质上就是公法意义上的法人。民法中，法人吸收了员工和内设机构的人格，对外是独立存在的民事主体，法人可以自己的名义、用自己的财产独立承担民事责任。行政主体其实就是公法意义的法人，对内吸收公务员和内设机构的人格，对外以自己的名义独立开展行政活动，并独立承担行政责任。

◎ ［例1］ 某区城管局以甲摆摊卖"麻辣烫"影响环境为由，将其从事经营的小推车等物品扣押。在实施扣押过程中，城管执法人员李某将甲打伤。

问：甲被打伤的损失，应由李某个人赔偿吗？

答：不应。因为李某是在履行公职的过程中做出的打人行为，所以应由其所属的城管局对外承担行政赔偿责任。当然，城管局在对外赔偿后，也可以事后对内追究李某的个人责任。

◎ ［例2］ 县公安局设有治安科、经侦科、法制科等具体的内设机构。治安科对公民拘留15日，公民对行政处罚不服，能不能以治安科为被告提起诉讼呢？

答：不能，只能以县公安局为被告提起诉讼。这是因为治安科是县公安局的内部组成机构，而没有独立对外的人格，它是以县公安局的名义作出处罚的。

总之，能够成为行政主体的包括行政机关和被授权组织，但是它们管理具体行政事务时需要有法律规定作为根据。虽然行政机关是最重要、最常见的行政主体，但是并非所有的行政机关都能成为行政主体。哪些行政机关和被授权组织能够成为行政主体，应当依据法律规定来确定。接下来，我们具体介绍行政机关和被授权组织的概念。

二、行政机关

行政机关是由国家依法设立，行使国家行政职权，掌管国家行政事务的国家机构。按照不同的标准，可以将行政机关划分为不同种类：（1）一般行政机关和专门行政机关；（2）正式行政机关和派出机关与派出机构。我们具体来分析：

（一）一般行政机关和专门行政机关

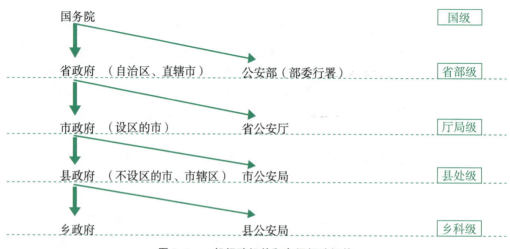

图 2-1 一般行政机关和专门行政机关

1. 一般行政机关

一般行政机关是指与人民代表大会相对应的一级人民政府。在行政法中，"政府"一词是狭义的，专指国、省、市、县、乡一般权限的政府，换言之政府的职能是综合性的，包括农业、环保、教育等。在实践中，我国形成了五级行政区划建制：（1）国务院（中央人民政府）；（2）省政府（同级：直辖市政府、民族自治区政府）；（3）地级市市政府（同级：地区行政公署、民族自治州政府）；（4）县政府（同级：县级市政府、区政府）；（5）乡政府（同级：镇政府）。比如：国务院——山东省——济南市——商河县——沙河乡。

2. 专门行政机关

专门行政机关则是政府中具体负责某项管理事务的职能部门，如公安局、教育局、卫生局等。专门行政机关享有执行某类专门行政法律规范所必需的完整职权，比如国务院下属的公安部是主管全国公安工作的职能部门，教育部是主管全国教育事业和语言文字工作的职能部门。专门行政机关能够成为独立的行政主体，能以自己的名义独立地开展行政活动，并承担相应的行政责任。但它要受到所属政府的领导，服从所属政府的命令、指令与指示。

◉ [知识点拨]

（1）专门行政机关不包括政府的内设机构，内设机构一般不具有独立的外部管理职能，一般不具有行政主体资格。

例1：国务院办公厅，是协助国务院总理等领导同志处理国务院日常工作的机构，其主要职能是办理日常事务并管理文书、档案与印铸等事宜。国务院办公厅事实上就是国务院的"秘书"。

例2：国务院研究室也是典型的内设机构，它是给国务院出谋划策的"军师"，对外直接对公民、法人或其他组织作出行政行为的只能是国务院。

例3：甲银行与乙公司签订了贷款合同并约定乙公司以其拥有使用权的土地作抵押。双方在镇政府内设机构镇土地管理所办理了土地使用权抵押登记，该所出具了证明。因乙不能归还到期贷款，甲经法院强制执行时，发现乙公司用于抵押的国有土地使用证系伪造。

问：土地使用权抵押登记行为的行政主体是？

答：镇土地管理所是内设机构，没有对外开展行政活动的行政主体资格，该行为的行政主体为镇政府。

（2）专门行政机关不包括议事协调机构，议事协调机构是指为了完成某项特殊性或临时性任务而设立的跨部门协调机构。

（3）专门行政机关不包括临时机构，临时机构是指政府为了完成某项临时性、突击性任务，向有关单位抽调人员组成的政府非常设机构，如拆迁办、五城同创指挥部、市政重点工程建设指挥部、招商办等等。这些临时机构并没有独立的行政管理权，不能以自己的名义独立地开展行政活动，自然也就没有行政主体的资格。

（二）正式行政机关、派出机关和派出机构

1. 正式行政机关

正式行政机关是由人民代表大会设立并独立行使职权的行政机关，前述的一般行政机关和专门行政机关均属于正式行政机关。

2. 派出机关

派出机关是由有权地方人民政府在一定行政区域内设立，代表设立机关管理该行政区域内各项行政事务的行政机构。派出机关有三类：第一类是省、自治区人民政府设立的派出机关（行政公署），设立的主要条件是"在必要的时候"和"经国务院批准"，比如，喀什地区行政公署、和田行政公署和大兴安岭地区行政公署。第二类是县、自治县的人民政府设立的区公所，设立的主要条件是"在必要的时候"和"经省、自治区、直辖市的人民政府批准"。第三类是市辖区、不设区的市的人民政府设立的街道办事处，设立的主要条件是"经上一级人民政府批准"，街道办事处无论是在行政级别上，还是在权限上都类似于乡政府，所以，街道办事处事实上就是城市中的乡政府。

3. 派出机构

派出机构是由有权地方人民政府的职能部门在一定行政区域内设立，代表该设立机构管理该行政区域内某一方面行政事务的行政机构，比如，我们耳熟能详的公安局设立的派

出所、工商局①设立的工商所、税务局设立的税务所等。关于派出机构，考生务必解并记忆一句话：派出机构原则上不做行政主体，例外时可做行政主体。解释如下：

第一，派出机构原则上不做行政主体的原因是派出机构的本质是派出的内设机构。类似于县法院和派出法庭的关系，公安局的派出所的本质依然是内设机构，原则上不能独立地以自己的名义开展行政活动，自然也不可能独立地承担行政责任。

第二，派出机构例外时可以做行政主体的原因是特别法给予了派出机构一定的授权，允许派出机构在一定范围内拥有部分的行政管理权。《治安管理处罚法》第91条规定，治安管理处罚由县级以上人民政府公安机关决定；其中警告、500元以下的罚款可以由公安派出所决定。本条规定事实上赋予了派出所警告和500元以下的罚款的权力，派出所可以独立的以自己的名义作出该行为，成为行政主体。工商所和税务所也获得了类似的小幅度授权。

表2-1　派出机构的被授权范围表

名称	设立者	行政职权
派出所	公安局	警告、500元以下罚款
工商所	工商局	对个体工商户违法行为的处罚；处罚种类不包括吊销营业执照
税务所	税务局	2000元以下的罚款

三、开展行政活动的其他组织

（一）被授权组织

行政职权并非行政机关的专利，行政机关以外的社会组织也会因为法律、法规、规章的授权而获得行政职权，获得行政主体的资格，比如，我们在专题一举例提到的地铁公司就是通过授权的方式获得行政主体资格的。由于授权组织具有较强的专业性，在某些领域内能够发挥超越行政机关的功能，所以，越来越多的管理事项通过授权的方式交给了非政府组织、事业组织和企业等行使。这些机构一般情况下没有行政主体资格，不能以自己的名义独立对外开展行政管理活动的，但如果法律、法规和规章给予它们特别授权的话，它们则获得了一定范围内的行政主体资格。

🔗 **关联法条**

《行政诉讼法》第2条　公民、法人或者其他组织认为行政机关和行政机关工作人员的行政行为侵犯其合法权益，有权依照本法向人民法院提起诉讼。

前款所称行政行为，包括法律、法规、规章授权的组织作出的行政行为。

⊙ ［知识点拨］由于规章立法层次较低、效力较弱，规章依然没有资格授权最重要的行政权——处罚权、许可权、强制措施权。

---

① 有部分地区工商局已经改组为了市场监督管理局，对应的工商所的称呼也调整为了分局，比如，无锡市梁溪区市场监督管理局惠山分局即为原来的梁溪区工商局惠山工商所。但这不是法考的考查范围，考生要明白行政法和行政学并不是一个学科，而且国家机构调整后，地方机构不一定要随之调整的，不要给自己人为地增加不必要的学习负担。

（二）行政机关委托的组织

1. 委托的后果

行政机关委托的组织，是指以委托机关的名义在委托事项范围内从事行政管理活动的组织。行政法中的委托制度脱胎于民法中的委托代理制度，行政法和民法在本知识点上是高度类似的。被委托人的本质是委托人"延长的手"，其功能是帮助委托人处理由于时间少、专业性不够等原因而无法从事的活动。与民法类似，行政法中委托的后果也一样，被委托机关不能以自己的名义实施行政管理和对外承担法律后果。

⊙ ［例］市城管执法局委托镇政府负责对一风景区域进行城管执法。镇政府接到举报并经现场勘验，认定刘某擅自建房并组织强制拆除。刘某父亲和嫂子称房屋系二人共建，拆除行为侵犯合法权益，向法院起诉，法院予以受理。

问：本案的行政主体是？

答：市城管执法局。按照委托原理，镇政府只是市城管局的"帮手"，没有对外独立作出行政行为的能力，无法成为被告。

2. 委托的对象

由于委托的本质只是找个"帮手"，所以，"帮手"（行政委托的对象）范围较为广泛，各种机构组织均可以成为被委托人，包括企业、事业单位（学校、医院等）、行政机关、非政府组织等等，甚至还可以委托给个人。

（三）行政授权与行政委托的区别

行政授权指的是法律、法规、规章将行政权授予一个本无行政权能的主体，让它获得行政主体资格的行为。而行政委托指的是一个自身拥有行政职权的行政主体，找个"帮手"，让其代为行使行政职权的行为。两者的区别具体表现如下：

表 2-2　授权与委托的区别

项目	行政授权	行政委托
后果	被授权者获得行政主体资格	被委托者没有行政主体资格（以委托机关名义）
作出主体	法律、法规或规章的授予	行政主体
对象	无行政权能的机构、组织	机关、机构、组织、个体

四、行政主体的判定

由于行政主体是拥有行政职权，能以自己的名义对外独立行使行政职权，并能独立承担法律责任的主体，所以，某主体如果在行政实体法中是行政主体，那么，在行政诉讼法中必然能够成为行政诉讼的被告。这也就是为什么行政诉讼会被称为"民告官"诉讼的原因。我们判断某个主体是否为行政主体，从实用主义角度上来看，最大的功能在于解决行政诉讼的被告资格问题。这解释了命题人所说的"我国形成行政主体制度的原因是需要由具体的机构来行使行政职权和参加行政复议与行政诉讼"。考生在这里请记住这个等式"行政主体=行政诉讼被告"。

从行政主体的概念出发，可得出判断行政主体资格的"权、名、责"三个标准，但根据"权责统一原则"，有权必有责，责是权的必然归宿，所以，我们可以将三个标准简化为"权、名"两个标准，否则考生会凌乱于权和责两个标准的区分之中。

（一）权

一个主体是否具备"高高在上"的行政权是判断其是否能够成为行政主体的最本质的要素。例如，消费者协会负担着保护消费者权益的重任，但是一则它不是市场监管部门这样的行政机关，二则《消费者权益保护法》也没有给消协任何行政权力的授权，所以，消协就没有资格成为真正的行政主体。那什么样的主体能够成为行政主体呢？

1. 十二类行政机关

十二类主体是宪法、各级组织法笼统授权的主体，是行政管理制度中的"正规军"，享有较高的地位。具体而言包括本专题前述的国、省、市、县、乡政府 5 级一般权限政府，以及国、省、市、县下属的 4 级专门机关（例如，司法部——省司法厅——市司法局——县司法局，由于乡政府不设立对外的业务部门，所以，纵向上有 4 级），还有 3 类派出机关（地区行署、街道办和区公所）。

⊙ [注意] 对于十二类行政机关，即使在行政越权的情况下，依然可以作为行政主体，成为行政诉讼的被告。试想：某区公安局吊销了律师小新的律师执照，小新提起行政诉讼，被告是公安局，还是吊销其执照的、主管律师的司法局呢？答案当然是公安局。

2. 无行政权能的组织

企业、事业单位、临时机构、非政府组织、内设机构和派出机构等一般无行政权能的组织，只有取得法律、法规或规章的有效授权才能够成为行政主体。我们判断它们能否有资格成为行政主体的主要标准就看授权是否有效。

》》典型真题

某县政府以文件形式规定，凡本县所有猪类屠宰单位和个人，须在规定期限内到生猪管理办公室申请办理生猪屠宰证，违者予以警告或罚款。个体户张某未按文件规定申请办理生猪屠宰证，生猪管理办公室予以罚款 200 元。

问：本案被告应当如何确定？

答：生猪办是否有资格成为行政诉讼的被告，主要看该文件是否有授权的资格，进而看授权是否有效。县政府制定的文件的性质为其他规范性文件，而其他规范性文件是没有授权资格的，即使作出了授权，授权也是无效的。既然授权无效，那生猪办自然不能够成为被告，但张某又被处罚了 200 元，应以县政府为被告提起诉讼。

⊙ [注意] 如前所述，12 类主体即使在行政越权的情况下，依然可以作为行政主体。但是，内设机构、派出机构超越职权从事的行政行为，行政主体又该如何确定呢？（1）"小祸自己扛"，超越法定授权的幅度作出具体行政行为的，都应当由内设机构、派出机构等自行承担后果。比如，公安局派出所罚款 1000 元，超越了"警告、500 元以下罚款"的授权幅度，闯下了小祸，此时，承担责任的行政主体为派出所自己。（2）"大祸爹来挡"，超越法定授权的种类作出具体行政行为，都应当由所属的行政机关承担后果。例如，派出所作出拘留决定，属于超越了警告和罚款的法定授权种类，应当由所属的公安局承担违法

拘留的后果。①

⊙ [例] 某区公安局派出所突击检查孔某经营的娱乐城，孔某向正在赌博的人员通风报信，派出所突击检查一无所获。派出所工作人员将孔某带回调查，孔某因受到逼供而说出实情。派出所据此决定对孔某拘留10日，孔某不服提起诉讼。

问：本案的被告是公安局，还是派出所？

答：本案被告是区公安局，理由是派出所作为派出机构，其作出的拘留处罚属于种类越权。

（二）名

名义标准最易识别，是判断某主体是否能成为行政主体（被告）的辅助性标准。一般来说，谁的名义就由谁来承担责任，这也符合一人做事一人当的生活情理。但在实践中，一些没有行政主体资格的组织也会以自己的名义独立开展一些所谓的行政活动。此时，我们不能仅凭名义标准就简单判定其具有行政主体资格。只有在完成了上一步"权"的标准的检验后，"名"的标准才有较为狭窄的适用空间。

⊙ [例1] 派出所以县公安局的名义罚款500元，被告是谁？答案为县公安局。

⊙ [例2] 派出所以自己名义罚款500元，被告是谁？答案为派出所。做题顺序：第一步，派出所有法律的授权；第二步，派出所以自己的名义，那么，承担责任的行政主体自然是派出所。

⊙ [例3] 小新在某小学门口摆卖麻辣烫，县公安局、市监局和卫生局共同对小新作出了吊销卫生许可证的处罚，问：本案的被告是谁？

答：本案县公安局、市监局和卫生局共同成为本案的被告。

主观题命题规律

由于行政主体是行政法知识点的逻辑起点，所以，本专题内容对主观题考试同样重要。与客观题不同的是，主观题侧重于对考生理解能力和结合法律规则综合运用能力的考查，而不仅仅是单纯的记忆和背诵。

主观题知识提升

某县工商局接到药店收购药材的人的举报，有药贩来推销药材——红参，怀疑其是假红参，即向工商局举报。工商局将该药贩找来，将其所贩卖的药材扣押，要求其提供药材购进的合法证明，结果药贩走后一去不复返。工商局将药材扣押一段时间后，见药贩不回，便将所扣押药材卖了，所得货款一半入账，一半几个干部私下就给分了。无巧不成书，恰巧赶上年底，食药局检查《药品管理法》实施情况，发现市场上有假红参出售，寻根溯源，得知该药材为工商局所卖，鉴于工商局销售假药，违反了《药品管理法》，食药

① 在该问题上实务界和法考观点的冲突：（1）实务界观点：根据2018年《行政诉讼法司法解释》确认了"谁行为，谁被告"的原则，只要取得了有效授权，即使在行政越权的情况下，内设机构和派出机构依然可以作为行政主体，成为行政诉讼的被告（详见江必新主编：《行政诉讼法司法解释实务指南与疑难解答》，中国法制出版社2018年版，第62页）。（2）法考观点：在客观题"四大本"和主观题官方案例中，命题人均坚守旧法观点，在种类越权的情况下，内设机构和派出机构没有行政主体资格，应当以其所属机关为被告（详见国家统一法律职业资格考试辅导用书编委会编：《2019国家统一法律职业资格考试辅导用书第2卷》，法律出版社2019年版，第687页；国家统一法律职业资格考试案例分析指导用书编辑委员会编：《国家统一法律职业资格考试案例分析指导用书上册》，法律出版社2019年版，第388页）。在应试中，命题人观点是居于首位的，本书采纳第二种观点。

局对工商局作出处罚，一是罚款，二是没收违法所得。工商局对处罚不服，以食药局为被告提起行政诉讼。法院收到该案件后，有两种不同意见：一种意见认为行政处罚属于行政诉讼受案范围，法院应该受理；另一种意见认为，此案是行政机关告行政机关，而行政诉讼法规定公民、法人、其他组织作为行政诉讼的原告，行政机关只能作被告，不能作原告，因此，人民法院不应受理此案。①

问题：你赞同哪个观点？县工商局是否有资格成为行政诉讼的被告？

解析：被告的概念植根于行政主体理论。行政主体是对外以自己的名义实施国家行政管理职能并承受一定法律后果的国家行政机关和社会组织。它的重要特征是实施者能够以独立名义从事行政活动并承担相关法律责任。某个主体只有具备了行政主体资格才能够在法律上成为行政活动的实施者，成为行政法律关系的一方当事人。但行政主体是一个学理概念，实践中使用的更广泛的是行政机关或行政组织这样的概念，为什么要创制行政主体这个学理概念呢？那是因为行政主体这个概念能够解决行政法中控权对象的问题。

比如，在大多数场合下，行政机关是以行政职权享有者的身份出现，但也不排除行政机关在某些场合会以民事主体的身份出现，比如到商场购买办公用品、租借办公用房等，甚至行政机关可能在有些场合下会成为行政相对人，比如本案中的工商局。在本案中，工商局即是以民事主体身份出现的，因为它从事的是一种民事买卖活动，而食品药品管理机关是以行政主体的身份出现的，因为它运用的是行政职权——处罚权。作为民事买卖活动，要接受有关行政机关的管理，食品药品管理机关完全有权对工商局的民事买卖活动进行处理，而作为民事主体的工商局，也当然有权对处罚不服而提起行政诉讼。

---

① 仅以本案例纪念带我进入行政法学知识殿堂的张树义教授。

专题三

公务员法

一、公职行为和个人行为的区分

（一）执行职务行为的概念及特征

执行职务是指国家机关或国家机关工作人员履行或不履行其职责和义务的行为。只有公务员在依法履行公职时，其人格才会被其所属的"行政主体"吸收，才会由行政主体承担责任，而非由公务员个人承担责任。

（二）界定职务行为的标准

区分职务行为和个人行为，通说采用客观标准说。客观标准说，又称为外表形式理论，该理论的核心观点是执行职务的范围应当以社会观念为准，凡在客观上、外形上可视为社会观念所称的"职务范围"，或者受害人有理由相信工作人员是在执行职务，或客观上足以认为其与执行职务有关的，不论行为者意思表示如何，其行为均可认定为执行职务行为。客观标准说具体体现在以下几个方面：

第一，职权标准。国家机关和国家机关工作人员根据法律赋予的职责权限实施的行为都是执行职务行为，无论该行为合法与否。即使是超越职权行为、滥用职权行为，也都是建立在国家机关或国家机关工作人员享有职权基础上的行为，不可能由普通人实施。所以，行为人是否享有职权是判断行为性质的重要标准。

第二，时空标准。国家机关或国家机关工作人员在行使职权，履行职责的时间、空间范围内的行为通常是执行职务行为。因为国家机关的职权是有明显界限和范围的法定职权，具有很强的时空性，超出时空范围的行为通常就不是执行职务行为。例如，上海的工商管理人员到北京农贸市场收取管理费或给予罚款的行为，如果按照职权标准，仍然是职权行为，但由于其行为已超出时空范围，所以不能视为执行职务行为。警察在休假期间与邻居发生纠纷殴人致伤的行为也不是执行职务的行为。根据时空标准，国家机关工作人员在上班时间和工作地点实施的行为大多为执行职务的行为，工作时间和地点以外的行为通常是个人行为。但是，时空条件并不构成执行职务行为的充要条件，对于特殊的主体，如警察，即使下班后在非工作地点实施的某些行为仍然构成职务行为。

第三，名义标准。通常情况下，凡是以国家机关及其工作人员的身份和名义实施的行为都是执行职务行为。例如，公务人员着装、佩戴标志、出示证件、宣布代表的机关所实施的行为一般都是执行职务的行为。公务人员以个人名义和身份实施的行为则是个人行为，而不是执行职务的行为。当然，特殊公务人员（便衣警察、安全机关工作人员）另当别论。

第四，目的标准。执行职务的行为通常是为了实现法定职责和义务而为的行为，其目的是维护公共利益，而非公务人员的个人利益。所以，即使符合上述三个标准的行为，也未必都是执行职务的行为。例如，乡政府工作人员在上班时间以国家公务人员的身份和名义，到农民家检查计划生育工作时，顺手拿走农民的一块手表戴在自己手上的行为，虽然符合职权标准、时空标准和名义标准，但是，该行为的目的与公共利益毫无关系，其行为既非行政机关希望达到的结果，也不是为了达到行政目的所必需或不可避免产生的，完全是为了达到该工作人员个人目的而为的，所以，不是执行职务的行为。

当然，区分执行职务行为与非执行职务行为的标准不是单一孤立的，而是综合的。判断某一行为是否为职务行为，必须综合上述标准予以分析判断。[①]

二、公务员的救济制度

（一）可申诉情形

公务员对下列人事处理不服的，可提出申诉：（1）处分；（2）辞退或者取消录用；（3）降职；（4）定期考核定为不称职；（5）免职；（6）申请辞职、提前退休未获批准；（7）未按规定确定或者扣减工资、福利、保险待遇；（8）法律、法规规定的其他情形。

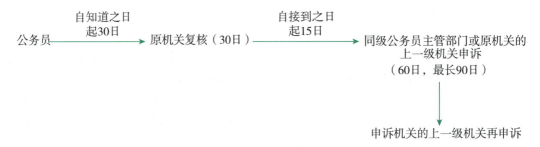

图 3-1　公务员申诉程序图

（二）申诉程序

1. 公务员对人事处理不服的，可向原处理机关申请复核；对复核结果不服的，再提出申诉；也可以不经原处理机关复核，直接提出申诉。

2. 公务员的申诉受理机关，可以是与原处理机关同级的公务员主管部门、原处理机关的上一级机关；若人事处理是给予行政机关公务员处分的，还可以是与原处理机关同级的监察机关。

3. 向原处理机关申请复核的期限以及直接提出申诉的期限是：自知道人事处理之日起 30 日内；经复核后提出申诉的期限是：接到复核决定之日起 15 日内。对省级以上（包括省级）机关的申诉决定不服的，不能再申诉。

4. 复核、申诉期间不停止人事处理的执行。

---

① 上述内容来源：国家统一法律职业资格考试辅导用书编辑委员会：《2018 年国家统一法律职业资格考试辅导用书（第二卷）》，法律出版社 2018 年版，第 731-733 页。

专题四

具体行政行为概述

第一节 具体行政行为的概念

一、具体行政行为的定义和构成

具体行政行为，是指行政主体依法就特定事项对特定的公民、法人和其他组织权利义务作出的单方行政职权行为。具体行政行为其实并不抽象，我们熟悉的罚款、拘留等行政处罚，颁发律师执照等行政许可，皆属于具体行政行为。通俗来说，具体行政行为就是一个会影响某个普通老百姓实体利益的行政行为。

区分某一行为是否为具体行政行为的意义主要在于解决行政诉讼的受案范围，具体行政行为构成了行政诉讼受案范围的最主要内容。只要属于具体行政行为，那么就必然可以直接起诉，法院会受理不服该行为而引发的案件。不属于具体行政行为，原则上不可以直接起诉。[①] 通过特定性、处分性、外部性、行政性四大构成要素，我们可以将具体行政行为与行政事实行为、抽象行政行为、内部行为、刑事司法行为等非具体行政行为区别开来。

（一）特定性

具体行政行为的约束对象是特定的，如果一个行政行为是针对不特定对象作出的，那么该行政行为一定不是具体行政行为，而是它的反面——抽象行政行为。某个行政行为是具体行政行为，还是抽象行政行为，与人数多寡无关，关键看在该行政行为作出的时候，行为的约束对象是否特定。在掌握了特定性的一般标准后，考生还应注意另外两点：

1. 不仅仅要关注行为的名称，更应该关注行为的内容，命题人为了迷惑考生，经常会在行为名称上设置陷阱。比如，将某行政行为命名为《××办法》《××公告》或者《××会议纪要》，让人感觉很像抽象行政行为，但如果该行为约束对象是某些确定性的个体，即使行为命名再抽象，依然无法抹去其具体行政行为的内在本质。

2. 在识别约束对象是否特定的问题上，有一个好用的辅助判别方法：行为是否面向未来反复适用。如果一个行政行为可以面向未来反复适用，该行为的约束对象一定不确定，则该行为为抽象行政行为，但如果某行政行为不能够反复适用而只有一次性效力，针

---

① 但行政合同与抽象行政行为可以在符合限定条件的情况下受案，对于这两个特殊行为，也不一定都可以去起诉，我们在后续受案范围部分再来详述，考生此处主要掌握"只要是具体行政行为就可以直接起诉"这一点。

对谁就是针对谁，该行为必然是具体行政行为。

◎ ［例1］假如北京市海淀区政府发出公告："中关村大街上所有的商户，在 2016 年 10 月 1 日到 10 月 3 日期间，将商户大门更换为铝合金门。"

问：该公告是抽象行政行为，还是具体行政行为？

答：该行为只能在这三天适用，具有一次性效力，不可反复适用，行为约束对象是确定的，所以，该行为是具体行政行为。

◎ ［例2］假如北京市海淀区政府发出公告："今后在中关村大街上营业的商户，大门必须为铝合金门。"

问：该公告是抽象行政行为，还是具体行政行为？

答：该公告行为可以面向未来反复适用，行为约束对象无法确定，所以该行为是抽象行政行为。

（二）处分性

处分性的含义为"必然影响当事人权利义务"的意思表示。这里的"影响"，包括主观和客观两个维度，主观上有影响当事人权利义务的目的，客观上产生了影响当事人权利义务的效果，处分性的影响一定要"主客观相统一"。行政行为的意思表示理论源于民法，行为内在上要有"意思"（目的），外在上要将"意思"表示出来，并产生对权利义务得丧变更的影响效果。

法院只有受理具有主观及客观上必然影响当事人权利义务的具体行政行为而引发的案件才有意义，如果一个行为不影响权利义务，那又何必要来起诉呢？"实际影响"是指使公民、法人或者其他组织的权利、义务发生了变化，如限制、减少权利，增加、减少、免除义务等。"实际影响"包括有利影响与不利影响。"没有实际影响"意味着行政活动没有使公民权利义务发生实在的变动。

事实行为因为不是必然影响公民权利义务，而被排除出具体行政行为的范围，同时也就意味着被排除出受案范围。行政事实行为是不以建立、变更或者消灭当事人法律上权利义务为目的的行政活动。事实行为与具体行政行为的区别主要在于是否会处分当事人的权利义务，是否产生对权利义务的影响。

不具有处分性的事实行为主要包括以下几种：

1. 暴力侵权行为（事实行为之一）

行政机关公务员在执行公务过程中使用武器、警械或身体暴力等手段，殴打、虐待而造成公民伤害，或者在执行公务过程中使用暴力将公民财物损坏，均属于暴力侵权行为。打人等暴力侵权行为之所以被归类为事实行为，是因为行政机关作为一个整体，从其机关意志的角度不可能具有"打人"的目的，打人只可能是公务员或临时工的个人意志，而以为人民服务为宗旨的政府是不可能打人的。所以，由于"打人"欠缺了处分性的主观层次，该行为只能被归类为事实行为。行政诉讼和复议原则上只受理具体行政行为引发的争议，事实行为不可诉，但可以申请国家赔偿。

2. 行政指导（事实行为之二）

行政指导行为是行政机关以倡导、示范、建议、咨询等方式，引导公民自愿配合而达到行政管理目的的行为。行政指导的最大特点为"柔性"，对于行政机关提出的建议或者指导，公民可以接受，也可以不接受，不接受并不产生相应的法律责任。

◎ ［例］行政机关在地震后号召公民捐款："一方有难，八方支援，建议大家捐款。"

问：该行为是否属于具体行政行为？

答：不属于。该行为的性质属于行政指导，不可诉，公民的权利义务并没有受他人支配。

◎ ［知识点拨］要特别注意行政指导与假行政指导。假行政指导是行政机关通过利益引诱、反复说服教育甚至威胁等方式强迫行政相对人服从的行为，其本质上是必然影响公民权利义务的具体行政行为，是"披着羊皮的狼"，公民自然可以起诉。

例1：行政机关号召公民捐款："一方有难，八方支援，建议大家捐款，如果不捐，下月从工资中扣除。"该行为不是真正的柔性的行政指导，而是假行政指导，它和强行要求捐款的具体行政行为又有何异呢？

例2：乡政府发出通知，倡议10户农民种大蒜，如果不种，今后种子款不予发放。该行为也为必然影响权利义务的具体行政行为。

3. 行政调解（事实行为之三）

行政调解是指行政机关劝导民事争议双方当事人自愿达成协议的一种行政活动。行政调解最大的特点也为"柔性"，行政调解不具有公权力的强制属性，对当事人没有法律约束力。由于当事人对行政调解"想听就听，不听拉倒"，当事人的权利义务依然是自主支配，而并没有受到行政机关的处分，所以调解不具有可诉性。

◎ ［例1］《农村土地承包经营纠纷调解仲裁法》规定：发生农村土地承包经营纠纷的，当事人可以自行和解，也可以请求村民委员会、乡（镇）人民政府等调解。当事人和解、调解不成或者不愿和解、调解的，可以向农村土地承包仲裁委员会申请仲裁，也可以直接向人民法院起诉。透过该规定可见，乡（镇）政府作出的调解协议并没有强制的约束力，也无法通过强制执行的方式实现该调解协议的内容，当事人不服调解的，依然可以继续起诉。可见，调解是不影响当事人权利义务的事实行为。

◎ ［例2］小新殴打小白，小白被鉴定为轻微伤。在公安分局的主持下，小新与小白达成协议，由小新向小白赔偿500元。

问：如果小新拒不履行协议，行政机关可否直接强制执行该协议内容？

答：不可以。因为公安局的行为是对平等民事主体的民事纠纷作出的非强制性处理。当事人不履行调解协议，可以就赔偿问题提起民事诉讼，而调解协议本身并不可以成为强制执行的根据。

4. 重复处理行为（事实行为之四）

重复处理行为是指行政机关作出的与原有生效的行政行为没有任何改变的二次决定。重复处理行为实质上是对原已生效的行政行为的简单重复，并没有形成新的事实或者权利义务状态。除了不具有处分性的原因外，重复处理行为不可诉还有另外一个原因，如果重复处理行为可诉的话，任何公民都可以不遵守复议和起诉期限，即使超过了法定救济期限，当事人去申诉一次，让行政机关重复处理，之后再去向法院起诉重复处理行为，法律规定的救济期限也就失去了意义。

◎ ［例］某区房屋租赁管理办公室向甲公司颁发了房屋租赁许可证，乙公司以此证办理程序不合法为由要求该办公室撤销许可证被拒绝。后乙公司又致函该办公室要求撤销许可证，办公室作出"许可证有效，不予撤销"的书面答复。乙公司向法院起诉要求撤销书面答复。

问：该书面答复是否可诉？

答：该书面答复即为典型的重复处理，是对在先的拒绝撤销许可证行为的重复，因此不属于行政诉讼的受案范围。

在理解重复处理行为的基本含义后，考生还应注意以下三点：

（1）构成重复处理必须注意，前一次处理和后一次处理结果在适用法律规范、事实证据和处理结果三要素上，均没有实质性改变，换言之，两次处理一模一样。如果后一次处理作出了实质变化，那么后一次处理属于另外一个独立可诉的新的行政行为。

◎ ［例1］ 郑某因某厂欠缴其社会养老保险费，向区社保局投诉。2004年9月22日，该局向该厂送达《决定书》，要求其为郑某缴纳养老保险费1万元。9月30日，该局向郑某送达《告知书》，称其举报一事属实，并要求他缴纳养老保险费（个人缴纳部分）2000元。

问：9月30日的行为是否为重复处理行为？

答：不是，因为行为结果上发生了改变，增加了个人缴费2000元。

◎ ［例2］ 2016年8月22日某县公安局以小新嫖娼为由，对其罚款500元，后在小新的反复申诉下，2016年9月30日，省公安局作出第二次处理决定，认为原处理决定合法，小新应被罚款500元，但小新从事的违法活动并不是嫖娼而是卖淫。

问：9月30日的行为是否为重复处理行为？

答：不是，因为法律依据发生了改变，嫖娼变为了卖淫。

（2）引起重复处理行为的条件是当事人对原行政行为不服而提出了申诉，并且这里的"申诉"和申请复议是两种不同类型的救济途径，申诉是向国家的有关机关申述理由，请求重新处理的非正式救济途径，比如向监察部门写举报信。

（3）重新处理的主体为行政机关自己和上级行政机关，并不限于上一级行政机关。

5. 过程性行政行为（事实行为之五）

过程性行政行为是指行政机关为作出行政行为而实施的准备、论证、研究、层报、咨询等准备性、部分性、阶段性的工作行为。行政行为的作出均需要有基本程序和过程，比如，行政处罚一般经过以下步骤：立案→调查→告知→听证（或听取申辩）→决定→送达。行政机关不可能走到大街上，直接抓住一个当事人，在没有调查取证、说明理由、听取当事人陈述申辩的情况下，直接作出处罚。告知当事人有陈述申辩权、告知当事人听证的权利、告知当事人听证的地点，均不会必然影响当事人实体权利义务，均不可诉。而等程序完结后，当事人可以就最终的行政处罚决定提起诉讼。

◎ ［例1］ 下面我们对比两个法律文书，请判断是否可诉。

交通处罚告知书

小新：

经调查，本机关认为你于2016年10月1日在人行道上停放机动车的行为，违反了《道路交通安全法》第五十六条的规定，本机关拟作出罚款200元的具体行政行为。依据《中华人民共和国行政处罚法》第三十一条、第三十二条的规定，你可在收到本通知之日起3日内向本机关进行陈述、申辩。逾期不陈述或者不申辩的，视为放弃。

朝阳区交管局

2016年10月1日

图4-1 行政处罚文书1

交通处罚决定书

小新：

现查明，被处罚人于 2016 年 10 月 1 日在人行道上停放机动车的行为，违反了《道路交通安全法》第五十六条的规定，以上事实有现场照片等证据证明。现决定给予罚款 200 元的处罚，被处罚人持本决定书在 15 日内到大望路工商银行缴纳。到期不缴纳罚款的，每日按罚款数额 3% 加处罚款。

如不服本决定，可以在收到本决定书之日起 60 日内向市交管局或区政府申请行政复议；或者在 6 个月内向朝阳区法院提起行政诉讼。

朝阳区交管局
2016 年 10 月 25 日

图 4-2　行政处罚文书 2

《交通处罚告知书》只是"拟处罚"，不是最后的处罚决定，行政机关在听取被处罚人陈述申辩后有可能会不予处罚。所以，《告知书》并不会影响当事人权利义务，不可诉。在经过当事人陈述申辩的过程后，行政机关作出的内容为"要求当场缴纳 200 元罚款"的《交通处罚决定书》，属于板上钉钉的必然影响当事人的权利义务的具体行政行为，可诉。

◉ [例2] 在高速公路上，交管局的自动测速行为不可诉，但是，最终根据测速而作出的行政处罚可诉。警察检测驾驶员是否存在酒驾，检测行为可能成为之后行政处罚的依据，但它本身不必然影响当事人的权利义务，不构成独立完整的具体行政行为。

◉ [例3] 2020 年 5 月 6 日，田某因违反道路交通信号灯通过的违章行为，被处以罚款 1800 元、记 6 分的处罚。罚款自然是具体行政行为，扣 6 分是不是可诉的具体行政行为呢？

答：不是。根据《道路交通安全法》第 24 条规定："公安机关交通管理部门对机动车驾驶人违反道路交通安全法律、法规的行为，除依法给予行政处罚外，实行累积记分制度。公安机关交通管理部门对累积记分达到规定分值的机动车驾驶人，扣留机动车驾驶证，对其进行道路交通安全法律、法规教育，重新考试；考试合格的，发还其机动车驾驶证。"可以看出，扣 6 分并不属于行政处罚，而是扣留驾驶证的过程性行为。对累积记分未达到规定分值的机动车驾驶人，扣分本身并不会对当事人的人身权或财产权直接产生影响，只有当累计积分达到扣 12 分，才会作出扣留驾驶证的具体行政行为。

◉ [例4] 行政机关开会讨论、征求意见等被归类于阶段性行政行为。由于具体行政行为尚未作出，最终的法律结论没有形成，行为并没有瓜熟蒂落成为最终会产生处分效果的具体行政行为，起诉的客体没有形成。

6. 其他事实行为

（1）服务性事实行为。比如，交通管理部门在公共交通道路上设置交通安全指示标志。

（2）补充性事实行为。比如，工商管理部门销毁已经依法没收的假冒产品。

（三）外部性

具体行政行为是行政主体为了管理外部的公共事务，针对外部对象而作出的行为。外部性的特征使具体行政行为与内部行政行为区别开来。内部行政行为，指的是行政主体为了管理内部事务，对其内部组织或个人实施的行为。内部行政行为可以被区分为针对内部组织的行为和针对内部个人的行为：

1. 针对组织的内部行为：

（1）上级行政机关决定下属机构的设立、增加、减少、合并。

（2）对行政组织内部权力的划定、调整。比如，县政府召开专题会议形成会议纪要：由县公安局、税务局与财政局负责调查处理。

（3）行政机关内部公文流转行为。比如，行政机关在作出某项重大的行政决定之前，下级向其上级行政机关请示，上级机关对下级作出的答复、批复、意见，平级行政机关之间相互抄告、通报的信息等。上级行政机关基于内部层级监督关系对下级行政机关作出的听取报告、执法检查、督促履责等行为。

⊙ ［例］市林业局接到关于孙某毁林采矿的举报，遂致函当地县政府，要求调查。

2. 针对公务员的内部行为：行政机关对公务员的奖惩、任免、培训、辞职等事项的内部管理行为。

对于内部行为的把握，针对有些难题，考生掌握以上内容是不足够的，还需要再掌握5个字："内外看身份"。

⊙ ［例1］民警小新，夜晚值班，赌瘾发作，前去赌博，恰恰不巧，领导抓赌，逮个正着。领导第二天作出两个决定：（1）开除民警小新；（2）对小新行政罚款5000元。

问：哪个行为是可诉的具体行政行为？

答：罚款5000元。罚款之所以可诉，并不在于名为罚款，而在于罚款的事由。只要违反《治安管理处罚法》参与赌博的人均要被罚款，与处罚对象是否为公务员无关，此时的小新是外部人，于是罚款为外部行为，可诉。而开除则必须要以小新具有公务员的内部身份为前提，于是开除为内部行为。

⊙ ［例2］某人保局给予工作人员田某记过处分、某财政局对工作人员黄某提出的辞职申请不予批准、某公安局以新录用的公务员孙某试用期不合格为由取消录用、某人保局以李某体检不合格为由取消其公务员录用资格。

问：对田某、黄某、孙某、李某作出的行为哪些是内部行为呢？

答：因为田某、黄某和孙某是公务员，行政机关对其作出的行为是内部人事处理决定，属于内部行为，不可诉。而李某还未被录用为公务员，不具有公务员的内部身份，所以对其取消录用行为不是内部行为，可诉。

（四）行政性

行政性是行政主体运用行政职权对公共事务进行管理的行为性质，是具体行政行为区别于民事行为、国家行为和刑事司法行为的主要标志。

1. 国家行为

国家行为是指国务院、国防部、外交部等特定国家机关，根据宪法和法律的授权以国家名义实施的高度政治性的行为。国家行为的本质是在行使政治职能，而不是日常的管理职能。在英语中"行政"和"管理"是一个词汇"administration"，行政是对公民的小利益进行的管理活动，而政治则是另外一个词汇"politics"，是另外一种宏大叙事的逻辑。所以，国家行为不在行政法的调整范围之内。典型的国家行为包括：

（1）宣战、停战等战争行为；

（2）建交、断交等外交行为；

（3）为了防止国家分裂、应对灾害等而采取的宣告紧急状态、实施戒严、宣布总动员等其他高度政治性行为。

2. 仲裁行为

仲裁是指由双方当事人协议将争议提交（具有公认地位的）第三方主体，由该第三方对争议的是非曲直进行评判并作出裁决的一种解决争议的方法。仲裁一般用以解决平等主体之间的民事争议，民事仲裁具有准司法性的特点，仲裁机构并不是行政机关，仲裁机构的性质是民间团体，所以，对于仲裁行为不能够提起行政诉讼。

除了民事仲裁外，法律还规定了劳动仲裁制度，劳动仲裁是由劳动争议仲裁委员会对当事人申请仲裁的劳动争议居中公断与裁决，当事人对仲裁裁决不服的，只能以另一方民事主体为被告向法院提起民事诉讼。对劳动争议仲裁委员会的不予仲裁或错误仲裁行为是否是行政行为，当事人是否可以提起行政诉讼呢？劳动仲裁委员会的性质是准司法机关，而非行政机关，最高院认为："虽然劳动争议仲裁委员会设立在各级劳动行政管理部门，但其本身不是行政机关，因而当事人对劳动争议仲裁委员会逾期不作出仲裁裁决或者作出不予受理的决定时，当事人向人民法院提起行政诉讼就没有法律依据。"[①]

3. 行政协助执行行为

行政协助执行行为是指行政机关根据法院的生效裁判、协助执行通知书作出的执行行为。比如，法院判决中需要行政机关协助办理财产权证照转移手续，法院会向有关行政机关发出协助执行通知书。此时，行政机关协助司法机关执行生效判决，行政机关必须服从法院的指令，对协助执行内容没有审查判断的权力，所以，行政机关没有独立的影响当事人权利义务的意思表示，行政机关的协助行为本身并不具有行政行为的属性，应归类为司法行为的一个环节。

但如果行政机关在协助执行过程中，扩大了执行范围或者采取违法执行方式，那就属于假借司法机关之名义，实现行政机关自身的意思表示的行政行为了，这种"假行政协助执行行为"属于具体行政行为。

◎［例］某法院作出民事判决，判决被告乙于本判决生效后10日内协助原告甲办理辽B69596号、辽B63438号、辽B62208号等3辆汽车的转籍过户手续。但乙拒不履行判决，于是，某法院向区交通局致函，发出协助执行通知书，请求交通局协助执行。交通局遂根据致函内容将3辆车过户到了甲名下。

问1：交通局的行为是否属于具体行政行为，是否可诉？

答：交通局的转移过户行为属于协助法院实现判决内容的执行行为，并没有独立的行政意思表示，所以不属于具体行政行为，进而不属于行政诉讼受案范围。

问2：如果交通局在执行中，将甲名下的4辆汽车全部过户到了乙的名下，该行为是否可诉？

答：这种情况属于扩大了执行范围或者采取违法执行方式，可诉。

4. 刑事司法行为

行政法的控权对象只包括行政权，而对于立法权、司法权的控制，行政法有些鞭长莫及。如果是法院、检察院所作的刑事司法行为，很容易将其排除出行政行为之列，仅看行

---

① 杜万华主编：《解读最高人民法院司法解释、指导性案例（民事诉讼卷下）》，人民法院出版社2016年版，第1030页。

为主体名称即可。但公安机关、国家安全机关等具有行政机关和侦查机关的双重身份，既可以对刑事犯罪嫌疑人作出刑事拘留等刑事司法行为，也可以对公民作出行政拘留等行政行为。这就产生一个机关两种行为的划分问题。对此，我们区分标准为"客观上看授权，主观上看目的"。

（1）客观上看授权

在《刑事诉讼法》明确授权范围之内的行为是刑事司法行为，不属于行政法的领地。从《刑事诉讼法》的规定来看，公安、国家安全等机关能实施的刑事司法行为包括：讯问刑事犯罪嫌疑人、询问证人、拘传、刑事侦查中对公民的住宅或人身进行搜查、取保候审、保外就医、监视居住、刑事拘留、执行逮捕等。但公安、国家安全等机关在《刑事诉讼法》授权范围之外所实施的行为，均不属于《刑事诉讼法》的领域，而被认为属于行政法的管辖范围，例如，没收财产或实施罚款等。

⊙ ［注意］此处的授权必须是"《刑事诉讼法》的明确授权"。如果是根据其他法律如《人民警察法》《刑法》授权而实施的行为，仍然属于可诉的行政行为。这极易被误认为是刑事司法行为，但实际上是行政行为，其中有：

①公安机关根据《刑法》第17条规定，对不满16周岁不予刑事处罚的未成年人收容教养；

②公安机关根据《人民警察法》第9条，对犯罪嫌疑人的继续盘问（即留置盘问）；

③海关根据《海关法》第6条，对走私犯罪嫌疑人的扣留。

（2）主观上看目的

实践中，公安、国安等国家机关经常假借刑事侦查之名，干预经济纠纷。这种假刑事行为，违背了《刑事诉讼法》授权的目的，不应将其视为刑事侦查行为，当事人不服的，可以提起行政诉讼。纯正的刑事司法行为，必须客观上很刑事（有授权），主观上也很刑事（为了犯罪侦查等），若欠缺任一要素，就会被划归为行政行为之列。

⊙ ［例］A市张某到C市购货，因质量问题，张某拒绝支付全部货款，双方发生纠纷后，货主托关系找到公安机关熟人，请求帮忙索债。C市公安机关遂以诈骗嫌疑将张某已购货物扣留，并对张某采取留置盘问审查措施。本案中C市公安机关扣留货物、留置盘问是典型的"假刑事"案件。表面上，C市公安机关是在侦查刑事诈骗罪，但真正目的是干预张某与货主之间的民事合同纠纷，此行为目的导致该行为刑事血统不纯正，于是应归类为行政行为。

二、具体行政行为的分类

根据不同的标准，可以对具体行政行为进行分类，常用的分类有以下这些：

（一）依职权的具体行政行为和依申请的具体行政行为

划分标准是行政机关是否以当事人的申请作为启动具体行政行为程序的条件。

1. 依职权的具体行政行为指行政机关不需要当事人申请，直接依职权采取的具体行政行为。比如，行政处罚、行政征收。

2. 依申请的具体行政行为则需要经过当事人的申请，行政机关才会作出相应的具体行政行为。比如，行政许可。

（二）羁束的具体行政行为和裁量的具体行政行为

划分标准是立法对具体行政行为约束的严格程度。

1. 羁束的具体行政行为是立法对具体行政行为的范围、方法、手段等条件作出严格规定，法律规范为同一事实只设定一种法律后果，行政机关做出该具体行政行为时基本没有选择的余地。通俗地说，如果法律规范对行政机关限制得死死的，就是羁束的具体行政行为。

⊙ ［例］《个人所得税法》第4条规定：军人的转业费、复员费、退役金免征个人所得税。因此，军人张某复原后的复员费，税务局则不得征收个人所得税。

2. 裁量的具体行政行为是立法对具体行政行为的范围、方法、手段等方面给予行政机关根据实际情况裁量的余地。通俗地说，如果法律规范对行政机关限制得很宽松，让行政机关具有很大的选择空间，行政机关可以自主选择作不作、作什么，这就是裁量的行政行为。

⊙ ［例］《治安管理处罚法》第61条规定，协助组织或者运送他人偷越国（边）境的，处10日以上15日以下拘留，并处1000元以上5000元以下罚款。对应的，对运送他人偷越国境的违法行为人，公安局在作出处罚时有很大的选择空间。

（三）授益的具体行政行为和负担的具体行政行为

划分标准是具体行政行为与当事人之间的权益关系。

1. 授益的具体行政行为是指为当事人授予权利、利益或者免除负担义务的行政行为。比如，行政许可、行政给付等。

2. 负担的具体行政行为是为当事人设定义务或者剥夺其权益的行政行为。比如，行政处罚、行政强制、行政征收等。

（四）要式的具体行政行为和不要式的具体行政行为

划分标准是具体行政行为是否需要具备法定的形式。

1. 以具备书面文字或其他特定意义符号为生效必要条件的，是要式的具体行政行为。

⊙ ［例］行政机关准予行政许可或不予行政许可均应当采用书面决定。对行政机关提出严格形式要件的要求，有助于保护民众私权，让民众在不服行政决定而起诉时，有明确的依据。

2. 不需要具备书面文字或者其他特定意义符号就可以生效的，是不要式的具体行政行为。

⊙ ［例］某民警现场发现某人违反治安管理行为，需要行为人接受调查的，民警经出示工作证件，可以口头传唤，但应当在询问笔录中注明。

第二节　具体行政行为的成立和效力

一、具体行政行为的成立

（一）具体行政行为成立的含义

具体行政行为的成立，是指具体行政行为在法律上存在。成立解决的是一个具体行政行为"有没有""存不存在"的问题，而不解决它"好不好""合不合法"的问题。换言之，成立是个事实判断问题，而不存在价值判断的因素。**具体行政行为的成立时间是当事人提起行政诉讼或行政复议的时间起点，也是有权机关对行政行为的合法性、合理性进行审查的时间起点。**

（二）具体行政行为成立的一般条件

1. 在主体上，作出具体行政行为的是享有行政职权的行政机关，实施该具体行政行为的工作人员意志健全，具有行为能力。

2. 在内容上，向对方当事人作出具有效果意思的表示。效果意思是行政机关作出的行政决定所希望达到的法律效果，即设立、变更和消灭对方当事人的权利义务。

3. 在程序上，按照法律规定的时间和方式进行送达。

（三）具体行政行为的成立时间

1. 作为的成立时间

对方当事人履行义务的内容限于受领送达的内容，受领送达的时间是对方当事人开始履行义务的最早时间点。未经送达受领程序的具体行政行为，不发生法律约束力。具体行政行为的送达方式包括直接送达、留置送达、公告送达和邮寄送达等。

2. 不作为的成立时间

不作为是行政主体应当履行某种法律职责，能够履行而不履行的行为。只要行政机关在某种状态下"当为不为"就构成了不作为，但不作为分为两种类型：第一，积极不作为，表现形式为行政机关对于当事人的申请明确拒绝；第二，消极不作为，表现形式为行政机关对于当事人的申请不理不睬，消极不作为的本质是默示拒绝。

（1）积极不作为的成立时间很容易判断，就从行政机关明确拒绝之日起该行为成立。

（2）消极不作为的成立时间较难判断，因为行政机关没有作出明确的同意或拒绝的意思表示。为了保护当事人的合法权益，需要给出一个时间来推定行政机关默示拒绝的成立，使当事人能及时在行政复议或者行政诉讼中主张行政机关的不作为违法。那当事人需要等待多久呢？

第一，有法定履行期限的，法定期限届满即成立。比如，《政府信息公开条例》规定，应当自收到申请之日起 20 个工作日内予以答复。行政机关对当事人的申请，如果超过 20 个工作日未作出任何意思表示，视为行政机关默示拒绝，20 个工作日期满不作为就此成立。

第二，无法定履行期限的，统一以 2 个月作为行政机关的履行期限，2 个月期满不作为即成立。

第三，紧急情况的，不作为当场成立。比如，农民小新去县城贩卖苹果，遭人哄抢，小新立即向就近派出所报案，派出所却对其报案不理不睬，在紧急情况下，法律是不会给行政机关预留充分履行期的，只要当场没有任何意思表示，不作为当场成立。

⊙ ［知识点拨］具体行政行为成立的时间点，是当事人提起行政诉讼、申请行政复议的时间起点。

二、具体行政行为的效力

法律效力是具体行政行为法律制度中的核心因素。评价具体行政行为合法与否的实际意义，就在于对其法律效力的影响。具体行政行为的效力一般包括拘束力、执行力和确定力。

（一）拘束力

拘束力，是指具体行政行为一经生效，行政机关和对方当事人都必须遵守，其他国家机关和社会成员必须予以尊重的效力。具体包括：

1. 对于已经生效的具体行政行为，当事人应当接受并履行义务。比如，罚款2000元的处罚发生拘束力后，有关当事人应当积极主动地履行缴纳罚款的义务，将钱交往有关机关。

2. 作出具体行政行为的行政机关不得随意更改，此乃信赖利益保护原则的根源。

⊙ ［注意］这里的不可更改和确定力中的不可更改的义务主体不同，发生阶段不同。

3. 其他国家机关也不得以相同的事实和理由再次受理和处理该同一案件，其他社会成员也不得对同一案件随意进行干预。行政机关之间彼此有各自事项上的管辖范围，应该各司其职、各守其位，彼此尊重。

（二）确定力

确定力，是指具体行政行为不再争议、不得更改的效力，具体行政行为因此取得不可撤销性。所以，确定力又被称为"不可争力"，意味着当行政行为过了救济期限，行为就确定下来，不可再通过争讼的救济途径将行政行为予以更改、撤销。

一般而言，具体行政行为作出后都会有一个可争议和可更改期，这是"有权利，必然有救济"的法律原理的体现。权益受到损害的当事人可以利用行政复议、行政诉讼或者其他法定途径获得救济，行政机关也可以撤销已经生效却有法律缺陷的具体行政行为。但是，法律需要秩序性，救济的大门不可能永久敞开，出于稳定行政管理关系的需要，这一期限不可能无限延长。当法定的不可争议、不可更改期限到来时，该具体行政行为也就取得了确定力。

（三）执行力

执行力，是指使用国家强制力迫使当事人履行义务或者以其他方式实现具体行政行为权利义务安排的效力，这是具体行政行为具有国家意志性的体现。如果当事人不能自动履行这些义务，具体行政行为所规定的权利和义务无法实现，具体行政行为的执行力就可以发生作用。有关机关可以根据法律的规定依职权或者申请法院采取行政强制执行措施，用国家强制力实现具体行政行为的权利义务安排。比如，当事人不自觉缴纳2000元罚款，有关部门可以通过强制执行程序通知银行从当事人账户上划拨2000元，实现罚款的义务安排。

三、具体行政行为的违法要素

具体行政行为的违法表现形式有：

（一）主体违法

主体违法，又称为主体越权，是指行政机关超越法定权力范围、限度而作出超越自己行政职权范围的行政行为。关于行政越权的具体表现，可阐述为如下几类：

1. 无权限

无权限，是指越权主体实施了根本就不具有的职权的行为。比如某法律职业资格考试培训公司对考生作出的行政处罚，又如行政机关作出的刑事逮捕，这种"跨界"行为自然是违法的，行为应归于无效。

2. 纵向越权

纵向越权，是指上下级行政机关之间，上级或下级超越权限行使了另一方的行政职权。比如，《土地管理法》规定征收基本农田以外的耕地超过 35 公顷的土地，由国务院批准。某县政府征收 40 公顷土地就属于"以下犯上"的纵向越权行为。

3. 横向越权

横向越权，又称事务越权，是指行政机关超越了本机关主管范围而行使了其他行政机关的职权。比如，公安局吊销了律师王某的律师执照。

4. 地域越权

地域越权，是行政机关超越管辖地域范围而作出的行政行为。比如，甲县税务局到乙县征收税费。

（二）事实依据违法

主要包括：（1）事实不清、证据不足；（2）依据不真实的证据作出具体行政行为；（3）依据没有关联性的证据作出具体行政行为；（4）依据刑讯逼供等非法手段获取的证据作出具体行政行为。

（三）适用法律依据违法

主要包括：（1）将行为人合法的行为认定为违法行为；（2）应适用甲法，却适用了乙法；（3）应适用甲法的某些条款，却适用了甲法的其他条款；（4）适用了尚未生效或已经失效的法律、法规；（5）适用了被处理行为地以外的地方性法规及地方政府规章。

（四）违反法定程序

程序是行政主体在开展行政活动时所遵守的步骤、顺序、方式与时限。行政机关行使职权时必须遵守法定程序，程序合法成为判断行政行为是否合法的重要标准。比如，工作人员应当回避却没有回避，行政处罚不该适用简易程序却适用了简易程序等，超过法定期限作出行政行为等。

在《最高人民法院公报》2017 年第 2 期刊登的"刘云务诉山西省太原市公安局交通警察支队晋源一大队道路交通管理行政强制案"中，最高人民法院判决认为：晋源交警一大队在行政执法中发现车辆涉嫌套牌的，有依法扣留的职权。但是，晋源交警一大队决定扣留应遵循告知当事人违法行为的基本事实、拟作出行政强制措施的种类、依据及其依法享有的权利，听取当事人的陈述和申辩，制作行政强制措施凭证并送达当事人等行政程序。晋源交警一大队违反上述行政程序，始终未出具任何形式的书面扣留决定，违反法定程序。

在《最高人民法院公报》2015 年第 2 期刊登的"定安城东建筑装修工程公司与海南省定安县人民政府、第三人中国农业银行定安支行收回国有土地使用权及撤销土地证案"中，2007 年 11 月 5 日，县政府《关于有偿收回国有土地使用权的通知》（以下简称 112 号通知），决定有偿收回城东公司第 6 号国土证项下的土地使用权，并于 11 月 8 日送达城东公司。同年 12 月 7 日，定安县国土局就有偿收回城东公司国有土地使用权事宜通知该公司于 12 月 11 日举行听证会，城东公司没有参加听证。对此，最高人民法院判决认为，县政府在作出被诉 112 号通知之前，未听取当事人的陈述和申辩意见，事后通知城东公司举行听证，违反"先听取意见后作决定"的基本程序规则。

（五）明显不合理

又称为显失公正、滥用职权，均指行政机关在行使行政裁量权时明显违背了正常人正常的理性，明显超越了合理性的界限。滥用职权与明显不合理为一体两面，滥用职权侧重于客观层面，明显不合理侧重于主观层面，均为行为违法的表现，本质上均指行政机关行使行政裁量作出的具体行政行为明显逾越了合理性的限度，构成了对法定职权的恣意行使。此时，需要特别注意的是，立法者认为当不合理到了明显的程度的时候，就不再是不合理，而质变为违法。

在实践中滥用职权的主要表现有：<u>第一，不正当的考虑</u>。行政机关或公务员为了小集团利益或者个人利益，故意考虑法外因素或者故意不考虑应当考虑的因素。<u>第二，故意迟延和不作为</u>。是指行政机关在处理公民、法人或者其他组织的请求或者申请时，明知自己负有作为义务，但却以各种理由故意推脱，拖延履行自己的职责。<u>第三，不一致的解释和反复无常</u>。不一致的解释是指行政机关在处理同类案件时，对某些规范不经法定程序故意随意解释，导致这些解释往往相互矛盾和冲突；反复无常是指行政机关实施行政行为时，没有明确的标准，经常改变自己的主张和决定。

《最高人民法院公报》案例"陈超诉济南市城市公共客运管理服务中心客运管理行政处罚案"中，法院认为，行政处罚应当遵循比例原则，做到罚当其过。处罚结果应当与违法行为的事实、性质、情节以及社会危害程度相当，以达到制止违法行为的目的。本案中，原告陈超通过网络约车软件经营道路运输，而其与网络约车平台的关系及与乘客最终产生的车费是否实际支付或结算完毕，被告济南客运管理中心未提供证据证明，具体几方受益也没有证据证明，尚不明确。因此，虽然被告对未经许可擅自从事出租汽车客运的行为可以依法进行处罚，但原告在本案所涉道路运输经营行为中仅具体实施了其中的部分行为，在现有证据下，被告将本案行政处罚所针对的违法行为及其后果全部归责于原告，并对其个人作出了较重的行政处罚，处罚幅度和数额畸重，存在明显不当。

《最高人民法院公报》案例"刘云务诉山西省太原市公安局交通警察支队晋源一大队道路交通管理行政强制案"中，法院认为，晋源交警一大队既不返还机动车，又不及时主动调查核实车辆相关来历证明，也不要求刘云务提供相应担保并解除扣留措施，以便车辆能够返回维修站整改或者返回原登记的车辆管理所在相应部位重新打刻号码并履行相应手续，而是反复要求刘云务提供客观上已无法提供的其他合法来历证明，滥用了法律法规赋予的职权。建设服务型政府，要求行政机关既要严格执法以维护社会管理秩序，也要兼顾相对人的实际情况，对虽有过错但已作出合理说明的相对人可以采用多种方式实现行政目的时，在足以实现行政目的的前提下，应尽量减少对相对人权益的损害。实施行政管理不能仅考虑行政机关单方管理需要，而应以既有利于查明事实，又不额外加重相对人负担为原则。实施扣留等暂时性控制措施，应以制止违法行为、防止证据损毁、便于查清事实等为限，不能长期扣留而不处理，给当事人造成不必要的损失。因此，晋源交警一大队扣留涉案车辆后，既不积极调查核实车辆相关来历证明，又长期扣留涉案车辆不予处理，构成滥用职权。

◎ [知识点拨] 以上（一）至（五）五个要素均符合法律要求，具体行政行为才是合法的。反之，任一要素违法，均构成违法，所以程序违法、滥用职权等均是行政行为违法的独立理由。

四、具体行政行为的无效、撤销和废止

根据具体行政行为违法的严重程度，可以将具体行政行为分为无效的和可撤销的两大类。重大且明显违法的具体行政行为是无效的具体行政行为；一般违法的具体行政行为是可撤销的具体行政行为。废止是具体行政行为合法，但由于客观事实和立法变化，行政机关将其效力予以终止。具体来看：

（一）无效的具体行政行为

1. 无效的条件

如果一个具体行政行为有重大和明显的法律缺陷，这种违法达到一个有正常理智的普通人的常识性理解都可以明显看出的程度，那么它就是无效的具体行政行为。无效的具体行政行为可以表现为许多具体情形，不能做一次性穷尽列举。但是如果一个具体行政行为发生如下情形，就可以构成无效的理由：

（1）要求从事将构成犯罪的违法行为。例如，命令违法侵入公民住宅、发行非法出版物、捕杀珍稀濒危动物并达到违反刑事法律的程度。

（2）明显缺乏法律依据的。例如，减损权利或者增加义务的行政行为没有法律规范依据，又如，行政行为实施主体不具有行政主体资格。

（3）明显缺乏事实根据的，或者要求从事客观上不可能实施的行为。例如，根据没有查证的材料给予一个无辜的公民以治安处罚，又如，公安局要求小新摘下天上的月亮。

> **🔗 关联法条**
>
> 《行政诉讼法》第 **75** 条 行政行为有实施主体不具有行政主体资格或者没有依据等重大且明显违法情形，原告申请确认行政行为无效的，人民法院判决确认无效。
>
> 《行政诉讼法司法解释》第 **99** 条 有下列情形之一的，属于行政诉讼法第七十五条规定的"重大且明显违法"：
>
> （一）行政行为实施主体不具有行政主体资格；
>
> （二）减损权利或者增加义务的行政行为没有法律规范依据；
>
> （三）行政行为的内容客观上不可能实施；
>
> （四）其他重大且明显违法的情形。
>
> 《行政处罚法》第 **38** 条 行政处罚没有依据或者实施主体不具有行政主体资格的，行政处罚无效。
>
> 违反法定程序构成重大且明显违法的，行政处罚无效。

2. 具体行政行为无效的后果

（1）在实体法上，无效的具体行政行为自发布之时就没有任何法律约束力，因此当事人不受它的拘束，其他国家机关和其他社会成员也可以不尊重它。当事人不履行它所规定的义务，不承担法律责任。

①自始无效。从行为成立之时，该行为的法律效力就不被法律所认可。

②当然无效。无需任何人主张，也不待有权机关宣告，该行为即无效。具体行政行为的无效不以主张、确认和宣告为前提条件。

③确定无效。不仅行为伊始不发生法律效力，此后也没有发生任何法律效力的可能

性，行为效力不可补正。即行为不生效，已属确定。

（2）在程序法上，该具体行政行为致使其合法权益受到损害的当事人，可以在任何时候主张该具体行政行为无效，有权国家机关可在任何时候宣布该具体行政行为无效。需要注意以下几点：

①虽然无效行政行为自始无效、当然无效、确定无效，不具有确定力。但是在实际生活中，受到无效具体行政行为影响的人，一般会请求国家有关机关进行认定并宣布其无效，以避免由于自己法律认识错误造成违法的风险；

②可以随时向法院主张其无效，不受诉讼时效的限制；

⊙ ［注意］根据《行政诉讼法司法解释》第 162 条规定："公民、法人或者其他组织对 2015 年 5 月 1 日之前作出的行政行为提起诉讼，请求确认行政行为无效的，人民法院不予立案。"本条一方面确认了无效行为不受到起诉时间的限制，另外一方面将时间截至 2015 年 5 月 1 日新《行政诉讼法》生效之时。这是因为最高院既想通过司法解释的方式确立无效行政行为的诉讼时效制度，但是又从实务角度担忧新中国建立后的陈年旧案纷至沓来，所以，在立法上根据"新案新办法，老案老办法"的思路采取了平衡策略，对于未来的行政诉讼案件无效诉讼不受诉讼时效限制，但是，2015 年 5 月 1 日之前的案件则按照旧《行政诉讼法》规定，行政案件超过起诉期后，法院不予立案。

③向有权机关主张其无效者，仍需受原告资格的限制；

④有权国家机关除了法院，还包括行政机关自己、上级行政机关和被越权机关，比如消协吊销了律师王某的律师资格证，被越权机关司法局可以宣告消协的行为无效。

（3）在后果处理上，无效行政行为属于自始无效，当事人可以不服从该行为。但是，在实践中，当事人有可能没有积极行使抵抗权，导致该行为产生了一定的法律效果。具体行政行为被确定无效后，原则上应当尽可能恢复到具体行政行为发布以前的状态。行政机关应当返还从当事人处取得的利益（例如罚没款物），取消要求当事人履行的所有义务，赔偿对当事人造成的损失。行政机关应当收回无效具体行政行为给予当事人的权益。如果此种收回给善意的当事人合法权益造成损害，行政机关应当予以赔偿。

（二）可撤销的具体行政行为

1. 具体行政行为可撤销的条件

具体行政行为一般违法，具体表现有主体违法、法律依据违法、事实依据违法、程序违法和明显不合理五种情况。但撤销许可可能对公共利益造成重大损害的，不予撤销。

2. 有权撤销的机关

（1）行政行为决定机关；

（2）决定机关的上级行政机关；

（3）法院；

（4）被越权机关。

⊙ ［注意 1］行政行为决定机关的上级行政机关，不是仅指上一级机关，而是在行政机关位阶中所有的上级机关。比如，国务院也可以撤销乡政府的行为。

⊙ ［注意 2］法院撤销行政许可，必须依照行政诉讼程序。

⊙ ［注意 3］有些行政机关会超越自身法定职权作出行政行为。比如，区公安局向张某颁发律师许可证，此时，除了行政机关自己、法院和上级公安局及政府有权撤销外，司法局作为被越权机关也有权力去撤销该违法许可。

3. 可撤销的具体行政行为的后果

（1）在程序法上，可撤销的具体行政行为必须经过法定程序由国家有权机关作出撤销决定，才能否定其法律效力，有关当事人、其他国家机关和其他社会成员无权擅自否定具体行政行为的法律效力。

①撤销必须在法定诉讼时效之内，超期之后行为就具有了确定力，当事人就不能再在权利救济程序中对具体行政行为效力提出异议。

②通过行政复议和行政诉讼撤销，必须经过当事人的申请和提起程序；但上级行政机关对下级监督过程中，发现具体行政行为违法，也可以主动撤销。

（2）在实体法中，具体行政行为被撤销的效力可以溯及至该具体行政行为成立之日。但当事人在撤销决定作出之前一直要受到该具体行政行为的约束。与民法类似，撤销的后果为"溯及既往失去效力"。在该行为被撤销前，该行为与合法行为一样，法律允许其产生法律效果，如果该行为一直不被撤销，就会一直有效下去。但该行为撤销后，被撤销的行为会被视为自始无效，发生的法律效果要追溯到行为的起点处，如果相关义务已经履行或者已经被执行的，能够恢复原状的应当恢复原状。

（3）在处理后果上，如果撤销给善意的当事人的合法权益造成损害，行政机关应当予以赔偿。但是如果当事人存在过错，行政机关不予赔偿。比如，以欺诈、胁迫、行贿或者以严重不正确或不完整的陈述取得该行政行为，法律不会保护当事人的违法信赖利益，不会予以赔偿。

（三）具体行政行为的废止

1. 具体行政行为废止的条件

废止是行政机关依职权使具体行政行为丧失法律效力的行为。废止的理由和条件是由于客观条件的变化，具体行政行为没有继续保持其效力的必要，废止与《民法典·合同编》中的情势变更有异曲同工之妙。废止的条件中没有行政行为违法或者明显不适当的因素，是废止区别于无效和可撤销制度的主要方面。具体行政行为废止的条件通常有：

（1）具体行政行为所依据的法律、法规、规章、政策，已经被有权机关依法修改、废止或撤销。具体行政行为如果继续维持效力，将与现行法律、法规、规章、政策抵触，所以必须废止。

（2）具体行政行为所根据的客观事实已经发生重大变化或者已经不复存在，具体行政行为的继续存在已经没有事实根据，需要废止。

（3）具体行政行为所期望的法律效果已经实现，没有继续存在的必要。

2. 具体行政行为废止的法律结果

被废止的具体行政行为，自废止之日起丧失效力。原则上，具体行政行为废止之前给予当事人的利益、好处不再收回；当事人也不能对已履行的义务要求补偿。

如果废止使当事人的合法权益受到损失，行政机关应当给予必要的补偿。

⊙ ［例］任某获得《煤矿生产许可证》，开采煤矿。后来，国务院通过《国务院关于关闭非法和布局不合理煤矿有关问题的通知》，认为"小煤矿盲目发展、低水平重复建设、非法生产、乱采滥挖、破坏和浪费资源以及伤亡事故多等问题相当严重，已经成为制约煤炭工业发展的主要矛盾，各级政府应当关闭非法和不合理的煤矿"。某县安监局据此决定废止任某《煤矿生产许可证》并上交发证部门，要求立即停止开采。由于准予《煤矿生产许可证》所依据的客观情况发生了重大变化，为了公共利益的需要，安监局可以依法废止已经生效的行政许可。《煤矿生产许可证》是自废止之日起丧失效力，意味着任某收到废止决定之日，不能继续开采，但是，之前任某因为开采煤矿而获得的利益，不需要收回。

表4-1 具体行政行为的无效、可撤销与废止

行政行为的无效	条件	具体行政行为明显且重大违法。 [典型表现] 1. 不具有行政主体资格； 2. 行政行为没有法律依据； 3. 内容客观上不可能实施
	法律后果	1. 实体法上：自始无效、当然无效、确定无效；相对人不受拘束； 2. 程序法上：利害关系人可以在任何时候主张无效；有权机关可以在任何时候宣告无效。 [注意] 有权机关包括：行政机关自身、上级机关、法院、被越权机关
行政行为的可撤销	条件	具体行政行为一般违法
	法律后果	1. 在实体法上：撤销前行为合法有效；撤销后溯及既往失去效力。 2. 在程序法上：利害关系人可以在起诉期和复议期向有权机关申请撤销。 [注意] 有权机关包括：行政机关自身、上级机关、法院、被越权机关。 3. 带来损失的可获得赔偿，但因当事人行贿、瞒报等自身违法而导致被撤销的不赔偿
行政行为的废止	条件	行为合法，但情况变化了： 1. 所依据的法律、法规、规章、政策，已经修改、废止或撤销； 2. 行政行为所根据的客观事实已经发生重大变化或已经不复存在； 3. 行政行为所期望的法律效果已经实现，没有继续存在的必要
	法律后果	1. 被废止的行政行为，自废止之日起丧失效力。 2. 造成损失的，给予必要的补偿

五、行政行为违法的传染性

行政行为违法性继承，又称为行政行为违法性传染，行政活动的整体过程是由一系列连续多阶段的行政行为构成时，先行行为中存在的违法性瑕疵，会将其违法性传染给作为结果的后续行为。[①]

在实践中，行政行为违法性一般不会被后续行政行为继承，或者说不会传染后续行政行为，也就是说，如果先行行为存在违法情形但尚未经法定程序撤销，相对人越过先行行为直接针对后续行为起诉，且在诉讼中提出先行行为违法的主张，法院则会以先行行为具

[①] 朱芒：《"行政行为违法性继承"的表现及其范围》，载《中国法学》2010年第3期。

有公定力为由，拒绝在对后续行为的合法性审查过程中对先行行为的合法性进行判断。[1] 比如，从事食品销售经营，就要首先取得《食品流通许可证》后才能办理《企业营业执照》，如果当事人只就《企业营业执照》提起诉讼，根据不诉不理的基本原理和行政行为公定力、拘束力[2]的原则，法院不会主动审查《食品流通许可证》的合法性，更不会将《食品流通许可证》予以撤销。也就是说，《食品流通许可证》的违法性一般不会传染给《企业营业执照》，这种情况在当事人对后续行政行为存在信赖利益的情况下更是如此了。

但在例外的情况下，也会发生违法行为继承的现象，先行行为会将自己行为违法性传染给后续行政行为，而发生传染的一般条件是作为构成要件的先行行为"明显且重大违法"，构成无效，此时，必然影响到后续行为的效力。比如，在安明昌诉蚌埠市房地产管理局房屋管理行政裁决纠纷案[3]中，法院认为：

> 被告系房地产行政主管部门，蚌埠市人民政府将对本行政区域内的城市房屋拆迁工作实施监督管理的行政职权赋予了被告，被告对本行政区域的拆迁安置纠纷有裁决权。裁决书的主要依据蚌私字304512号《房地产权证》已被法院于本案之前，在2009年2月15日做出（2009）年蚌山行初字第02号行政判决书中确认无效。故原告的诉讼请求成立，本院予以支持。依照《中华人民共和国行政诉讼法》第五十四条第一款第（二）项之规定，判决如下：撤销被告蚌埠市房地产管理局颁发给第三人安民乐的蚌房裁字（2007）第137号蚌埠市房地产管理局房屋拆迁安置裁决书。

本案中，《房地产权证》是行政机关作出拆迁裁决书的要件之一，既然《房地产权证》已经被在先的法院生效宣告无效，其违法性必然会传染到其后续行为拆迁裁决书之上，所以，法院以拆迁裁决书受传染违法为由将其撤销。

又如，在2012年行政法主观题真题中：

> 2007年，市国土局将一地块与甲公司签订《国有土地使用权出让合同》。2008年12月16日，甲公司获得市政府发放的第1号《国有土地使用权证》。2009年3月28日，甲公司将此地块转让给乙公司，市政府向乙公司发放第2号《国有土地使用权证》。后乙公司申请在此地块上动工建设。2010年11月，某村得知市政府给乙公司颁发第2号《国有土地使用权证》后，认为此证涉及的部分土地仍属该村集体所有，向法院起诉。

很明显，本题和上文分析的情况一致，1号和2号《国有土地使用权证》具有先后的继承性，命题人设问为："如法院经审理发现市政府发放第1号《国有土地使用权证》的行为明显缺乏事实根据，应如何处理？"本题的答案为："法院应不予认可。发放第1号《国有土地使用权证》的行为不属于本案的审理裁判对象，但构成本案被诉行政行为的基础性、关联性行政行为，根据《关于审理行政许可案件若干问题的规定》第7条规定，法院对此行为不予认可。"可见，命题人认为在先行行为存在明显且重大违法构成无效的情况下，其违法性会传染到后续行为之上，即使当事人没有就先行行为起诉，但无效的行为在法律效力上是自始无效和当然无效的，法官不需要受到该行为的拘束，可以直接认为后

---

① 赵峰：《续发型行政行为的司法审查规则——兼论行政行为的违法性继承》，载《人民司法（应用）》2014年第11期。

② 通俗地说就是行政机关作出的行政行为，其他行政机关及法院都会给点面子，不会随意否定行政行为的效力，要对该行政行为予以尊重，否则，我的地盘我做主，别人老对我指手画脚，叫我行政机关怎么管事呢？

③ （2009）蚌山行初字第15号行政判决书。

续行为会因作为其存在基础的先行行为无效而违法。

▣ 主观题命题规律

本专题内容在主观题中也非常重要，第一，具体行政行为的判断标准是解决主观题常考点行政诉讼受案范围的基础；第二，具体行政行为合法性判断标准、无效与撤销理论是行政诉讼判决和复议决定的基础；第三，行政行为效力理论更是理解行政法和行政诉讼法后续很多知识的理论根源。考生对于本专题内容需要认真理解、反复揣摩。

▣ 主观题知识提升

2014年3月30日23时许，申某驾驶一辆报废的夏利牌汽车途经洋河市一交叉路口时，被正在执行任务的交通民警吴某等人查获。交通民警决定暂扣申某驾驶的汽车，扣留其驾驶证，但申某拒绝交出汽车钥匙，交通民警遂调来拖车将暂扣汽车拖走。汽车被拖走后，申某向交通民警索要被扣留的驾驶证，未果，便拨打"110"报警，称交通民警吴某酒后执法。接报警后，洋河市公安局督察处立即赶到现场询问了情况，并带吴某、申某一起到洋河市公安局刑事科学技术鉴定部门，经化验鉴定：吴某体内未检查出酒精成分。

据此，洋河市公安局督察处向交通民警吴某本人及其所在单位发出《公安警务督察正名通知书》，确认申某举报交通民警吴某酒后执法一事不实，并按管辖分工将不实举报人申某移交给被告祥和公安分局处理。祥和公安分局认为，申某的不实举报阻碍了国家工作人员依法执行职务，属于《治安管理处罚法》规定的扰乱公共秩序行为。同年3月31日，祥和公安分局作出056号行政处罚决定书，决定给予申某罚款200元的行政处罚。

洋河市公安局公安交通管理局认为056号处罚决定书处罚过轻并提出申诉，洋河市公安局纪检组依据《公安机关内部执法监督工作规定》第13条、第19条第1项规定指令祥和公安分局重新作出决定。

7月4日，祥和公安分局告知申某，由于洋河市公安局公安交通管理局反映处罚过轻，所以要撤销056号处罚决定书，重新查处，重新决定。同年7月13日，祥和公安分局作出047号处罚决定书，决定给予申某行政拘留10日的行政处罚。

申某对该行政处罚不服申请复议，洋河市公安局以事实不清为由撤销了047号处罚决定书，要求祥和公安分局重新作出具体行政行为。同年11月19日，祥和公安分局又基于同样的事实依据，作出870号处罚决定书，决定给予申某行政拘留15日的行政处罚。祥和公安分局认为，《行政处罚法》的规定是指在行政处罚决定作出前，行政机关要允许当事人申辩，不得因当事人申辩而加重处罚，这个规定不适用于行政处罚决定作出后的行政复议程序。《行政复议法》没有规定行政处罚决定被复议机关撤销后，行政机关重新作出的决定不得加重处罚。

申某再次申请复议，洋河市公安局维持了870号处罚决定书，申某为此提起行政诉讼。[①]

关联法条：

《公安机关内部执法监督工作规定》（1999年6月11日公安部令第40号公布施行，

[①] 本案例根据最高人民法院公报案例"焦志刚诉和平公安分局治安管理处罚决定行政纠纷案"改编，案情及设问出自国家统一法律职业资格考试案例分析指导用书编辑委员会组编：《2019年国家统一法律职业资格考试案例分析指导用书》，法律出版社2019年版，第223-228页。

2014 年 6 月 29 日公安部令第 132 号修改）

第 13 条 在执法监督过程中，发现本级或者下级公安机关已经办结的案件或者执法活动确有错误、不适当的，主管部门报经主管领导批准后，直接作出纠正的决定，或者责成有关部门或者下级公安机关在规定的时限内依法予以纠正。

第 19 条 对公安机关及其人民警察不合法、不适当的执法活动，分别作出如下处理：（一）对错误的处理或者决定予以撤销或者变更；（二）对拒不履行法定职责的，责令其在规定的时限内履行法定职责；（三）对拒不执行上级公安机关决定和命令的有关人员，可以停止执行职务；（四）公安机关及其人民警察违法行使职权已经给公民、法人和其他组织造成损害，需要给予国家赔偿的，应当依照《中华人民共和国国家赔偿法》的规定予以国家赔偿；（五）公安机关人民警察在执法活动中因故意或者过失，造成执法过错的，按照《公安机关人民警察执法过错责任追究规定》追究执法过错责任。

问题：

1. 056 号处罚决定书是否合法？为什么？

2. 047 号处罚决定书是否合法？为什么？

3. 870 号处罚决定书是否合法？为什么？

4. 洋河市公安局撤销 047 号处罚决定之后，祥和公安分局可以作出拘留 10 日的处罚决定吗？

解析：

1. 056 号处罚决定是合法的。本案中，祥和公安分局根据《治安管理处罚法》的规定作出行政处罚，从主体资格到处罚的事实和依据，执法程序和证据，都是合法的，因此该决定是合法的。

2. 047 号处罚决定是否合法问题的关键是 056 号处罚决定的撤销是否合法。056 号行政处罚决定书已经生效，在这种情况下，洋河市公安局不能仅依据内部规范就将其撤销。本案中洋河市公安交通管理局也不是提出申诉的主体，不能因为公安机关认为错误就任意撤销合法生效的行政处罚决定，因此，047 号处罚决定是违法的。

3. 870 号处罚决定是违法的。《行政处罚法》明确规定，公民、法人或者其他组织对行政机关所给予的行政处罚，享有陈述权、申辩权；对行政处罚不服的，有权依法申请行政复议或者提起行政诉讼。不能因为当事人陈述、申辩、提起行政复议或者行政诉讼，就对当事人作出加重处罚的行政处罚决定。本案中行政机关一而再再而三地因为当事人寻求法律救济而加重处罚，是违法的。

4. 洋河市公安局在行政复议中是以事实不清为理由撤销违法的 047 号处罚决定的，祥和公安分局不能再基于同一事实和理由作出相同的行政处罚决定。因此，即使是作出和之前 047 号处罚决定一样的 10 日的拘留决定也是不合法的。

专题五

行 政 许 可

第一节　行政许可的概述

一、行政许可的概念

行政许可，是指行政机关根据公民、法人或者其他组织的申请，经依法审查，准予其从事特定活动的行为。行政许可概念中最核心的要素是"一般禁止的解除"。在行政机关许可以前，当事人是不可以从事该项活动的，但是若行政机关以许可的方式同意了，那么当事人就可以开展相应活动了。"一般禁止的解除"同时意味着，当事人在没有被准予从事某项特定活动之前，处于被禁止的状态，如果当事人从事了该活动，需要承担相应的法律责任。

二、行政许可的特征

（一）依申请性

行政许可决定的作出，必须以当事人的申请为前提。行政机关只有在当事人提出申请后，才能够对申请材料进行审查并决定是否准予许可，行政机关不会依职权主动作出许可决定的。

（二）授益性

行政许可的核心是"一般禁止的解除"，这意味着，行政机关一旦作出准予许可的决定，则解除了某种禁止状态，当事人被赋予了从事某种特定活动的资格或能力，行政许可是一种授益性的行政行为。

（三）要式性

许可行为是典型的要式行政行为，行政机关不得以口头等非要式方式作出许可决定。从许可的申请，到许可的受理，再到最终的准予或者不予许可，都应当以书面形式作出。

（四）外部性

行政许可是典型的具体行政行为，所以具体行政行为的各项要素行政许可均具备，需要特别注意的是"外部性"行为的性质，按照"内外看身份"的逻辑，下列事项不属于

行政许可:

1. 行政机关对其他机关或者对其直接管理的事业单位的人事、财务、外事等事项的审批。比如,行政机关年度财政预算需要财政部门批复后,才可以执行,批复对象为行政机关,行为性质是内部行为;又如,教育部对中国政法大学举办大型国际法学研讨会的审批,也是行政机关对外事活动的审批,不属于行政许可。

2. 下级行政机关就工作中的重要计划、规划决策及贯彻执行法律、法规和国家方针政策中的问题请示上级机关,由上级对该请示予以审查批准,这是行政机关之间内部公文流转过程,该批准的对象为下级行政机关,因此,行政机关内部上下级领导关系的体现,不同于作为外部法律关系的行政许可。①

3. 行政执法人员的执法资格认证是行政机关对公务员的内部管理行为,不属于行政许可。

⊙ [知识点拨] 行政审批是实践用语,分为对内审批和对外审批。对下级行政机关或具有管理关系的行政机关的审批,是内部行为,不是行政许可;而对外审批,比如北京市规划局准予中国政法大学修建图书馆大楼,向其颁发的规划许可证就属于行政许可。区分是否是行政许可关键还是"内外看身份"。

三、行政许可和相关概念的区别

(一)行政许可与行政确认

行政确认是指行政机关对特定的法律事实、法律关系或者法律状态作出具有法律效力的认定并且予以证明的行政行为。包括:(1)身份确认,如收养登记、身份证姓名确认;(2)法律关系确认,如婚姻登记;(3)法律事实确认,如自然保护区、文物保护单位确认;(4)资格确认,如学历证明、学位证书、学历证书等。

行政许可和行政确认存在以下不同:

1. 是否具有赋权性

行政确认是对业已存在的主体资格、法律事实与法律关系依法进行认定,赋予其法律效力并宣示该效力的行为;行政许可意味着赋予了被许可人某种当事人本来并不拥有的权利,允许被许可人自由实施某种行为,是权利的"无中生有"。行政确认是对业已客观存在的事实的评判和宣告,比如,户籍登记、婚姻登记和机动车登记(产权登记除外),它并没有创设新的权利,在没有该确认行为前,当事人的权利其实还是存在的。我们识别行政主体给予相对人某种证书、证明、凭证的行为性质是否属于行政许可,关键在于判别该行为是否具有赋权性。

⊙ [例1] 我国教育部对留学生境外学历、学位的认定,并没有赋予留学生全新的权利。张三毕业于哈佛大学,这是一个客观事实,不取决于中国教育部门的认定。

⊙ [例2] 民政局的收养登记,只是由公权机关对李某和其养子李小某业已存在的收养关系的一种确定。经过收养登记后,收养关系受到国家的保护和承认,但即使没有经过收养登记,事实上的收养关系依然是存在的。

---

① 张春生、李飞主编:《中华人民共和国行政许可法释义》,法律出版社 2003 年版,第 18 页。

行政确认的感觉很像由公权机关作出的公证①，并没有赋权，只是将业已存在的某种事实状态或法律关系的效力加强，使其更为正式化。比如，公证处向李佳出具李佳和其母亲之间母子关系的公证，不经过公证，母子还是母子，但经过公证，在法律意义上证据效力会更强。

事实上，在中国法律制度中，行政确认也往往被视为"行政证据"的一种。比如，《道路交通安全法》第 73 条规定，公安机关交通管理部门应当根据交通事故现场勘验、检查、调查情况和有关的检验、鉴定意见，及时制作交通事故认定书，作为处理交通事故的证据。

2. 是否具有责任性

与赋权性相关联，当事人没有获得行政许可，意味着没有被行政主体赋予开展某项活动的资格和能力，当事人如果从事了该行为，必定构成违法，当事人必定要承担对应的行政甚至是刑事责任；而行政确认却与此不同，即使当事人的某种事实或法律关系未经行政机关的确认，当事人从事了相关行为，并不构成违法。

⊙ ［例］ 单身男女双方未经结婚登记就以夫妻名义居住在一起，过起了事实上的婚姻生活，这并不属于违法行为，当事人不需要承担任何行政或刑事责任。所以，结婚登记的性质属于行政确认。

3. 是否具有溯及力

行政许可是面向未来的赋权行为，是允许被许可人从事今后的某项活动；而行政确认是对以前存在的事实和法律关系的加强和巩固，效力主要针对过去。

（二）行政许可与行政登记

行政登记是行政机关要求公民对其有关情况向行政机关申报，予以书面记录备查。行政登记并不是一种独立的行政行为类型，而是一种行为形式。登记可以成为行政许可的形式，也可以成为行政确认的形式，还可以成为其他行为的一种形式。行政登记可以分为确认性登记、许可性登记与备案性登记。

确认性登记，指对业已存在的主体资格、法律事实与法律关系依法进行认定，赋予其法律效力并宣示该效力的登记行为。比如，结婚登记、收养关系登记等，本身并没有赋予当事人全新的法律权利，其行为性质属于行政确认。

许可性登记，是指行政主体在对当事人的有关条件与理由进行审查的基础上赋予当事人可以从事某种特定行为的权利或解除法律对其行为的禁止。比如，社会团体设立登记、法人设立登记等，该登记行为会直接赋予某个主体从事法律活动的资格能力，其行为性质属于行政许可。

备案性登记，指行政机关为了搜集信息和事后监督而对当事人的有关信息进行记载的行为。比如，在监督检查中，将当事人经营状况登记在册，形成监督检查记录，这种登记属于事实行为，是政府信息公开制度中第一个配套性环节。②

在实践中，初始登记往往是许可，之后的登记一般会被归类为行政确认。

---

① 行政确认和公证的行为主体不同，是两种性质完全不同的行为，但是二者感觉上是很相似的，我们可以借助公证的知识来理解行政确认。

② 本部分内容参考了胡建淼：《行政法学》（第 4 版），法律出版社 2015 年版，第 270、271 页。

⊙ ［例1］土地、林地等自然资源的初始登记是行政许可，但在获得自然资源权属后发生纠纷的，主管机关的再次确权行为不属于行政许可。

⊙ ［例2］企业设立和社会团体成立的初始登记属于行政许可，但之后的抵押登记、转移登记、注销登记不属于行政许可，而是属于行政确认。市监局对已经初始合法登记企业的年检行为不是行政许可，它是行政机关对企业实行监督管理的一种手段。

⊙ ［例3］机动车的注册登记属于行政许可，但变更、转移、抵押、注销登记不是行政许可，而是属于行政确认。

⊙ ［例4］船舶的国籍（初始）登记属于行政许可，但使用权、抵押登记不属于行政许可，而是属于行政确认。

综上，认定行政许可的标准是内在特征而不是名称：在认定行政机关的一个行为是否属于行政许可时，应当着眼于内容和内在的特征，而不是名称。

四、行政许可类型

（一）法律分类

1. 一般许可

（1）范围

直接涉及国家安全、公共安全、经济宏观调控、生态环境保护以及直接关系人身健康、生命财产安全等特定活动。

⊙ ［例］驾驶执照、排污许可、药品生产许可、药品经营许可等。

（2）特别程序

①形式审查：指派 1 名工作人员进行核查。

②实质审查：指派 2 名以上工作人员进行核查。

2. 特许

（1）范围

有限自然资源开发利用、公共资源配置以及直接关系公共利益的特定行业的市场准入等。

⊙ ［例］煤炭、有色金属等采矿许可，国有土地使用许可，航线使用许可，无线电频率使用许可，电信业务经营许可等。

（2）特别程序

特许申请人开发利用的自然或公共资源在享有和使用上一般具有排他性，故而特许一般会具有一定数量上的限制，一般采用招标、拍卖等竞争性方式来决定是否准予许可。行政机关违法不采用招标、拍卖方式，或违反招标、拍卖程序，损害申请人合法权益的，申请人可以通过行政复议或行政诉讼的方式寻求救济。

3. 认可

（1）范围

提供公众服务并且直接关系公共利益的职业、行业，需要确定具备特殊信誉、特殊条件或者特殊技能等资格、资质的事项。认可的对象一般是"人"，既包含自然人，也包含法人。认可就是赋予公民、法人或其他组织从事特定行业、职业的资格、资质的许可。

⊙ ［例］法律职业资格许可、教师资格证、注册会计师许可证、建筑企业资质、文物保护工程勘察设计资质等。

（2）特别程序

①针对公民的认可，一般需要组织国家考试，但不得组织强制性的考前培训，不得指定教材或者其他助考材料。

②对于法人和其他组织的认可，一般需要进行考核。

4. 核准

（1）范围

直接关系公共安全、人身健康、生命财产安全的重要设备设施或物品，需要按照技术标准和规范通过检验、检测、检疫的。核准的对象是"物"。

⊙ ［例］生猪屠宰检疫，电梯、锅炉、观光索道和大型游乐场设备安装运营许可，煤矿工程建设完工工程验收许可，进口动植物检验检疫等。

（2）特别程序

行政机关对一定物品实施核准的，应当自受理申请之日起 5 日内指派 2 名以上工作人员进行核准，不需要对核准结果作进一步技术分析即可得出结论的，应当场根据检验、检测、检疫的结果作出许可决定。

5. 登记

（1）范围

企业或其他组织的设立等需要确定主体资格的事项。

⊙ ［例］工商营业执照、社团设立登记等。

（2）特别程序

行政机关对于登记事项主要做形式上的审查，只要申请人提交的申请材料齐全、符合法定形式，行政机关必须当场予以登记。特殊情况下，如果行政机关需要对申请材料的实质内容进行核实的，应当依法指派 2 名以上工作人员进行核查。

（二）附期限许可和不附期限许可

不附期限许可是指许可实施期限为永久，当事人获得该许可证之后可以永久地实施该许可行为，不需要重新申请，也不需要延续有效期。

附期限许可是指许可有一定的实施期限，在期限届满后，被许可人需要延续许可有效期的，应当提出延续申请。一般而言，被许可人应当在该许可有效期届满 30 日前向许可决定机关提出申请；但法律、法规、规章另有规定的，依照其规定。行政机关应当根据被许可人的申请，在该许可有效期届满前决定是否准予延续；逾期未作决定的，视为准予延续。

⊙ ［注意1］不可能允许当事人有效期到期的当天提出延续申请，原则上需要提前 30 日，作为行政机关考虑是否准予延续的预留审查期限，但是，由于许可事项涉及各领域，不同许可事项涉及许可审查方式不同，某些审查事项可能需要较长时间，所以，《行政许可法》的 30 日只是一般性规定，如果特别法另有规定的依据特别法。比如，工信部部门规章《电信业务经营许可管理办法》第 27 条规定："经营许可证有效期届满需要继续经营的，应当提前 90 日向原发证机关提出延续经营许可证的申请……"那么电信经营许可证就需要按照特别法的规定，提前 90 日提出延续申请。

⊙ ［注意2］此处之所以是"视为准予延续"，而非"视为拒绝"，是因为许可的延续只是许可有效期的变化，不涉及许可内容的变化，当事人在第一次获得许可时已经证明其具备实施许可活动的条件，对于公共利益不构成侵害。在当事人按期提出申请之后，如果行政机关明确拒绝，那当事人自然不可以继续从事该许可活动。但如果行政机关不理不睬，此时，行政机关存在过错，不能把行政机关的过错转嫁到当事人头上，所以，法律在此作出了有利于当事人的善意推定。

（三）有数量限制的许可和没有数量限制的许可

没有数量限制的许可，就是只要申请人达到法定条件后，均可准予当事人从事相应活动的许可类型，关于该类型许可没有特别考点。

有数量限制的行政许可，数个申请人的申请均符合法定条件、标准的，行政机关应当根据受理行政许可申请的先后顺序作出准予行政许可的决定（即"先到先得"原则）；但法律、行政法规另有规定的，依照其规定。比如，国务院行政法规《矿产资源开采登记管理办法》第 13 条规定："采矿权可以通过招标投标的方式有偿取得。……中标人缴纳本办法第九条、第十条规定的费用后，办理登记手续，领取采矿许可证，成为采矿权人，并履行标书中承诺的义务。"可见，采矿权等特许往往都是有数量限制的许可，其发放不会按照"先到先得"规则，而是以招标等竞争方式"优中选优"。

（四）可转让的许可和不可转让的许可

许可既有一定的财产属性，因为当事人能够在从事许可活动时获取一定的经济利益，但也有一定的属人性，当事人能否获得行政许可，往往与其特定的资格和条件密切相关，所以，行政许可原则上均为不可以转让的许可。但也存在少数可转让许可的例外情形。比如，矿产资源的采矿许可、海域适用许可等，许可证的持有人取得许可证后，可将许可证出让给他人使用。

第二节 行政许可的设定与具体规定

一、行政许可的设定与具体规定概述

行政许可的设定与具体规定，是国家机关创制有关行政许可的实施机关、条件、程序和期限的立法活动。设定行政许可需要遵照以下要求：

首先，行政许可的设定需要在一定事项范围内，哪些事项可以设定许可，哪些事项不可设定许可，需要遵守一定的规则。

其次，需要在设定权限范围内。我国是多层次的立法体制，各个立法主体在设定许可问题上的权限大小是不同的。设定指创造一项本来并不存在的、全新的许可事项的立法活动，也就是"从无到有"，设定会创造全新的许可类型；而具体规定，是"从粗到细"，是对一个早已存在的许可事项的进一步细节化、具体化的规范，规定的本质是细化上位法，从上位法的"粗"到下位法的"细"。

二、行政许可设定的事项范围

（一）可以设定许可的事项

可以设定行政许可的事项，主要是可能对公共安全、宏观经济、生态环境和经济秩序

造成不利影响或者危害的自由活动，或者开发利用自然资源、占用公共资源、进入特定行业市场的活动。

（二）可以不设定许可的事项

可设定许可事项，通过下列方式能够予以规范的，可以不设定行政许可：

1. 公民、法人或者其他组织能够自主决定的。
2. 市场竞争机制能够有效调节的。
3. 行业组织或者中介机构能够自律管理的。
4. 行政机关采用事后监督等其他行政管理方式能够解决的。

◎ ［例］为了保护某片山区的森林，环保局本来意图发放林木采伐许可证，保护环境属于"可设定许可的事项"，但是，由于非政府组织对环境保护的完善，非政府组织自发承担起了保护林木的任务而且治理效果良好，那么，该许可则丧失了存在的必要性。

三、行政许可的设定和具体规定的权限范围

（一）行政许可的设定权限

行政许可的设定是指创造一项本来并不存在的、全新的许可事项的立法活动，具体分为经常性许可的设定和非经常性许可的设定。

1. 经常性行政许可的设定

经常性行政许可，由全国人大及其常委会以法律、国务院以行政法规、有权地方人大及其常委会以地方性法规来设定。立法文件对行政许可的设定，遵循上位法优先的原则，即上一个等级没有设定的，下一个等级才可以设定。

2. 非经常性行政许可的设定

国务院可以决定形式，省级政府可以规章形式设定非经常性行政许可。

（1）国务院设定非经常性行政许可的条件是：

第一，尚未制定法律；

第二，在有必要的时候；

第三，实施后，除了临时性行政许可事项以外，国务院应当及时提请全国人民代表大会及其常委会制定法律，或者自行制定行政法规。

（2）省级政府设定非经常性行政许可（临时性的行政许可）的条件是：

第一，尚未制定法律、行政法规和地方性法规；

第二，因行政管理的需要，确须立即实施行政许可；

第三，实施满1年需要继续实施的，应当提请本级人民代表大会及其常委会制定地方性法规。

◎ ［例1］假设中国突然暴发大规模禽流感，国务院遂紧急制定国务院决定，对家禽进行检疫。该许可的最长实施期限没有具体规定，只是要求如果该许可为非临时性许可，今后仍需继续实施的，就得通过制定法律或行政法规转化为经常性许可。

◎ ［例2］某省突然暴发大规模禽流感，该省政府遂紧急制定地方政府规章，对本省的家禽进行检疫，这就是一种临时性许可（属于非经常性许可）。该许可的最长实施期限不得超过1年，超过1年仍需继续实施的，就必须报请该省人大或人大常委会制定相应的地方性法规，即转化为经常性许可。

⊙ [注意] 地级市政府的规章和部委规章没有任何的行政许可设定权。

（二）行政许可的规定权限

规定是在上位法的范围内细化上位法，也就是"从粗到细"的立法活动。行政法规、地方性法规和规章可以在上位法设定的行政许可事项范围内，对实施该行政许可作出具体规定。制定具体规定的规则有二：不得增设行政许可；对行政许可条件作出的具体规定，不得增设违反上位法的其他条件。

⊙ [例1] 法律规定公民只有在取得驾驶证之后方能驾驶机动车上路行驶。如果某省地方性法规规定，本市市民必须取得驾驶证与红十字会核发的"红十字救护证"才能驾车，这就属于增设了全新的行政许可类型，应属违法。

⊙ [例2] 法律规定公民只有在取得驾驶证之后方能驾驶机动车上路行驶。但如果该地方性法规规定，本市市民必须获得驾驶证满 6 个月后方能驾驶机动车上路行驶，这就增设了违反上位法的许可条件，应属违法。

（三）地方性许可设定的特别禁止事项

地方性法规和省规章在设定地方性许可时，不得触犯以下三类禁止事项：

1. 禁止设定全国统一的认可事项。

⊙ [例] 法律职业资格许可为全国统一的资质许可，就不能由各地分别设定，考生通过一个国家法律职业资格考试足矣。

2. 禁止设定企业或其他组织的设立登记及其前置性许可。

⊙ [例1] 地方不得设定企业法人设立登记许可，即工商营业执照，因为法人的活动范围是全国，怎么可能通过某地方性法律文件设定出活动范围是全国的法人呢？

⊙ [例2] 按照《城镇燃气管理条例》，从事燃气经营活动的企业的设立必须先取得县级以上地方人民政府燃气管理部门核发燃气经营许可证，申请人凭燃气经营许可证才可以到工商行政管理部门依法办理登记手续。对于燃气公司而言，燃气经营许可证是工商营业执照的前置性许可。如果地方性法律文件设定上位法不存在的前置性许可，实际上是增加工商营业执照的获得条件，属于抵触上位法的情况，因而被《行政许可法》所禁止。

3. 禁止设定限制外地的生产、经营、服务、商品进入本地的许可。这是地方保护主义的表现，不被《行政许可法》所容许。

四、行政许可的停止实施程序

中国幅员辽阔，各地经济社会发展极不均衡，如果在某些地方，能够通过市场调节等方式解决问题，则没有必要通过许可的方式进行干预。于是，《行政许可法》创制了"停止实施行政许可"制度，赋予省级政府在行政许可领域的灵活处理权。具体构成要件包括：

1. 实体条件

（1）该行政许可由行政法规设定；

（2）属于"有关经济事务的行政许可"，主要指企业或其他组织从事生产经营活动、提供服务以及相关活动的行政许可；

（3）该许可在省级行政区域根据其经济和社会发展情况能够通过《行政许可法》第 13 条规定的自主决定、市场调节、行业自律、事后监管等方式解决的。

2. 程序条件：省级政府经国务院批准后决定。

第三节　行政许可的实施

行政许可的实施是指行政主体依据法律授权，按照法定程序，根据公民、法人或其他组织的申请，审查申请人是否需要准予其开展相应的许可活动的基本过程。

一、行政许可的实施主体

（一）行政机关实施

行政许可最主要的实施主体为行政机关。许可应当由具备许可准予权的主体，在其法定权限内实施。

（二）授权实施

具有公共管理职能的社会组织，根据法律、法规的特别授权，可以自己的名义实施许可。如注册会计师协会组织注会考试并颁发许可证书，就属于行政许可的授权实施，授权实施就是专题二所说的让一个非行政主体获得行政主体资格。

◉ ［注意］行政许可是最核心的行政权力之一，《行政许可法》对于行政许可的授权要求也较为严格，只有法律、法规能够授权社会组织实施行政许可，规章是无权的。如果规章授权社会公共组织实施行政许可，应属授权无效。

（三）委托实施

行政机关在其法定职权内，依照法律、法规、规章的规定，可以委托其他行政机关实施行政许可。委托的本质就是"找帮手"，被委托者只是帮手并没有独立的行政主体资格，委托者对该行为引起的法律后果负责。

◉ ［细节1］受委托者必须是行政机关。例如，烟草专卖零售许可证在正常情况下应当由烟草局发放，很多地方由于编制所限，县政府不一定会专门设立县烟草局，于是，往往会出现市烟草局委托县工商管理部门代为发放烟草专卖零售许可证的情况。但烟草局只能将该许可权委托于工商管理部门这样的行政机关，委托给烟草公司、烟草协会之类的做法是违法的。

◉ ［细节2］委托实施许可应当公告。委托机关应当将受委托行政机关、被委托实施行政许可的内容予以公告。比如，工商管理部门发放烟草专卖零售许可证，不提前公告，申请人可能无法知晓竟然可以向工商管理部门申请烟草专卖零售许可证。

◉ ［细节3］受委托者不得再将许可事务转委托于他人实施。

（四）办公方式改革

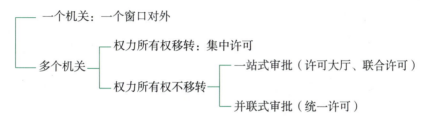

图5-1　行政机关发放许可证时的高效便民措施

1. 行政许可由一个行政机关内设的多个机构办理的，该行政机关应当确定一个机构统一受理行政许可申请，统一送达行政许可决定。

◎ [知识点拨] 一个行政机关对外是一个整体,不可能当事人申请一张法律职业资格证书,还需要在司法局内部楼上楼下各个办公室来回奔波,向司法局提交申请之后,当事人就可以回家等消息去了。此所谓"一个窗口对外"。

2. 行政许可由地方政府两个以上部门分别实施的,该级政府可以确定一个部门受理许可申请,并转告有关部门分别提出意见后统一办理,或者组织有关部门联合办理、集中办理。统一办理、联合办理、集中办理三种制度均体现了高效便民的要求,但内涵有所不同。

(1)集中办理的本质是将本来分属多个机关的许可权集中分配于其中一个机关,发生了权力所有权的移转,原来的机关就此失去对该事项的许可实施权,如果新机关不给当事人发放许可证,应以新机关为被告。

(2)联合办理往往是以政务审批大厅的方式,将多个机关的办公地点集中到一个办公场所,申请人仍要和多个行政机关分别打交道,只不过由于办理许可地点集中到了一起,节约了申请时间。

图5-2 联合许可(政务审批大厅)

(3)统一办理,又称为并联式审批,是指某一许可事项涉及多个部门的职权,由某个行政机关作为主办机关统一受理申请,再转告其他部门分别提出意见后统一办理。申请人只需要向主办机关统一提交申请材料即可,主办窗口机关受理后自己去和其他机关、机构协商提出处理意见,最终,主办机关汇总各方面的许可结果后,统一将许可决定送达当事人。统一许可中也不发生权力所有权的移转,哪个机关不向当事人颁发许可证,就应该以该机关为被告提起行政诉讼,学理名称为应当以"实质不利影响机关"为被告。

实行并联审批前办事流程   实行并联审批后办事流程

图5-3 统一许可(并联式审批)

二、行政许可实施的一般程序

（一）申请

1. 相对人从事特定活动，依法需要取得行政许可的，应当以书面方式（包括信函、电报、电传、传真、电子数据交换和电子邮件等）向行政机关提出申请。

2. 申请人可以委托代理人提出行政许可申请；但是，依法应当由申请人到行政机关办公场所提出申请的除外。

3. 申请书需要采用格式文本的，行政机关应当向申请人提供格式文本。行政机关提供格式文本不得收费（没有例外）。格式文本中不得包含与申请行政许可事项没有直接关系的内容。

（二）受理

行政机关对申请人提出的申请，根据不同情况分别处理：

1. 受理。当事人的申请符合受理条件的，应予受理。

2. 补正后受理。若申请材料存在可以当场更正的错误的，应当允许申请人当场更正；若申请材料不齐全或者不符合法定形式的，应当场或者在 5 日内一次告知申请人需要补正的全部内容，逾期不告知的，自收到申请材料之日起视为受理。

⊙ ［注意 1］ 若申请材料不齐全或者不符合法定形式，行政机关应当告知补正材料，而非直接不予许可。

⊙ ［注意 2］ 逾期不告知的法律后果是视为受理，而非视为准予许可。

⊙ ［注意 3］ 材料补正通知书属于阶段性行为，不可诉。

3. 不受理。当事人的申请属于下列情况的，行政机关对其申请不予受理：

（1）申请事项依法不需要取得行政许可；

（2）申请事项依法不属于本机关职权范围，在决定不受理的同时应告知申请人向其他行政机关申请；

（3）申请人的申请材料存在缺失或错误，在行政机关告知其补充更正后，仍未依法补充或更正的。

⊙ ［注意］ 行政机关受理或者不予受理行政许可申请，应当出具加盖本行政机关专用印章和注明日期的书面凭证。

（三）审查

1. 许可审查

行政机关决定是否准予许可，应当对申请人提交的申请材料进行审查。根据法定条件和程序，需要对申请材料的实质内容进行核实的，行政机关应当指派 2 名以上工作人员进行核查。

2. 听取意见

行政机关对行政许可申请进行审查时，发现行政许可事项直接关系他人重大利益的，应当告知该利害关系人。申请人、利害关系人有权进行陈述和申辩；行政机关应当听取申请人、利害关系人的陈述、申辩等意见。

3. 材料报送

需要跨级审查的许可事项，上级行政机关不得要求申请人重复提供申请材料。

（四）决定

1. 决定的时限

（1）单个许可决定期限

除可当场作出的许可决定外，行政机关应当自受理许可申请之日起 20 个工作日内作出许可决定。20 个工作日内不能作出决定的，经本行政机关负责人批准，可以延长 10 个工作日，并应当将延长期限的理由告知申请人，但法律、法规另有规定的除外。

（2）平级多个许可决定期限

行政许可采取统一办理、联合办理、集中办理的，办理的时间不得超过 45 个工作日；45 个工作日内不能办结的，经本级政府负责人批准，可以延长 15 个工作日，并应当将延长期限的理由告知申请人。

（3）跨级许可决定期限

对于依法应当先经下级行政机关审查后报上级行政机关决定的行政许可，其最终作出许可决定的总时限仍按照上述规定时限，并无特殊之处。只是为了避免下级过于拖沓，《行政许可法》对下级初审时间作出了限制，要求下级机关自其受理申请之日起 20 日内审查完毕。当然，法律、法规作出例外规定的，从其规定。

（4）其他时间细节

①行政机关实施行政许可的期限以工作日计算，不含法定节假日。

②作出许可决定，依法需要听证、招标、拍卖、检验、检测、检疫、鉴定和专家评审的，所需时间不计算在许可实施期限内，但行政机关应将所需时间书面告知申请人。

③准予许可时限与颁证时限并不相同，准许许可决定只是一页薄薄的纸，表明申请事项行政机关已经审核同意了，但许可证却是精美的证件。因为证件制作需要周期，所以，在行政机关准予许可之日起 10 日内才会颁发、送达许可证件，或加贴标签、加盖检验、检测、检疫印章。

2. 决定的形式

（1）行政许可是要式行政行为，无论是准予许可，还是不准予许可的决定，都必须以书面形式作出。

（2）对于准予许可的决定还应当公开，以便公众查阅，不予许可决定，不需要公开。

3. 决定的效力

（1）全国性许可

由法律和行政法规设定的行政许可，原则上在全国范围内有效；但是，也可以将许可的效力限制在一定区域范围内。例如，法考的 C 证，它是对考试成绩达到放宽合格线、未达到统一合格线颁发的许可证，但其效力范围只限于放宽区域。

（2）在一定地域内有效，地方性法规与省级地方政府规章设定的行政许可，一般只在本区域内有效。

（五）颁发许可证、加盖印章、标签

行政机关作出准予行政许可的决定，需要颁发行政许可证件的，应当自作出决定之日起 10 日内向申请人颁发、送达加盖本行政机关印章的行政许可证件；行政机关实施检验、检测、检疫的，应当自作出决定之日起 10 日内在检验、检测、检疫合格的设备、设施、产品、物品上加贴标签或者加盖检验、检测、检疫印章。

⊙ ［注意］不是所有的许可决定都要颁发许可证。

三、行政许可实施的听证程序

（一）听证范围

许可听证既有依职权听证（涉及重大公益的许可），也有依申请听证（涉及重大私人利益的许可）。依职权听证的，行政机关应当向社会公告。

（二）听证程序

1. 听证的期限

（1）申请人、利害关系人，应当在被告知听证权利之日起 5 日内提出听证申请；

（2）行政机关应当在 20 日内组织听证；

（3）行政机关应当于举行听证的 7 日前将举行听证的时间、地点通知申请人、利害关系人，必要时还需公告。

2. 听证主持人的回避

（1）行政许可的申请人或利害关系人如认为主持人与该行政许可事项有直接利害关系的，有权申请回避。

（2）在听证前已经参与审查该许可事项的行政机关工作人员不能担任听证主持人，为避免参与过审查的人"先入为主"，影响听证主持的中立性，所以，禁止其担任主持人，并不意味着他无法参加听证会，他可以作为行政机关的代表参加听证会。

3. 听证笔录

（1）行政机关应当对听证过程制作听证笔录，听证笔录在交听证参加人确认无误后由其签字盖章。

（2）听证笔录的效力，为了防止听证会走过场，《行政许可法》明确规定，听证笔录是行政机关作出许可决定的唯一依据，行政机关应当根据听证笔录作出许可决定，行政机关必须用、只能用案卷上已经记载的事实作出行政许可依据，而不得在听证笔录之外另觅证据。

4. 听证公开，行政许可听证应当公开举行。

5. 听证免费，申请人、利害关系人不承担行政机关组织听证的费用，该费用由行政机关承担。

第四节　行政许可的监督检查

一、监督检查的手段

1. 行政机关可依法对被许可人生产经营的产品进行抽样检查、检验、检测，对其生产经营场所进行实地检查。检查时，行政机关可以依法查阅或者要求被许可人报送有关材料；被许可人应当如实提供有关情况和材料。

2. 行政机关依法对被许可人从事行政许可事项的活动进行监督检查时，应当将监督检查的情况和处理结果予以记录，由监督检查人员签字后归档。<u>公众有权查阅行政机关监督检查记录</u>。

3. 行政机关实施监督检查时，不得妨碍被许可人正常的生产经营活动，不得索取或者收受被许可人的财物，不得谋取其他利益。

二、监督检查的后果

（一）发现当事人在实施许可中存在违法行为

1. 责令改正

行政许可是授益性行政行为，但有些许可在赋予当事人某项权利的同时，也赋予了当事人一定的义务和责任。如果当事人在实施许可的过程中，没有履行相应的义务，行政机关应当责令其改正。

（1）对资源利用特许的责令改正

获得资源利用特许的被许可人，如果没有依法履行开发利用义务，行政机关就应当责令其限期改正。比如，某公司通过招投标获得了某城市燃气管道铺设许可，却迟迟不开展建设活动，影响了城市居民的正常生活，有关部门应当责令该公司限期改正。

（2）对市场准入特许的责令改正

市场准入特许被许可人不履行普遍服务、廉价服务、持续服务的义务，行政机关应当责令其限期改正。比如，某电信公司在某城市市区提供良好的信号服务，在郊区则没有任何信号，或者手机信号时断时续都属于不履行特许义务的表现，也应当责令改正。

（3）对重要核准事项的责令改正

对电梯、锅炉、观光索道等设备检验合格的，行政机关应当发给相应的证明文件。如果存在安全隐患，行政机关必须责令其停止建造、安装和使用，并责令有关单位<u>立即</u>改正。

⊙ ［知识点拨 1］ 前两种责令改正为限期改正，对重要核准事项的责令改正为立即改正，因为电梯、锅炉等核准事项关系到人身健康安全，刻不容缓。

⊙ ［知识点拨 2］ 责令改正的行为性质属于行政强制措施，不属于行政处罚。

2. 吊销许可证

当事人在实施许可活动中存在严重违法行为，行政机关可以吊销许可证。

⊙ ［知识点拨］ 吊销许可证性质属于行政处罚。

（二）发现当事人在获得许可中存在违法行为：撤销

<u>行政许可的撤销是具体行政行为撤销的一种表现</u>，在撤销主体、撤销理由和后果上，适用具体行政行为撤销的一般原理。

1. 有权撤销的机关

（1）许可决定机关；

（2）许可决定机关的上级行政机关；

（3）法院；

（4）被越权机关。

2. 撤销理由

撤销行政许可的原因，在于该许可作出的过程存在某些违法因素。<u>违法性来源既有可</u>

能是被许可人违法，也有可能是行政机关违法。撤销既可以根据当事人申请，也可以是有关机关主动撤销。

（1）行政机关违法作出许可决定的情形，主要包括：①滥用职权、玩忽职守；②超越职权；③违反法定程序；④对不具备申请资格或者不符合法定条件的申请人准予许可；⑤法律规定的其他情形。

（2）被许可人的违法行为：被许可人以欺骗、贿赂等不正当手段取得行政许可。

3. 许可撤销后的处理

（1）行政许可溯及既往失去效力。

（2）因行政机关工作人员的违法行为，而导致许可决定被撤销并造成被许可人合法权益损害的，行政机关应当依法给予赔偿。

（3）如果因被许可人自己的违法行为，即因欺骗、贿赂而获得许可，后果如下：

①许可被撤销，不予赔偿；

②对被许可人进行处罚；

③若取得的许可直接关系公共安全、人身健康、生命财产安全，禁止3年内申请该许可。

⊙ ［注意］以上后果为"既遂"，如果申请人"未遂"，在审查过程中就发现申请人隐瞒有关情况或提供虚假材料，后果如下：

①不予受理或不予许可；

②警告；

③若取得的许可直接关系公共安全、人身健康、生命财产安全，禁止1年内申请该许可。

（三）发现因公共利益变化需要废止许可：撤回

1. 适用情形

对于当事人已经取得的合法行政许可，为了维护公共利益，在如下情况下应当撤回该许可（又称为废止）：

（1）行政许可所依据的法律、法规、规章修改或者废止；

（2）准予行政许可依据的客观情况发生重大变化。

2. 法律效果

（1）自许可撤回之日起失去效力；

（2）撤回行政许可给相对人造成财产损失的，作出撤回行政许可决定的行政机关应当依法予以补偿。

⊙ ［知识点拨］许可撤销导致当事人合法权益损害的，有关机关应当依法承担行政赔偿责任，而许可撤回导致当事人合法权益损害的，有关机关应当依法承担行政补偿责任。

（3）对于补偿，应遵守如下具体要求：

①补偿程序。当事人因行政机关撤回许可而主张补偿的，应当先向行政机关提出申请，行政机关在法定期限或合理期限内不予答复，或当事人对行政机关作出的补偿决定不服的，可以依法提起行政诉讼。

⊙ ［例］在上一专题"具体行政行为概述"中提及的例子，某县安监局决定废止（撤回）任某《煤矿生产许可证》，任某应先向县安监局申请补偿，这是必经过程，不可直接提起行政诉讼。

②补偿标准：

第一，实际损失标准：一般许可应当在实际损失范围内确定补偿数额，实际损失包括成本和一定的合理预期利润；

第二，实际投入标准：被撤回的许可事项属于特许的，一般按照当事人实际投入的损失确定补偿数额，实际投入仅指实际成本。特许之所以不补偿预期利润，是因为特许是开发有限的自然、公共资源，都是"赚大钱"的许可类型，如果要补偿预期利润，政府岂不是有破产的危险。

第三，法定标准：法律、法规、规章或规范性文件对变更或撤回行政许可的补偿标准已有规定的，从其规定。

③行政许可补偿案件可以适用调解，参照行政赔偿案件调解的有关规定办理。

（四）发现许可无法继续其效力的情形：注销

在行政许可的效力消失，当事人无法继续从事行政机关准予的许可活动时，原发证机关需要办理注销手续。法律规定了以下五种行政许可效力丧失的情形：

1. 许可有效期届满未延续；

2. 赋予自然人特定资格的许可，该自然人死亡或丧失行为能力的；

3. 组织依法终止的；

4. 许可被撤销、撤回，或许可证件被吊销；

5. 因不可抗力导致许可事项无法实施。

（五）撤销、吊销、撤回和注销的区别

行政许可的撤回、撤销、注销与吊销均是在许可实施过程中的管理行为，均属于具体行政行为，可以申请行政复议或者提起行政诉讼，但是，四种行为存在较大的差异。

1. 撤销许可与吊销许可的区别

撤销许可是违法因素发生在许可获得过程中，或者说，许可行为本身是违法的。比如，民政局颁发律师执照，或者行政机关颁发楼房建设许可证，没有征求相邻权人的意见，许可程序违法。

吊销许可针对的是获得许可后的违法行为，许可行为本身不违法，当事人事后违法。比如，小新合法获得了律师执业证书后，从事诉讼中伪造证据等违法行为，司法局应当吊销其律师执业证书。

2. 许可撤销与许可撤回的区别

许可撤销是因为许可行为自身违法。而撤回针对的是当事人本来合法获得的行政许可，被许可人许可的获得及事后实施行为并不违法，只是因为客观情况的变化，许可活动的存在基础丧失了，无法允许许可行为继续其效力，于是，将其效力废止。撤回与合同法当中的情势变更有异曲同工之妙。

3. 注销与其他行为的区别

注销是一种程序性的行为，注销与其他三个行为的差异非常易于识别。在撤销、吊销、撤回后，均需要将许可证注销。

◉ ［例］食品药品监督管理局向一药店发放药品经营许可证。后接举报称，该药店存在大量非法出售处方药的行为，该局在调查中发现药店的药品经营许可证系提供虚假材料欺骗所得。

问：行政机关对许可证的正确处理手段是什么？

答：先撤销后注销。药店的药品经营许可证系提供虚假材料欺骗所得，为许可行为本身违法，应当予以撤销。撤销后因为当事人无法继续实施许可活动，行政机关应当予以注销许可证。

三、许可实施与监督检查的收费

1. 行政机关实施行政许可和对许可事项进行监督检查，不得收取任何费用。但法律、行政法规另有规定的除外。

◉ ［知识点拨］只有法律、行政法规有权规定行政许可实施和监督检查的收费，比如，车辆年检收费、港口建设费和排污费等。部门规章、地方性法规、地方政府规章等均无权规定行政许可的收费。这主要是防止地方为了地方私利，部门为了部门私利，巧立名目，胡乱收费。

2. 行政机关实施行政许可，依照法律、行政法规收取费用的，应当按照公布的法定项目和标准收费；所收取的费用必须全部上缴国库，任何机关或者个人不得以任何形式截留、挪用、私分或者变相私分。财政部门不得以任何形式向行政机关返还或者变相返还实施行政许可所收取的费用。

🟩 主观题命题规律

本专题对主观题命题意义比较大的知识点有：第一，行政许可的概念。现代行政法学以行政行为为中心而建立，行政法学者不断地将行政主体的具体行政活动，经由类型化的操作方法，予以抽象归纳，以形成整体性的系统，并赋予类型化后的行政行为确定的体系定位和相应的法律效果，故而此种操作方法被命名为"行政行为形式理论"。通俗地说，就是行政法学的体系建构需要首先实现行为定性，才能匹配对应的法律效果机制，所以，实践中对于行政行为的定性问题是重要的争议点之一，自然也就会成为主观题考查的重点，与行政许可混淆的主要是行政确认行为，考生应精准的区分两个行为的区别。第二，行政许可的撤销制度，该部分内容是行政行为撤销制度在行政许可领域的具体体现，考生应结合起来进行学习，尤其要重点掌握许可撤销中的合法行政原则和信赖利益保护原则的具体体现。第三，前置性许可和许可延续制度。第四，行政许可的设定和具体规定。

🟩 主观题知识提升

进阶案例 1

2000 年 11 月 14 日，李某和宋某（4 位申诉人已故父亲）两人办理结婚登记，吉林省梅河口市民政局按照规定审查了两人提供的有效证件后认为符合结婚登记申请条件，为李某和宋某填写了结婚登记申请表，照了结婚证合影照片，填写了结婚证，并履行了必要的结婚登记手续，根据《婚姻登记管理条例》第九条规定，为两人办理了结婚证。当时李某所持证件齐全，宋某因子女不同意其再婚，户口簿和身份证被子女扣留未能提交。市民政局在宋某未提交户籍身份证明的情况下办理了结婚证，同时依据《婚姻登记管理条例》第十三条规定，要求宋某到户籍地派出所开具身份证明。2000 年 11 月 27 日，李某和宋某向市民政局补交了户籍地派出所出具的身份证明。同日，市民政局为两人发放了结婚证。宋家四子女认为，一是市民政局出具的婚姻登记申请书等材料是编造的，与父亲的真实意愿不符；二是该婚姻登记证在遗产继承案件中对四人不利，故向法院起诉要求确认市民政局的婚姻登记违法，婚姻关系无效。主要理由：市民政局在证件不全的情况下进行了登记，构成违法。

问题： 婚姻登记的性质属于行政许可，还是行政确认？

解析： 行政许可是指行政机关根据公民、法人或者其他组织的申请，经依法审查，准予其从事特定活动的行为。当事人在没有被准予从事某项特定活动之前，处于被禁止的状态，如果当事人从事了该活动，需要承担相应的法律责任。

行政许可意味着赋予了被许可人某种当事人本来并不拥有的权利，允许被许可人自由实施某种行为，是权利的"无中生有"。行政确认是对业已客观存在的事实的评判和宣告，比如户籍登记、婚姻登记和机动车登记（产权登记除外），它并没有创设新的权利，在没有确认该行为前，当事人的权利其实是存在的，在"宋家四子女与梅河口市民政局等婚姻登记纠纷再审案"中，最高人民法院认为："确认登记的作用只是在相对人的民事权利上叠加一层官方认可的色彩，其行为效力完全基于法律的直接规定而非行政机关的意思产生。因此，结婚自愿才是衡量婚姻是否有效的实质要件。确认行为在法律性质上只是一种公示行为，通过确认方式使当事人的民事意愿表示出来"[①]。我们识别行政主体给予相对人某种证书、证明、凭证的行为性质是否属于行政许可，关键在于判别该行为是否具有赋权性。而行政确认却与此不同，即使当事人的某种事实或法律关系未经行政机关的确认，当事人从事了相关行为，并不构成违法。单身男女双方未经结婚登记，则以夫妻名义居住在一起，过起了事实上的婚姻生活，这并不属于违法行为，当事人不需要承担任何行政或刑事责任。所以，结婚登记的性质属于行政确认。

行政许可的效力是向后的，一经许可登记即创设新的权利义务关系；而行政确认是对既有民事关系的记载，其权利义务从根本上取决于基础民事法律关系或者法律事实，如结婚登记取决于当事人缔结婚姻关系的意愿，不动产登记取决于民法上相应的债权合同或者物权变动的事实。故法院司法审查时应着重把握实质要件，采取实质合法审查标准。一方面，不轻易因为登记程序问题否定婚姻效力。有关法律在设定行政确认法律关系时，更重视其所确认行为的实质要件，及该确认行为所确认的民事法律关系是否有效，甚至达到实质目的而迁就形式目的。婚姻登记是结婚的必经程序，但未办理结婚登记而具备结婚实质要件的，《婚姻法》允许补办，且补办登记具有溯及力。相反，一旦婚姻登记程序办理完毕，即使婚姻登记违反法定程序，若结婚符合实质要件，此时以程序违法为由撤销婚姻登记行为，受损害的恰恰是婚姻当事人自己，而与设定婚姻登记程序的本意不符。

进阶案例 2

2003 年 11 月 3 日，北京世纪星碟公司向北京市工商行政管理局申请股东变更登记，同时提交了一份《股东会决议》和一份《转股协议》，《股东会决议》内容为："全体股东一致同意公司变更股东，原股东周海军所持股份 5 万元全部转让给孙毅刚"，《转股协议》内容为："周海军将自己在北京世纪星碟公司所持 5 万元股权全部转让给孙毅刚"，上述文件中均有署名"周海军"的签字。2003 年 11 月 5 日，北京市工商行政管理局对原告的变更登记申请予以核准。随后另案中，两审法院经审理，认定北京世纪星碟公司用作办理股

---

① 宋家四子女与梅河口市民政局等婚姻登记纠纷再审案，最高人民法院（2013）行监字第 679 号。

东变更登记的《股东会决议》《转股协议》实为冒用周海军名义所形成，内容上不真实，并分别判决上述决议及协议无效。2006 年 5 月 31 日，周海军向朝阳区工商局递交《撤销公司变更登记行为申请书》，要求撤销将其股东身份变更为孙毅刚的公司登记行为，并提交了前述生效判决书。2006 年 6 月 19 日，朝阳区工商局以法院判决转股协议无效为由，依据《行政许可法》第 69 条作出前述京工商朝注册企许撤字（2006）0000001 号《撤销登记决定书》。原告对此不服，申请行政复议。2006 年 9 月 29 日，北京市工商行政管理局作出《行政复议决定书》，维持了原撤销登记决定。

问题：朝阳区工商局《撤销登记决定书》适用法律是否正确？

关联法条：

《行政许可法》

第 2 条 本法所称行政许可，是指行政机关根据公民、法人或者其他组织的申请，经依法审查，准予其从事特定活动的行为。

第 69 条 有下列情形之一的，作出行政许可决定的行政机关或者其上级行政机关，根据利害关系人的请求或者依据职权，可以撤销行政许可：

（一）行政机关工作人员滥用职权、玩忽职守作出准予行政许可决定的；

（二）超越法定职权作出准予行政许可决定的；

（三）违反法定程序作出准予行政许可决定的；

（四）对不具备申请资格或者不符合法定条件的申请人准予行政许可的；

（五）依法可以撤销行政许可的其他情形。

被许可人以欺骗、贿赂等不正当手段取得行政许可的，应当予以撤销。

依照前两款的规定撤销行政许可，可能对公共利益造成重大损害的，不予撤销。

依照本条第一款的规定撤销行政许可，被许可人的合法权益受到损害的，行政机关应当依法给予赔偿。依照本条第二款的规定撤销行政许可的，被许可人基于行政许可取得的利益不受保护。

解析：行政许可是赋予行政相对人某种权利和资格，准予当事人从事某种活动的行政行为。依照《公司法》的规定，公司应当将股东的姓名或者名称及其出资额向公司登记机关登记；登记事项发生变更的，应当办理变更登记。未经登记或者变更登记的，不得对抗第三人。据此，公司股东转让股权的民事法律行为，经股东会决议表决通过即发生民事法律效力，登记机关的核准登记并非该民事法律行为的生效要件，不经登记机关办理变更登记只是不产生对抗第三人的效力，登记机关的登记行为不具有赋权性，仅具有对社会公示的法律效力。因此，股东变更登记不具有《行政许可法》规定的行政许可行为的法律属性。被告朝阳区工商局将股东变更登记定性为行政许可事项，并依据《行政许可法》作出《撤销登记决定书》，属于适用法律错误。

进阶案例 3

建设单位在李某的门前设有消防设施，市公安消防支队对其消防设施抽查后作出《建设工程消防验收备案结果通知》。李某认为消防栓的设置和建设影响了其生活而消防支队却验收合格，严重侵犯了其合法权益，遂向法院起诉，请求依法撤销市公安消防支队批准在其门前设置的消防栓通过验收的决定；依法判令被告责令报批单位依据国家标准限期整改。市公安消防支队辩称：《建设工程消防验收备案结果通知》的性质属于技术性验收，不属于人民法院的受案范围，请求驳回原告的起诉。一审法院裁定驳回了李某的起诉，李某上诉，在二审期间，公安消防支队撤销了该通知，原告撤诉。

关联法条：

《消防法》

第4条　县级以上地方人民政府公安机关对本行政区域内的消防工作实施监督管理，并由本级人民政府公安机关消防机构负责实施。

第13条　国务院住房和城乡建设主管部门规定应当申请消防验收的建设工程竣工，建设单位应当向住房和城乡建设主管部门申请消防验收。前款规定以外的其他建设工程，建设单位在验收后应当报住房和城乡建设主管部门备案，住房和城乡建设主管部门应当进行抽查。依法应当进行消防验收的建设工程，未经消防验收或者消防验收不合格的，禁止投入使用；其他建设工程经依法抽查不合格的，应当停止使用。

问题：

1. 《建设工程消防验收备案结果通知》是否属于行政诉讼的受案范围？为什么？

2. 《建设工程消防验收备案结果通知》属于什么性质的行为？

解析：

1. 《建设工程消防验收备案结果通知》属于公安机关履行消防工作实施监督管理职权而作出的行政行为，且对特定的当事人具有行政法意义上的约束力，属于可诉的范围类型，故法院应当予以受案。

2. 属于行政确认，行政确认是指行政主体依法对行政相对人的法律地位、法律关系或有关法律事实进行甄别，给予确定、认定、证明并予以宣告的具体行政行为。本案中，根据《消防法》第13条规定可以推知，对公安机关消防机构而言，《建设工程消防验收备案结果通知》这一备案结果中有抽查是否合格的备案性事后评定，属于公安机关消防机构对行政相对人的法律事实、法律关系予以认定、确认的行政行为，符合行政确认的特征。

◉ [考点拓展] 实践中对行政许可及易混淆相关行为的认定：[①]

（一）性质认定为行政许可的案例

1. 土地行政登记及颁证行为

在"李萍诉江西省于都县政府和赣州市政府行政许可案"中，法院认为，最高法《行政审判庭关于行政机关颁发自然资源所有权或者使用权证的行为是否属于确认行政行为问题的答复》（［2005］行他字第4号）也明确规定，有关土地等自然资源所有权或者使用权的初始登记，属于行政许可性质，不应包括在行政确认范畴之内。因此，于都县国土资源管理局与原告签订土地出让合同，收取出让金，于都县政府予以土地登记并颁发国有土地使用证的行为是一种赋予特定权利的行为而不是一种行政确认，属于行政许可。

2. 重建房屋的申请审核

在"陈吉云与南通市城乡建设局不履行法定职责案"中，原告陈吉云提出的重建房屋的申请当归属行政许可的范畴。

（二）性质认定为非行政许可的案例

---

① 本部分内容来源于徐晨著：《行政法理论与判解研究——以司法审查为中心》，中国政法大学出版社2017年版，第299-302页。

1. 股东变更登记

在"山东惠民兆通德煤焦有限公司诉惠民县工商行政管理局行政登记案"中，法院认为股东变更登记不设立新权利，系对股东权利的公示和确认，不具有《行政许可法》规定的行政许可行为的法律属性。上诉人惠民兆通德公司关于撤销股东变更登记系行政许可事项，被上诉人应适用《行政许可法》受理其申请或依职权作出撤销变更登记决定的上诉理由不成立，本院不予支持。

2. 企业法定代表人的变更

在"梁志雄与江门市工商行政管理局新会分局工商行政登记案"中，法院认为企业的设立登记，是根据法律的规定允许企业从事特定行为。而企业法定代表人的变更并不具备行政许可的属性，因此，在工商行政管辖部门办理变更企业法定代表人，属于行政登记行为。

3. 保障性商品房购买申请的审核

在"郑民锋与厦门市建设与管理局不履行法定职责案"中，法院认为社会保障性住房，是指政府提供优惠，限定户型、面积、价格等，向本市住房困难家庭，以出租或者出售方式提供的政策性住房。该类住房的供给，明显带有福利给付性质，与行政许可并不一致。虽然租赁或者购买保障性住房需要提出相关申请，被告也存在按照相关规定予以审核的管理行为，但系针对申请户是否符合本市户籍的住房困难家庭等限定条件的确认，故不属于行政许可，亦不应适用行政许可的相关时限规定。

4. 土地使用权抵押登记

在"李某等人诉信宜市国土资源局履行法定职责案"中，法院认为，对于《行政许可法》第2条的规定，按一般理解，行政许可存在的前提是法律一般地禁止从事特定活动。而事实上，法律没有一般地禁止土地使用权抵押登记，所以，土地使用权抵押登记不属于行政许可。

5. 办理组织机构代码证

在"湖南锐杰律师事务所与长沙市质量技术监督信息管理所行政检查案"中，法院认为，根据《行政许可法》《组织机构代码管理办法》的相关规定，组织机构代码证制度是为了规范和加强我国组织机构管理工作，推进相应信息化管理基础建设而建立的，其登记对象是已经依法设立的组织机构，组织机构代码证本身并不具有批准组织机构成立或者准予组织机构从事特定活动的法律效力。因此，被告为原告办理组织机构代码证的行为不属于行政许可行为。

专题六

行 政 处 罚

第一节　行政处罚概述

　　一个社会需要规则和秩序，但总会有一些社会规则的越轨者和秩序的破坏者，此时，就需要刑罚、行政处罚一类的社会控制工具，为社会划定不可触碰的警戒线，维护稳定的社会秩序。惩罚的目的主要有两个：第一，惩戒当事人，迫使行为人尽快消除违法状态；第二，用以表达社会规范对于这种违法行为的反对态度，预防和抑制行为人和其他社会成员的违法行为。

　　《行政处罚法》为1996年制定，2021年修改的法律，对于"新旧法适用"问题，《行政处罚法》规定为"从旧兼从轻"，实施行政处罚，适用违法行为发生时的法律、法规、规章的规定。但是，作出行政处罚决定时，法律、法规、规章已被修改或者废止，且新的规定处罚较轻或者不认为是违法的，适用新的规定。

　　同时，还应注意，本专题涉及《行政处罚法》和《治安管理处罚法》两部法律，二者是一般法与特别法的关系，《治安管理处罚法》是公安机关对违反了治安管理秩序的行政相对人进行惩戒的部门行政法。

一、行政处罚的概念和基本特征

（一）行政处罚的概念

　　行政处罚是指行政机关依法对违反行政管理秩序的公民、法人或者其他组织，以减损权益或者增加义务的方式予以惩戒的行为。

（二）行政处罚的基本特征

　　1. 行政处罚是行政机关行使国家惩罚权的活动。相应地，不具有国家行政职能的个人、企业事业单位和其他组织，为维护内部工作生活秩序，按照组织章程或群众公约所采取的处罚措施，不属于行政处罚。

　　2. 行政处罚是针对外部的公民、法人或者其他组织违法行为的管理活动，不同于行政机关对内部工作人员的行政处分。外国人、无国籍人、外国组织在中华人民共和国领域内有违法行为，应当给予行政处罚的，适用本法，法律另有规定的除外。

　　◉ ［知识点拨］

　　行政处罚和行政处分的区分标准在于我们之前讲过的"内外看身份"。

3. 行政处罚是维护行政管理秩序的具体行政行为，不同于惩罚犯罪的刑罚。行政违法行为与犯罪都是危害社会的行为，刑罚是制裁犯罪的手段。犯罪是极端的反社会行为，刑罚是最严厉的国家制裁手段。行政违法所危害的是国家行政管理秩序，社会危害程度较犯罪低。

◉ ［例］ 小新小偷小摸 500 元，只构成行政违法，对应的是罚款、拘留等行政处罚；而如果小新大偷大摸 50000 元，则构成了刑事违法的盗窃罪，对应的则是有期徒刑等刑罚手段。

不过，行政处罚和刑罚在实践中可能产生竞合，此时就可能会涉及刑罚和行政处罚的折抵问题。在一个行为同时构成行政违法和刑事犯罪，并受到行政处罚和刑事处罚的情况下，应当将行政拘留日期折抵相应的拘役或者有期徒刑的刑期，或将行政罚款折抵相应的刑罚罚金。但是，行政处罚中的没收不能与刑罚上的没收相折抵。这是因为行政处罚中的没收针对的是与当事人违法行为有关的财产，而刑罚中的没收则针对当事人的各种财产，两者针对的对象并不相同。

◉ ［例］ 某公安局开始以为小新只是小偷小摸了 500 元，对其行政拘留 5 日。拘留执行完毕后，公安局发现小新事实上偷盗了 50000 元，经过刑事审判，小新被判处了 5 年的有期徒刑。此时，应该用 5 日的行政拘留折抵 5 日的有期徒刑，也就是有期徒刑应当少执行 5 日。

◉ ［注意］ 只有在行政处罚实际拘留执行完毕后才会涉及折抵制度，如果未执行完毕，则拘留决定不必执行，何苦先执行，而后再折抵，这不多此一举吗？同理，行政机关尚未给予当事人罚款的，不再给予罚款。

4. 处罚的惩戒性，惩戒性包含两个要素：第一个是惩戒的目的，第二个是实现惩戒目的的方式是给当事人减损权益或者增加义务。惩戒性是行政处罚区别于其他负担性行政行为的主要标志。三组例子予以说明：

第一组，撤销与吊销。当事人瞒报材料获得许可证后，许可被撤销，撤销不属于行政处罚，因为当事人本来就没有获得许可证的资格；但是吊销则属于处罚，因为当事人本来合法的持有该许可证，为了对当事人违法行为予以惩罚将其许可吊销，拿走了属于当事人的许可证，增加了新的负担。

第二组，取缔与责令停产停业。当事人未取得行医许可证违法开设诊所，行政机关将非法小诊所予以取缔，取缔并未为其增加新负担，因为当事人本身就没有营业资格；当事人获得行医许可证开设小诊所，大剂量滥用抗生素，行政机关责令该诊所停业，责令停产停业剥夺了当事人本来具有的营业资格，为当事人增加了新的负担。

第三组，责令种树。当事人李某乱砍滥伐了 2 棵树木，林业局责令其补种 10 棵树木，这属于行政处罚，因为额外补种 8 棵，增加了新的负担，但如果只是责令其补种 2 棵树木就不属于处罚，这种侧重于恢复原貌的责令改正，并没有为当事人增加新的负担，故而不属于行政处罚。

◉ ［知识点拨］ 下面我们列举几类常见的因为不具有惩戒性而并非处罚的行为：

（1）滞纳金。征收滞纳金的目的在于催促当事人缴纳本金，它的行为目的是执行，而不是惩戒，故其行为性质属于行政强制执行，而非行政处罚。

（2）收费行为。比如说超标排污费、社会抚养费等，这些费用的征收往往都是为了一定的社会管理目的，而不是为了惩罚当事人，所以它们的性质属于行政征收。

（3）行政许可的撤销、撤回和注销也是独立的具体行政行为，不属于行政处罚。

（4）责令限期改正。这个行为也没有给当事人增加负担，责令改正的功能在于恢复合法状态，而不具有惩戒性。责令改正的行为性质在学理通说上认为属于行政命令（与处罚、许可等并列的一种具体行政行为），但是，在考试中，命题人认为属于行政强制措施，考生应特别记忆。

二、行政处罚的种类

（一）警示罚和声誉罚

1. 警告

警告是指行政机关对违法情节轻微的相对人，告诫和谴责其行为违法性的一种处罚方式，警告只具有精神上的制裁作用。

⊙ [注意] 警告是书面的。

2. 通报批评

通报批评和警告不完全相同，警告原则上只需要送达当事人自身，不需要大范围公开，而通报批评本身就是以公开的方式实现惩罚目的的特别处罚类型，"公开"本身就是通报批评最具威慑力的惩罚手段。比如，根据《会计法》规定，伪造、变造会计凭证，尚不构成犯罪的，由县级以上人民政府财政部门予以通报。

（二）财产罚

1. 罚款

罚款是最常见的、应用最广泛的行政处罚形式，罚款是行政机关对违法相对人强制收取一定数量金钱，剥夺一定财产权利的制裁方法。

⊙ [注意] 罚款和罚金的执行不同，区别的关键在于适用前提，罚款为行政处罚的一种，以当事人违反行政管理秩序为前提。罚金的性质属于刑罚，以当事人违反刑事管理秩序为前提。

2. 没收

没收包括没收违法所得和没收非法财物。

（1）非法财物，指的是被处罚人直接用于违法行为，且属于本人所有的物品。如某地下工厂因为制造假烟而被查处，其制造假烟而获得的利益就是违法所得，为制造假烟而购置的设备或准备的原料就是非法财物。

⊙ [注意1] 非法财物必须是直接用于违法活动的物品，间接用于违法活动的不包括在其中，比如赌徒用于赌博的赌具可以没收，但是，赌徒当天是开着宝马车去赌博的，宝马车不能被没收。

⊙ [注意2] 非法财物必须是属于违法行为人自己的物品，属于善意第三人和受害人的财产不能被没收，最多只能做证据登记。

⊙ [注意3] 除了上面这种类型的没收之外，如果物品本身属于违法物品，比如毒品、淫秽物品等，因为其存在即违法，即使没有被直接用于违法活动也需要被没收。

⊙ [注意4] 行政处罚中的没收与刑罚上的没收财产有着本质区别，行政处罚中被没收的财产都与被处罚人实施的违法行为有关，而刑罚上被没收的财产则未必与罪犯的犯罪行为有关，它可以是罪犯通过实施犯罪行为获得的，也可以是通过其他方式获得的。

（2）违法所得是指实施违法行为所取得的款项。

⊙ ［注意1］违法所得的计算一般标准为"成本+利润"，法律、行政法规、部门规章对违法所得的计算另有规定的，从其规定。之所以将成本也统一没收，一方面是因为成本大都是非法财物的转化，比如，某企业用机器设备加工原材料制作劣质药品，利润10万自然需要没收，原材料（价值3万）虽然已经被消耗转化为了成本，但和作为非法财物而被没收的机器设备有什么本质区别呢？怎能不没收呢？另一方面是因为成本和利润在实践执法中较难完全分割，统一没收比较容易操作。

⊙ ［注意2］没收不仅仅包括收益，还包括成本，成本属于本人，所以没收违法所得属于行政处罚。

⊙ ［注意3］当事人有违法所得，除依法应当退赔的外，应当予以没收。这说明，在顺序上退赔是优先于没收的。比如，某网络主播在购物直播时，将劣质燕窝以次充好予以销售，此时，就应当优先退赔消费者，而后才可没收。

（三）资格罚

资格罚包括暂扣许可证件、降低资质等级、吊销许可证件，以限制或剥夺被处罚人从事特定行为的能力和资格为目的。

1. 暂扣许可证件

暂扣许可证件是通过暂时限制当事人从事某项活动的行为能力来达到惩罚目的的处罚类型，比如，居住在远郊区县的左某被暂扣驾照6个月后，只能走路5小时去市区上班了，惩戒性不可谓不强。

2. 降低资质等级

比如，在项目建设过程中，施工企业因使用不合格的材料，受到降低企业建筑资质等级的行政处罚。该企业从特级建筑企业，被行政机关降为二级建筑企业后，其承建工程的范围就会大大缩减，以前能修工艺复杂的大楼房，现在只能修工艺简单的小平房了，降低资质等级自然是一种处罚类型。

3. 吊销许可证件

吊销许可证件是通过永久剥夺当事人从事某项活动的行为能力来达到惩罚目的的处罚类型，比如，吊销律师执照就会导致律师丧失了以律师身份从事司法活动的资格。

（四）行为罚

行为罚包括限制开展生产经营活动、责令停产停业、责令关闭、限制从业。

1. 限制开展生产经营活动

与责令停产停业及责令关闭不同，限制开展生产经营活动并没有彻底禁止当事人的生产经营活动，只是对其生产经营活动进行了限制。比如，工业生产者排污量超过日最高总量，环保部门可以限制其开展生产经营活动。

2. 责令停产停业

责令停产停业是指行政机关暂时或永久地停止违法行为人的生产经营活动和其他业务活动的制裁方法。

⊙ ［注意1］责令停产停业与责令限期改正不同，责令限期改正的行为性质属于行政强制措施，其核心在于恢复正常状态，更偏向于教育和纠正，而没有惩罚的惩戒性。责令限期改正有时会成为责令停产停业的前置性程序,"行政相对人有违法行为发生,若放任其继续下去会对社会产生严重影响,为了给相对人改过的机会,法律、法规会规定给行政相对人一定期限来整顿,到期后行政机关再去检查整改或治理的结果,如果效果不佳,再根据情况对其施以行政处罚。"① 二者的核心区别在于有没有惩戒性,是否对当事人的权利义务构成了新的影响。请区分一下两个例子:

例1:甲厂的采砂许可证已经超期,但仍在从事采砂活动,行政机关责令其停止采砂。

例2:甲厂的采砂许可证为5年,开采至第3年,行政机关责令该厂停产停业,禁止其继续从事采砂活动。

例1不属于处罚,因为甲厂在许可证超期后,就不具有采砂的合法资格了,此时责令其停止其本不具有资格的活动,很明显并未增加新的义务负担,自然不属于处罚;而例2,甲厂是具有合法采砂资格的,此时责令其停产停业,禁止其继续从事采砂活动,是剥夺了本属于甲厂的开采资格,自然属于行政处罚。

⊙ [注意2] 资格罚和行为罚本质都是限制或禁止当事人从事特定活动,其区别就在于有没有通过作用于许可证的方式来达到惩罚效果。暂扣、吊销许可证件和降低资质等级是通过对许可证件的暂时或永久地剥夺来实现对当事人行为能力的限制,而责令停产停业等行为罚是直接禁止或限制了当事人的行为资格,前者针对许可证件,后者直接针对行为本身。比如,[注意1] 中的例2如果改为吊销甲厂采砂许可证,禁止其继续从事采砂活动,就属于资格罚中的吊销许可证件了。

3. 责令关闭

责令关闭是指行政机关对违反行政管理秩序的企业、事业单位或者其他生产经营者,通过停止供水供电、封闭生产经营场所等方式禁止其继续从事相关生产经营活动的行政处罚类型。责令关闭在环境保护领域最为常见,比如,根据《大气污染防治法》,未依法取得排污许可证排放大气污染物情节严重的,由县级以上人民政府生态环境主管部门报经有批准权的人民政府批准,责令停业、关闭。

4. 限制从业

与责令停产停业及责令关闭不同,限制从业不仅可以针对组织,也可以针对自然人。限制从业的处罚在食品、药品和证券等领域广泛存在,比如,被吊销许可证的食品生产经营者及其法定代表人,5年内不得申请食品生产经营许可,或者从事食品生产经营管理工作、担任食品生产经营企业食品安全管理人员。

(五)人身罚

行政拘留是公安机关对违反治安管理的人短期剥夺其人身自由的制裁方法,拘留的决定和执行主体只能是公安机关,拘留的执行场所为拘留所,单个违法行为的拘留最长期限为15日。公民犯有两种以上应受拘留的行为的,公安机关应分别决定处罚但可以合并执行,合并执行的拘留期限最长不超过20日。

(六)其他种类的处罚

其他种类的处罚,指的是在上述五种处罚种类之外由特别法创造出的处罚"新花样",比如,《治安管理处罚法》创造的限期出境、驱逐出境,《建设工程质量管理条例》创设

---

① 应松年主编:《行政处罚法教程》,法律出版社2012年版,第79页。

的终身不予注册等。

⊙ ［注意1］在其他种类处罚中，考生重点掌握《治安管理处罚法》创设的"新花样"——限期出境、驱逐出境。对于违反治安管理的外国人，公安机关可以在适用上述处罚的同时，附加限期出境或驱逐出境的处罚。限期出境为附加罚，不能独立适用。

⊙ ［注意2］其他种类的处罚只能由全国人大制定的法律、国务院制定的行政法规设定，地方性法规以下的文件无权设定。这主要是为了防止某些地方或部门为了自己行政管理便易，创造一些不是拘留、胜似拘留的"新花样"。

第二节　行政处罚的设定与具体规定

一、行政处罚的设定与具体规定概述

行政处罚的设定和具体规定，是指国家有权机关通过创设和规定行政处罚事项的立法活动。

⊙ ［例］某市交管局想对车辆后排乘客不系安全带的行为进行处罚，但交管局不能凭借着良好的初衷，想处罚就可以处罚。"先立法，后执法"，先有法可依，而后行政机关才可依法行政。例如，如果某省人大制定了一部地方性法规《后排乘客不系安全带处罚办法》，并规定："车辆后排乘客在车辆行驶中不系安全带的，交通行政管理部门可以对车辆驾驶员处以50~1000元罚款"，在有了这样的规则后，行政机关就可以依据该条规定作出罚款。但如果没有这样的规则，行政机关则无权对当事人进行处罚。

不过，在借助法律规则限制行政机关的时候，立法者也应当受到限制。《行政处罚法》根据我国的立法体制，对不同法律文件规定行政处罚的权限作出了规定。比如，如果上述某地方性法规规定："车辆后排乘客在车辆行驶中不系安全带的，交通行政管理部门可以对车辆驾驶员处以50~1000元罚款，情节严重者，可以吊销驾驶执照并行政拘留5~15日。"该法规条款是违法的，为什么呢？请看下面的内容。

二、行政处罚的设定

设定是行政处罚设定的第一个层次，设定解决的是从无到有的问题。例如，如果从来没有任何一个立法文件规定过要对后排乘客不系安全带的行为进行处罚，某个文件首创了该种处罚，就是从无到有的设定。

那如何分配各类立法文件设定行政处罚的权限呢？基本规则是法律位阶越高的文件，设定权限也就越大，自由度也就越高。

（一）法律

法律可以设定《行政处罚法》中所规定的各种类型的处罚，还可以创制《行政处罚法》中没有规定的其他类型的处罚（新花样）。在此应注意的是，限制人身自由的行政处罚，只能由法律设定，行政法规、规章均无权设定限制人身自由的行政处罚。

（二）行政法规

行政法规也可以设定《行政处罚法》中所列明的各种类型的处罚，以及该法所没有列明的其他类型的处罚，但限制人身自由的处罚除外。

（三）地方性法规

地方性法规可以设定《行政处罚法》中所规定的大部分类型的处罚，但限制人身自由的处罚以及吊销营业执照的处罚除外。另外，地方性法规也<u>无权设定"其他种类的处罚"</u>（"新花样"）。对"吊销营业执照"要做准确理解：

1. 注意这是吊销，如果是暂扣，地方性法规仍可设定；

2. 注意吊销的是营业执照，如果吊销的是企业的其他执照或许可证，地方性法规同样可以设定。

⊙ ［例1］ 分析至此我们可以回答前面遗留的问题了，如果某地方性法规规定："车辆后排乘客在车辆行驶中不系安全带的，交通行政管理部门可以对车辆驾驶员处以50~1000元罚款，情节严重者，可以吊销驾驶执照并行政拘留5~15日。"这是否合法呢？答案是该规定违法，因为地方性法规无权设定拘留这一行政处罚类型。

⊙ ［例2］ 如果该地方性法规只规定："车辆后排乘客在车辆行驶中不系安全带的，交通行政管理部门可以对车辆驾驶员处以50~1000元罚款，情节严重者，可以吊销驾驶执照。"这是否合法呢？答案是合法的，因为吊销驾驶执照和罚款不属于限制人身自由和吊销营业执照，地方性法规是有设定权限的。

（四）规章

规章包括部门规章与地方政府规章两类。针对违反行政管理秩序的行为，规章可以设定的处罚类型只有警告、通报批评与一定数额的罚款。

⊙ ［注意］ 规章设定罚款的限额并不能自主决定。部门规章的罚款限额应当由国务院规定，而地方政府规章的罚款限额应由其所在的省级人大常委会决定。

三、行政处罚的具体规定

具体规定是行政处罚设定的第二个层次，解决的是从粗到细的问题。行政处罚的具体规定，就是对已经设定出来的行政处罚作进一步的、具体的规范。

行政法规、地方性法规和行政规章都可以对上位法已经设定的处罚事项作出具体规定。但这种规定必须遵循上位法优先的原则，不得违反上位法规定的<u>给予行政处罚的行为、种类和幅度</u>。对这一原则全面、准确的理解包括：

1. 不能改变行政处罚的适用对象

上位法规定这种处罚适用于何种违法行为，下位法不能将其适用到其他行为上去。

⊙ ［例］ 法律规定对饮酒后驾驶机动车的，给予1000~2000元的处罚，作为下位法的行政法规在进行具体规定时，不能规定对疲劳驾驶机动车的也给予这个处罚。

2. 不得违反上位法规定的处罚种类

指的是上位法一旦规定对某一行为给予什么种类的处罚，下位法就既不能增加，也不能减少它，更不能无中生有，创造出上位法没有的处罚类型。

⊙ ［例］ 如，行政法规规定对集贸市场中的价格欺诈行为，有关部门可以罚款。如果国家市场监督管理总局的部门规章进一步规定：对于这种行为，可以给予罚款或暂扣30天营业执照的处罚。该规章的内容违反了上位法，增设了上位法没有规定的处罚种类。

3. 不得违反上位法规定的处罚幅度

处罚幅度一般在罚款（如罚款50~100元）、拘留（如拘留5~10日）、暂扣许可证件和执照（如暂扣1~3个月）这几类处罚中可能出现，由一个上限和一个下限构成。不违反处罚幅度，就是既不能改变其上限，也不能改变其下限，只能在这个幅度内区分具体情况规定其适用。

⊙ ［例］我国《种子法》规定，违法经营、推广应当审定而未经审定通过的种子的，可处1万元以上5万元以下罚款。某省人民政府在其制定的《某省种子法实施办法》中规定，违法经营、推广应当审定而未经审定通过的种子的，可处3万元以上5万元以下罚款。

问：《某省种子法实施办法》的规定是否合法？

答：违法。上位法《种子法》规定的处罚幅度为1~5万元，而下位法《某省种子法实施办法》则规定为3~5万元，属于缩小了处罚幅度的范围，《某省种子法实施办法》抵触了《种子法》。但《某省种子法实施办法》可以这样规定：违法经营、推广应当审定而未经审定通过的种子的，未造成严重后果的，处1万元以上3万元以下罚款；造成严重后果的，处3万元以上5万元以下罚款。

为了准确的细化上位法，精准控制行政裁量权，实践中行政机关往往会制定裁量基准，《行政处罚法》第34条规定："行政机关可以依法制定行政处罚裁量基准，规范行使行政处罚裁量权。行政处罚裁量基准应当向社会公布。"比如，下表为重庆市交通局制定的《重庆市交通行政处罚裁量基准（2019年修订版）》（部分）。

行为	上位法依据	下位法细化（形成裁量基准）		
		违法情节	裁量事实	处罚基准
未经有关交通主管部门批准擅自施工公路建设项目的	《公路法》第75条：未经有关交通主管部门批准擅自施工的，交通主管部门可以责令停止施工，并可以处50000元以下的罚款	一般	擅自施工对公路路产没有造成危害的	责令停止施工，处3000元罚款
		较重	擅自施工对公路路产造成了危害在10延米以下的	责令停止施工，处10000罚款
		严重	擅自施工对公路路产造成了严重危害超过10延米的	责令停止施工，处20000元罚款
		特别严重	擅自施工造成特别严重的危害后果的（交通事故、集访上访等事件发生的）	责令停止施工，处50000元罚款
擅自占用、挖掘公路的	《公路法》第76条：擅自占用、挖掘公路的，由交通主管部门责令停止违法行为，可以处30000元以下的罚款	轻微	擅自占用、挖掘公路在1延米以下，并能及时纠正的	处500元罚款
		一般	擅自占用、挖掘公路超过1延米，在3延米以下的	处2000元罚款
		较重	擅自占用、挖掘公路超过3延米，在10延米以下的	处15000元罚款
		严重	擅自占用、挖掘公路超过10延米，在20延米以下的	处20000元罚款
		特别严重	擅自占用、挖掘公路超过20延米，或造成交通事故、路产损坏等严重事件发生的	处30000元罚款

四、补充设定

（一）行政法规对法律的补充设定

法律对违法行为未作出行政处罚规定，行政法规为实施法律，可以补充设定行政处罚。拟补充设定行政处罚的，应当通过听证会、论证会等形式广泛听取意见，并向制定机关作出书面说明。行政法规报送备案时，应当说明补充设定行政处罚的情况。

（二）地方性法规对法律、行政法规的补充规定

法律、行政法规对违法行为未作出行政处罚规定，地方性法规为实施法律、行政法规，可以补充设定行政处罚。拟补充设定行政处罚的，应当通过听证会、论证会等形式广泛听取意见，并向制定机关作出书面说明。地方性法规报送备案时，应当说明补充设定行政处罚的情况。

⊙ [知识点拨] 补充设定是为行政法规和地方性法规适度"松绑"，放宽其行政处罚设定权的制度。设定权是"我的地盘，我做主"，补充设定是"别人的地盘，我做主""山中无老虎、猴子当大王"。例如，法律只规定了含混的管理措施，行政法规或地方性法规可以来补充规定相应的处罚手段，用我师弟张力教授的说法就是"针对上位法已经规定的违法行为，补充罚则，即新增责任规范"。试举一例，《计量法》第14条。规定："任何单位和个人不得违反规定制造、销售和进口非法定计量单位第计量器具。"由于《计量法》没有规定罚则，《计量法实施细则》第41条就有权补充设定为："违反《中华人民共和国计量法》第十四条规定，制造、销售和进口非法定计量单位的计量器具的，责令其停止制造、销售和进口，没收计量器具和全部违法所得，可并处相当其违法所得10%至50%的罚款。"

五、立法后评估

国务院部门和省、自治区、直辖市人民政府及其有关部门应当定期组织评估行政处罚的实施情况和必要性，对不适当的行政处罚事项及种类、罚款数额等，应当提出修改或者废止的建议。

第三节　行政处罚的实施

一、行政处罚的实施主体

（一）行政机关

实施处罚的行政机关包括两种：一是一般行政机关；二是综合执法机关。

1. 一般行政机关。可以在其职权范围内实施行政处罚。

2. 综合执法机关（集中处罚）。综合执法制度是行政机关提高行政处罚效率、减少职权争议的重要制度，国家在城市管理、市场监管、生态环境、文化市场、交通运输、应急管理、农业等领域推行建立综合行政执法制度，相对集中行政处罚权。行政处罚权的集中行使，就是将原来分散于多个行政机关手里的处罚权收归于一个行政机关行使，实现了权力的集中和转移；原来的机关就此失去了有关的行政处罚权，这些机关如果再实施行政处

罚，就是无效的。由于处罚权的集中会形成权力巨无霸，所以，规则上对于处罚的集中给予了一定的限制，具体有：

（1）主体上的限制：只有国务院或省级政府，可以决定由一个行政机关行使多个行政机关的处罚权。

（2）权限上的限制：限制人身自由的行政处罚权只能由公安机关和法律规定的其他机关行使。

◉ ［知识点拨］ 限制人身自由的行政处罚权不能够被集中实施，是因为公民的人身自由是极其重要的基本权利，其决定和执行权专属于公安机关和法律规定的其他机关，除此之外的其他任何机关不可以插手。

（二）法律、法规授权的组织①

1. 法律、法规授权的具有管理公共事务职能的组织（也就是专题二所论述的无行政权能的组织机构），可以在其授权范围内实施行政处罚。如中国足协根据《体育法》的授权，可以对有违规行为的俱乐部或者球员实施处罚。注意只有法律、法规授权的组织才有处罚实施权。

2. 法律、法规授权的组织实施行政处罚的法律特征是：

（1）以自己的名义实施行政处罚；

（2）以自己的名义参加行政复议或者行政诉讼，并承担相应的法律后果。

◉ ［知识点拨］ 只有法律、法规有权让不具有行政管理权的非行政主体成为行政主体（飞上枝头变凤凰）。考生可能会产生这样的疑问，规章不也有设定警告和一定数额罚款的授权资格吗，怎么这里规章又没有资格了呢？

这个疑问的根源在于行政法中有两种类型的授权，广义授权是"无授权则无行政"中的授权，任何主体，哪怕是北京市政府、北京市公安局这样的主体，都必须取得法的授权才能开展某个具体的行政管理活动。狭义授权是通过授权的形式，让不具有行政管理权的非行政主体获得行政主体资格的授权。由于后一种授权能让企业、非政府组织等主体发生脱胎换骨地变身，所以，法律规则对其要求更高。请仔细区别下面两个例子。

◉ ［例1］ 某地规章规定，该地公安局可以对随地吐痰行为罚款50元。这是合法有效的。因为公安局本身就有行政主体的资格，不需要"飞上枝头变凤凰"，所以其只需要满足广义授权的要求即可；而规章是有权设定警告、通报批评和一定数额的罚款的，所以该规定合法有效。

◉ ［例2］ 某地规章规定，该地某公司可以对随地吐痰行为罚款50元。该规定不合法。虽然规章有权设定警告、通报批评和一定数额的罚款，但是，该公司自身并没有行政管理权限，必须要通过狭义授权的方式让它获得行政主体资格，对于处罚权的狭义授权只能是"法律、法规"，规章是没有狭义授权的资格的，所以该条规定违法。

（三）行政机关委托的组织

委托的本质就是"找帮手"。基于行政委托的原理，受委托组织并非法律上的实施主体，其实施行政处罚的法律后果只能归属于委托者。从法律层面看，在委托实施行政处罚

---

① 关于授权与委托的内容还是建议考生参照专题二的内容，本部分和专题二内容为总论与分论的关系，为授权与委托知识在处罚领域的具体适用。

的情形下，行政处罚的实施者依然是原行政主体自身。需要注意以下细节：

1. 受委托组织必须以委托者的名义实施行政处罚，且<u>不得再委托其他组织或者个人实施行政处罚</u>。

2. 受委托组织必须符合以下条件：依法成立并具有管理公共事务职能；有熟悉有关法律、法规、规章和业务并取得行政执法资格的工作人员；需要进行技术检查或者技术鉴定的，应当有条件组织进行相应的技术检查或者技术鉴定。

3. 委托书应当载明委托的具体事项、权限、期限等内容。<u>委托行政机关和受委托组织应当将委托书向社会公布</u>。

二、管辖规则

管辖是关于行政机关处理行政处罚案件权限划分的制度。管辖规则决定由哪一个级别、哪一个地方的行政机关主管特定行政处罚案件。管辖对于及时处理行政处罚案件，预防和解决行政机关之间权限冲突具有重要作用。

（一）级别管辖

1. 一般情况

行政处罚由<u>县级以上地方人民政府具有行政处罚权的行政机关管辖</u>，比如县公安局、区环保局等。法律、行政法规另有规定的，从其规定。据此，各种内设机构与派出机构，一般就不具备行政处罚权，除非法律与行政法规对此作出了特别规定，如《治安管理处罚法》规定派出所可以行使部分处罚权。

2. 管辖权下放

乡镇人民政府、街道办事处是直接接触老百姓的基层政权，但长期以来，它们却没有对违法行为的处罚权，这就导致了基层政府对一些违法现象束手无策，"看得见的管不了，管得了的看不见"。针对这一现象2021年生效《行政处罚法》推进行政执法权限和力量向基层延伸和下沉，省级政府根据当地实际情况，可以决定将<u>基层管理迫切需要的县级政府部门的行政处罚权交由能够有效承接的乡镇政府、街道办事处行使，并定期组织评估。决定应当公布</u>。承接行政处罚权的乡镇人民政府、街道办事处应当加强执法能力建设，按照规定范围、依照法定程序实施行政处罚。

⊙ ［注意1］ <u>只有省级政府有决定处罚管辖权下放的资格</u>。

⊙ ［注意2］ 管辖权下放指的是<u>从县级政府部门到乡镇政府和街道办事处</u>（在专题二中我们介绍过城市中的街道办属于派出机关，其本质就是城市中的"乡政府"）。

（二）地域管辖

行政处罚由违法行为发生地的行政机关管辖，法律、行政法规、部门规章另有规定的，从其规定。"违法行为发生地"应作广义理解，不但包括主要违法行为实施地，还包括其相关行为的实施地，以及直接违法结果的发生地。

⊙ ［例］ 个体户刘某在北京市朝阳区取得经营许可证，在海淀区违法经营。对于该违法行为，海淀区才是违法行为的发生地，所以，朝阳区有关行政机关无权处理，海淀区有关行政机关有权处理。

（三）管辖争议

两个以上行政机关都有管辖权的，由最先立案的行政机关管辖。对管辖发生争议的，应当协商解决，协商不成的，报请共同的上一级行政机关指定管辖；也可以直接由共同的上一级行政机关指定管辖。

（四）行政协助

行政机关因实施行政处罚的需要，可以向有关机关提出协助请求。协助事项属于被请求机关职权范围内的，应当依法予以协助。

（五）行政执法和刑事执法的衔接

违法行为涉嫌犯罪的，行政机关应当及时将案件移送司法机关，依法追究刑事责任。对依法不需要追究刑事责任或者免予刑事处罚，但应当给予行政处罚的，司法机关应当及时将案件移送有关行政机关。

行政处罚实施机关与司法机关之间应当加强协调配合，建立健全案件移送制度，加强证据材料移交、接收衔接，完善案件处理信息通报机制。

三、行政处罚的实施程序

行政处罚的实施程序，分为普通程序、简易程序与听证程序。普通程序是正常情况下适用的行政处罚程序，简易程序是普通程序的简便化，听证程序则是普通程序的复杂化。但不管何种程序，以下一般规定是都需要遵守的，这是程序原则在处罚中的体现：

1. ［公开］行政处罚的实施机关、立案依据、实施程序和救济渠道等信息应当公示。具有一定社会影响的行政处罚决定应当依法公开。公开的行政处罚决定被依法变更、撤销、确认违法或者确认无效的，行政机关应当在3日内撤回行政处罚决定信息并公开说明理由。

2. ［回避］执法人员与案件有直接利害关系或者有其他关系可能影响公正执法的，应当回避。当事人认为执法人员与案件有直接利害关系或者有其他关系可能影响公正执法的，有权申请回避。当事人提出回避申请的，行政机关应当依法审查，由行政机关负责人决定。决定作出之前，不停止调查。

3. ［参与］行政机关在作出行政处罚决定之前，应当告知当事人拟作出的行政处罚内容及事实、理由、依据，并告知当事人依法享有的陈述、申辩、要求听证等权利。当事人有权进行陈述和申辩。行政机关必须充分听取当事人的意见，对当事人提出的事实、理由和证据，应当进行复核。当事人提出的事实、理由或者证据成立的，行政机关应当采纳。行政机关不得因当事人陈述、申辩而给予更重的处罚。

4. ［应急］发生重大传染病疫情等突发事件，为了控制、减轻和消除突发事件引起的社会危害，行政机关对违反突发事件应对措施的行为，依法快速、从重处罚。

（一）普通程序

行政处罚的普通程序适用于正常情况下的处罚案件，如果一个行政处罚案件既不符合简易程序，也不符合听证程序的适用条件，则必定适用普通程序。

普通程序包括以下三个主要环节：

1. 立案

行政机关发现公民、法人或者其他组织有依法应当给予行政处罚的行为的，必须全面、客观、公正地调查，收集有关证据；必要时，依照法律、法规的规定，可以进行检查。符合立案标准的，行政机关应当及时立案。

2. 调查

调查是查明当事人违法事实的过程，对此法律规定了行政机关与当事人各自的权力（权利）和义务。

（1）主体要求。执法人员不得少于2人，而且2人必须具有行政执法资格。

（2）出示证件。执法人员在调查或者进行检查时，应当主动向当事人或者有关人员出示执法证件。当事人或者有关人员有权要求执法人员出示执法证件。执法人员不出示执法证件的，当事人或者有关人员有权拒绝接受调查或者检查。

（3）陈述申辩。行政机关及其执法人员在作出行政处罚决定之前，未向当事人告知拟作出的行政处罚内容及事实、理由、依据，或者拒绝听取当事人的陈述、申辩，不得作出行政处罚决定；当事人明确放弃陈述或者申辩权利的除外。

（4）接受询问。当事人或者有关人员应当如实回答询问，并协助调查或者检查，不得拒绝或者阻挠。询问或者检查应当制作笔录。

（5）保存证据。行政机关在收集证据时，如遇证据可能灭失或者以后难以取得的情况，经行政机关负责人批准，可以先行登记保存，并在7日内及时作出处理决定。在此期间，当事人或有关人员不得销毁或转移证据。

⊙ ［注意1］ 证据登记保存的性质属于行政强制措施。

⊙ ［注意2］《行政处罚法》中"二日""三日""五日""七日"的规定是指工作日，不含法定节假日。

3. 审核

有下列情形之一，在行政机关负责人作出行政处罚的决定之前，应当由从事行政处罚决定法制审核的人员进行法制审核；未经法制审核或者审核未通过的，不得作出决定：

（1）涉及重大公共利益的；

（2）直接关系当事人或者第三人重大权益，经过听证程序的；

（3）案件情况疑难复杂、涉及多个法律关系的；

（4）法律、法规规定应当进行法制审核的其他情形。

行政机关中初次从事行政处罚决定法制审核的人员，应当通过国家统一法律职业资格考试取得法律职业资格。

4. 决定

决定环节，是行政机关根据已经查明的违法事实，适用法律作出处罚决定的过程。

（1）决定主体。行政处罚的决定应当由行政机关的负责人作出，对情节复杂或者重大违法行为给予行政处罚，还需要由行政机关的负责人集体讨论作出决定。

（2）决定书内容。行政机关给予行政处罚，应当制作行政处罚决定书，决定书必须盖有作出行政处罚决定的行政机关的印章。行政处罚决定书应当载明下列事项：

①当事人的姓名或者名称、地址；

②违反法律、法规、规章的事实和证据；

③行政处罚的种类和依据；

④行政处罚的履行方式和期限；

⑤申请行政复议、提起行政诉讼的途径和期限；

⑥作出行政处罚决定的行政机关名称和作出决定的日期。

（3）决定期限。行政机关应当自行政处罚案件立案之日起90日内作出行政处罚决定。法律、法规、规章另有规定的，从其规定。

5. 送达

处罚决定书应当在宣告后当场交付当事人；当事人不在场的，应当在7日内依照《民事诉讼法》的有关规定送达。当事人同意并签订确认书的，行政机关可以采用传真、电子邮件等方式，将行政处罚决定书等送达当事人。

⊙［知识点拨］此处"当场送达"，指的是只要当事人在现场，均要在宣告处罚决定的内容后，当面将处罚决定书交付当事人。"宣告后当面交付"就是"当场送达"。"当场送达"的学理名称较难理解，考生其实只需要将其概念转换为"当面送达"，就变得容易理解了。也就是说，只要能找到当事人本人就交给当事人本人，如果找不到当事人本人，那只能通过邮寄、公告和留置等方式送达了。"无法当场向被处罚人宣告，主要是指当事人不在场，或者经过通知被处罚人拒不到场听取公安机关向其宣告处罚决定书的情形。"①

图6-1 当场送达

（二）简易程序

1. 适用条件

适用简易程序进行处罚，要求：（1）违法事实确凿并有法定依据；（2）处罚种类和幅度分别是对公民处以200元以下、对法人或者其他组织处以3000元以下的罚款或者警告。《治安管理处罚法》适用于对公民处以罚款200元以下和警告的处罚。

2. 特殊规则

简易程序的特殊之处主要表现在：

（1）当场处罚。适用简易程序的行政处罚，其调查检查阶段与决定阶段在时间上是连续的，在主体上也是统一的。执法人员在当场查明事实之后，无须报送行政机关的负责人，而是自己当场作出处罚决定。

行政处罚决定书应当载明当事人的违法行为，行政处罚的种类和依据、罚款数额、时间、地点，申请行政复议、提起行政诉讼的途径和期限以及行政机关名称，并由执法人员签名或者盖章。执法人员当场作出的行政处罚决定，应当报所属行政机关备案。

（2）当场送达。适用简易程序的，应当向当事人出示执法证件，填写预定格式、编有号码的行政处罚决定书，并当场交付当事人。当事人拒绝签收的，应当在行政处罚决定书上注明。

---

① 柯良栋主编：《治安管理处罚法释义与实务指南》，中国人民公安大学出版社2014年版，第735页。

◎ ［知识点拨］当场处罚是指调查检查阶段与决定阶段合一，不需要经过负责人批准，发现违法当场作出处罚。当场处罚必然当场送达，因为在决定并宣告处罚文书后必然当面交付当事人处罚决定书。但依据普通程序作出的处罚一般也应当场送达，不可能在宣告处罚决定书后回到机关后再邮寄处罚决定书过来。当场处罚是指处罚决定的过程，当场送达是指宣告处罚后将处罚决定书交付当事人的方式。

（三）听证程序

1. 适用条件

（1）启动条件：行政机关拟作出下列行政处罚决定，应当告知当事人有要求听证的权利，当事人要求听证的，行政机关应当组织听证。

◎ ［知识点拨］处罚的听证只有依申请听证，没有依职权听证。这是因为处罚往往波及的范围比较小，不会直接影响公共利益，所以行政机关只需要告知相关利害主体，再由他们申请即可，所以，处罚听证的模式为"告知＋申请＝听证"。但许可的听证就既有依职权听证，又有依申请听证，因为行政许可除了影响小群体的利益，还可能会对公共利益构成影响。例如，某市政府许可建立一个排污工厂，这可能影响全市居民的利益，又没有办法一个个地通知，只能以公告的形式通知居民主动听证了。

（2）适用范围：

①法定听证（应当告知）：

第一，《行政处罚法》63条规定："行政机关拟作出下列行政处罚决定，应当告知当事人有要求听证的权利，当事人要求听证的，行政机关应当组织听证：

（一）较大数额罚款；

（二）没收较大数额违法所得、没收较大价值非法财物；

（三）降低资质等级、吊销许可证件；

（四）责令停产停业、责令。关闭、限制从业；

（五）其他较重的行政处罚；

（六）法律、法规、规章规定的其他情形。"

◎ ［知识点拨］2021年《行政处罚法》将听证范围大为扩充，考生应重点记忆。较大数额的罚款、没收较大数额违法所得和其他较重的行政处罚等措施较为模糊和不确定，无法在标准化考试法考中出题，考生只需要重点掌握资格罚（降低资质等级、吊销许可证件）和行为罚（责令停产停业、责令关闭、限制从业）属于法定听证范围即可，一般资格罚和行为罚均属于听证范围，但是，暂扣许可证件和限制开展生产经营活动除外。

第二，《治安管理处罚法》第98条规定："公安机关作出吊销许可证以及处2000元以上罚款的治安管理处罚决定前，应当告知违反治安管理行为人有权要求举行听证；违反治安管理行为人要求听证的，公安机关应当及时依法举行听证。"

②约定听证（可以告知）：听证是正式化地听取公民意见的方式，应当予以鼓励。应当告知听证权利的为吊销等六大事项，上述六大事项对行政机关有强行要求；而其他事项，比如拘留5日、罚款1000元，在官民双方自愿的情况下，均属于可以听证。命题人认为，当事人的听证权并非仅基于法律规定或法律授予，也可以基于行政机关的承诺。例如，某区公安分局以沈某收购赃物为由，拟对沈某处以1000元罚款。该分局向沈某送达了听证告知书，告知其可以在3日内提出听证申请，沈某遂提出听证要求。次日，该分局

在未进行听证的情况下向沈某送达罚款 1000 元的决定。该处罚决定是否违法呢？命题人认为本题中公安分局向相对人送达了听证告知书，相对人据此产生了信赖利益，在此情况下行政机关没有进行听证是违法的，考生很容易只考虑到法定听证权，而忽视了当事人听证权的其他来源。

③拘留不属于"应当告知"的法定听证的范围，但属于"可以告知"的约定听证的范围。行政机关在拘留决定前为了能够更加全面地把握案件事实、准确适用法律，即使在没有法律强制要求的情况下，也可以告知当事人有申请听证的权利。此时，作出的拘留决定，如果进行听证程序，不仅不属于违法行为，反而会因为慎重理性而应得到赞赏。

⊙ ［注意］拘留是否可以被解释为《行政处罚法》第 63 条中"其他较重的行政处罚"进而应当告知当事人有要求听证的权利？不可以。因为拘留属于《行政处罚法》第 9 条明确列举的处罚种类，如果立法者认为应当听证的话，直接列入听证范围即可，何需再通过法律解释"其他较重的行政处罚"的方式曲线救国呢？"其他较重的行政处罚"属于兜底条款，主要是为了解决《行政处罚法》未明文列举、由其他法规定的影响重大的处罚类型的听证问题的。

2. 程序要求

（1）期限。对于行政处罚的听证程序，《行政处罚法》主要规定了两个期限：

①申请期限：申请人、利害关系人应当在被告知听证权利之日起 5 日内提出听证申请。

②告知期限：行政机关应当于举行听证的 7 日前将举行听证的时间、地点通知当事人及有关人员。

⊙ ［知识点拨］与行政许可听证相比，行政处罚听证并没有规定听证的组织期限，这是由于行政处罚与行政许可不同的行为性质所决定的。因为行政许可是授益性行政行为，正是为了尽快使被许可人获得相关利益，因此法律上规定了行政机关的听证组织期限，以催促其尽快作出许可决定。而行政处罚属于负担性行政行为，被处罚人的利益将因这一行为而受到限制或剥夺，对此法律便没有必要规定听证组织期限，以催促行政机关尽快剥夺或者限制当事人的有关利益。

（2）回避。行政处罚听证主持人的公务回避与行政许可听证类似，能够使行政机关工作人员回避的原因是相同的：一是实体原因；二是程序原因。基于实体原因的回避，指的是如果行政处罚的当事人认为主持人与该处罚案件有直接利害关系的，有权申请回避，比如，被处罚人为小新，小新的父亲就不便于做听证主持人。

基于程序原因的回避，指的是在听证前已经参与处罚案件调查的工作人员不能担任听证主持人，因为参与处罚案件调查的工作人员已经初步了解该案的事实，并很可能已对此形成了某些固定的看法，为了避免因观念上的"先入为主"而造成行政处罚决定的不公，不能由其担任听证主持人。

⊙ ［注意］参与处罚案件调查的工作人员只是不能做听证主持人，并不是不能参与听证程序，他依然能够以行政机关代表的身份参与听证会。

（3）费用。当事人不承担行政机关组织听证的费用，该费用由行政机关承担。

（4）代理。当事人既可以亲自参加听证，也可以委托 1 至 2 人代理。

（5）公开。除涉及国家秘密、商业秘密或个人隐私外，听证应当公开举行，公开是法定要求，并不是行政机关可以视情况自由决定是否公开。

（6）终止。当事人及其代理人无正当理由拒不出席听证或者未经许可中途退出听证的，视为放弃听证权利，行政机关终止听证。

（7）质证。举行听证时，调查人员提出当事人违法的事实、证据和行政处罚建议，当事人进行申辩和质证。

（8）笔录。听证应当制作笔录。笔录应当交当事人或者其代理人核对无误后签字或者盖章。当事人或者其代理人拒绝签字或者盖章的，由听证主持人在笔录中注明。听证结束后，行政机关应当根据听证笔录，依照相关法律的规定，作出决定。

3. 审核和决定

（1）直接关系当事人或者第三人重大权益，经过听证程序的，在行政机关负责人作出行政处罚的决定之前，应当由从事行政处罚决定法制审核的人员进行法制审核；未经法制审核或者审核未通过的，不得作出决定。

（2）行政处罚的决定应当由行政机关的负责人作出，对情节复杂或者重大违法行为给予行政处罚，还需要由行政机关的负责人集体讨论作出决定。

此外，处罚决定书的内容和形式要求、送达方式等内容均和普通处罚程序相同。

四、行政处罚的实体规则

（一）不处罚

1. 无责任能力者不处罚

不满 14 周岁的人以及精神病人、智力残疾人在不能辨认或者不能控制自己行为时有违法行为时是无行政责任能力人。这些人有违法行为时，由于欠缺辨识行为后果的能力，没有承担责任的主体基础，所以依法不予处罚。但是，间歇性精神病人在精神正常时有违法行为的，应当给予行政处罚。

⊙ ［注意］虽然对于无责任能力者不处罚，但应当责令未成年人的监护人加以管教，对精神病人、智力残疾人应当责令其监护人严加看管和治疗。

2. 情节轻微者不处罚

（1）违法行为轻微并及时改正，没有造成危害后果的，不予行政处罚。（无后果+改正）

（2）初次违法且危害后果轻微并及时改正的，可以不予行政处罚。（首违+后果轻+改正）

3. 主观没有过错不处罚

当事人有证据足以证明没有主观过错的，不予行政处罚。法律、行政法规另有规定的，从其规定。

4. 超过处罚时效不处罚

（1）处罚时效的计算起点

处罚时效，从违法行为发生之日起计算；但违法行为处于连续或者继续状态的，则从该行为终了之日起计算。如果行为干脆利索的完结了，比如打耳光，啪一下，打完了，那就开始计算处罚时效了；但如果行为"缠绵悱恻"怎么办，也就是处于连续或继续状态时该怎么处理呢？

①连续状态指的是当事人连续实施多个同样的违法行为。

⊙ ［例］连续状态是指在一个时间段内反复地做某个独立的违法行为，比如，小新周一嫖娼、周二也嫖、周三还嫖、周四接着嫖。因为行为处于连续状态，我们从法律技术上便将周一到周四的嫖娼行为视作一个整体，不管其第一次发生于何时，而只看行为停止于何时，周四不嫖的时候就会成为处罚时效的计算起点。

②继续状态指的是当事人持续不断地实施同一个违法行为，一个违法行为在时间上持续了很久。

⊙ [例] 大货车运输危险物质从山西前往江苏，开了三天三夜，违法行为并没有中断，对其违法行为的追溯起点，应从到达江苏之日起计算。非法拘禁也是这般道理。

③连续和继续是行为的本身在连续或继续，违法行为一直没有停止，而并非指违法行为所导致的违法结果的连续和继续。

⊙ [例1] 小新偷了一把刀，拿了3年。小新一直拿着刀，说明结果一直持续着，什么时候计算起点呢？答案是3年前偷的时候。

⊙ [例2] 1997年5月，万方公司凭借一份虚假验资报告在某省工商局办理了增资的变更登记，此后连续4年通过了工商局的年检。2001年7月，工商局以办理变更登记时提供虚假验资报告为由对万方公司作出罚款1万元、责令提交真实验资报告的行政处罚决定。2001年7月工商局的处罚决定违反了《行政处罚法》关于时效的规定。其理由是，案中万方公司的违法行为在1997年5月已经结束，并不处于持续状态，处于持续状态的仅仅是该行为所产生的违法后果而已。所以，2001年7月该违法行为已经超过了处罚时效，而不应当被处罚。

（2）处罚时效的计算终点

违法行为在2年内未被发现的，不再给予行政处罚。涉及公民生命健康安全、金融安全且有危害后果的，上述期限延长至5年。法律另有规定的除外。

⊙ [注意] 因为《行政处罚法》允许法律另行规定处罚时效，所以，治安管理处罚的时效是6个月。

⊙ [例] 陈某高中毕业后，因无所事事，于2020年4月15日开始制作并销售少量盗版光盘。2021年6月4日经人介绍进入一家公司做保安，从此停止制作、销售盗版光盘活动。陈某的违法行为从什么时候起不再受文化局的行政处罚？答：2023年6月4日之后。

⊙ [注意1] 违法行为必须保证在处罚时效内未被发现，才可以不再给予行政处罚，如果该违法行为已被发现立案，违法行为人逃避惩罚，则不会出现处罚时效的度过，行为时刻处于可惩戒状态，会被永久性、无期限的追究法律责任。

⊙ [注意2] 只有行政处罚会有处罚时效的制度，其他负担性行政行为并不存在该制度。比如，左某夫妇于2020年7月违法超生二女儿左钢蛋，2022年9月，县计生委要求其缴纳社会抚养费12万元。因为已超过《行政处罚法》规定的处罚时效，故行政行为决定违法，对吗？答案：错误，因为社会抚养费不属于行政处罚，自然不适用处罚的处罚时效。

（二）不再罚

一事不再罚是指对当事人的同一个违法行为，不得给予两次以上罚款的行政处罚。同一个违法行为违反多个法律规范应当给予罚款处罚的，按照罚款数额高的规定处罚。

⊙ [知识点拨] 只要是当事人的一个行为违法，罚款只能罚一次，不管是触犯了一个法律规范，还是触犯了多个法律规范；不管是同一个机关，还是多个行政机关，罚款只能罚一次。"一事不再罚"对应试而言，不需要过于理论化，只要达到四大本和历年真题要求即可。

⊙ [例1] 王某回国携带应申报物品而未向海关申报，海关认定王某的行为构成走私，对其作出没收物品，并罚款1000元人民币的处罚。海关的上述处罚是否正确？

答：正确，不违反"一事不再罚"的原则。

⊙ [例2] 左某夫妇违法超生三女儿左钢蛋，2012年9月，县计生委要求其缴纳12万元的社会抚养费，2012年10月，市计生委要求其缴纳11万元的社会抚养费，市计生委是否违反了"一事不再罚"的原则？

答：不违反，因为社会抚养费的性质不属于行政处罚的罚款。

（三）不重罚

1. 尚未完全丧失辨认或者控制自己行为能力的精神病人、智力残疾人有违法行为的，可以从轻或者减轻行政处罚。

2. 已满14周岁不满18周岁的未成年人有违法行为的，应当从轻或者减轻行政处罚。

3. 当事人有下列情形之一，应当从轻或者减轻行政处罚：

（1）主动消除或者减轻违法行为危害后果的；

（2）受他人胁迫或者诱骗实施违法行为的；

（3）主动供述行政机关尚未掌握的违法行为的；

（4）配合行政机关查处违法行为有立功表现的；

（5）法律、法规、规章规定其他应当从轻或者减轻行政处罚的。

（四）责令改正

行政机关实施行政处罚时，应当责令当事人改正或者限期改正违法行为。

⊙ [注意] 责令改正的行为性质属于行政强制措施，不属于行政处罚。

五、行政处罚的证据规定

（一）一般规定

给予行政处罚的，行政机关必须查明事实；违法事实不清、证据不足的，不得给予行政处罚。证据必须经查证属实，方可作为认定案件事实的根据。以非法手段取得的证据，不得作为认定案件事实的根据。行政处罚的证据包括：1. 书证；2. 物证；3. 视听资料；4. 电子数据；5. 证人证言；6. 当事人的陈述；7. 鉴定意见；8. 勘验笔录、现场笔录。

行政机关应当依法以文字、音像等形式，对行政处罚的启动、调查取证、审核、决定、送达、执行等进行全过程记录，归档保存。

（二）电子技术监控设备记录的特别要求

行政机关依照法律、行政法规规定利用电子技术监控设备收集、固定违法事实的，应当经过法制和技术审核，确保电子技术监控设备符合标准、设置合理、标志明显，设置地点应当向社会公布。

电子技术监控设备记录违法事实应当真实、清晰、完整、准确。行政机关应当审核记录内容是否符合要求；未经审核或者经审核不符合要求的，不得作为行政处罚的证据。

行政机关应当及时告知当事人违法事实，并采取信息化手段或者其他措施，为当事人查询、陈述和申辩提供便利。不得限制或者变相限制当事人享有的陈述权、申辩权。

第四节　治安管理处罚的实施

一、治安管理处罚的实施主体

治安管理处罚一般由县级以上公安机关决定，警告与 500 元以下罚款可由公安派出所决定。

二、治安管理处罚的实施程序

（一）调查

行政行为作出的基本规则为"先取证，后裁决"，公安机关只有通过一定的调查手段获取了当事人的违法事实之后才能作出治安处罚，所以，调查是作出处罚决定的必然前提程序。调查手段是治安管理处罚法每年必考的重点。

1. 传唤

传唤是指公安机关通知违法行为人到指定的地点接受调查的一种调查手段。

（1）传唤的对象为违法行为人，受害人、证人不得适用传唤。

（2）经公安机关办案部门负责人批准，公安机关可以对需要接受调查人使用传唤证加以传唤；对现场发现的违法行为人，经出示工作证件，可以口头传唤并在询问笔录中注明。

⊙ ［例］民警在一次检查中发现非法贩卖爆炸物品的违法行为人戴二毛，如果不在现场直接传唤，戴二毛就流窜到其他地方了，因此可以仅出示工作证件，予以口头传唤。

（3）公安机关应当将传唤的原因和依据告知被传唤人。

（4）对无正当理由不接受传唤或者逃避传唤的人，可以强制传唤。强制传唤的性质属于下一专题中要讲授的"行政强制"。

2. 询问

（1）询问的对象包括传唤而来的违法行为人，还包括证人及受害人。人民警察在公安机关以外询问被侵害人或者其他证人，应当出示工作证件。

（2）对违反治安管理的行为人，公安机关传唤后应当及时询问查证，时间不得超过 8 小时；情况复杂可能适用拘留的，不得超过 24 小时。

（3）询问不满 16 周岁的违法行为人，应当通知其父母或者其他监护人到场。

（4）被询问人确认笔录无误后，应当签名或盖章，询问的警察也应当在笔录上签名。被询问人也可以就被询问事项自行提供书面材料，必要时警察可以要求被询问人自行书写。

（5）询问被侵害人或者其他证人，可以到其所在单位或者住处进行；必要时，也可以通知其到公安机关提供证言。

3. 检查

（1）检查对象为与违法行为有关的场所、物品、人身。

（2）检查人员不得少于 2 人。

（3）原则上检查应当出示工作证和县级以上公安机关的证明文件。确有必要立即进行检查的，经出示工作证件可以当场检查，但检查公民住所应当出示县级以上公安机关开具的证明文件。

（4）检查妇女的身体，应当由女性工作人员进行。

（5）检查的情况应当制作检查笔录，由检查人、被检查人和见证人签名或者盖章，被检查人拒绝签名的应当在笔录上注明。

4. 扣押

（1）对与案件有关的需要作为证据的物品可以扣押，无关的不得扣押。

（2）对被侵害人或善意第三人合法占有的财产不得扣押，而应当予以登记。

（二）决定

治安管理处罚的决定环节主要包括以下内容：

1. 决定的证据

公安机关决定给予治安处罚所依据的证据包括违法行为人的陈述与其他证据。对于没有本人陈述但其他证据能够证明案件事实的，可以作出处罚；但只有本人陈述而没有其他证据证明的，不能作出处罚。

2. 听证程序

公安机关作出吊销许可证以及 2000 元以上罚款的处罚决定前，应当告知违法行为人有权申请听证，经行为人申请的应及时举行听证。

3. 简易程序

违反治安管理行为事实清楚，证据确凿，应处警告或 200 元以下罚款的，可以当场决定处罚，并在 24 小时内报所属公安机关备案。

⊙ ［注意］治安管理处罚与一般处罚，在听证程序、简易程序的适用范围上有所不同，注意区别记忆。为什么没有区分法人和单位的简易程序呢？为什么治安管理处罚中没有责令停产停业应当听证呢？原因均是《治安管理处罚法》的简易程序只针对个人，不针对单位。《治安管理处罚法》第 18 条规定："单位违反治安管理的，对其直接负责的主管人员和其他直接责任人员依照本法的规定处罚。其他法律、行政法规对同一行为规定给予单位处罚的，依照其规定处罚。"

4. 决定的期限

公安机关办理治安案件，自受理之日起不得超过 30 日，案情重大复杂的，经上一级公安机关批准可以延长 30 日。但为查明案情进行鉴定的期间不计入上述期限之内。

5. 决定的送达

（1）公安机关应当向被处罚人宣告处罚决定书并当场交付，无法当场宣告的应在 2 日内送达被处罚人。

（2）决定给予拘留的还应及时通知被处罚人的家属。

（3）有受害人的案件，还应将决定书副本向其抄送。

6. 调解程序

因民间纠纷引起的打架斗殴或损毁他人财物等违反治安管理行为，情节较轻的公安机关可以调解处理。经公安机关调解当事人达成协议的，不予处罚。未达成协议或达成协议后不履行的，公安机关应当依法对违反治安管理行为人给予处罚，并告知当事人可就民事争议向法院提起民事诉讼。

三、治安管理处罚的实体规则

(一) 不处罚

下列违反治安管理的行为，公安机关不予处罚：

1. 无责任能力者不处罚

与一般行政处罚规则相同的是，不满 14 周岁的人违反治安管理，或精神病人在不能辨认或不能控制自己行为的时候违反治安管理的，公安机关不予处罚，但应责令其监护人严加管教或给予治疗。已满 14 周岁不满 18 周岁的人违法的，应予处罚，但应从轻或减轻处罚；间歇性的精神病人在精神正常的时候违法的，应当给予正常处罚。

⊙ ［注意］与一般行政处罚的规则基本相同。

2. 已过时效者不处罚

当事人违反治安管理行为在 6 个月内没有被公安机关发现的，不再处罚。

⊙ ［注意］与一般行政处罚的规则基本相同，唯一不一致的地方在于一般行政处罚时效为 2 年，治安管理处罚时效则缩短为 6 个月。

(二) 从轻、减轻处罚

下列违反治安管理的行为，公安机关从轻、减轻或者不予处罚：

1. 应当减轻乃至不予处罚的：（1）情节特别轻微的；（2）主动消除或者减轻违法后果，并取得被侵害人谅解的；（3）出于他人胁迫或者诱骗的；（4）主动投案，向公安机关如实陈述自己的违法行为的；（5）有立功表现的。

2. 可以从轻、减轻或者不予处罚的：盲人或又聋又哑的人违法的。

(三) 从重处罚

对下列违反治安管理的行为，公安机关从重处罚：（1）有较严重后果的；（2）教唆、胁迫、诱骗他人违反治安管理的；（3）对报案人、控告人、举报人、证人打击报复的；（4）6 个月内曾受过治安管理处罚的。

第五节　行政处罚的执行

如何实现行政处罚决定所确定的权利义务呢？一般而言，行政处罚的执行包括两部分内容：一是行政处罚的履行；二是处罚的强制执行。不同类型的行政处罚具有不同特性，其权利义务内容的实现方式也会有所差别。警告一经作出，效果就已实现，不存在后续执行问题，而责令停产停业、暂扣或吊销许可证件，由行政机关直接执行即可，不存在当事人的履行问题。所以《行政处罚法》和《治安管理处罚法》涉及执行问题的主要是两种处罚类型：罚款和拘留。

一、罚款的执行

(一) 罚款执行的基本原理

1. 原则上"罚执分离"

"罚执分离"是指罚款和执行是两个分离的过程，罚款只为当事人设定了义务，但是该义务是否实现，还需要看后续的执行过程。

⊙ [知识点拨] 罚款只是一张纸，上面写着"要求某某某缴纳 500 元罚款"，罚款并不是直接从当事人钱包里把钱掏走。一般行政主体送达处罚决定后，应由当事人在收到行政处罚决定书之日起 15 日内到指定银行或者通过电子支付系统缴纳罚款，银行应当将收受的罚款直接上缴国库。如果当事人不乖乖缴纳，履行期届满后，行政机关可以自己或申请法院予以强制执行，但强制执行又是行政处罚之外的另一个独立的行政行为。当事人确有经济困难，需要延期或者分期缴纳罚款的，<u>经当事人申请和行政机关批准，可以暂缓或者分期缴纳</u>。

2. 例外时可"当场收缴"

当场收缴是"罚执分离"原则的例外，在当场收缴的情况下，行政处罚的决定者与收缴者是重合的，通俗地说，就是一边送罚单，一边钱包里掏钱。

(1)《行政处罚法》规定的当场收缴

①适用简易程序的当场收缴

行政机关如果适用简易程序作出处罚决定的，对以下两种情况可以当场收缴罚款：

第一，100 元以下的罚款；

第二，不当场收缴事后难以执行的。比如，当事人事后难以被找到。

②在特殊地区罚款的当场收缴

行政机关在边远、水上、交通不便地区作出罚款决定，且当事人到指定的银行或者通过电子支付系统缴纳罚款确有困难，经当事人提出，行政机关及其执法人员可以当场收缴罚款。

⊙ [注意 1] 法律对这种情况下的行政处罚程序没有特别要求，不限于适用简易程序。

⊙ [注意 2] 必须以当事人的自愿要求为前提。

(2)《治安管理处罚法》规定的当场收缴

治安管理处罚法和一般处罚法在当场收缴上的规则有所差别，下列情况可以当场收缴罚款：

①处 50 元以下罚款且被处罚人无异议的；

②在边远、水上、交通不便地区作出罚款决定后，被处罚人向指定银行缴纳罚款确有困难并自愿提出当场缴纳的；

③被处罚人在当地没有固定住所，不当场收缴事后难以执行的。

(3) 当场收缴的手续

行政机关及其执法人员当场收缴罚款的，必须向当事人出具国务院财政部门或者省级政府财政部门统一制发的专用票据；<u>不出具财政部门统一制发的专用票据的，当事人有权拒绝缴纳罚款</u>。

(4) 当场收缴的后续

执法人员当场收缴的罚款，应当自收缴罚款之日起 2 日内，交至行政机关；在水上当场收缴的罚款，应当自抵岸之日起 2 日内交至行政机关；行政机关应当在 2 日内将罚款缴付指定的银行。

(二) 罚款的强制执行

指在当事人逾期不履行行政罚款决定的情况下，国家通过强制手段收缴罚款的行为。

关于强制执行的具体内容，本部分简略浏览即可，详细内容请学习下一专题"行政强制法"。

罚款、没收的违法所得或者没收非法财物拍卖的款项，必须全部上缴国库，任何行政机关或者个人不得以任何形式截留、私分或者变相私分。

罚款、没收的违法所得或者没收非法财物拍卖的款项，不得同作出行政处罚决定的行政机关及其工作人员的考核、考评直接或者变相挂钩。除依法应当退还、退赔的外，财政部门不得以任何形式向作出行政处罚决定的行政机关返还罚款、没收的违法所得或者没收非法财物拍卖的款项。

1. 执行罚

执行罚是通过对每日加处罚款数额3%的手段，迫使当事人尽快履行义务的强制措施。加处罚款的数额不得超出罚款的数额。

⊙ [注意] 当事人申请行政复议或者提起行政诉讼的，加处罚款的数额在行政复议或者行政诉讼期间不予计算。

2. 强制执行

即行政机关直接通过强制力实现处罚决定所设定的权利义务，主要表现为将查封、扣押的财物拍卖、依法处理或者将冻结的存款、汇款划拨抵缴罚款。法律规定具有行政强制执行权的行政机关能够自行强制执行，剩余的其他机关只能申请法院强制执行。

⊙ [注意] 行政机关批准延期、分期缴纳罚款的，申请人民法院强制执行的期限，自暂缓或者分期缴纳罚款期限结束之日起计算。

二、拘留的执行

（一）拘留的执行主体和场所

对被决定给予行政拘留处罚的人，由作出决定的公安机关送达拘留所执行。

（二）拘留的合并执行

公民有两种以上应受拘留的行为，公安机关应分别决定处罚，可以合并执行，合并执行的拘留最长不超过20日。

（三）拘留的暂缓执行

1. 暂缓执行的条件

被处罚人不服拘留决定，可以向公安机关申请暂缓执行拘留，但要同时满足以下条件：

（1）当事人已申请行政复议或提起行政诉讼；

（2）当事人主动申请；

（3）公安机关认为暂缓执行不致发生社会危险；

（4）被处罚人或其近亲属提出符合条件的担保人，或按每日200元的标准交纳保证金。其中，担保人应当符合下列条件：①与本案无牵连；②享有政治权利，人身自由未受到限制；③在当地有常住户口和固定住所；④有能力履行担保义务。

2. 保证人和保证金的罚没制度

（1）担保人不履行担保义务，致使被担保人逃避行政拘留处罚执行的，由公安机关对其处 3000 元以下罚款。

（2）被决定给予行政拘留处罚的人交纳保证金，暂缓行政拘留后，逃避行政拘留处罚执行的，保证金予以没收并上缴国库，已经作出的行政拘留决定仍应执行。

3. 保证金的退还

行政拘留的处罚决定被撤销，或者行政拘留处罚开始执行的，公安机关收取的保证金应当及时退还交纳人。

（四）拘留的不执行

基于人道主义立场，违法行为人有下列情形之一的，不执行拘留：

1. 已满 14 周岁不满 16 周岁的；

2. 已满 16 周岁不满 18 周岁，初次违反治安管理的；

3. 70 周岁以上的；

4. 怀孕或者哺乳自己不满 1 周岁婴儿的。

⊙ ［注意］此时是不执行拘留决定，并非不能作出拘留处罚决定。首先，需要作出处罚决定，以表达国家对其违法行为的否定态度；其次，作出拘留处罚而不执行，也说明当事人曾经有被处罚经历，如果当事人再次做出违法行为时，可以依法从重处罚，但如果直接不作出处罚决定，那就意味着从未被处罚过，两者在后果上还是有所差别的。

■ 主观题命题规律

本专题对于主观题命题意义比较大的知识点有：第一，行政处罚的定性。如前所述，行政法学的体系建构需要首先实现行为定性，才能匹配对应的法律效果机制，行政处罚和其他负担性行政行为的区分会成为主观题考查的重点。第二，正当程序原则在行政处罚中的具体体现。第三，行政处罚的设定、补充设定和具体规定。

■ 主观题知识提升

进阶案例 1

某县文化局根据家长举报，经过调查发现朱某开设的网吧有容留小马、小张、小李等数十名未成年人上网的违法行为，于是向朱某作出《行政处罚听证告知书》，告知朱某拟对其罚款 1000 元，朱某有权在 5 天内申请听证，朱某遂提出听证要求。次日，该局在未进行听证的情况下向朱某送达罚款 1000 元决定。同时文化局在执法检查的过程中，发现该网吧存在传播淫秽视频的行为，于是将此情况通报给了区公安局，为了核实情况，公安局传唤正在网吧上网查学习资料的李某和网吧老板朱某到公安局询问，朱某无正当理由拒不接受传唤，公安对其予以口头强制传唤并询问 24 小时。区公安局在未听证的情况下，对于朱某作出拘留 10 日的决定。拘留决定作出后，朱某申请了拘留暂缓执行，公安局在朱某缴纳了 2000 元的保证金后同意暂缓。

问题：

1. 县文化局处罚决定是否合法？为什么？

2. 区公安局的处罚程序是否合法？为什么？

3. 对李某的传唤是否合法？为什么？

4. 对朱某的传唤是否合法？为什么？

5. 强制传唤是否是过程性行政行为？如何判断其行为性质？

6. 拘留暂缓执行的条件是什么？

7. 后来，市公安局撤销了区公安局的处罚决定，暂缓执行的保证金应当如何处理？

解析：

1. 本题中文化局向相对人送达了听证告知书，相对人据此产生了信赖利益，在此情况下行政机关没有进行听证是违法的。命题人认为，第一，法律虽明确列举了行政机关须明确告知当事人享有听证权和进行听证的事项，但除此之外"并未禁止行政机关在作出其他行政处罚时适用听证程序"，这意味着行政机关有决定是否进行听证的裁量权。第二，本案中区文化局向朱某送达了听证告知书，明确告知朱某可以在 5 日内提出听证申请，表明行政机关已事实上自行选择了听证程序。第三，行政机关行使裁量权，应当遵循公正原则。在当事人由此取得听证权情况下，行政机关却不履行义务，构成对当事人权利的侵犯，行政机关的行政行为同样违法。[1]

2. 在治安管理处罚法中，公安机关作出吊销许可证以及 2000 元以上罚款的处罚决定前，应当告知违法行为人有权申请听证，行为人申请的，应及时举行听证。拘留虽然是侵害性最强的行政行为，但是一定要注意拘留不属于"应当听证"的范围。所以，本案对于朱某的拘留决定，公安局未予以听证并不构成程序违法。

3. 传唤是指公安机关通知违法行为人到指定的地点接受调查的一种调查手段。传唤的对象为违法行为人，受害人、证人不得适用传唤，所以，本案中公安局传唤李某，属于传唤对象错误，违反法律要求。

4. （1）经办案部门负责人批准，公安机关可以对需要接受调查的违反治安管理行为人使用传唤证加以传唤；对现场发现的违法行为人经出示工作证件，可以口头传唤并在询问笔录中注明。本案并未现场发现违法行为人，不可以口头传唤。（2）对无正当理由不接受传唤或者逃避传唤的人，可以强制传唤，所以，强制传唤本身并不违法。（3）对违反治安管理的行为人，公安机关传唤后应当及时询问查证，时间不得超过 8 小时；情况复杂可能适用拘留的，不得超过 24 小时。本案可能适用拘留决定，所以，询问时间并没有超过法律范围。综上，对于朱某的传唤由于口头传唤的方式违法最终导致传唤决定违法。

5. 强制传唤对于当事人人身自由产生了直接限制，已经直接影响了行政相对人的合法权益，属于可诉的具体行政行为，并不属于过程性行政行为，过程性行政行为，又称为准备性、部分性行政行为，是为最终作出权利义务安排进行的程序性、阶段性工作行为，比如，行政强制执行中的催告、行政许可中的材料补正通知书、听证权利告知书等。强制传唤的性质属于行政强制措施。行政强制措施是行政机关在行政管理过程中，为制止违法行为、防止证据损毁、避免危害发生、控制危险扩大等情形，依法对公民的人身自由实施暂时性限制，或对公民、法人、其他组织的财物实施暂时性控制的行为。

6. 被处罚人不服拘留决定，可以向公安机关申请暂缓执行拘留，但要同时满足以下条件：

（1）当事人已申请行政复议或提起行政诉讼；

（2）当事人主动申请；

（3）公安机关认为暂缓执行不致发生社会危险。

---

① 杨伟东、王静编著：《依法行政案例分析》，国家行政学院出版社 2013 年版，第 20 页。

（4）被处罚人或其近亲属提出符合条件的担保人，或按每日拘留200元的标准交纳保证金，其中担保人还应当符合下列条件：①与本案无牵连；②享有政治权利，人身自由未受到限制；③在当地有常住户口和固定住所；④有能力履行担保义务。

7. 行政拘留的处罚决定被撤销，或者行政拘留处罚开始执行的，公安机关收取的保证金应当及时退还交纳人。

进阶案例 2

公安局于2014年11月4日告知小新准备对其处以拘留15日的行政处罚，并告知其有要求听证的权利。小新申请听证，11月30日，公安局告知其将于12月3日进行公开听证。小新的好友佳佳申请旁听听证会，被公安局告知："本机关有权视情况决定是否公开举行听证，本次听证不予公开。"12月3日，听证会召开，由本案的调查组组长刘某主持了听证会。听证完毕，刘某没有采纳小新的申辩意见，将其拘留15日。

问题：该机关的哪些做法违反了程序正当原则的要求？

解析：

程序正当原则包括公开、参与和回避三个子原则：第一，行政公开，为保障公民的知情权，除涉及国家秘密和依法受到保护的商业秘密、个人隐私，行政机关实施行政管理应当公开。第二，公众参与，指的是行政机关作出重要的规定或者决定时，应当听取公众意见，尤其是应当听取直接相对人与其他利害关系人的陈述或者申辩。提出的陈述申辩成立的，行政机关应当予以考虑、采纳。第三，公务回避，是指行政机关工作人员履行职责，与行政管理相对人存在利害关系时，应当回避。

本案公安局违反程序正当原则要求的行为有：第一，未能提前告知当事人听证会的时间、地点。处罚听证的基本程序过程是：（1）申请人、利害关系人应当在被告知听证权利之日起5日内提出听证申请；（2）行政机关收到申请后组织听证；（3）行政机关应当于举行听证的7日前将举行听证的时间、地点通知申请人、利害关系人。本题中，行政机关告知当事人听证时间、地点的期间短于7天，不符合法律要求。第二，听证不公开违反程序正当要求。行政行为听证以公开为原则，不公开为例外，是否公开取决于法定理由（是否涉及国家秘密、商业秘密或者个人隐私），而不是行政机关自由裁量，本题并不涉及国家秘密、商业秘密或个人隐私，所以，不予公开听证违法。第三，听证主持人的确立违反回避原则。第四，由刘某单独作出处罚决定违反程序正当要求。行政处罚的决定应当由行政机关的负责人作出，对于复杂、重大的处罚案件，还需要由行政机关的负责人集体讨论作出决定。

本题还有两处易错的命题陷阱：第一，拘留听证不违反程序正当原则。在《治安管理处罚法》中，拘留不属于应当告知听证权利的范围，并不意味着某个行政机关对当事人的拘留举行听证是违法行为。听证是正式化地听取公民意见的方式，应当予以鼓励。第二，行政机关没有采纳小新的申辩意见本身并不违反程序正当原则。法律制度鼓励公民在听证程序中积极表达自己的观点，辅助行政机关理性地作出决定，但不意味着行政机关对于公民意见一定要"言听计从"。

专题七

行 政 强 制

第一节　行政强制概述

一、行政强制执行的概念和特征

行政强制执行，是指行政机关或者行政机关申请法院对不履行行政决定的公民、法人或其他组织，依法强制其履行义务的行为。其本质是国家运用强制手段实现行政决定（学理名称为"基础决定"）所确定的义务，适用于当事人对基础决定所确定的义务不予履行的情况。如果行政相对人自动履行义务，则不产生强制执行的问题。该基础决定可以是为当事人设定义务的各种具体行政行为。

⊙ ［例］ 行政机关要求当事人缴纳 500 元罚款，为当事人设定了义务，当事人逾期仍未缴纳，行政机关就通过拍卖其财物用于折抵罚款。又如行政机关限期当事人 15 日内拆除违章建筑，如果当事人 15 日后仍然没有拆除，有关行政机关便有权将房屋强行拆除。

行政强制执行最大的特点有三个：

（一）强制性

与行政强制措施相同，行政强制执行是对于当事人的财产或人身直接施加强制力的一种"短兵相接"行为。

（二）依附性

在法律制度中，但凡是执行，必然有一个基础决定为其前提，比如民诉判决的执行，不也有判决或调解协议之类的构成执行前提的吗？

行政强制执行需要依附于基础决定（具体行政行为）之上而存在，强制执行以当事人不履行生效的基础决定为前提，该基础决定构成了执行的根据、前提和内容。我们通俗地说，强制执行的过程为先说后做，也就是遵守"先动嘴后动手"的流程（图 7-1），"说"就是这里的基础决定，基础决定实际上就是给当事人设定义务负担的具体行政行为，可以是要求当事人罚款、也可以是要求当事人缴税款、也可以要求当事人限期拆房子；而"做"就是在当事人逾期不履行义务的情况下"动手"的过程，比如，不交罚款、税款后的动手行为是划拨、拍卖，责令限期拆除而逾期不拆除后的动手行为是强制拆除。

（三）目的的执行性

行政强制执行的目的在于通过强制的方式迫使当事人履行义务，或达到与履行义务相

91

图 7-1

同的状态，换句话说，强制执行的目的在于实现"基础决定"为当事人所确定的义务内容。这与行政强制措施的"控制与预防"的目的形成了根本差异。

二、行政强制措施的概念和特征

行政强制措施是行政机关在行政管理过程中，为制止违法行为、防止证据损毁、避免危害发生、控制危险扩大等情形，依法对公民的人身自由实施暂时性限制，或对公民、法人、其他组织的财物实施暂时性控制的行为。行政强制措施是一种具有强制性、非惩罚性、暂时性、行政性的行为。

（一）强制性

行政强制措施是对行政相对人的财物或人身的一种物理性限制，具有限制人身或改变财产物理性状态的效果。相对人面对行政强制权，只能服从，没有自由选择的余地。强制性将行政强制措施与行政指导、行政合同、行政许可等非强制性行为区别开来。

⊙ [例] 卫生局在非典期间，对疑似病患者强制隔离，使得患者短暂地失去了对自身人身自由的处分权，只能服从国家机器的强制安排。税务局通知银行冻结涉嫌逃税的某公司的账户，某公司就暂时的失去对其账上存款的支配权，同样只能服从国家的强制安排，无法转移其账户上的资产。

（二）目的的非惩罚性

行政强制措施，是为了制止违法行为、防止证据损毁、避免危害发生、控制危险扩大等情形而采取的。强制措施的目的有两类：

第一类目的是维护行政秩序，将"场面控制住"，对违法行为予以当场制止，避免危险发生和控制危险扩大，是一种面向未来的具有预防性的行为。

⊙ [例] 对于醉酒的人强制约束到酒醒是典型的行政强制措施，该行为的目的是为了防止醉酒的人在神志不清的情况下对自身、他人构成威胁而加以约束，侧重于对危险的预防，而不是对于酒醉之人的惩罚。如果酒醉之人在醉酒过程中损害了他人财物，公安机关对他进行罚款、拘留等则是一种具有惩戒性的处罚手段。行政强制措施是对尚未发生的违法行为或危险后果的控制与预防，本身不具有惩罚性。这使得行政强制措施与行政处罚截然分开来。

第二类目的是防止证据损毁灭失，实现证据的固定与保存。在《治安管理处罚法》中，就有为了保存证据而采取的强制措施，例如强制检查、强制传唤和强制扣押等，在《行政处罚法》中也有"证据登记保存"的强制措施。

（三）行为的暂时性

行政强制措施是对人身或者财产的暂时性控制，一旦其目的实现，则一般应当解除，而非一直延续下去。这是行政强制措施与行政强制执行、行政处罚的关键性区别。

⊙ [例] 李某长期吸毒，多次自费戒毒均未成功。某公安局在一次检查中发现后，将李某送至强制隔离戒毒所进行强制隔离戒毒。

问：强制隔离戒毒属于哪种性质的行为？

答：行政强制措施。强制隔离戒毒行为是公安局对李某人身自由的一种暂时性控制，其目的在于帮助李某戒毒，达到效果后就应当解除强制隔离，等到当事人戒除毒瘾之后，有关部门自然会将其释放，而不会永久的将其限制在戒毒所之中。

（四）行政性

行政强制措施是为了行政管理目的而实施的一种强制行为，与为了犯罪侦查而采取的刑事强制措施存在较大的差别。

三、行政强制措施与行政强制执行的差别

在概念分析的基础上，我们将行政强制措施与行政强制执行的差别归纳如下：

（一）目的不同

行政强制执行的目的在于实现基础决定内容，行政强制措施的目的在于预防与控制以及获取证据。

（二）有无基础决定

行政强制执行一般有基础决定，行政强制措施没有基础决定，这是因为行政强制措施的目的是为了控制危险或获取证据，如此急迫的目的决定了其不可能有基础决定。试想，如果行政机关要强制检查一个往面粉中添加生石灰的工厂，还要送达一个基础决定，行政机关强制检查的时候还能获取证据吗？

◉ ［例］某县公安局向社会发布通知：禁止改装机动车，发现非法改装机动车的，机动车所有人须到指定场所学习交通法规 5 日并出具自行恢复原貌的书面保证，不自行恢复的予以强制恢复。

问：通知所指的强制恢复为行政强制措施，还是行政强制执行？

答：在该通知中，行政机关强制当事人"到指定场所学习交通法规 5 日并出具自行恢复原貌的书面保证"的行政行为为强制措施，而"强制恢复"的性质为强制执行，其目的在于实现之前的基础决定"自行恢复"的内容，在题目中，"不自行恢复的予以强制恢复"已经将该行为实现基础决定的意图表达得非常透彻了。我们再来复习一次强制执行的概念：行政机关或者行政机关申请法院对不履行行政决定的公民、法人或其他组织，依法强制其履行义务的行为。在考题中，命题人一旦以强制执行命题，行为的基本结构就会类似于本概念中的结构。

（三）时间长短不同

行政强制执行是永久的，行政强制措施是临时的。行政强制执行本身即是对当事人人身或者财产确定处分的实现，其行为效果是永久性的；而行政强制措施则是"暂时性"的，即采取该措施时，最终对被强制的人身或者财产如何处理，尚无终局性的结论。

（四）发生阶段不同

由于行政强制措施的目的不同，所以，其行为功能也产生了不小的差别，在行政机关的行政行为链上也会出现在不同的阶段中，为了调取证据等目的，在行政决定作出前，行政机关往往会作出强制扣押、检查等行政强制措施；而行政强制执行则是在行政决定作出后，为了实现行政决定的内容而采取的手段。所以，一般而言，"行政强制措施、行政处

罚和行政强制执行"三个行为会呈现图7-2中的行为顺序。比如，先强制检查某工厂，发现工厂违法的证据，然后对其作出罚款等行政处罚，最后用拍卖等强制执行手段收缴罚款。

图7-2　行政行为流程图

下面，我们通过一个具体的实例对二者的差别进行解说：

⊙ ［例］某交通局在检查中发现张某所驾驶货车无道路运输证，遂扣留了张某驾驶证和车载货物，要求张某缴纳罚款1万元。张某拒绝缴纳，交通局将车载货物拍卖抵缴罚款。

本案中，扣留驾驶证和车载货物的行为是行政强制措施，拍卖车载货物的行为是行政强制执行。

1. 目的。扣押驾驶证和车载货物的目的为控制与预防危险发生、证据灭失，而拍卖的目的则为实现其"基础决定"，即罚款为当事人确定的义务。

2. 有无基础决定。扣押行为直接将国家强制力作用于当事人身上，没有基础决定作为铺垫；而拍卖行为则是以罚款这一基础决定为其前提的。

3. 时间长短。扣押为暂时性的举措，如果当事人确实有从事违法活动，接下来会有予以销毁物品或罚款、吊销许可证等进一步的行为，而不会永久性的扣押着不再有下文；而拍卖后该1万元财产的所有权就属于国家，而不再属于张某，是一种永久性剥夺当事人权利的行为。

4. 阶段。扣押与拍卖的发生顺序符合图7-2的行政行为流程图。"行政强制措施往往在调查违法行为的阶段采用，带有预防性质，而行政强制执行通常是在违法行为已经彻底查清后采用。"①

四、行政处罚和行政强制措施的区别

第一，核心看目的。行政行为的目的是控制与预防，还是惩戒？要辨别目的为何，大家要仔细揣摩命题人的表达。如果命题人表达的是某工厂生产违禁物品，行政机关暂扣其营业执照，说明违法行为已经核实，这是在进行惩戒，性质为行政处罚；但如果命题人表达的是行政机关以涉嫌非法销售汽车为由扣押某公司5辆汽车，说明当事人是否违法还没有最终确定，只是在核实证据阶段，则扣押行为属于行政强制措施。

第二，看行为期限。如果是行政处罚的话，时间必须是确定的，即行为作出时就确定处罚期限，而行政强制措施以控制与预防的目的实现为期限，行为作出时无法明确固定时间，比如强制约束醉汉，等到他酒醒了，就解除强制，不可能在强制之时就明确告知强制约束多久时间。真题考查过，暂扣安全许可证6个月，该行为有明确的期限，说明了其行为性质属于行政处罚；真题也考查过"某交通局在检查中发现张某所驾驶货车无道路运输证，遂扣留了张某驾驶证"，该扣留行为没有明确期限，行为性质属于行政强制措施。

第三，看发生的阶段。行政法中的行为顺序往往是行政强制措施→行政处罚→行政强

---

① 应松年主编、杨伟东副主编：《行政强制法教程》，法律出版社2013年版，第73页。

制执行，借助行为出现的位置，也有助于区分行为性质。

⊙ ［例］孙某在采矿过程中存在毁林采矿的违法行为，县矿产资源管理局经调查后形成处理意见：要求孙某合法开采，如发现有毁林或安全事故，将依法查处。后矿产资源管理局再次接到举报后，发出责令孙某立即停止违法开采，对被破坏的生态进行整治的通知。

问：请界定通知的法律性质。

答：界定通知是行政强制措施，还是行政强制执行的关键在于，处理意见是否构成通知的基础决定，并不是在先的行政行为就构成基础决定。孙某本就应该合法的开采矿山，所以，处理意见要求孙某合法开采并没有为孙某设定权利义务，只是在行政行为作出前的行政指导，并不属于能够构成强制执行的执行前提、依据的具体行政行为。

区别行政处罚与行政强制措施的关键在于是否给当事人增加了额外的新负担、是否具有惩戒性，举几组例子予以说明：第一组，撤销与吊销。当事人瞒报材料获得许可证后，许可被撤销，撤销不属于行政处罚，因为当事人本来就没有获得许可证的资格；但是吊销则属于处罚，因为当事人本来合法的持有该许可证，为了对当事人违法行为予以惩罚将其许可吊销，拿走了属于当事人的许可证，增加了新的负担。第二组，取缔与责令停产停业。当事人未取得行医许可证违法开设诊所，行政机关将非法小诊所予以取缔，取缔并未为其增加新负担，因为当事人本身就没有营业资格；当事人获得行医许可证开设小诊所，大剂量滥用抗生素，行政机关责令该诊所停业，责令停产停业剥夺了当事人本来具有的营业资格，为当事人增加了新的负担。

完成了以上对比后，再回到本题，有没有以毁林或发生安全事故为目的的合法开采行为呢？当然没有。所以，责令其停止本不该为的行为，性质就不属于处罚，与上文的取缔黑诊所、吊销许可证是一样的道理。本题中的行为内容是"停止违法开采"，明显带有制止性，而不是制裁性。因为该行为带有预防性和制止性，更符合行政强制措施的特性。

第二节　行政强制的种类和设定

一、行政强制的种类

（一）行政强制措施的种类

1. 限制公民人身自由的强制措施，指为制止违法行为、避免危害发生、控制危险扩大等情形，行政机关依法对公民的人身自由实施暂时性限制。例如，强制约束醉酒者至酒醒、强制驱散游行示威者、强制传唤和非典期间强制隔离疑似病患者等。

2. 查封场所、设施或财物。查封是行政机关对相对人的场所或物品进行封存，不准转移和处理的措施，可以适用于财物，也可适用于场所和设施，查封的对象一般为不动产或其他不便于移动的财产，方式一般为在物品上加贴封条以限制当事人对于财产的移动或使用。

⊙ ［例］行政机关发现当事人非法从事烟花爆竹生产，为了防止危险发生，应当将其生产厂房和大型机器查封。

3. 扣押财物。扣押，又称为扣留，指行政机关将当事人的财物由行政机关移至另外场所加以保管，不准被执行人占有、使用和处分的措施，此处的财物既包括有形物，也包括许可证等。扣留许可证是行政强制措施，暂扣许可证是行政处罚，考生应当注意题目的细节表达。

⊙ ［例］某超市销售过期食品，食药局为了防止其继续销售、同时也为了保存证据，有权对其食品进行扣押。

4. 冻结存款、汇款。冻结指限制金融资产流动的行政强制措施，包括冻结银行存款、邮政汇款，也包括股票等有价证券。在行政机关通知银行等金融机构冻结当事人金融资产后，当事人就暂时丧失了对资产的支付、转移等权利。

⊙ ［例］税务局责令某公司限期缴纳税款，在限期内发现该公司有明显的转移财产迹象，税务局可以书面通知纳税人开户银行冻结纳税人相当于应纳税款的存款，冻结在税法中被称作税收保全措施。

5. 其他行政强制措施，是指除上述四类之外的行政强制措施，比如《行政处罚法》第56条规定的"证据登记保存"，《价格法》规定的"部分或全面冻结价格的紧急措施"，又如《森林防火条例》规定：县级以上人民政府森林防火指挥机构可以决定采取开设防火隔离带、清除障碍物、应急取水、局部交通管制等应急措施。

（二）行政强制执行的种类

根据执行手段不同，行政强制执行可以分为两大类：

1. 直接强制执行

直接强制执行指行政机关将强制力直接作用于当事人的人身或财产，强制迫使当事人履行义务或实现与履行义务相同状态的执行方法。直接强制执行包括划拨存款、强制拍卖、强制处理当事人的场所、设施和财物、强制拆除违法建筑物等。由于直接强制执行直接作用于当事人的财物或人身，所以，执行的效果可谓是一步到位。划拨，直接让钱跑到国库去了；强制服兵役，直接把人押到兵营去了；强拆，直接把房子弄没了。其中，划拨和拍卖是最常见的两种强制执行手段，法律对它们均有额外的特别要求。

（1）划拨

划拨存款、汇款是由有权行政机关决定，并书面通知金融机构将当事人账户中的存款、汇款等立即强制转汇到国库或财政专户的行为。法律规定以外的行政机关或者组织要求划拨当事人存款、汇款的，金融机构应当拒绝。

（2）拍卖

拍卖是以公开竞价的方式，将特定物品或财产权利转卖给最高出价者的买卖方式。拍卖由行政机关委托拍卖机构依照《拍卖法》的规定办理。

⊙ ［注意］划拨的存款、汇款以及拍卖和依法处理所得的款项应当上缴国库或者划入财政专户。任何行政机关或者个人不得以任何形式截留、私分或者变相私分。

2. 间接强制执行

间接强制执行是对抗性相对较弱的一种执行手段，具体包括如下两种：

（1）代履行

代履行指行政机关自己或委托无利害关系的第三人代替当事人履行义务，并在履行后向义务人收取一定费用的强制方式。

⊙ ［例］小新乱砍滥伐树林，县林业局责令其补种树木，小新拒不补种，林业局可以代为补种，补种所需费用由小新支付。相较于直接强制执行一步到位的实现基础决定的内容而言，代履行的执行方式已经较为委婉，也体现了对人权的尊重态度。正是因为代履行排除了直接强迫当事人承担一定的义务，所以代履行才被归类为间接强制执行。

（2）执行罚

执行罚指在当事人逾期不履行金钱类义务时（比如不缴纳罚款、税款、社会抚养费等），行政机关要求当事人承担一定的金钱给付义务（类似于银行利息），促使其履行义务的执行方式。

二、行政强制的设定和具体规定

设定行政强制，是指有立法权的机关通过创设和规定行政强制，赋予或具体规定行政机关强制职权的立法活动。这也就是我们之前解释的"有授权，则有行政"。如果行政机关想对公民、法人或其他组织采取扣押、传唤等强制措施手段或拍卖、划拨等强制执行手段，必须首先取得规范性法律文件的授权。

但中国的立法体制是多层次的，我们不可能让所有层次的法律文件都获得行政强制的立法权，于是必须将行政强制权力在立法文件中进行合理分配。行政强制是直接使用国家强制力的行政行为，所以，与行政处罚、行政许可的设定相比，《行政强制法》对行政强制执行、行政强制措施在内的行政强制设定采取了从严的思路。所谓从严思路，就是强制权力在各个立法文件的分配中，采用高置原则。《行政强制法》明确规定有权设定行政强制措施的只有法律、行政法规和地方性法规，包括规章在内的其他法律文件都不得设定行政强制措施；《行政强制法》对于行政强制执行的设定权限要求更高，只有法律才能够设定行政强制执行。

（一）行政强制措施的设定

1. 法律的设定权。法律可以对所有的行政强制措施进行设定，特别需要注意的是，限制公民人身自由、冻结的行政强制措施设定权专属于法律。

2. 行政法规的设定权。设定条件需要同时满足以下三个条件：

（1）尚未制定法律；

（2）属于国务院行政管理职权事项；

（3）行政法规可以设定除法律保留的行政强制措施之外的措施，即限制公民人身自由的行政强制措施、冻结以及其他应由法律设定的行政强制措施以外的其他行政强制措施。

◉ ［知识点拨］冻结是行政主体通过银行等金融机构来实现的，既关系到公民的财产安全，又关系到金融机构的金融秩序，所以，具有一些特殊性。否则，如果冻结主体及程序规定的过于随意，这会导致公民觉得钱存在银行不踏实，会破坏中国基本的金融秩序，所以，冻结只能由法律来予以设定。

3. 地方性法规的设定权。需要同时满足以下三个条件：

（1）尚未制定法律、行政法规；

（2）属于地方性事务；

（3）设定查封和扣押两种强制措施。

4. 除法律、法规（行政法规和地方性法规）以外的其他法律文件，均没有行政强制措施的设定权，其中包括国务院所属部门的部门规章、地方政府规章和其他规范性法律文件。

（二）行政强制措施的具体规定

对法律已设定的行政强制措施，行政法规、地方性法规只能对法律所规定的行政强制措施的对象、条件、种类作出细化规定，加以具体化，扩大规定无效。

⊙ [例]《森林法》规定，对未取得运输许可证运输林木的，木材检查站有权予以制止。甲市地方性法规《甲市森林法实施办法》规定，对无证运输林产品的，木材检查站应当予以制止，并可以扣押无证运输的木材。该《办法》在细化法律的时候将适用条件从无证运输木材扩大到了所有的林产品，同时增加了强制措施的种类，扩大了强制措施的适用，是违法的。

（三）行政强制执行的设定和具体规定

行政强制执行的主体、行为、条件、方式和程序等均由法律设定，行政法规、地方性法规不得设定行政强制执行。这是因为执行往往是各行政行为链条中的最后一个环节，而且执行后有时候会出现覆水难收的情况，比如，房子一旦被拆除后，则无法复原，所以，《行政强制法》对强制执行权的设定权限制在了最高层次的法律文件"法律"中。

表7-1　行政处罚、行政许可和行政强制设定权限比较

行为类型	法律	行政法规	地方性法规	规章
处罚	所有种类	可以设定限制人身自由外的处罚	可以设定除限制人身自由、吊销营业执照、"其他种类的处罚"之外的处罚	可以设定警告、通报批评和一定数额罚款
许可	所有种类	经常性行政许可	本地经常性行政许可	省级规章可以设定1年内临时性许可
强制措施	所有种类	可以设定除限制人身自由、冻结外的强制措施	可以设定查封、扣押	不得设定
强制执行	所有种类	不得设定	不得设定	不得设定

第三节　行政强制措施的实施

一、行政强制措施的实施主体

（一）行政机关实施

行政强制措施由法律、法规规定的行政机关实施。

⊙ [例]《农业转基因生物安全管理条例》规定：农业行政管理部门在紧急情况下有权对非法研究、生产农业专业转基因生物实施封存或扣押。那么各级农业局就有权按照该行政法规的规定，对符合条件的生物进行强制封存或扣押。

（二）集中实施

集中行使行政处罚权的综合执法机关可以实施与其处罚权有关的行政强制措施，如前所述（见图7-2），行政强制措施往往在调查违法行为的阶段采用，行政机关只有通过扣押、传唤等强制措施获取了证据，接下来才可以作出处罚决定。强制措施是处罚的前提性行为，如果综合执法机关被集中了处罚权，调取证据的强制措施权依然由原机关行使，那么集中处罚制度就会落空。

（三）授权实施

具有公共事务管理职能的事业单位、非政府组织和企业等，可以根据法律、行政法规的授权获得行政主体资格，进而有权以自己名义实施行政强制措施。

⊙ ［例］ 中国保监会（现已改为中国银保监会）是事业单位，但是根据《保险法》的授权，在保险公司清算期间，中国保监会有权限制其高管出境。

●──归纳总结

法律、法规和规章拥有普通权力的授权资格，法律、法规拥有授予处罚权和许可权的资格，而有权授予行政强制措施权的只有法律、行政法规，地方性法规无权。

（四）委托实施

行政强制措施绝对禁止委托实施。

⊙ ［例1］ 某市监局以涉嫌非法销售汽车为由扣押某公司5辆汽车，市监局可否委托城管执法局实施扣押呢？答案是"不可以"，因为《行政强制法》取消了强制措施的委托制度。

⊙ ［例2］ 某市监局以涉嫌非法销售汽车为由扣押某公司5辆汽车，对扣押车辆，市监局可否委托第三人保管呢？

答：可以，《行政强制法》取消了强制措施的委托制度，但保管并不是行政强制措施，行政机关没有保管能力，以平等的姿态和停车场签订委托保管合同，这是民事关系，而不是行政强制法律关系。

●──归纳总结

行政处罚权委托的对象为所有的事业组织，行政许可权委托的对象为行政机关，而行政强制权则禁止委托，《行政处罚法》1996年制定，《行政许可法》2003年制定，《行政强制法》2011年制定，我们可以发现，随着立法年代的推进，控权越来越严格，委托的对象的范围越来越窄，基本规律为从宽到窄，直至取消。

表7-2 行政行为实施主体对比表

实施主体	行政处罚	行政许可	行政强制措施
行政机关实施	行政机关	行政机关	行政机关
被授权组织实施	1. 权利来源：法律、法规。 2. 授权后果：被授权主体获得行政主体资格。 3. 授权对象：无行政权能组织	1. 权利来源：法律、法规。 2. 授权后果：被授权主体获得行政主体资格。 3. 授权对象：无行政权能组织	1. 权利来源：法律、行政法规。 2. 授权后果：被授权主体获得行政主体资格。 3. 授权对象：无行政权能组织
被委托机关实施	1. 委托后果：受托对象无独立行政主体资格。 2. 受托对象：符合条件的组织	1. 委托后果：受托对象无独立行政主体资格。 2. 受托对象：行政机关	禁止委托

续表

实施主体	行政处罚	行政许可	行政强制措施
集中实施	1. 主体：<u>国务院或省级政府可以决定一个机关行使有关机关的处罚权</u>。 2. 权限：<u>限制人身自由的行政处罚权不得被集中</u>	1. 主体：<u>经国务院批准，省级政府可以决定一个行政机关行使有关行政机关的行政许可权</u> 2. 权限：<u>无权限制</u>	行使相对集中行政处罚权的行政机关，可以实施法律、法规规定的与行政处罚权有关的行政强制措施权

二、行政强制措施的一般程序

强制措施的一般程序是：报请行政机关负责人批准→两人以上表明身份→通知当事人到场→告知权利→听取陈述申辩→制作现场笔录→各方签名盖章。

1. 报批

（1）原则上，执法人员实施强制措施之前须向机关负责人报告并经批准。

（2）情况紧急需要当场实施财产类行政强制措施的，可不经事先批准，24 小时内向行政机关负责人报告，补办批准程序；负责人认为不应当采取的，应立即解除。但紧急情况实施人身类强制措施的，需要立即补办手续。

2. 表明身份

由两名以上具有执法资格的执法人员实施，并出示执法证件。

3. 通知当事人到场

4. 告知

5. 听取当事人陈述申辩

6. 制作现场笔录

现场笔录由当事人（当事人不到场的邀请见证人）和执法人员共同签名或盖章，当事人拒绝的，在笔录中予以注明。当事人不到场，邀请见证人到场，见证人需签名、盖章。

表 7-3 行政行为听证程序总结

行为类型	启动方式	听证范围
行政处罚	依申请	一般罚。应告知听证权利的有：较大数额罚款；没收较大数额违法所得、没收较大价值非法财物；降低资质等级、吊销许可证件；责令停产停业、责令关闭、限制从业；其他较重的行政处罚。 治安罚。应告知听证权利的有：吊销许可证、2000 元以上罚款
行政许可	依申请人申请/依职权	涉及申请人与他人之间重大利益关系；涉及公共利益的重大行政许可事项
强制措施	无听证程序	
强制执行	无听证程序	
行政复议	依申请人申请/依职权	重大、复杂的案件

三、查封、扣押的程序

查封、扣押的实施，应当遵循行政强制措施的一般程序，同时应遵循《行政强制法》

等法律的特殊规定。

（一）适用对象

在查封、扣押的对象上《行政强制法》有"三个不得一个限于"的要求。

1. 一般情形。查封、扣押限于涉案的场所、设施或者财物。不能查封、扣押与违法行为无关的场所、设施或者财物。

◉ ［例］ 某公安交管局交通大队民警发现王某驾驶的电动三轮车未悬挂号牌，遂作出扣押的强制措施。

问：民警可否将三轮车及其车上的物品一并扣押？

答：不可以，车上的物品一并扣押，属于扣押了与本案无关的物品，扩大了扣押的范围。

2. 人性尊严保障。不得查封扣押公民个人及其所扶养家属的生活必需品。

3. 不得重复查封。当事人的场所、设施或者财物已被其他国家机关依法查封的，不得重复查封。

（二）实施程序

实施查封、扣押时，应当履行行政强制措施的一般程序，制作并当场交付查封、扣押决定书及清单。查封、扣押清单一式二份，由当事人和行政机关分别保存。

查封、扣押决定书应当载明：当事人的姓名或者名称、地址；查封、扣押的理由、依据和期限；查封、扣押场所、设施或者财物的名称、数量等；申请行政复议或者提起行政诉讼的途径和期限；行政机关的名称、印章和日期。

◉ ［知识点拨］ 当场交付、一式两份、载明内容和数量均是为了避免公民与行政机关就查封、扣押物品事后各执一词，特别是在东西损毁、灭失后难以核实当时情况时，更需要这些文书作为凭证。载明日期是因为查封、扣押有最长期限，期限届满应当解除强制措施。

（三）实施期限

查封、扣押的期限不得超过30日，情况复杂的经行政机关负责人批准可以延长，延长期限不得超过30日。但法律、行政法规另有规定的除外。

延长查封、扣押的决定应及时书面告知当事人，并说明理由。

对物品需要进行检测、检验、检疫或技术鉴定的，其所需时间另行计算，但应事先明确并书面告知当事人。因查封、扣押所发生的检测、检验、检疫、技术鉴定、保管等费用，均由行政机关承担。

（四）保管及费用

对查封、扣押的场所、设施或者财物，行政机关应当妥善保管，不得使用或者损毁；造成损失的，应当承担赔偿责任。对查封的场所、设施或者财物，行政机关可以委托第三人保管，第三人不得损毁或者擅自转移、处置。因第三人的原因造成的损失，行政机关先行赔付后，有权向第三人追偿（不得直接要求第三人进行赔偿）。

因查封、扣押发生的保管费用由行政机关承担。

（五）后续措施

查封、扣押作为行政强制措施，具有暂时性，不能长期延续下去。根据不同情况，行政机关应当在法定期限之内，对查封、扣押的对象作出如下两种处理：

1. 没收或销毁。对违法事实清楚，依法应当没收的非法财物予以没收，依法应当销毁的予以销毁。

2. 及时解除。当事人没有违法行为；查封、扣押的对象与违法行为无关；对违法行为已经作出处理，无需继续采取强制措施；查封、扣押期限已经届满的，以及其他不再需要采取查封、扣押措施的情形，均应及时解除查封、扣押决定。

解除查封、扣押后应当立即退还财物，已将鲜活物品或其他不易保管的财物拍卖或变卖的应退还所得款项，变卖价格明显低于市场价格的应给予补偿。

◉ ［知识点拨］ 此处的拍卖、变卖是合法的，所以给钱的方式为补偿；前述的保管不善行政机关是有过错的，所以给钱的方式为赔偿。

四、冻结的程序

在各类行政强制措施中，冻结是行政主体通过银行等金融机构来实现的，如果冻结主体及程序规定得过于随意，会导致公民觉得钱存在银行不踏实，会破坏中国基本的金融秩序，所以，法律对冻结的要求必须严格。

（一）实施主体

冻结只能由法律设定，相应地，只有法律规定的行政机关和法律授权的具有公共事务管理职能的组织才能实施冻结，其他任何行政机关或组织不得实施冻结。

法律规定以外的行政机关或者组织要求冻结当事人存款、汇款的，金融机构应当拒绝。

冻结不能委托其他行政机关或组织实施。

◉ ［知识点拨］ 有观点认为，冻结的实施主体只有行政机关，这是不符合《行政强制法》及其他特别法的立法原意的。在全国人大常委会法制工作委员会组织编写的权威书籍《中华人民共和国行政强制法释义》中明确说明，法律授权的具有公共事务管理职能的组织也可以实施冻结，比如，在有证据证明当事人有可能转移违法资金等情况下，国务院证监会可以查封和冻结。①

（二）针对对象

冻结的对象是与违法行为涉及的金额相当的存款、汇款。

已被其他国家机关依法冻结的不得重复冻结。

（三）实施程序

1. 依法实施冻结的，应向行政机关负责人报告并经批准，由2名以上行政执法人员实施，出示执法身份证件，制作笔录，并向金融机构交付冻结通知书。

2. 金融机构接到行政机关的冻结通知书后，应当立即予以冻结，金融机构不得拖延，不得在冻结前向当事人泄露信息。

3. 送达冻结决定书。作出冻结决定的行政机关应当在3日内向当事人交付冻结决定书。

---

① 信春鹰主编：《中华人民共和国行政强制法释义》，法律出版社2011年版，第96~98页。

冻结决定书应当载明：当事人的姓名或者名称、地址；冻结的理由、依据和期限；冻结的账号和数额；申请行政复议或者提起行政诉讼的途径和期限；行政机关的名称、印章和日期。

（四）冻结期限

冻结的时间不得超过 30 日，情况复杂的经行政机关负责人批准可以再延长不超过 30 日的时间，但法律另有规定的除外。延长冻结的决定应当及时书面告知当事人，并说明理由。在该期限内行政机关应作出处理决定或作出解除冻结决定。

（五）后续措施

根据不同情况，行政机关应当在法定期限之内，对冻结的款项作出如下两种处理：

1. 划拨。对违法事实清楚，且被冻结款项依法应当收缴的，予以划拨。

2. 解除。当事人没有违法行为；或者冻结的款项与违法行为无关；或者对违法行为已经作出处理决定，不再需要冻结；或者冻结期限届满，以及其他不再需要采取冻结措施的，行政机关均应当及时解除冻结。

行政机关逾期未作出处理决定或解除冻结的，金融机构应当自冻结期满之日起直接解除冻结。

◎ ［知识点拨］冻结是暂时性的强制措施，期限届满，即使行政机关没有明确要求解除，金融机构也可以自行解除，这是为了确保金融秩序的稳定与安全。和解除查封、扣押一样，解除冻结有可能仅仅是因为强制措施的期限届满而解除的，解除并不意味着对强制措施违法性的确认。

第四节　行政强制执行的实施

一、间接强制执行

（一）间接强制执行的主体

对于代履行和执行罚两种间接强制执行权，由于其执行手段相对温和，《行政强制法》进行了全面授权，这就意味着只要满足了执行罚和代履行的构成要件，所有的行政机关均可采用间接执行的执行手段。

（二）间接强制执行的手段之一——执行罚

执行罚分为滞纳金和加处罚款，指在当事人逾期不履行金钱类义务时（如不缴纳罚款、税款、社会抚养费等），行政机关要求当事人承担一定的金钱给付义务，促使其履行义务的执行方式。

1. 为了避免"天价滞纳金"的现象，法律对于执行罚作出了三重维度的限制：

（1）告知义务。加处罚款或者滞纳金的标准应当告知当事人。

（2）数额上限。加处罚款或者滞纳金的数额不得超出金钱给付义务的数额。

（3）期限上限。行政机关实施加处罚款或者滞纳金超过 30 日，经催告当事人仍不履行的，只能转为拍卖或者划拨。

2. 执行顺序。

金钱类义务的执行的基本思路是先礼后兵。虽然间接执行并不一定有效，不如直接执行来得简单、直接，但是为了体现比例原则能少侵害就少侵害的理念，尽量用间接执行的手段实现行政目的。《行政强制法》规定涉及金钱类义务的给付，行政机关实施加处罚款或者滞纳金是必经过程，也就是"先间接、后直接"的方式强制执行，必须先处以30日的执行罚，仍不履行的对财产予以划拨或拍卖。不过，拍卖和划拨已经不属于间接执行的范畴，而属于直接强制执行，这是下文要讲述的内容。具体谁能够拍卖与划拨，如何拍卖与划拨，这取决于行政机关自身的本事与能力，具有行政强制执行权的行政机关可以强制执行，没有行政强制执行权的行政机关应当申请法院强制执行。直接执行的主体及程序方面的详细内容参见后文详述。

（三）间接强制执行的手段之二——代履行

代履行指行政机关自己或委托无利害关系的第三人代替当事人履行义务，并在履行后向义务人收取一定费用的强制方式。

⊙ [例] 小新乱砍滥伐某片树林，县林业局责令其补种树木，小新拒不补种，林业局可以代为补种，补种所需费用由小新支付。

1. 适用情形

并非所有的义务均可以代履行，比如，小新不缴纳罚款，可否行政机关先行代付，之后再来收小新的钱呢？答案自然是否定的。法律要求行政机关作出使当事人排除妨碍、恢复原状的行政决定，当事人逾期不履行，经催告仍不履行，其后果已经或将危害交通安全、造成环境污染或破坏自然资源的，才可以代履行。

⊙ [知识点拨] 我们判别可否代履行关键要抓住危害交通安全、造成环境污染或破坏自然资源这三个后果。所以，能够代履行的往往是代为拖车、代为给树木除虫、代为种树、代为打捞沉船让河道恢复畅通等好人好事。

2. 代履行主体

行政机关可以自己代履行，或委托没有利害关系的第三人代履行。

3. 代履行的程序

（1）送达。代履行前应先送达代履行决定书。

（2）催告。代履行3日前再催告当事人履行，当事人履行的即停止代履行。

（3）派员监督。代履行时行政机关应当派员到场监督。

（4）签章确认。代履行完毕，行政机关到场监督的工作人员、代履行人和当事人或见证人应当在执行文书上签名或盖章。

（5）收费。代履行的费用按照成本合理确定，由当事人承担，法律另有规定的除外。

（6）代履行不得采用暴力、胁迫以及其他非法方式。

4. 立即代履行

立即代履行是指需要立即清除当事人不能清除的道路、河道、航道或公共场所的遗洒物、障碍物或污染物的一种代履行方式。

⊙ [例] 高速上行线28公里处一辆满载辣椒酱的大型货车发生侧翻，司机受伤，近200米的路面被辣椒酱覆盖。此时，司机受伤无法清理，有关部门为了恢复道路通行，自然可以立即代为清理。

⊙ [知识点拨] 因为立即代履行的情况特别急迫，很多程序和步骤（比如，催告、分阶段履行、诉讼停止执行等后文要涉及的制度）均无法实现，行政机关可不经过一般程序，直接立即实施代履行。

表 7-4　一般代履行和立即代履行的区别

项目	一般代履行	立即代履行
有无基础决定	有	无
有无代履行决定书	有	无
有无二次催告	有	无
执行主体	行政机关或无利害关系第三人	行政机关

二、直接强制执行主体

对于法律赋予直接强制执行权的机关，原则上应当自行实施强制执行。没有直接强制执行权的机关，只能申请法院强制执行（申请法院执行详见下一部分），这种执行权和执行程序二元化区分方式，在学理上被称为"双轨制"。

（一）有直接强制执行权的行政机关

《行政强制法》对直接强制执行权并没有进行全面授权，原则上，通过《税收征收管理法》《城乡规划法》等特别法个别授权让某个具体的行政机关获得了直接强制执行权，允许其自行直接强制执行，对此，我们归纳如下：

表 7-5　有直接强制执行权的行政机关

行政机关名称	执行权权力来源	执行事项
公安局、国安局	《治安管理处罚法》	将被处罚人送达拘留所执行
税务局	《税收征收管理法》第38条	扣缴存款抵扣税款或罚款（划拨）
海关	《海关法》第60条	扣缴存款抵扣税款（划拨）
县级以上人民政府①	《城乡规划法》第68条	拆除违反规划法的建筑物

拥有直接执行权的机关在当事人不履行行政决定的情况下有权自行强制执行，而不需要寻求法院等其他主体的帮助。不过，这对它们而言既是权力，也是义务。有执行权的行政机关不得放弃执行权，而求助法院帮忙执行。既然法律赋予它们直接强制执行的权力，就不可怠于行使自己的权力而寻求法院帮助，否则会降低行政效率，而且会增加法院执行的压力，有悖于赋予其自行强制执行权的立法初衷。

（二）无行政强制执行权的行政机关

1. 原则：除了公安、国安、税务、海关和县级以上人民政府5个行政机关之外，其他的质监局、环保局、土地局等行政机关没有被法律赋予直接强制执行权，只能申请法院强制执行。

2. 例外：在当事人不复议、不诉讼、经催告也不履行的情况下，依法拥有查封、扣押权的行政机关，对财产实施查封、扣押后，可以将查封、扣押的财产拍卖抵扣罚款。事

---

① 县政府只对于违反规划法的违法建筑物有强制拆除的执行权，没有拆除合法建筑物以及违反土地管理法的建筑物的执行权。

实上，一般所有的行政机关均拥有查封、扣押的权力，此时，就等于间接地被赋予了一部分直接强制执行的权力，即拍卖权，我们将拍卖权的行使条件概括为："山穷水尽疑无路，扣了货物抵罚款"。

条件1：山穷水尽疑无路。如果当事人**不复议、不诉讼、经催告也不履行**，没有执行权的行政机关确实被逼到了山穷水尽的地步，似乎只能申请法院强制执行了。但山穷水尽之时，往往会柳暗花明。

条件2：扣了货物抵罚款。在时间条件满足后，行政机关可以将查封、扣押的财产拍卖抵扣罚款。此处，出现了三个行政行为，考生需要理顺先后顺序，扣押（强制措施）→罚款（处罚）→拍卖（执行）。应当注意以下三点：

第一，查封、扣押必须发生在处罚之前，而不能在执行的时候现扣现卖。

第二，拍卖抵扣的只能是罚款，而不能是税款、社会抚养费、超标排污费等行政征收。

第三，只能是拍卖，而不能是变卖（通俗地说就是行政机关门口支个小摊来卖），更不能是划拨，划拨权并没有出现普遍授权，只有税务局和海关拥有划拨权。

⊙ ［例1］ 某市质监局发现一公司生产劣质产品，便查封了该公司的生产厂房和设备，之后决定没收全部劣质产品、罚款10万元。该公司逾期不缴纳罚款。

问：市质监局有哪些执行手段？

答：第一，质监局可以每日按罚款数额的3%加处罚款。第二，该公司不复议、不诉讼，经催告仍不履行，质监局可以拍卖查封的设备抵扣罚款。第三，当事人在法定期限内不申请行政复议或者提起行政诉讼，又不履行行政决定的，质监局可以自期限届满之日起3个月内，申请人民法院强制执行。

⊙ ［例2］ 某区规划局以一公司未经批准擅自搭建地面工棚为由，限期自行拆除。该公司逾期未拆除。根据规划局的请求，区政府组织人员将违法建筑拆除，并将拆下的钢板作为建筑垃圾运走。

问：如该公司提起行政赔偿诉讼，由规划局还是区政府来赔偿呢？

答：按照《城乡规划法》，城乡规划主管部门作出责令停止建设或者限期拆除的决定后，当事人不停止建设或者逾期不拆除的，建设工程所在地县级以上地方人民政府可以责成有关部门采取查封施工现场、强制拆除等措施。因此，考生要注意区分当事人是对限期拆除决定（基础决定），还是就强制执行行为提起赔偿诉讼。在本案中，该公司的损害是在强制执行中，区政府将拆下的钢板作为建筑垃圾运走而发生，而该行为的实施主体是区政府而非区规划局，所以赔偿义务机关应当是区政府。

三、行政机关自行强制执行的程序规则

（一）一般程序

行政机关的强制执行，一般按照如下程序展开：

1. 条件

行政机关作出行政决定后，当事人在行政决定期限内（又称为义务履行期内）不履行义务的，具有行政强制执行权的行政机关可依法实施强制执行。

2. 基本步骤

对行政机关自行强制执行程序，应遵循下列程序环节：

（1）一催

行政机关首先应当使用催告的方式，在"短兵相接"的执行之前，作最后通牒，期望当事人能够自觉履行义务。催告体现了对当事人的尊重，不到万不得已的时候，行政机关也不愿意和当事人产生直接的冲突，所以寄希望于催告督促能让当事人迷途知返。关于催告应当注意以下几点：

①催告应当以书面形式作出，并载明下列事项：履行义务的期限；履行义务的方式；涉及金钱给付的，应当有明确的金额和给付方式；当事人依法享有的陈述权和申辩权。

②在催告期间，对有证据证明有转移或者隐匿财物迹象的，行政机关可以作出立即强制执行决定。

③催告为阶段性行为，不必然影响当事人权益，催告自身不可诉。

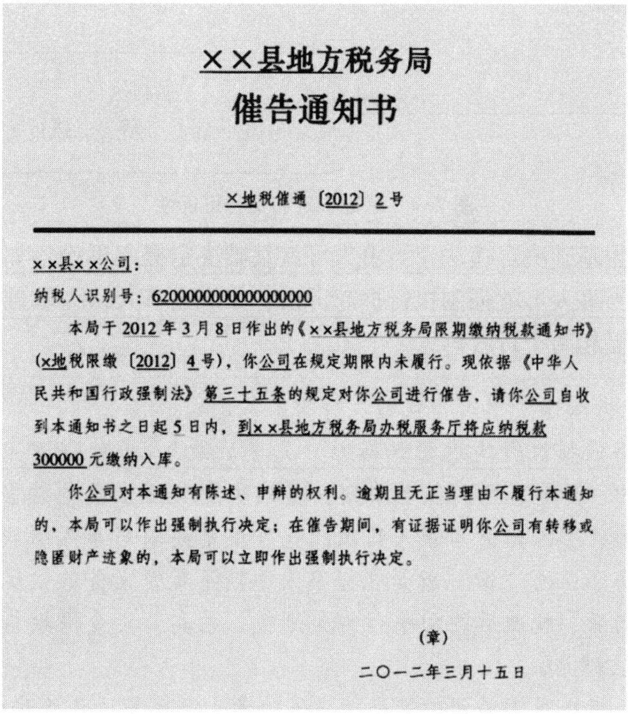

××县地方税务局

催告通知书

×地税催通〔2012〕2号

××县××公司：

纳税人识别号：6200000000000000000

本局于2012年3月8日作出的《××县地方税务局限期缴纳税款通知书》（×地税限缴〔2012〕4号），你公司在规定期限内未履行。现依据《中华人民共和国行政强制法》第三十五条的规定对你公司进行催告，请你公司自收到本通知书之日起5日内，到××县地方税务局办税服务厅将应纳税款300000元缴纳入库。

你公司对本通知有陈述、申辩的权利。逾期且无正当理由不履行本通知的，本局可以作出强制执行决定；在催告期间，有证据证明你公司有转移或隐匿财产迹象的，本局可以立即作出强制执行决定。

（章）

二〇一二年三月十五日

图7-3　催告通知书

（2）二辩

当事人收到催告书后，在催告期间有权进行陈述和申辩。行政机关应当充分听取当事人的意见，对当事人提出的事实、理由和证据，应当进行记录、复核。当事人提出的事实、理由或者证据成立的，行政机关应当采纳。以上内容为行政法程序正当原则的表现。

（3）三执行

经催告，当事人逾期仍不履行行政决定，且无正当理由的，行政机关可以作出强制执行决定，经过送达后可以动用强制力执行。

①执行决定书的内容。强制执行决定应当以书面形式作出，并载明下列事项：当事人的姓名或者名称、地址；强制执行的理由和依据；强制执行的方式和时间；申请行政复议

或者提起行政诉讼的途径和期限；行政机关的名称、印章和日期。

②执行决定书的送达。催告书、行政强制执行决定书应当直接送达当事人。当事人拒绝接收或者无法直接送达当事人的，应当依照《民事诉讼法》的有关规定送达。

③执行决定的实现。文书经送达后，行政机关根据执行内容、标的等不同，分别采取不同的强制执行方式，并遵循不同的程序规定。

⊙ [知识点拨] 催告不可诉，但将整个强制执行的过程做完后，到了"三执行"环节就可以起诉了。这是因为行政强制执行是一个独立的具体行政行为，会给当事人权利义务带来影响，比如，由没有强制执行权的行政机关执行，或者未经催告等程序违法情况下作出强制执行决定，或者行政机关在执行过程中对当事人带来了新的权利义务的侵害，当事人都可以对强制执行行为提起行政诉讼、行政复议或申请国家赔偿。

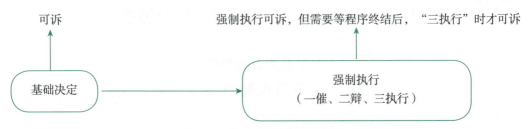

图7-4 基础决定和执行可诉性

如果当事人认为基础决定违法，当事人可就基础决定提起诉讼；如果当事人认为是强制执行行为违法，当事人可就强制执行提起诉讼；如果当事人认为基础决定和强制执行均违法，也可以分别提起两个行政诉讼。

⊙ [知识点拨] 拆除违法建筑物强制执行的基本过程：

我们通俗地将强制执行的过程概括为"先说后做"，也就是遵守"先动嘴，后动手"的流程。"说"就是这里的基础决定，基础决定实际上就是给当事人设定义务负担的具体行政行为，可以是对当事人罚款、也可以是要求当事人缴税款、也可以是要求当事人限期拆房子；而"做"就是在当事人逾期不履行义务的情况下"动手"的过程，比如，不交罚款、税款后的动手行为是划拨、拍卖，责令限期拆除而逾期不拆除后的动手行为是强制拆除。

尤其要注意，考生最容易错的就是拆房子，考生很容易以为拆房子就是强制执行，你仔细想想，行政机关怎么可能上来就拆除呢，连个招呼都不带提前打的，让我自己拆除，自己搬家的机会都没有，直接上来拆除？我还在梦中呢，行政机关就带着我的房，带着我的墙，带着我的床，还有带着我，直接就一铲车挖走了？怎么可能呢。这里会和一般的行政强制执行一样，出现两个行政行为：第一个是责令其限期拆除（说/动嘴），该行为是强制执行的基础决定，属于行政处罚；第二个是强制拆除（做/动手），其性质是强制执行（见图7-4）。

责令限期拆除和强制拆除，是两个独立的具体行政行为，两个行为均可诉，考生需要仔细确定诉的是责令拆除还是强制拆除，诉不同的行为会有不同的被告。

⊙ [例] 某区规划局以一公司未经批准擅自搭建地面工棚为由，限期自行拆除。该公司逾期未拆除。根据规划局的请求，乡政府组织人员将违法建筑拆除，当事人认为规划局无权适用《城乡规划法》作出限期拆除决定，乡政府也无拆除执行权，提起诉讼，两个行政行为是否都可以起诉？

答：责令限期拆除决定和拆除的强制执行是两个独立的行为，当事人若认为两个行为均违法，自然可以提起两个行政诉讼。

（二）一般程序的两个例外

1. 山穷水尽之时的拍卖

在当事人不复议、不诉讼、经催告也不履行的情况下，依法拥有查封、扣押权的行政机关，对财产实施查封、扣押后，可以将查封、扣押的财产拍卖抵扣罚款。

该处的"拍卖"与一般强制执行的程序并没有本质区别，唯一的区别是只有在当事人不诉讼、不复议的情况下，山穷水尽之时才可以拍卖，而其他的直接强制执行只需要当事人履行期届满即可直接强制执行。

2. 对违法建筑物、构筑物、设施等强制拆除

对违法的建筑物、构筑物、设施等需要强制拆除的，应当由行政机关予以公告，限期当事人自行拆除。当事人在法定期限内不申请行政复议或者提起行政诉讼，又不拆除的，行政机关可以依法强制拆除。县级以上人民政府为法律赋予的拥有强制拆除执行权的行政机关，但由于房屋是公民最重要的财产，所以，立法者对于强制拆除违法建筑物体现了慎之又慎的态度，增加了两个特别要求：

第一，行政机关限期当事人自行拆除应予以公告。避免行政机关偷偷摸摸地将老百姓的房子拆除，公告可以让社会形成外在的监督制约。

第二，只有在当事人不诉讼、不复议的情况下，才可以强制拆除，而其他的直接强制执行只需要当事人履行期届满即可直接强制执行。房子是绝大多数公民一辈子心血，拆除后又覆水难收，多等个救济期限又有何妨？

（三）行政机关强制执行的特殊规则

1. 执行协议

实施行政强制执行，行政机关可以在不损害公共利益和他人合法权益的情况下，与当事人达成执行协议。为当事人减免部分义务，既可以实现当事人自己履行，又可以减少和民众的直接冲突。执行协议的本质为执行和解。

（1）执行协议的内容：

①约定分阶段履行；

②当事人采取补救措施的，可以减免加处罚款或者滞纳金。

⊙ ［注意］减免的只有加处罚款或者滞纳金，不能减免罚款、税款等本金。

（2）执行协议应当履行。如当事人不履行执行协议，行政机关应当恢复强制执行。

2. 人性化执行

（1）行政机关不得在夜间或者法定节假日实施行政强制执行，但是，紧急情况除外。

（2）行政机关不得对居民生活采取停止供水、供电、供热、供燃气等方式迫使当事人履行相关行政决定。

⊙ ［注意］这一规定仅限于居民，对于法人和其他单位，行政机关依然有权采取这些执行方式。

3. 中止与终结执行

（1）中止执行。有下列情形之一的，应当中止执行：

①当事人履行确有困难或暂无履行能力的；

②第三人对执行标的主张权利确有理由的；

③执行可能造成难以弥补的损失，且中止执行不损害公共利益的；

④行政机关认为需要中止执行的其他情形。

中止执行的情形消失后，行政机关应当恢复执行。对没有明显社会危害、当事人确无能力履行、中止执行满3年未恢复执行的，不再执行。

（2）终结执行。有下列情形之一的，终结执行：

①公民死亡，无遗产可供执行又无义务承受人的；

②法人或其他组织终止，无财产可供执行又无义务承受人的；

③执行标的灭失的；

④据以执行的行政决定被撤销的；

⑤行政机关认为需要终结执行的其他情形。

在执行中或执行完毕后，据以执行的行政决定被撤销、变更或执行错误的，应当恢复原状或返还财物，不能恢复或返还的给予赔偿。

四、行政机关申请法院强制执行的程序规则

行政机关申请法院强制执行，又称非诉执行，指当事人在法定期限内不申请行政复议或者提起行政诉讼，又不履行行政决定的，行政机关申请法院用国家强制力实现行政行为内容的执行方式。该种执行方式之所以又被称为"非诉执行"，是因为法院的强制执行可以分为两种：一种是执行法院生效判决、调解协议，这被称为诉讼执行；另一种是未经诉讼程序，直接根据行政机关的申请，帮助行政机关实现基础决定的内容。由于没有经过诉讼过程，该执行方式被称为非诉执行。

设置该制度的真正原因是，即使在当事人不起诉、不复议的情况下，法院依然可以对行政行为进行审查，实现控权保民的目的。这可以防止在老百姓不知民可告官或民不敢告官时，连个控制行政权力的主体都没有。

（一）非诉执行的条件

行政机关申请法院强制执行有关具体行政行为，必须同时满足以下条件：

1. 主体条件

无直接强制权的机关以及特别法规定的既可以自行强制执行也可以申请法院非诉执行的行政机关（税务、海关）。

⊙ ［注意］对于有直接执行权的行政机关，是否还可以申请法院强制执行呢？一般是不可以的，但有两个机关是例外，《税收征收管理条例》和《海关法》特别规定税务局和海关既可以自行强制执行，也可以申请法院强制执行，根据特别法优于一般法的原理，《税收征收管理条例》和《海关法》比《行政强制法》优先适用，所以，税务和海关就成为"脚踏两只船"的例外了。

2. 时间条件

（1）当事人在法定期限内不申请行政复议或者提起行政诉讼，又在义务履行期内不履

行行政决定的，行政机关可以自期限届满之日起 3 个月内，申请法院强制执行。法定期限届满是指起诉期、复议期和履行期三个期限同时届满。举例：

⊙［例］某区卫生局送达处罚决定书，要求小新自收到决定书之日起 15 日内缴纳罚款。结果小新在履行期（15 日）、起诉期（6 个月）、复议申请期（60 天）内均不履行义务。由于行政行为作出之后，当事人就需要开始履行义务，与此同时，当事人也可以起诉或复议，三个期限是同步起算的，所以，当时间最长的 6 个月的起诉期届满的时候，履行期、复议期早已届满。那么 6 个月零 1 天就是能够申请法院非诉执行的起点，卫生局可以在之后的 3 个月内申请法院非诉执行，也就是从第 6 个月零 1 天开始到第 9 个月这段时间随便哪一天都可以申请法院非诉执行。

图 7-5　非诉执行的申请时间

当然，这里的时间组合是不确定的，因为履行期和救济期均取决于特别法律规定及具体案情。但随着特别法三个时限的调整，比如，《专利法》规定起诉期为 3 个月，那么，法院非诉执行的申请期也会随之而有动态调整，基本规律就是起诉期、复议期和履行期三个时间中最长的期限届满之时就是可以申请法院非诉执行的时间起点，在此后的 3 个月内可以申请法院非诉执行。

（2）行政裁决所确定的权利人或其继承人、权利承受人申请法院强制执行的，应当在行政机关的申请期限届满后的 6 个月内提出。也就是图 7-5 中行政机关"非诉执行申请期终点"是裁决权利人申请法院非诉执行的起点，期限为行政机关的申请期限届满之日起的 6 个月内。

3. 程序条件

行政机关已催告当事人履行义务且催告期已满 10 日。催告程序是非诉执行的前置程序。其要求是：行政机关申请法院强制执行前，应当催告当事人履行义务。如经催告，当事人履行了义务，则不再申请法院强制执行；经催告后，当事人仍不依法履行义务的，则申请法院强制执行。

⊙［知识点拨］关于催告的 10 日与前述时间条件的衔接，全国人大常委会法工委认为可以早催告，也可晚催告。可以在行政诉讼或者行政复议期限届满之日的前 10 日向当事人发出催告书（图 7-5★位置），如果当事人在此 10 日内不履行义务，又赶上当事人申请救济的期限届满，则行政机关即可从届满之日起向法院申请强制执行。当然行政机关也可以在当事人申请行政救济的期限届满后向当事人发出催告书（图 7-5▲位置），如果这样，则只能是在催告书送达 10 日后当事人仍未履行义务的情况下，行政机关方可向法院申请强制执行，如果这样，非诉执行的 3 个月申请期就白白浪费了 10 日。[1]

（二）非诉执行的申请人

1. 非诉执行的申请人，原则上是作出基础决定的行政主体。

2. 特殊情况下，在行政裁决案件中，行政机关对平等主体之间民事争议作出裁决之后，当事人在法定期限内既不起诉又不履行，且裁决机关在申请执行的期限内并未申请法院强制执行的，生效行政裁决确定的权利人或者其继承人、权利承受人在 6 个月内可以申请法院强制执行。

（三）非诉执行的管辖

行政机关申请法院强制执行的，一般由申请人所在地的基层法院管辖；但执行对象为不动产的，由不动产所在地的基层法院管辖。基层法院认为执行确有困难的，可以报请上级法院执行；上级法院可以决定由其执行，也可以决定由下级法院执行。

（四）非诉执行的申请、受理、审查与裁定

1. 申请程序

申请时应当提供的材料包括：强制执行申请书；行政决定书及作出决定的事实、理由和依据；当事人的意见及行政机关催告情况；申请强制执行标的情况；以及法律、行政法规规定的其他材料。

⊙ ［注意］强制执行申请书应当由行政机关负责人签名，加盖行政机关的印章，并注明日期。

2. 受理程序

法院收到行政机关的强制执行申请，应当在 5 日内决定是否立案受理，并通知申请人。对不符合条件的申请，应当裁定不予受理。

行政机关对法院不予受理的裁定有异议的，可在 15 日内向上一级法院申请复议，上一级法院应在收到复议申请之日起 15 日内作出是否受理的裁定。

3. 审查与裁定

法院受理行政机关申请执行其行政行为的案件后，应当在 7 日内由行政审判庭对行政行为的合法性进行审查，并作出是否准予执行的裁定。非诉执行的审查原则上是书面审查，例外时会以听取意见的方式进行审查。

（1）书面审查

法院对强制执行申请进行书面审查，对符合法定条件且具备法定执行效力的，法院应当自受理之日起 7 日内作出执行裁定。有别于开庭审查或听证会，书面审查是仅以申请人提供的书面材料为主而进行的审查，审查的内容主要有：

①行政机关是否在法定期限内提出了申请；

②申请材料是否完整齐全；

③法院对本非诉执行案件是否有管辖权；

④具体行政行为是否存在明显缺乏事实根据，或明显缺乏法律、法规依据，或有其他明显违法并损害被执行人合法权益的情况。

---

[1] 信春鹰主编：《中华人民共和国行政强制法释义》，法律出版社 2011 年版，第 179 页。

（2）以听取意见的方式进行审查

法院在作出裁定前发现行政行为明显违法并损害被执行人合法权益，可以由书面审查转为在作出裁定前听取被执行人和行政机关的意见。此种情形下，法院应当自受理之日起30日内作出是否执行的裁定。

如果被申请执行的行政行为有下列情形之一的，法院应当裁定不准予执行，并应当说明理由，在5日内将不予执行的裁定送达行政机关：①实施主体不具有行政主体资格的；②明显缺乏事实根据的；③明显缺乏法律、法规依据的；④其他明显违法并损害被执行人合法权益的情形。

如果法院认为需要采取强制执行措施的，由本院负责强制执行非诉行政行为的机构执行。

◎ ［知识点拨1］ 因为拥有执行权的机关只有5个，而没有执行权的机关却有20到30个，这些机关作出的所有具体行政行为只要是当事人不履行义务，均由法院负责审查，而法院审查标准要像诉讼开庭审理那样，法官工作负担过重，所以，原则上书面审查即可。但在书面审理的过程中，发现了行政行为存在明显问题，法官也不能放任不管，只能转入更为实质化的审查，主动听取双方意见。

◎ ［知识点拨2］ 此处是以听取意见的方式进行审查，不能叫作听证的方式，也不能叫作开庭的方式。

◎ ［知识点拨3］ 非诉执行实行裁执分离，即裁定主体为行政庭，执行主体为法院负责强制执行非诉行政行为的机构。

4. 异议程序

行政机关对法院不予执行的裁定有异议的，可以自收到裁定之日起15日内向上一级法院申请复议，上一级法院应自收到复议申请之日起30日内作出裁定。

◎ ［知识点拨］ 此处复议为司法复议，并不属于《行政复议法》中的行政复议，复议主体为上一级法院。

5. 申请法院立即执行的程序

因情况紧急，为保障公共安全，行政机关可以申请法院立即执行。经法院院长批准，法院应当自作出执行裁定之日起5日内执行。

6. 申请执行的费用

申请法院强制执行，行政机关不缴纳申请费。强制执行的费用由被执行人承担。如法院以划拨、拍卖方式强制执行的，可以在划拨、拍卖后将强制执行的费用扣除；依法拍卖财物，则由法院委托拍卖机构依照《拍卖法》的规定办理。

表7-6 行政机关申请法院强制执行程序（法院的非诉执行程序）

条件	1. 主体条件：无直接强制权的机关以及特别法规定的既可以自行强制执行也可以申请法院非诉执行的行政机关（税务、海关）。 2. 时间条件：当事人不复议、不诉讼、不履行，可以自期满后3个月内申请法院强制执行。 3. 程序条件：申请法院强制执行前，应当催告当事人履行，催告后10日当事人仍未履行的再申请法院强制执行。 ［注意］除行政机关外，行政裁决所确定的权利人也有权申请法院强制执行，期限为在行政机关的申请期限届满后的6个月内提出

管辖	申请机关所在地法院，执行不动产的是<u>不动产所在地</u>，一般是基层法院管辖
申请	行政机关向法院申请强制执行应当提供下列材料：（1）申请书；（2）行政决定书及其事实、理由、依据；（3）当事人意见及行政机关催告情况；（4）执行标的情况；（5）其他法定材料
受理	法院接到申请应当在 5 日内受理；法院裁定不予受理的，行政机关可以申请上一级法院复议
审查	由法院的行政庭负责审查： 1. 书面方式审查：一般情况法院只做形式上的书面审查，符合条件的应在 <u>7 日内裁定</u>执行； 2. 听取意见方式审查：法院发现明显违法的，转入实质审查听取被执行人和行政机关意见，<u>30 日内裁定是否执行</u>
紧急情况	行政机关可以申请法院立即执行，<u>经院长批准应当在作出裁定后 5 日内执行</u>
收费	行政机关申请法院强制执行，不缴纳申请费，强制执行的合理费用由被执行人承担

■ 主观题命题规律

本专题对于主观题命题意义比较大的知识点有：第一，行政强制的概念和定性，行政强制措施和行政强制执行的区别、行政强制措施和行政处罚的区别是主观题考查的"常客"，考生应重点理解行政强制措施的"预防性"和行政处罚的"惩戒性"。第二，行政法基本原则在行政强制法中的具体体现，比如，行政强制执行的"一催→二辩→三执行"就典型地体现了正当程序中的"公众参与"的理念、禁止行政机关节假日执法典型地体现了比例原则的要求。第三，行政强制执行主体、程序容易与实践中的强制拆除等问题结合起来考查。

■ 主观题知识提升

进阶案例 1

孙某与村委会达成在该村采砂的协议，期限为 5 年。孙某向甲市乙县国土资源局申请采矿许可，该局向孙某发放采矿许可证，载明采矿的有效期为 2 年，至 2015 年 10 月 20 日止。

2015 年 10 月 15 日，乙县国土资源局通知孙某，根据甲市国土资源局日前发布的《严禁在自然保护区采砂的规定》，采矿许可证到期后不再延续，被许可人应立即停止采砂行为，撤回采砂设施和设备。

孙某以与村委会协议未到期、投资未收回为由继续开采，并于 2015 年 10 月 28 日向乙县国土资源局申请延续采矿许可证的有效期。该局通知其许可证已失效，无法续期。

2015 年 11 月 20 日，乙县国土资源局接到举报，得知孙某仍在采砂，以孙某未经批准非法采砂，违反《矿产资源法》为由，发出《责令停止违法行为通知书》，要求其停止违法行为。孙某向法院起诉请求撤销通知书，一并请求对《严禁在自然保护区采砂的规定》进行审查。

问题：对《责令停止违法行为通知书》的性质作出判断，并简要比较行政处罚与行政强制措施的不同点。

解析：本案中，责令停止违法行为的通知意在制止孙某的违法行为，不具有制裁性质，归于行政强制措施更为恰当。行政处罚和行政强制措施的不同点主要体现在下列方面：一是目的不同。行政处罚的目的是制裁，给予违法者制裁是本质特征；行政强制措施主要目的在于制止和预防，即在行政管理中制止违法行为、防止证据损毁、避免危害发生、控制危险扩大等。二是阶段性不同。行政处罚是对违法行为查处作出的处理决定，常发生在行政程序终了之时；行政强制措施是对人身自由、财物等实施的暂时性限制、控制措施，常发生在行政程序前端。三是表现形式不同。行政处罚主要有警告，罚款，没收违法所得，责令停产停业，暂扣或吊销许可证、执照，行政拘留等；行政强制措施主要有限制公民自由、查封、扣押、冻结等。

进阶案例 2

甲省地方性法规《甲省出租车营运许可证管理办法》规定，在该省从事出租车营运业务的公司或者个人必须取得市运输管理局颁发的营运许可证，无证营运者由公安交管机构予以取缔。甲省乙市政府规章《乙市出租车营运许可证管理办法实施细则》规定，公安交管机构查获无证营运车辆时，可以将其先行扣押。

某日，乙市丙区一名司机胡某在地铁站驾车提供短途摆渡服务时，被区交管局一名交警赵某和一名交通协管员钱某查获。赵、钱二人将胡某的车辆和车载货物予以扣押，但因现场发现违法行为，赵、钱二人事后 24 小时内向行政机关负责人报告并补办批准程序。交警大队将扣押的车辆委托一家停车场管理，3 个月后对胡某作出了罚款决定，在胡某缴纳了 2000 元车辆保管费用后，将所扣车辆发还。胡某发现车辆因保管不善已被损坏，经修理仍不能正常使用。胡某向交管局申请国家赔偿，交管局认为是因为停车场保管不善导致车辆损坏，所以，胡某应当向停车场索要民事赔偿，而不应申请国家赔偿。

问题：

1. 交管局在本案中采取的行政强制措施，存在哪些违法之处？

2. 交管局拒绝国家赔偿的理由是否成立？为什么？

解析：

1. 交管局在本案中采取的行政强制措施存在的违法之处有：

（1）由一名交警赵某和一名交通协管员作出扣押决定违法。行政强制措施应当由两名以上具有执法资格的执法人员实施，并出示执法证件。

（2）扣押胡某车载货物的行为违法。查封、扣押限于涉案的场所、设施或者财物。不能查封、扣押与违法行为无关的场所、设施或者财物，车载货物与非法营运之间并没有直接的关联。

（3）交警大队将扣押的车辆委托停车场管理不违法，行政强制措施绝对禁止委托实施，扣押属于行政强制措施，但保管并不是行政强制措施，行政机关没有保管能力，以平等的姿态和停车场签订委托保管合同，这是民事关系，而不是行政强制法律关系。

（4）因查封、扣押发生的保管费用由行政机关承担，所以，行政机关收取 2000 元车辆保管费用违法。

（5）3 个月后解除扣押程序违法。查封、扣押的期限不得超过 30 日，情况复杂的经行政机关负责人批准可以延长，延长期限不得超过 30 日。但法律、行政法规另有规定的除外。

2. 对查封、扣押的场所、设施或者财物，行政机关应当妥善保管，不得使用或者损毁；造成损失的，应当承担赔偿责任。对查封的场所、设施或者财物，行政机关可以委托第三人保管，第三人不得损毁或者擅自转移、处置。因第三人的原因造成的损失，行政机关先行赔付后，有权向第三人追偿（不得直接要求第三人进行赔偿）。

进阶案例3

王某在未取得建设工程规划许可证情况下，在公路南侧建设沿街楼房。2018年3月12日，市国土资源局向王某下达《停止违法建设通知书》，责令其停止违法建设行为。在就王某违法建设行为召开协调会后，市建设规划局向王某发出《责令拆除违法建筑通知》，告知王某其建筑违法，责令王某1天内自行拆除公路南侧违法建设。2018年3月15日，港城大队组织强制拆除工作。

问题：

1. 市建设规划局责令王某限期拆除的行为是什么性质？

2. 市建设规划局的行为是否违法？为什么？

解析：

1. 观点一：行政处罚是通过增加违法行为人新的负担的方式，实现对违法行为惩戒的目的的行政行为，而行政机关将其修建的建筑物予以拆除，为当事人增加了新的负担，所以，责令拆除违反《城乡规划法》的建筑物属于行政处罚。

观点二：责令拆除的功能在于恢复合法状态，没有给当事人增加负担，因而不具有惩戒性。责令拆除的行为性质属于行政命令，行政命令是行政主体依法要求相对人进行一定的作为或不作为的意思表示。

观点三：责令拆除违反《城乡规划法》的建筑物属于行政机关实施的对相对人予以不利益或侵犯相对人权益的负担性行政行为。

观点四：责令拆除违反《城乡规划法》的建筑物属于行政强制措施行政强制措施，是指行政机关在行政管理过程中，为制止违法行为、防止证据损毁、避免危害发生、控制危险扩大等情形，依法对公民的人身自由实施暂时性限制，或者对公民、法人或者其他组织的财物实施暂时性控制的行为。

[注意] 推荐观点一和观点二作为答案，不能回答为催告或行政强制执行。《土地管理法》将违反土地管理秩序予以责令拆除的行为性质定性为行政处罚。这一点由于有《土地管理法》第83条为依据，是没有理论和实务争议的。

2. 市建设规划局的行为违法。（1）根据《城乡规划法》第68条规定："城乡规划主管部门作出责令停止建设或者限期拆除的决定后，当事人不停止建设或者逾期不拆除的，建设工程所在地县级以上地方人民政府可以责令有关部门采取查封施工现场、强制拆除等措施。"可见，有权作出责令拆除决定的是规划主管部门，而有权决定强制拆除执行的是县级以上政府。因此，市建设规划局强制拆除王某房屋的行为主体违法。（2）市建设规划局责令王某1天内自行拆除，并没有给王某留下充分的自行拆除的时间，在拆除时，建设规划局也没有按照《行政强制法》的要求催告当事人、并听取王某陈述申辩，属于程序违法。同时，根据《行政强制法》第44条规定："对违法的建筑物、构筑物、设施等需要强制拆除的，应当由行政机关予以公告，限期当事人自行拆除。当事人在法定期限内不申请行政复议或者提起行政诉讼，又不拆除的，行政机关可以依法强制拆除。"建设规划局既未公告，也没有在王某起诉期和复议期过后就实施了强拆行为，属于时限违法。

专题八

政府信息公开

一、政府信息公开制度概述

政府信息公开，指公民、组织对行政机关在行使行政职权的过程中掌握或控制的信息拥有知情权，除法律明确规定的不予公开事项外，行政机关应当通过有效方式向公众和当事人公开。

政府信息，是指行政机关在履行行政管理职能过程中制作或者获取的，以一定形式记录、保存的信息。对于"政府信息"我们应注意以下几个方面：

第一，必须是在履行行政管理职能过程中制作或者获取的信息才属于政府信息。

⊙ ［例1］党务信息、立法信息以及公安局侦查情况等司法信息不属于政府信息。

⊙ ［例2］按照法院生效行政判决和准予执行的行政裁定实施的强制拆迁活动，是执行法院生效裁判的司法活动，并非行政行为。

⊙ ［例3］司法强拆中的证据保全公证文书，是行政机关履行生效裁判的司法活动中获取的信息，不是履行行政管理职能中获取的信息，不属于政府信息。

第二，政府公开的信息不仅包括政府制作的信息，比如政府制定的法律文件、行政许可监督检查形成的笔录等，还包括行政机关为了履行行政职能而获取的信息，比如要求企业提供的企业基本信息或向其他行政机关调取的信息等。这里需要注意的是，行政机关向申请人提供的政府信息，应当是现有的，一般不需要行政机关汇总、加工或者重新制作。

第三，是否属于应当公开的政府信息与存储形式无关，只要信息能以有效可读的方式存储即可，包括纸质文件、胶卷和磁盘等多种存储介质。

二、政府信息的公开主体

（一）行政机关

政府信息公开的主体主要是行政机关和法律、法规授权的具有管理公共事务职能的组织。具体而言，遵循"谁制作，谁公开""谁保存，谁公开"的原则，行政机关制作的政府信息，由制作该政府信息的行政机关负责公开。行政机关从公民、法人和其他组织获取的政府信息，由保存该政府信息的行政机关负责公开。

此处还有一个特别问题，如果既存在制作机关，又存在保存机关，或者，A 机关首先从公民处获取保存了某项信息，B 机关从 A 机关处获取了该信息，也就是说同时存在两个保存机关时，该如何处理呢？《政府信息公开条例》确立了"首次接触原则"，即行政机关获取的其他行政机关政府信息，由制作或者最初获取该政府信息的行政机关负责公开。法律、法规对政府信息公开的权限另有规定的，从其规定。比如，县公安局和李某签订聘任制合同，该合同按照《公务员法》需要报送县人事局备案，这就是所谓的行政机关（人事局）获取的其他行政机关（公安局）的政府信息，根据"首次接触原则"，该合同应当由县公安局负责公开。之所以确立"首次接触原则"是因为对政府信息最了解情况、最具有发言权的一定是首先制作或从公民处获取该信息的机关。

⊙ ［例］ 区房管局向某公司发放房屋拆迁许可证。被拆迁人王某向区房管局提出申请，要求公开该公司办理拆迁许可证时所提交的建设用地规划许可证，区房管局作出拒绝公开的答复。

问题：区房管局作出拒绝公开的答复是否合法？

答案：合法。根据《政府信息公开条例》第 10 条："行政机关获取的其他行政机关政府信息，由制作或者最初获取该政府信息的行政机关负责公开。"本案中，规划许可证是由规划部门发放，当事人在向区房管局申请拆迁许可证时所提交的，可见，区房管局不是最初制作或获取该信息的机关，区房管局有权拒绝当事人的申请，当事人应当向规划部门申请公开该规划许可证。

（二）派出机构、内设机构

行政机关设立的派出机构、内设机构依照法律、法规对外以自己名义履行行政管理职能的，可以由该派出机构、内设机构负责与所履行行政管理职能有关的政府信息公开工作。

（三）共同制作的信息

1. 公开主体

两个以上行政机关共同制作的政府信息，由牵头制作的行政机关负责公开。按照"谁制作，谁公开""谁保存，谁公开"的原则，似乎多个机关都可以作为公开政府信息的义务主体，但是，这样容易造成行政机关之间相互推诿扯皮的现象，带来权责不明的后果，所以，2019 年生效的《政府信息公开条例》明确规定，由牵头机关负责公开信息，其他机关不承担信息公开义务。比如，图 8-1 中通知信息应当由国家发改委负责公开，其他机关不需要承担公开义务。

2. 内部程序

牵头制作的行政机关收到政府信息公开申请后可以征求相关行政机关的意见，被征求意见机关应当自收到征求意见书之日起 15 个工作日内提出意见，逾期未提出意见的视为同意公开。

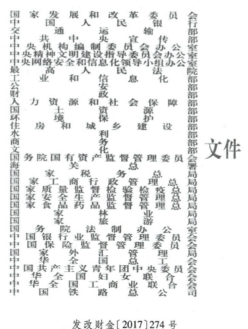

发改财金〔2017〕274 号

印发《关于对严重违法失信超限超载运输车辆
相关责任主体实施联合惩戒的合作备忘录》的通知

各省、自治区、直辖市和新疆生产建设兵团有关部门、机构：

为深入贯彻党的十八大和十八届三中、四中、五中、六中全会

— 1 —

图 8-1　共同制作信息

（四）被授权组织

高校、会计师协会和村民委员会等企事业单位、社会团体等取得了法律、法规和国务院有关主管部门或者机构授权后，在提供社会公共服务过程中制作、获取的信息，适用《政府信息公开条例》的规定。

三、政府信息公开的范围

对政府信息公开范围"以公开为原则，以法定不公开为例外"。行政机关不得公开涉及国家秘密、商业秘密、个人隐私的政府信息，行政机关公开政府信息不得危及国家安全、公共安全、经济安全和社会稳定。

（一）涉及国家秘密、三安全一稳定的信息一律不公开

依法确定为国家秘密的政府信息，法律、行政法规禁止公开的政府信息，以及公开后可能危及国家安全、公共安全、经济安全、社会稳定的政府信息，不予公开。

（二）涉及商业秘密、个人隐私的信息原则上不公开

1. 实体规则

涉及商业秘密、个人隐私的政府信息，原则上不得公开，但以下情形除外：（1）经权

利人同意公开；（2）行政机关认为不公开可能对公共利益造成重大影响。

2. 程序规则

依申请公开的政府信息公开会损害第三方合法权益的，行政机关应当书面征求（不能口头）第三方的意见。第三方应当自收到征求意见书之日起15个工作日内提出意见。征求权利人意见为必须经过的一步，在经过征求意见后，行政机关可以分情况处理：

（1）第三方同意公开，行政机关可以予以公开。

（2）第三方不同意公开且有合理理由的，行政机关不予公开。行政机关认为不公开可能对公共利益造成重大影响的，可以决定予以公开，并将决定公开的政府信息内容和理由书面告知第三方。

（3）第三方逾期未提出意见的，由行政机关依照《政府信息公开条例》的规定权衡判断是否公开。

⊙ [注意] 在第三方逾期未提出意见的情况下，既不是视为拒绝，也不是视为同意，而是由行政机关权衡判断。因为此时行政机关需要平衡申请人和第三方两方利益，知情权和隐私权或商业秘密权之间没有公式般孰优孰劣的关系，行政机关只能结合具体的案情作出权衡判断，如果认为知情权更值得保护，则应予以公开，反之，则应不公开。

⊙ [例] 2010年11月25日，吴某某向上海虹口国税局申请公开申太房屋拆迁公司2002年8月—2004年12月31日税务变更申请表的复印件。虹口国税局当日向吴某某出具收件回执。经审查，虹口国税局认定吴某某申请公开信息中，财务印鉴、企业印鉴和公司电话号码系商业秘密，个人印鉴系个人隐私，遂于同年12月10日向申太公司发出意见征询单。申太公司于同月14日答复不同意提供该信息。虹口国税局决定不予公开该项信息。吴某某不服，向上海市国家税务局申请行政复议，复议机关维持了虹口国税局作出的政府信息公开申请答复。

吴某某认为虹口国税局财务印鉴、企业印鉴和公司电话号码及个人印鉴并不涉及商业秘密和个人隐私，应当公开，于是提起行政诉讼。

法院生效裁判认为，关于商业秘密的认定，商业秘密是指不为公众所知悉、能为权利人带来经济利益、具有实用性并经权利人采取保密措施的技术信息和经营信息。而公司电话号码作为联系方式是公司开展经营活动的条件之一，财务印鉴、企业印鉴是公司在经营活动中进行意思表示的一种确认形式，三者通过对外公开或出示，发挥其基础作用，不符合商业秘密不为公众所知悉的特征，不属于商业秘密。

关于个人隐私的认定，通识为公民与公共利益无关的个人私生活秘密，是公民不愿公开或不愿为他人所知的个人身体或私生活方面的秘密信息。适用到政府信息公开领域，个人隐私是指行政机关因行政行为所保管的档案或记录中涉及有关自然人个人的信息。其主要特征为：自然人享有；属于权利人个人生活领域，一般与公共利益无关；权利人主观上不愿向公众公开、客观上也不为公众所知悉；由行政机关持有并可基于公共利益的需要而强制公开。个人印鉴为个人进行意思表示的一种确认形式，同签名一样，通过出示发挥其基础作用，具有对外性，不符合个人隐私不向公众所公开、不愿公众所知悉的特征，不属于个人隐私。

综上，虹口国税局认定吴某某申请公开的信息中含有商业秘密和个人隐私，缺乏事实证据和法律依据，撤销不予公开答复，并判决针对吴某某政府信息公开申请，虹口国税局应当自判决生效之日起 15 个工作日内依法重新作出答复。①

（三）内部信息不公开

行政机关的内部事务信息，包括人事管理、后勤管理、内部工作流程等方面的信息，可以不予公开。行政机关内部管理信息一般只涉及内部管理事务，比如领导干部的经济责任审计信息。这类信息对外部不具有约束力，亦对相对人的权利义务不产生实际影响，行政机关可以不予公开。但实践中如行政机关内部管理信息对外部产生约束力，亦对相对人的权利义务产生实际影响，则属于《政府信息公开条例》的调整范围，应当予以公开。

（四）过程性信息不公开

行政机关在履行行政管理职能过程中形成的讨论记录、过程稿、磋商信函、请示报告等过程性信息以及行政执法案卷信息，可以不予公开。法律、法规、规章规定上述信息应当公开的，从其规定。为保证行政机关能够自由、自主的制定行政决策，避免尚在酝酿过程中的不成熟的政府信息提前予以公开，进而影响到行政决策，比如，用以记载会议主要情况和议定事项的会议纪要，属于行政机关内部公文，具有内部性和非终极性的特点，一旦过早公开，可能会引起误解和混乱，或者妨碍意见发表以及正常的意思形成，所以，一般不应当予以公开。

行政执法案卷信息与当事人、利害关系人之外的其他主体没有直接利害关系，且通常涉及相关主体的商业秘密和个人隐私，因此新条例把行政执法案卷信息作为政府信息公开的例外情形有其必要性和合理性，而对于当事人和利害关系人可以依据《行政处罚法》第44 条、《行政许可法》第 40 条和 61 条、《行政复议法》第 23 条特别规定的卷宗阅览权去获取的政府信息，而不属于申请政府信息公开的范围。

⊙ ［例 1］ 乙镇政府向甲县县政府递交《乙镇政府关于李家村旧村改造有关问题请示》，村民李某以邮政快递方式向乙镇政府申请公开该请示，乙镇政府以该信息为内部事务信息为由拒绝公开。

问：拒绝理由是否正确？

答：错误。《乙镇政府关于李家村旧村改造有关问题请示》是过程性信息，而非内部信息，所以，行政机关拒绝理由不成立。

⊙ ［例 2］ 2014 年 8 月 4 日，柴某向被告甲市人力资源和社会保障局申请公开政府信息，要求公开其本人的甲市城镇企业职工特殊工种提前退休资格审核表未能审核通过的依据及相关法律规定等内容的政府信息。被告于 2014 年 8 月 13 日对原告柴某作出2014-13 号告知函，内容主要是："经核查，柴某申请的政府信息属于审查中的过程性信息，不属于应当公开的政府信息。"柴某对告知函内容不服，以申请公开的信息直接关系到自己的切身利益为由，诉至法院，要求撤销被告作出的告知函，并对其申请的信息给予书面答复。

问：

1. 柴某所申请的城镇企业职工特殊工种提前退休资格审核表未能审核通过的依据及相关法律规定是否属于政府信息？

---

① 本案为上海市高级人民法院第 6 号参考性案例 "吴某某不服上海市虹口区国家税务局政府信息公开申请答复案"。

2. 人力资源和社会保障局以申请信息属于过程性信息为由拒绝公开的理由是否成立？

答：1. 属于。政府信息，是指行政机关在履行行政管理职能过程中制作或者获取的，以一定形式记录、保存的信息。根据这一定义，政府信息包括一切记载信息的载体，并非只有形成正式文件的才构成政府信息。构成政府信息，也未必必须具备正式性、准确性和完整性。我们不应混淆政府信息和不应公开的政府信息这两个概念。

2. 成立。《政府信息公开条例》第 16 条第 2 款规定，行政机关在履行行政管理职能过程中形成的讨论记录、过程稿、磋商信函、请示报告等过程性信息以及行政执法案卷信息，可以不予公开。

（五）公开审查机制

行政机关应当建立健全政府信息公开审查机制，明确审查的程序和责任。行政机关应当依照《保守国家秘密法》以及其他法律、法规和国家有关规定对拟公开的政府信息进行审查。

行政机关不能确定政府信息是否可以公开的，应当依照法律、法规和国家有关规定报有关主管部门或者保密行政管理部门确定。

四、政府信息公开的程序

（一）主动公开政府信息的程序

对于主动公开的范围，《政府信息公开条例》采取了"一般规定+具体列举"的方式：对涉及公众利益调整、需要公众广泛知晓或者需要公众参与决策的政府信息，行政机关应当主动公开。具体而言：

行政机关应当主动公开本行政机关的下列政府信息：1. 行政法规、规章和规范性文件；2. 机关职能、机构设置、办公地址、办公时间、联系方式、负责人姓名；3. 国民经济和社会发展规划、专项规划、区域规划及相关政策；4. 国民经济和社会发展统计信息；5. 办理行政许可和其他对外管理服务事项的依据、条件、程序以及办理结果；6. 实施行政处罚、行政强制的依据、条件、程序以及本行政机关认为具有一定社会影响的行政处罚决定；7. 财政预算、决算信息；8. 行政事业性收费项目及其依据、标准；9. 政府集中采购项目的目录、标准及实施情况；10. 重大建设项目的批准和实施情况；11. 扶贫、教育、医疗、社会保障、促进就业等方面的政策、措施及其实施情况；12. 突发公共事件的应急预案、预警信息及应对情况；13. 环境保护、公共卫生、安全生产、食品药品、产品质量的监督检查情况；14. 公务员招考的职位、名额、报考条件等事项以及录用结果；15. 法律、法规、规章和国家有关规定规定应当主动公开的其他政府信息。

除此以外，设区的市级、县级人民政府及其部门还应当根据本地方的具体情况，主动公开涉及市政建设、公共服务、公益事业、土地征收、房屋征收、治安管理、社会救助等方面的政府信息；乡（镇）人民政府还应当根据本地方的具体情况，主动公开贯彻落实农业农村政策、农田水利工程建设运营、农村土地承包经营权流转、宅基地使用情况审核、土地征收、房屋征收、筹资筹劳、社会救助等方面的政府信息。

（二）主动公开的方式和场所

1. 方式

行政机关应当建立健全政府信息发布机制，将主动公开的政府信息通过政府公报、政府网站或者其他互联网政务媒体、新闻发布会以及报刊、广播、电视等途径予以公开。各级人民政府应当在国家档案馆、公共图书馆、政务服务场所设置政府信息查阅场所，并配备相应的设施、设备，为公民、法人和其他组织获取政府信息提供便利。

2. 场所

（1）法定公开场所：各级国家档案馆和公共图书馆。

（2）选择公开场所：行政机关可以根据需要设立公共查阅室、资料索取点、信息公告栏、电子信息屏等场所、设施，公开政府信息。

（三）主动公开程序

1. 公开信息目录和公开指南

（1）公开指南。政府信息公开指南包括两部分：

①政府信息的分类、编排体系、获取方式等，通过编制、列举和公开这些内容使公众了解如何获取政府信息；

②政府信息公开指南包括政府信息的分类、编排体系、获取方式和政府信息公开工作机构的名称、办公地址、办公时间、联系电话、传真号码、互联网联系方式等内容。

（2）公开目录。政府信息公开目录是公众查阅、检索政府信息的工具，包括政府信息的索引、名称、内容概述、生成日期等内容，应分门别类，便于查找。

2. 公开信息文本本身

（1）期限：应当在信息形成或变更之日起20个工作日内决定是否公开，法律、法规对公开期限另有规定的从其规定。

（2）保密审查：对拟公开的政府信息应当进行保密审查。公开主体对政府信息不能确定是否可以公开时，应当报有关主管部门或同级保密工作部门（保密局）确定。

（四）依申请公开政府信息的程序

除行政机关主动公开的政府信息外，公民、法人或者其他组织可以向地方各级人民政府、对外以自己名义履行行政管理职能的县级以上政府部门及依照法律、法规授权对外以自己名义履行行政管理职能的派出机构、内设机构申请获取相关政府信息。

1. 申请

（1）应当向行政机关的政府信息公开工作机构提出，并采用包括信件、数据电文在内的书面形式；采用书面形式确有困难的，申请人可以口头提出，由受理该申请的行政机关代为填写政府信息公开申请。

（2）政府信息公开申请应当包括下列内容：

①申请人的姓名或者名称、身份证明、联系方式；

②申请公开的政府信息的名称、文号或者便于行政机关查询的其他特征性描述；

③申请公开的政府信息的形式要求，包括获取信息的方式、途径。

（3）申请公开政府信息无需说明申请信息的用途。

⊙ [注意] 2019年修改的《政府信息公开条例》在申请环节体现了"一松一紧"的特点：一松，为保障公民的知情权，取消了申请信息与申请人生产、生活和科研要有关联性的要求，所有的申请人都具有申请资格；一紧，为了防止在申请资格放开后，一些"匿名"申请人滥用权利胡乱申请，进而浪费有限的行政资源，要求所有申请人均需要提供身份证明。

⊙ [例] 2011 年 10 月，中华环保联合会向贵州省清镇市人民法院环保法庭提起环境公益诉讼，起诉贵州好一多乳业有限公司超标排放工业污水。因案件需要好一多公司的相关环保资料，环保联合会便向被告贵州省贵阳市修文县环境保护局提出申请，要求向其公开好一多公司的排污许可证、排污口数量和位置、排放污染物种类和数量情况、"三同时"验收文件等有关环境信息，并于 2011 年 10 月 28 日将信息公开申请表以公证邮寄的方式提交给环保局。

问：中华环保联合会是否具有申请人资格？

答：为保障公民的知情权，2019 年修改的《政府信息公开条例》，取消了申请信息与申请人生产、生活和科研要有关联性的要求，所有的申请人都具有申请资格，所以，为提起环境公益诉讼而获取材料的中华环保联合会自然具有申请资格。

2. 答复

（1）起点

行政机关收到政府信息公开申请的时间，按照下列规定确定：

①申请人当面提交政府信息公开申请的，以提交之日为收到申请之日；

②申请人以邮寄方式提交政府信息公开申请的，以行政机关签收之日为收到申请之日；以平常信函等无需签收的邮寄方式提交政府信息公开申请的，政府信息公开工作机构应当于收到申请的当日与申请人确认，确认之日为收到申请之日；

③申请人通过互联网渠道或者政府信息公开工作机构的传真提交政府信息公开申请的，以双方确认之日为收到申请之日。

⊙ [知识点拨] 这里的"收到"是行政机关物理意义上真的收到，而非推定其收到，就像你收到淘宝包裹的时间，并不是以卖家发货日为准，而是你最终确认收到包裹之日为准。我们之所以在"收到之日"这个问题上斤斤计较，因为这是很多信息公开制度的时间起点，比如，依申请公开的时间为"应当自收到申请之日起 20 个工作日内予以答复"，"申请内容不明确的，行政机关应当自收到申请之日起 7 个工作日内一次性告知申请人作出补正"等均为收到之日起计算时间的起点。

（2）终点（答复时限）

①当场答复：行政机关收到政府信息公开申请，能够当场答复的，应当当场予以答复。

②非当场答复：行政机关不能当场答复的，应当自收到申请之日起 20 个工作日内予以答复；需要延长答复期限的，应当经政府信息公开工作机构负责人同意并告知申请人，延长的期限最长不得超过 20 个工作日。

③时限扣除：行政机关征求第三方和其他机关意见所需时间不计算在前述规定的期限内。

（3）答复方式

对申请公开的政府信息，行政机关根据下列情况分别作出答复：

①申请内容不明确的，行政机关应当给予指导和释明，并自收到申请之日起 7 个工作日内一次性告知申请人作出补正，说明需要补正的事项和合理的补正期限。答复期限自行政机关收到补正的申请之日起计算。申请人无正当理由逾期不补正的，视为放弃申请，行政机关不再处理该政府信息公开申请。

◎ ［注意］申请内容不明确的，应当告知申请人作出更改、补充，而非不予公开。

◎ ［例］某环保公益组织以一企业造成环境污染为由提起环境公益诉讼，后因诉讼需要，向县环保局申请公开该企业的环境影响评价报告、排污许可证信息。环保局以该组织无申请资格和该企业在该县有若干个基地，申请内容不明确为由拒绝公开。问题：环保局的处理方案是否合法？

答：不合法。首先，该企业在该县有几个基地，并不妨碍环保局公开信息，环保局应就其手中掌握的所有涉及该企业的相关环境信息向申请人公开。退一步讲，即使申请内容不明确的，环保局也应当告知申请人作出更改、补充，而不是拒绝公开。只有在信息不存在或涉密时，行政机关才可以拒绝公开。

②经检索没有所申请公开信息的，告知申请人该政府信息不存在。

③决定不予公开的，告知申请人不予公开并说明理由。

④所申请公开信息不属于本行政机关负责公开的，告知申请人并说明理由；能够确定负责公开该政府信息的行政机关的，告知申请人该行政机关的名称、联系方式。

⑤行政机关已就申请人提出的政府信息公开申请作出答复、申请人重复申请公开相同政府信息的，告知申请人不予重复处理。

⑥所申请公开信息属于工商、不动产登记资料等信息，有关法律、行政法规对信息的获取有特别规定的，告知申请人依照有关法律、行政法规的规定办理。

⑦所申请公开信息可以公开的，向申请人提供该政府信息，或者告知申请人获取该政府信息的方式、途径和时间，但如果所申请公开信息已经主动公开的，告知申请人获取该政府信息的方式、途径。

◎ ［细节1］申请公开的信息中含有不应当公开或者不属于政府信息的内容，但是能够作区分处理的，行政机关应当向申请人提供可以公开的政府信息内容，并对不予公开的内容说明理由。

◎ ［例］高文香系原天津市塘沽区大沽街驴驹河村村民。2014年5月20日，原告高文香向被告天津市滨海新区规划和国土资源管理局提交《申请表》，申请公开《标明拟建项目用地范围的现势地形图》并要求提供该文件1：1比例的复制件（复印件）并逐页加盖政府信息公开专用章。被告于同日制作《受理告知书》并送达原告。2014年6月3日，被告作出《告知书》，内容为："您申请标明拟建项目用地范围的现势地形图，经审查您所提申请涉及国家秘密，公开后可能危及国家安全、公共安全、经济安全、社会稳定，对您申请的信息不予公开"。原告认为被告未依法履行政府信息公开职责，侵害了原告依法获得政府信息的合法权益，故起诉。

法院经不公开审理查明，《标明拟建项目用地范围的现势地形图》中明确标示了国防军事设施、通讯设施、电力设施及公路路面铺设材料属性，故被告关于该项政府信息涉及不能公开内容的主张成立。且上述内容与其他内容交织在一起，不能通过简单的技术处理进行屏蔽以达到消弭危害国家安全、公共安全的可能。故被告告知申请人上述政府信息涉及国家秘密，公开后可能危及国家安全、公共安全、经济安全、社会稳定，并对该项政府信息不予公开，并无不当。

◎ ［细节2］行政机关依申请公开政府信息，应当根据申请人的要求及行政机关保存政府信息的实际情况，确定提供政府信息的具体形式；按照申请人要求的形式提供政府信息，可能危及政府信息载体安全或者公开成本过高的，可以通过电子数据以及其他适当形式提供，或者安排申请人查阅、抄录相关政府信息。

⊙ ［细节3］ 行政机关依申请提供政府信息，<u>不收取费用</u>。但是，<u>申请人申请公开政府信息的数量、频次明显超过合理范围的，行政机关可以收取信息处理费</u>。行政机关收取信息处理费的具体办法由国务院价格主管部门会同国务院财政部门、全国政府信息公开工作主管部门制定。

⊙ ［细节4］ 对于应主动而未主动公开，当事人可以申请公开；或者，已经主动公开而当事人不知晓，当事人也可以申请公开。行政机关也不能以已主动公开为由直接拒绝公开，而应告知申请人获取该政府信息的方式、途径，如果申请人提出的申请内容为要求行政机关提供政府公报、报刊、书籍等公开出版物的，行政机关可以告知获取的途径。

⊙ ［例］《政府采购法》规定，对属于地方预算的政府采购项目，其集中采购目录由省、自治区、直辖市政府或其授权的机构确定并公布。张某未向财政厅提出过公开申请，而以财政厅未主动公开政府集中采购项目目录的行为违法直接向法院提起诉讼。

问：法院应当如何处理？

答：法院应当告知其先向行政机关申请获取相关政府信息。对行政机关的答复或者逾期不予答复不服的，张某可以向法院提起诉讼。

（五）申请公开和主动公开的转化

多个申请人就相同政府信息向同一行政机关提出公开申请，且该政府信息属于可以公开的，行政机关可以纳入主动公开的范围。

对行政机关依申请公开的政府信息，申请人认为涉及公众利益调整、需要公众广泛知晓或者需要公众参与决策的，可以建议行政机关将该信息纳入主动公开的范围。行政机关经审核认为属于主动公开范围的，应当及时主动公开。

（六）防止申请人滥用权利条款

1. 数量、频次明显超过合理范围

申请人申请公开政府信息的数量、频次明显超过合理范围，行政机关可以要求申请人说明理由。行政机关认为申请理由不合理的，告知申请人不予处理；行政机关认为申请理由合理，但是无法在《政府信息公开条例》规定的期限内（20+20 工作日）答复申请人的，可以确定延迟答复的合理期限并告知申请人。不过，即使理由合理，但申请人申请公开政府信息的数量、频次明显超过合理范围的，行政机关可以收取信息处理费。

2. 以政府信息公开申请的形式进行信访、投诉、举报等活动

申请人以政府信息公开申请的形式进行信访、投诉、举报等活动，行政机关应当告知申请人不作为政府信息公开申请处理并可以告知通过相应渠道提出，正所谓"尘归尘，土归土"。

3. 申请需要加工、分析的信息

为了避免申请人要求行政机关为其提供"私人订制高端服务"，浪费有限的公共资源，《政府信息公开条例》规定，如果当事人所申请的政府信息是需要行政机关对现有政府信息进行加工、分析的，行政机关可以不予提供。

五、信息更正程序

申请人有证据证明行政机关提供的与其自身相关的政府信息记录不准确的，可以要求

行政机关更正。有权更正的行政机关审核属实的，应当予以更正并告知申请人；<u>不属于本行政机关职能范围的，行政机关可以转送有权更正的行政机关处理并告知申请人</u>，或者告知申请人向有权更正的行政机关提出。

六、监督和保障

（一）举报

公民、法人或者其他组织认为行政机关未按照要求主动公开政府信息或者对政府信息公开申请不依法答复处理的，可以向政府信息公开工作主管部门提出。政府信息公开工作主管部门查证属实的，应当予以督促整改或者通报批评。

公民、法人或者其他组织认为行政机关在政府信息公开工作中侵犯其合法权益的，可以向上一级行政机关或者政府信息公开工作主管部门投诉、举报。

（二）提起行政争讼

相对人认为行政机关在政府信息公开工作中的<u>具体行政行为（不公开、公开信息涉及个人秘密、拒绝更正错误信息和公开形式不符合要求等）侵犯其合法权益的，可以依法申请行政复议或者提起行政诉讼</u>。

（三）主动监督

政府信息公开工作主管部门应当加强对政府信息公开工作的日常指导和监督检查，对行政机关未按照要求开展政府信息公开工作的，予以督促整改或者通报批评；需要对负有责任的领导人员和直接责任人员追究责任的，依法向有权机关提出处理建议。

（四）其他内容

县级以上政府部门应当在每年 1 月 31 日前向本级政府信息公开工作主管部门提交本行政机关上一年度政府信息公开工作年度报告并向社会公布。县级以上地方政府的政府信息公开工作主管部门应当在每年 3 月 31 日前向社会公布本级政府上一年度政府信息公开工作年度报告。政府信息公开工作年度报告应当包括下列内容：

1. 行政机关主动公开政府信息的情况；

2. 行政机关收到和处理政府信息公开申请的情况；

3. 因政府信息公开工作被申请行政复议、提起行政诉讼的情况；

4. 政府信息公开工作存在的主要问题及改进情况各级人民政府的政府信息公开工作年度报告还应当包括工作考核、社会评议和责任追究结果情况；

5. 其他需要报告的事项。

全国政府信息公开工作主管部门应当公布政府信息公开工作年度报告统一格式，并适时更新。

◉ ［注意］公开年度工作报告公开时间政府部门为每年 1 月 31 日前，政府为每年 3 月 31 日前。

▣ 主观题命题规律

因为理论实践界对于信息公开的关注和命题人的学术兴趣，本专题对主观题命题具有较为重要的意义，其中，比较重要的内容有政府信息的界定、公开与不公开的关系（尤其是涉及商业秘密、个人隐私的政府信息公开问题）、依申请公开信息中对申请人生产、生活和科研关联性要求等问题。

进阶案例

2015 年 4 月 14 日，中国传媒大学以殷某在大学英语四级考试过程中找人替考属于考试作弊为由，对殷某作出开除学籍的处分决定。殷某认为该处分决定没有充分的证据支持，遂于 2015 年 4 月 20 日向中国传媒大学申请公开与此次违纪事件相关的 3 项重要信息，其中包括 2005～2014 年中国传媒大学关于全国英语四、六级考试的考生违纪人员处分决定文件的复印件，该信息能够明确历年来中国传媒大学对参加全国英语四、六级考试的违纪考生是否均处以开除学籍这一最严重的处分决定。中国传媒大学于 2015 年 4 月 27 日作出《中国传媒大学信息公开告知书》，称该事项涉及他人隐私，不予公开。

殷某认为，其申请公开的上述事项与中国传媒大学作出开除学籍处分的决定有密切联系，是殷某是否存在替考作弊行为的关键证据，理应公开。殷某申请公开的内容并非完全不能公开，中国传媒大学若认为该申请事项涉及他人隐私，可以根据规定仅公开违纪人员所属院系、班级、违纪事实及处分结果，对违纪人员的姓名等身份信息不予公开。中国传媒大学的行为违反了《信息公开条例》的相关规定。故诉至法院。

问题：

1. 中国传媒大学辩称：中国传媒大学属于高等教育机构，并非行政机关，中国传媒大学信息公开是依法在法定范围内履行法定义务，不属于行政行为，殷某无权以信息公开对中国传媒大学提起行政诉讼。你是否赞同该答辩理由，为什么？

2. 中国传媒大学 2005～2014 年关于全国英语四、六级考试的考生违纪人员处分决定文件的复印件是否属于政府信息？为什么？

3. 殷某所申请的政府信息中有涉及他人隐私的信息，行政机关应当如何处理？

解析：

1.《政府信息公开条例》第 54 条规定："法律、法规授权的具有管理公共事务职能的组织公开政府信息的活动，适用本条例。"高校根据《教育法》等相关授权，对学生进行学籍管理，实施奖励或者处分，应当适用《政府信息公开条例》。

2. 属于。《政府信息公开条例》第 2 条规定，政府信息，是指行政机关在履行行政管理职能过程中制作或者获取的，以一定形式记录、保存的信息。高等学校在对受教育者进行处分的过程中，所制作或获取的信息属于《政府信息公开条例》中所称的政府信息，其公开活动应受该条例的规范。

3.（1）依申请公开的政府信息公开会损害第三方合法权益的，高校应当书面征求第三方的意见。第三方应当自收到征求意见书之日起 15 个工作日内提出意见。第三方逾期未提出意见的，由高校决定是否公开。第三方不同意公开且有合理理由的，行政机关不予公开。高校认为不公开可能对公共利益造成重大影响的，可以决定予以公开，并将决定公开的政府信息内容和理由书面告知第三方。（2）如果高校认为部分信息涉及个人隐私，第三方不同意公开且有合理理由，也不一定整体不公开本信息，如果信息能够作区分处理的，高校应当向申请人提供可以公开的政府信息内容，并对不予公开的内容说明理由。

专题九

行 政 程 序

一、行政程序的概念和价值

行政程序是行政主体实施行政行为时所应当遵守的方式、方法和步骤、时限和顺序的结合形式。行政程序具有以下功能和价值：

第一，完善沟通渠道，提高行政行为的社会可接受程度。程序制度可以通过民众提前介入行政决定，提高人民的信赖感，减少事后的行政争议。行政程序通过让公民参加行政决定过程，赋予公民充分而对等的自由发言的机会，行政程序中民众参与的过程就是行政机关与公民相互说服的过程，这样的行政决定更容易获得人们的共鸣和支持，减少决策后的冲突与震荡。

第二，行政程序有利于行政机关全面的获得行政资讯，使行政决定更加集思广益，提升行政决策品质。民众在行政决定过程中可以对行政决定的合法性和正当性提出抗辩，给行政机关的决策提供一个反思的机会，最终有效提高行政决定的理性。

第三，行政程序体现了对公民人性尊严的尊重。正当的行政程序设置了个人的参与机制，可以让与法律程序结果有关的个人参与到程序过程中，并充分表达自己的意见。通过行政程序让公民参与到行政权行使的过程中，让他看到行政权行使的基本过程，而他在行政程序中行使了法律规定的所有程序权利，其自身的人格也获得了行政机关的尊重。[①] 而如果行政决定过程中，行政机关既不公开决定依据、过程及结果，也不听取当事人意见，还不向当事人说明理由的话，那么说明行政机关并没有将公民视作可对话的对等主体，是对公民人性尊严的藐视。

第四，正当程序是限制公权力滥用的有效手段。传统法治重视的是事前立法控权和事后司法控权，现代法治则更重视事中程序控权。法律不仅赋予政府以管理现代社会、经济事务的必要的范围和限度明确的权限，而且赋予政府以应对未来各种具体情况或突发事件的广泛的自由裁量权。但是政府无论是行使法定权限，还是行使自由裁量权，都必须遵守公开、公正、公平的行政程序。这样，政府就既可以放开手脚为"善"，发挥政府在现代社会中应该发挥，特别是只能由政府发挥的作用；同时，又可以有效防止政府在行使权力过程中为"恶"，抑制其腐败和滥用权力的可能性。行政公开、行政参与制度会对政府公权力行使营造一种无形的监督氛围，对可能违法和滥用权力者形成一种

---

① 章剑生：《行政程序正当性之基本价值》，载《法治现代化研究》2017 年第 5 期。

无形的威慑力。①

第五，正当程序是维持社会秩序的稳定的有效手段。通过行政程序来达成解决利益冲突的方案，可以最大限度地减少各方利益主体的损失，即使因利益受到损失而产生的不满也可以在行政程序的过程中尽情地得到发泄，行政程序为当事人提供了一个可以平等陈述理由的机会和场合，任何理由都可以在这里获得宣泄、交流，每个当事人的理由都可以在对方陈述中获得自我验证，双方的对立情绪由此可能得到化解，并为行政程序所吸收，从而为当事人在行政程序中实现合意提供了条件。②

二、违反法定程序的案例解析③

（一）未履行告知义务和未听取陈述和申辩

1. 未履行告知义务。在"刘云务诉山西省太原市公安局交通警察支队晋源一大队道路交通管理行政强制案"中，最高人民法院认为："决定扣留应遵循《道路交通安全法》第 112 条第 1 款和《道路交通安全违法行为处理程序规定》第 11 条规定的告知当事人违法行为的基本事实、拟作出行政强制措施的种类、依据及其依法享有的权利，听取当事人的陈述和申辩，制作行政强制措施凭证并送达当事人等行政程序。晋源交警一大队违反上述行政程序，始终未出具任何形式的书面扣留决定，违反法定程序。"

2. 未听取陈述和申辩。在"万德里等人诉厦门市湖里区卫生和计划生育局社会抚养费征收决定案"中，法院认为，在厦湖计生征告知〔2015〕第 5022 号《征收社会抚养费告知书》中，被告已告知原告依法享有陈述、申辩的权利。而根据在案证据及原、被告双方庭审中确认的事实，卓某某在收到《征收社会抚养费告知书》后于法定期间内提出了陈述与申辩，被告虽对卓某某陈述申辩书中提及的党员身份问题向相关部门进行了调查，但就其他申辩意见未进行核查回复，并在《征收社会抚养费决定书》上表述"被征收人在法定时间内没有提出陈述、申辩"，应视为被告未充分听取原告的陈述与申辩，属于程序上违法。

3. 未表明执法身份和执法的合法性。在"何际娟、梁绍赐诉鹿寨县政府卫生局行政强制措施及行政赔偿案"中，被告对米店例行卫生检查时，执法过程中未向原告出示执法证，也没有做出任何书面决定，即扣押了其消毒柜、桌子、板凳、汤锅等财物，现场笔录和物品暂扣笔录无原告的签名，并致原告受伤。法院判决撤销行政强制措施并予以行政赔偿。

4. 未有效告知。在"桂林市桂全信息咨询有限责任公司不服桂林市公安局以违法经营股票期货对其予以行政处罚决定案"中，公安局在作出罚款之前未告知相对人听证权利，而是在决定做出的同时才告知，违反了《行政处罚法》的程序规定。

（二）未经法定程序

未经法定程序是指法律、法规或者规章中规定了必经的行政程序，而行政机关未履行

---

① 姜明安：《行政程序：对传统控权机制的超越》，载 http://www.aisixiang.com/data/41937-2.html。

② 章剑生：《行政程序正当性之基本价值》，载《法治现代化研究》2017 年第 5 期。

③ 本部分考生以阅读为主，不需要特别记忆，以下内容来源于：徐晨著：《行政法理论与判解研究——以司法审查为中心》，中国政法大学出版社 2017 年版，第 344-351 页。部分案例来源于于立深：《违反行政程序司法审查中的争点问题》，载《中国法学》2010 年第 5 期。

程序义务作出行政行为。例如，应当听证而未进行听证程序、未立案作出行政决定、未委托鉴定、未经重大决策程序、未经催告、未送达行政决定等。

1. 未经听证程序。在"北京创基物业管理有限公司诉北京市海淀区人民防空办公室行政处罚案"中，依照《北京市行政处罚听证程序实施办法》，2万元罚款不属于数额较大的罚款，但是人防办向原告送达了听证通知书，明确告知可以在3日内提出听证申请。在原告没有放弃听证权利情况下，人防办公室又在告知听证权利的当日，向原告送达了行政处罚决定。法院认为在《行政处罚法》明确规定的听证事项申请权利外，并未禁止行政机关在作出其他行政处罚时适用听证程序，应当属于行政机关行使自由裁量权的范畴。但行政机关行使自由裁量权，应当遵循公正、公开的原则。

2. 未经重大决策程序。在"湖南佳美建设工程有限公司诉常德市鼎城区人力资源和社会保障局、常德市人力资源和社会保障局劳动保障监察行政处理案"中，法院认为由于本案涉及人数众多，涉及金额较大，故对该案的处理应属于重大行政执法活动，因此，被告不仅需完成立案、调查、事先告知等程序性事项，在作出行政处理决定前还应根据《湖南省行政程序规定》的要求经行政机关负责人集体讨论决定，以确保行政机关行政执法决定的客观公正。由于被告并未提供行政机关负责人集体讨论记录，因此，被告作出行政处理决定的程序违法。

3. 未经催告程序。在"叶贤芳诉寿宁县鳌阳镇政府强制拆除案"中，法院认为，因原告未在《限期拆除违法建设通知书》的期限内自行拆除，被告在法定的起诉期限及申请行政复议期限未届满、未经书面催告及作出强制拆除的书面执行决定、亦未提供证据证明寿宁县政府已责成被告等有关部门强制拆除的情况下，被告于2015年3月25日参与实施了对上述违法建筑物的强制拆除。因此，被告实施行政强制拆除行为的前提要件与程序要件并不具备，存在程序违法。

4. 未经送达程序。在"宋洪生诉葫芦岛市政府行政复议决定案"中，法院认为，被告受理郭万英的复议申请后，经审查认为，宋洪生与该行政复议申请的具体行政行为有利害关系，于2015年12月7日将宋洪生列为行政复议第三人，2016年2月4日被告分别向兴城市政府和郭万英送达行政复议决定书，但遗漏了第三人宋洪生，未向宋洪生送达[2015]葫行复决字71号《行政复议决定书》，属于程序违法。

（三）程序步骤或者次序混乱

程序步骤或者次序混乱是指启动行政程序后，行政机关未依法定的程序步骤或者次序履行程序义务。例如，出现程序颠倒、程序重叠等违法情形。

1. 程序颠倒。在"翁青松诉武汉市青山区政府房屋征收补偿决定案"中，依照《国有土地上房屋征收评估办法》相关规定，房屋征收部门应当将房屋分户初步评估结果在征收范围内向被征收人公示。公示期满后，房屋征收部门应当向被征收人转交分户评估报告。被征收人对评估结果有异议的，可向房地产评估机构申请复核评估。对复核结果有异议的，可向房地产价格评估专家委员会申请鉴定。从本案现有证据看，区征收办在湖北中信房地产土地估价有限公司对涉案房产作出市场价值评估报告后，原告尚未收到上述报告时已经作出了被诉征收补偿决定，属于程序颠倒，致使原告对其房产评估价格申请复核评估和申请房地产价格评估专家委员会鉴定的权利丧失意义，对原告的实质权益造成重大影响，属于违反法定程序。

2. 程序重叠。在"陆建平诉南通市国土资源局行政处罚案"中，被告南通国土局曾于 2015 年 2 月 2 日就原告陆建平违法占地建设行为作出行政处罚决定，其后于 2016 年 1 月 25 日作出《关于撤销"通国土资（滨）2015020101 号"行政处罚决定书的通知》，自行撤销了该行政处罚决定。但被告南通国土局在自行撤销原行政处罚决定前又于 2015 年 12 月 1 日向原告陆建平作出《行政处罚告知书》《行政处罚听证告知书》，此时，被告南通国土局 2015 年 2 月 2 日作出的《行政处罚决定书》尚未被撤销，根据行政行为具有确定力、拘束力、执行力的基本原理，被告南通国土局在原行政处罚决定尚未被撤销时，再次启动行政处罚程序，又对同一违法行为作出处罚告知书、听证告知书，导致执法程序混乱，不符合程序正当原则的要求，属于程序违法。

（四）程序方式不合法

行政机关履行程序义务时应当按照法定的程序方式进行，否则，会导致程序违法。在"李云芬诉某镇政府规划行政强制案"中，法院认为：将相关法律文书张贴于被强拆建筑上并不是合法的送达方式，应视为未送达，被告在进行强拆前应视为未履行催告、公告程序，被告的强拆行为违反法定程序。在"陈宗惠不服海口市工商局新华分局颁发营业执照案"中，二审法院认为工商局变更许可证事项之变更公告程序不合法，视为未能有效公告，因为在法定节假日和双休日期间公告，且在行政机关办公地门口的广告栏内公告，原告不可能知道公告内容。

（五）超过法定期限

在行政程序中，一般规定了受理、决定、鉴定、送达等方面的期限要求。超过法定期限是否构成程序瑕疵，需要根据是否对权利造成实际影响、有无延期等因素来加以判断。在"黄松青诉北京市西城区房屋管理局拆迁行政裁决案"中，法院认为，市土储中心与市土储西城分中心于 2014 年 5 月 5 日向区房管局提出裁决申请，区房管局于 2014 年 6 月 13 日作出被诉裁决，已经超过了法定 30 日的裁决期限，属程序违法。区房管局虽然超期作出了被诉裁决，但该情形对黄松青的权利不产生实际影响，因此，应当确认被诉裁决违法。

■ 主观题命题规律

客观题以现行有效的实证法为命题依据，对于行政程序的考查也仅限于《行政处罚法》《行政许可法》和《行政强制法》等具体行政行为类型的程序，所以，客观题教材没有独立的"行政程序法"专题。但主观题要考查考生解决疑难案例的实务能力和法学思维，实践中，常常会出现无法可依、法律规则冲突或者规则模糊的情况，此时，就需要借助行政程序理论解释法律规则。命题人有可能会将类似的疑难案例引入考场，比如，2014 年案例题中"市政府能否以会议纪要的形式要求工商局撤销原处罚决定"就属于没有具体的法律规则的题目类型，考生只有借助行政程序理论才能够解答题目。只有平时在备考中培养相应的法律思维，上了考场才能够做到胸中有丘壑。

■ 主观题知识提升

进阶案例：行政处罚程序中的回避原则①

---

① 根据赵某某与济南市公安局历城区分局妨碍公务行政处罚纠纷上诉案（2014）济行终字第 27 号改编，部分案情有调整。

历城区公安分局港沟派出所接到报案，称赵某某夫妇采用静坐、拦挡等形式阻挠公司正常施工。2013 年 10 月 12 日上午 9 时许，港沟派出所六名民警到赵某某家对其进行传唤。赵某某无正当理由，拒不接受传唤，在民警对其进行强制传唤时，赵某某蹬踹民警，大喊大叫，拒不配合民警工作，阻碍民警依法执行职务。同日 12 时 40 分至 13 时 09 分，上述民警中的田某、胡某对赵某某在被强制传唤过程中的言行进行询问并制作了询问笔录。同日 15 时 40 分，田某、胡某告知赵某某因其阻碍民警依法执行职务，根据《治安管理处罚法》第 50 条第 1 款第（二）项、第 2 款的规定，拟对其进行处罚。同日 21 时，历城区公安分局作出历城公行罚决字（2013）第 01076 号行政处罚决定，认为赵某某阻碍国家机关工作人员依法执行职务，决定对赵某某处以行政拘留 10 日。赵某某不服该处罚决定，提起行政诉讼。诉讼理由之一是赵某某阻碍民警执行职务是行政处罚的客体，被阻碍的对象是历城区公安分局下属港沟派出所执行职务的民警，该民警又是行政处罚案件的承办人，可能影响案件公正处理，港沟派出所的办案民警应当自行回避。请求法院撤销被告作出的历城公行罚决字（2013）第 01076 号行政处罚决定，判令被告赔礼道歉。

关联法条：

《治安管理处罚法》

第 81 条 人民警察在办理治安案件过程中，遇有下列情形之一的，应当回避；违反治安管理行为人、被侵害人或者其法定代理人也有权要求他们回避：

（一）是本案当事人或者当事人的近亲属的；

（二）本人或者其近亲属与本案有利害关系的；

（三）与本案当事人有其他关系，可能影响案件公正处理的。

人民警察的回避，由其所属的公安机关决定；公安机关负责人的回避，由上一级公安机关决定。

问题： 行政相对人因妨碍执行公务被行政处罚，被妨碍执行公务的民警在作出处罚决定时，是否应当回避？

解析： 本案中，历城区公安分局作出的行政处罚决定是侵益性行政行为。侵益性行政行为由于直接损害相对人的利益，就要求行政机关必须谨慎地行使这种权力。与此要求相适应，法律上对这种权力行使的程序提出的要求也是比较高的，必须严格遵守正当程序原则，切实保障行政相对人的权利。正当程序原则的一个重要内容就是回避制度。

行政程序中的回避是指行政机关工作人员在行使职权过程中，因其与所处理的事务有利害关系，为保证程序进展和实体结果的公正性，有权机关根据当事人的申请或行政机关工作人员的请求，依法终止其职务行为并由其他执法人员处理该事务的制度。回避制度要求与处理的行政事务有利害关系的人不得参与相关行政活动，其主要价值在于防止偏私，保障公正，是行政程序的一项基本制度。在适用回避制度时，对利害关系的判断显得尤为重要。《治安管理处罚法》第 81 条第 1 款规定中所列举的利害关系的依据是该利害关系可能影响案件公正处理，而这也是我们判断是否存在利害关系之根本标准。历城区公安分局称《治安管理处罚法》规定的回避仅针对执法人员以普通公民身份成为当事人的情形，显然没有准确把握回避制度的精神和原意，其主张是不能成立的。

　　程序正义要求"任何人不能做自己案件的法官"。本案中，历城区公安分局所属民警田某和胡某，既是对赵某某进行强制传唤过程中的具体行政行为的执行者，即是该具体行政行为中的一方当事人，又参与了针对被执法人是否妨碍其执法的调查、询问等一系列的行政处罚程序活动，充当了自己案件的法官，违反了正当程序原则，其行政处罚决定认定事实是否清楚、适用法律是否正确已不重要，因为该程序不正当已足以导致处罚决定不具有正当性。本案被诉具体行政行为构成程序违法，应予撤销，符合程序正义的要求。

专题十

行政争议法总论

一、行政争议法概述

行政争议法，又称为行政救济法，是为了解决行政争议，对行政机关的行政权进行监督，对行政相对人遭到违法和不当行政行为侵害给予救济的法律制度。行政争议法包括行政诉讼和行政复议两大部分，广义的行政争议还应当包括行政赔偿诉讼，但由于国家赔偿法的独立性，我们对国家赔偿问题用独立的专题论述。

（一）行政诉讼

行政诉讼是法院应公民、法人和其他组织的请求，通过审查行政行为合法性的方式，解决特定范围内的行政争议，并为当事人提供救济的活动。行政诉讼与刑事诉讼、民事诉讼并称为三大诉讼，是国家诉讼制度的基本形式之一。行政诉讼有如下特点：

首先，行政诉讼是法院通过审判方式，为公民、法人和其他组织的合法权益提供有效救济的司法活动。行政诉讼是解决特定范围内行政争议，保护公民、法人和其他组织的合法权益，使受损的私权利得到救济和恢复的活动，是一种有效的权利救济途径。

其次，行政诉讼制度脱胎于民事诉讼制度，在《行政诉讼法》生效之前，行政争议都是依据民事诉讼程序予以解决的。现在，行政诉讼脱离民事诉讼成了独立的诉讼类型，但是，两大诉讼法在诸多制度规定上还是高度相似的。《行政诉讼法》第101条中专门规定："人民法院审理行政案件，关于期间、送达、财产保全、开庭审理、调解、中止诉讼、终结诉讼、简易程序、执行等，以及人民检察院对行政案件受理、审理、裁判、执行的监督，本法没有规定的，适用《中华人民共和国民事诉讼法》的相关规定。"

最后，行政诉讼是通过审查行政行为合法性的方式解决行政争议的活动。行政诉讼不仅要解决社会纠纷和提供权利救济，还要监督行政机关依法行使行政职权。由于行政诉讼法官承担着"控制公权力，保护私权利"的重任，这就导致行政诉讼在管辖规则、证据制度、审理形式及裁判形式等问题上，都和民事诉讼和刑事诉讼存在较大的差别。

（二）行政复议

行政复议，是指行政机关根据上级行政机关对下级行政机关的监督权，在当事人的申请和参加下，按照行政复议程序对行政行为进行合法性和适当性审查，作出裁决，解决行政争议，并为当事人提供救济的活动。行政复议是一种借助上级行政机关的权威性和专业性，实现行政机关内部纠错和内部监督的准司法活动。行政复议有如下特点：

首先，行政复议是权利救济制度。行政复议的内容和目的，是通过上级行政机关对下级行政机关行政行为的裁判，对受到行政侵害的公民、法人和其他组织合法的权益提供法律救济。

其次，行政复议是行政监督制度。行政复议的根据是上级行政机关对下级行政机关的层级监督权。这种层级监督权具有维持、撤销或者改变下级行政机关决定的内容。

最后，行政复议的本质是一种行政行为。行政复议是行政机关行使行政管理权的单方职权行为，可以直接规定公民、法人或者其他组织的权利义务。比如，复议改变的本质就是复议机关用自己的新行政行为，替换掉下级行政机关的原行政行为；又如，复议机关不作为本质上就是行政不作为的一种。

二、行政复议与行政诉讼的联系

虽然行政复议与行政诉讼是两种不同的权利救济手段，两种不同的争议解决途径，但行政诉讼和行政复议的制度基因是高度相似的，只存在少量的细微差别，绝大部分内容都是一致的，两者存在的联系主要体现为：

（一）目的相同

行政诉讼和行政复议均是为了防止和纠正违法不当的行政行为，保护公民、法人和其他组织的合法权益，监督行政机关的行政权力。也就是说，两种救济制度均以"控制公权力，保护私权利"为核心目的。

（二）产生的基础相同

行政诉讼和行政复议都是在产生行政争议后，根据当事人的申请而启动的救济机制。

（三）争议结构基本相同

行政诉讼的三角争议结构为法院、原告和被告。行政诉讼的原被告双方是恒定的，用通俗的语言说，行政诉讼是"民告官"，行政诉讼的原告恒定为作为行政管理相对一方的公民、法人和其他组织；行政诉讼的被告恒定为作为行政主体的行政机关和法律、法规、规章授权的组织。行政复议制度中也存在一个内容基本一致的争议结构，只是名称有所不同而已，行政复议的原告的标准称谓是"复议申请人"，行政复议的被告的标准称谓是"复议被申请人"，行政复议居中裁判案件的主体被称为"复议机关"。

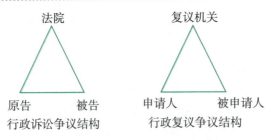

图 10-1　行政诉讼和行政复议争议结构

（四）审查的对象基本相同

行政复议与行政诉讼都以行政争议为处理对象，都要对具体行政行为和行政合同是否合法进行审查。同时，在当事人对具体行政行为不服提起救济时，均可以申请复议机关或法院对规章以下的规范性文件一并审查。

（五）审理的程序基本相同

在具体行政行为不停止执行、举证责任分配等证据制度、调解制度、裁判方式和执行方式等内容上，行政复议和行政诉讼也基本一致。

行政复议与行政诉讼制度基本相同，但毕竟是解决行政争议的两种不同方式，相互间还是存在小的差别的。差别的根源在于行政复议与行政诉讼的裁决主体不同，前者是上级行政机关，后者是法院。复议和诉讼在审查强度、处理权限和裁判方式等内容上会有些微弱的差别。比如，行政复议的审理对象为被诉行政行为的合法性与合理性，而行政诉讼的审理对象是被诉行政行为的合法性，行政复议比行政诉讼管得宽一点、细一点。关于更进一步的细节，会在本书后续专题中具体讲授。

三、行政复议与行政诉讼的程序衔接关系

既然行政复议和行政诉讼均可以为当事人提供权利救济，解决行政纠纷，那么，二者之间在程序上应当谁在先、谁在后，如何衔接两种救济途径之间的关系呢？按照法律规定，行政复议和行政诉讼的衔接关系可概括为以下三种基本类型：

（一）复议、诉讼自由选择

1. 自由选择的一般情形

在没有特别法另外规定的情况下，行政争议均应当通过自由选择的方式予以解决。当事人既可以直接选择行政诉讼，也可以直接选择行政复议，"你走你的阳关道，我走我的独木桥"。只不过，当事人如果直接选择了行政诉讼的话，由于法院是现代社会矛盾的最终裁决者，经过诉讼后被诉行为就会产生确定力，不可以再争讼了，诉讼结案后不可再提起行政复议。而当事人如果首先选择了行政复议，对于复议结果不服，还可以继续提起行政诉讼。不过，在一般情况下，当事人对复议的结果不服，只能选择提起行政诉讼，而不能申请二次复议。对于自由选择的一般情况可以用下图（图10-2）表示：

图10-2 自由选择的一般情况

⊙ ［知识点拨1］自由选择并不意味着当事人同时使用行政复议与行政诉讼这两种救济途径。当事人既提起行政诉讼又申请行政复议的，由先立案的机关管辖；同时立案的，由当事人选择。当事人已经申请行政复议，在法定复议期间内又向法院提起诉讼的，法院裁定不予立案。

⊙ ［知识点拨2］当事人对复议决定不服，向复议机关或其上一级行政机关反映，复议机关或其上一级行政机关不予答复或者作出不改变原复议决定内容的处理决定，当事人仍不服提起诉讼的，不属于行政诉讼受案范围。

2. 自由选择的例外情形

自由选择的一般情况存在一个例外，那就是图10-3的情况。相较于图10-2，图10-3在箭头数量上多了一个指向二次复议的箭头，这意味着，对于省部级行政单位的行为，在申请原机关一次复议之后，当事人除了可以提起行政诉讼之外，还可以选择向国务院申请

二次复议（学理名称为国务院裁决）。

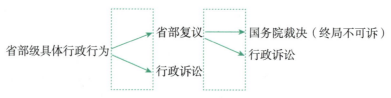

图 10-3　自由选择的例外情况

◉ ［注意1］ 只有在省部级原级复议的情况下才会出现二次复议，通俗地说，复议被申请人和处理复议案件的复议机关必须是一个人。

◉ ［注意2］ 当事人如果选择国务院裁决，该裁决拥有终局效力，也就是说，当事人对裁决不服，不可再提起行政诉讼。

（二）复议前置但不终局

复议前置指的是当事人对某些行政争议不服的，必须先申请复议，对复议决定仍不服或复议机关拒不作出处理的，而后才可以提起行政诉讼。如果当事人对复议前置类行政争议直接提起行政诉讼，法院不应当受理。《行政诉讼法》第44条第2款规定："法律、法规规定应当先向行政机关申请复议，对复议决定不服再向人民法院提起诉讼的，依照法律、法规的规定。"法律、法规规定的复议前置案件有很多，但是，法考中通常会涉及如下三类案件：

具体行政行为 ──→ 复议 ──→ 诉讼

图 10-4　复议前置图

1. 侵犯既得自然资源权利案件

根据《行政复议法》第30条第1款的规定，当事人认为行政机关的具体行政行为侵犯其已经依法取得的自然资源所有权或使用权的，应当先申请行政复议，对复议决定不服的再提起行政诉讼。最高院在2003年对于本条内容作出了进一步细化的司法解释，将上述条款所规定的具体行政行为，限缩为确认自然资源所有权或使用权的具体行政行为。只有同时满足三个条件才需要复议前置：

（1）自然资源所有权或使用权受到侵犯。自然资源是指矿藏、水流、森林、山岭、草原、荒地、滩涂、海域等。

（2）当事人认为其已经取得的自然资源权利受到侵犯。题干中，一般会含有"已取得""自家的""属于自己"等字眼，同时需要注意的是并不需要当事人一定持有土地使用权证、法院判决书等合法证件，只要当事人认为已经取得即可。

（3）必须是"行政确认"侵害了自然资源。行政确认并不限于狭义行政确认（参见专题四"具体行政行为概述"），而应作广义理解，只要某种行为拥有确认因素，将某种自然资源权利的归属予以确定，就属于广义确认。广义确认既包含狭义行政确认，也包含行政许可、行政裁决等其他行为。比如，戴某一直认为他自身是某片林地的合法使用权人，结果，行政机关作出林地许可证，将该片土地的使用权许可给了隔壁左某。行政许可拥有确认权属的因素，可以被归类为广义确认。

◉ ［形象理解］ 如果考生觉得广义确认概念难于理解，我们可以将复杂的法律概念"广义确认"转换为通俗用语"给了别人"。考生甚至都无须懂得法律，只需要知道第三个条件就是"给了别人"，考场上也不用考虑如何给的、何种行为给的，更不需要懂得广义、狭义之分。只要你的土地、林地给了别人，也许是许可给的、也许是登记给的、也许是裁决给的，这都无所谓，只要"给了别人"就满足了第三个构成要件。

⊙ [例] 段某拥有两块山场的山林权证。林改期间，王某认为该山场是自家的土改山，要求段某返还。经村委会协调，段某同意把部分山场给予王某，并签订了协议。事后，段某反悔，对协议提出异议。王某请镇政府调处，镇政府依王某提交的协议书复印件，向王某发放了山林权证。

问：对镇政府的行为，段某能不能直接向法院提起行政诉讼？

答：不能。镇政府的行为将山场确认给了王某，侵犯了已经取得山林权证的段某的自然资源权利，应当复议前置，不能直接提起行政诉讼。

2. 纳税争议案件

当事人就纳税数额与税务机关发生行政争议时，应当先申请复议，对复议决定不服的才可以提起行政诉讼。纳税争议案件可以概括为十二个字，即"交不交、谁来交、交多少、怎么交"。

当然，我更为推荐考生采用简单易行的反面排除法，在此只需要记住，涉税案件一般要前置，但有三个例外，分别是：行政处罚、行政强制（包括强制措施与强制执行，强制措施在税法中被称为税收保全措施）与反倾销税。当事人对于"三个例外"既可以申请行政复议，也可以直接提起行政诉讼。除"三个例外"之外的其他涉税案件均需要复议前置。

⊙ [知识点拨] 根据《反倾销条例》第53条规定，对是否征收反倾销税的决定以及追溯征收、退税、对新出口经营者征税的决定不服的，可以依法申请行政复议，也可以依法向人民法院提起诉讼。从该条款我们可知，当事人对是否征收反倾销税的决定不服的，可以复议，也可以诉讼，是自由选择的情形。反倾销税之所以会成为例外，主要是因为其涉外性，反倾销税是为了保护国内产业，对倾销商品所征收的进口附加税。由于反倾销税的涉外性，就需要同国际规则接轨，而国际规则中是不存在复议前置的，均可以直接起诉。

⊙ [例] 某县税务局将个体户沈某的纳税由定额缴税变更为自行申报，并在认定沈某申报税额低于过去纳税额后，要求沈某缴纳相应税款、滞纳金，并处以罚款。

问：沈某不服，对税务机关上述哪些行为可以直接向法院提起行政诉讼？

答：要求缴纳滞纳金的决定属于强制执行措施，可以直接起诉；罚款决定属于税务机关作出的行政处罚决定，可以直接起诉。除此之外剩余的涉税行为（由定额缴税变更为自行申报的决定和要求缴纳税款的决定）均需要复议前置，不能直接提起行政诉讼。

3. 禁止或限制经营者集中的行为

根据《反垄断法》规定，反垄断部门对企业间的收购、并购行为带来的垄断现象，采取的禁止集中或限制集中措施，当事人如果不服，应当先经复议之后才能诉讼。所谓经营者集中，包括经营者合并、经营者通过取得股权或者资产的方式取得对其他经营者的控制权、经营者通过合同等方式取得对其他经营者的控制权或者能够对其他经营者施加决定性影响。为了防止经营者集中行为导致垄断，行政机关采取的禁止性或限制性措施，如果当事人对其不服，应当先提起行政复议，对复议决定不服的，可依法向人民法院提起行政诉讼。

⊙ ［例］我们虚拟一个案例：滴滴专车收购 UBER 中国，其中涉嫌垄断，引发了商务部的反垄断调查，商务部作出了附加限制条件限制其收购的决定，对于该决定滴滴专车必须先复议而后才可以提起行政诉讼。

（三）复议终局

具体行政行为 ⟶ 复议

图 10-5　复议终局图

复议终局的全称为复议前置且终局，亦即必须首先复议，复议后终局。具体来说，当事人如对某些行政争议不服，应当申请行政复议，同时，复议机关的复议决定拥有终局效力，经过复议后当事人不得再行提起诉讼。这包括两种情况：

1. 省级政府作出的自然资源终局裁决

省级政府根据国务院或者省级政府对行政区划的勘定、调整或征用土地的决定，确认自然资源的所有权或者使用权的行政复议决定为最终裁决。本条内容高度类似于复议前置的第一种情况，因为他们是亲兄弟俩，自然相像。《行政复议法》第 30 条共有两个条款，"大哥"第 1 款为复议前置，"二弟"第 2 款为复议前置且终局。

①自然资源所有权或使用权
②认为已经取得
③给了别人
④省级政府复议
⑤根据特定法律规范
复议前置
前置且终局

图 10-6　自然资源案件的复议前置与复议终局区别图

在上图中，如果同时只满足①②③三项条件，为复议前置；但如果同时满足①②③④⑤五项条件，为复议前置且终局。也就是说，复议前置且终局是在复议前置的基础上，又增加了两个条件，条件多了，要求自然要拔高。复议终局比复议前置增加的两个条件分别是：

条件④：复议决定是省级政府作出的；

条件⑤：复议决定作出的依据是国务院或省级政府勘定、调整行政区划或征用土地的决定。

⊙ ［例］某市甲村、乙村土地相邻，就某片土地所有权发生争议。经过两村申请，市政府作出行政裁决，将该片土地裁决给了甲村，乙村不服，向省政府申请复议。省政府依据《关于征收土地用于省级经济开发区的决定》，将争议土地裁决给了乙村。

问：甲村对裁决结果不服，是否能提起行政诉讼？

答：本案同时符合《行政复议法》第 30 条第 2 款的五项条件，复议决定具有终局效力，即使甲村对复议决定不服，也不能再提起行政诉讼。

2. 针对外国人和其他境外人员的限制人身自由的决定

外国人、其他境外人员对依照《出境入境管理法》规定对其实施的继续盘问、拘留审查、限制活动范围、遣送出境措施不服的，可以依法申请行政复议，该行政复议决定为最终决定。本情况需要同时满足以下三项条件：

（1）对象：外国人、其他境外人员；

（2）行为：限制人身自由；

（3）决定依据：《出境入境管理法》。

■ 主观题命题规律

本专题理论性较强，主观题能够直接设置题目的主要是行政诉讼和复议的衔接关系，但深入理解行政诉讼、复议的本质，尤其是行政诉讼的目的，对于理解行政诉讼法具体制度规则有莫大的助益。

专题十一

行政诉讼参加人

第一节　行政诉讼被告

一、被告的概念

行政诉讼被告是指由原告指控其行政行为违法，经法院通知应诉的行政机关或法律、法规、规章授权的组织。能够成为行政诉讼的被告，应当满足以下两个条件：

第一，被告是以自己的名义实施国家行政管理职能，并承受一定法律后果的国家行政机关和社会组织，包括行政机关或者法律、法规、规章授权的组织。

第二，被原告指控，并且被法院通知应诉，这是被告的程序特征。原告指控与法院通知应诉这两个方面必须结合一致，缺少任何一方面都不能成立。没有原告指控，法院不能确定被告；没有法院的审查确定，仅有原告指控也不能构成被告。

二、直接提起行政诉讼后，被告资格的确认

表 11-1　直接起诉被告资格的确认

行为主体	被告
1. 作出行政行为的行政机关	该行政机关
2. 法律、法规、规章授权的组织	法律、法规、规章授权的组织。 [例1] 对村委会或者居委会依据法律、法规、规章的授权履行行政管理职责的行为不服提起诉讼的，以村委会或者居委会为被告。 [例2] 对高等学校等事业单位以及律师协会、注册会计师协会等行业协会依据法律、法规、规章授权实施的行政行为不服提起诉讼的，以该事业单位、行业协会为被告
3. 行政机关委托的组织	委托的行政机关
4. 派出机关	派出机关
5. 被撤销的行政机关	继续行使其职权的行政机关；无继续行使其职权的行政机关，以其所属的人民政府为被告；实行垂直领导的，以垂直领导的上一级行政机关为被告

行为主体	被告	
6. 行政机关临时组建的机构	组建机关	
7. 共同行为	共同被告（原告不同意追加的转列为第三人）	
8. 假共同行为	其中的行政主体是被告，非行政主体是第三人	
9. 经批准的行政行为	诉讼看名义	
10. 内设机构、派出机构	（1）以所属机关的名义	所属机关
	（2）以自己的名义	一般被告为派出机构和内设机构，但有例外，在"种类越权"时，被告为其所属机关
11. 开发区管理机构	（1）国务院、省级人民政府批准设立的	开发区管理机构及其职能部门对各自行为均可独立做被告
	（2）非国务院、省级人民政府批准设立，取得有效授权	开发区管理机构为被告
	（3）非国务院、省级人民政府批准设立，未取得有效授权	设立该机构的地方政府为被告
12. 房屋征收补偿行为	（1）市、县级人民政府确定的房屋征收部门组织实施房屋征收与补偿工作过程中作出行政行为，被征收人不服提起诉讼的，以房屋征收部门为被告。 （2）征收实施单位受房屋征收部门委托，在委托范围内从事的行为，被征收人不服提起诉讼的，应当以房屋征收部门为被告	

（一）授权行政被告的确认

法律、法规、规章授权主体（企事业单位、社会团体、临时机构等非行政机关）能够成为行政主体和行政诉讼的被告。比如，当事人对村民委员会或者居民委员会依据法律、法规、规章的授权履行行政管理职责的行为不服提起诉讼的，以村民委员会或者居民委员会为被告。又如，当事人对高等学校等事业单位以及律师协会、注册会计师协会等行业协会依据法律、法规、规章的授权实施的行政行为不服提起诉讼的，以该事业单位、行业协会为被告。

◉ [注意] 法律、法规和规章拥有普通权力的授权资格，法律、法规拥有授予处罚权和许可权的资格，而有权授予行政强制措施权的只有法律、行政法规，地方性法规无权。

（二）委托行政被告的确认

被委托者是委托人的"行政帮手"，并没有对外独立开展行政活动的行政主体资格。因此，甲委托乙开展某项行政活动，由甲对外承担法律责任，成为行政诉讼的被告。比如，当事人对高等学校等事业单位以及律师协会、注册会计师协会等行业协会受行政机关委托作出的行为不服提起诉讼的，以委托的行政机关为被告。

（三）派出机关

派出机关是指根据《宪法》和《地方组织法》规定由人民政府设立的机关，如行政公署、区公所和街道办事处，一般都有被告资格，能够独立承担责任。

（四）行政机关被撤销后被告的确认

1. 行政机关被撤销或职权变更后，其职权继续由其他主体行使的，被告是继续行使职权的机关。

2. 行政机关被撤销，没有继续行使其职权的行政机关的，以其所属的人民政府为被告；实行垂直领导的，以垂直领导的上一级行政机关为被告。

（五）临时机构被告的确认

行政机关组建并赋予行政管理职能但不具有独立承担法律责任能力的机构，以自己的名义作出行政行为，当事人不服提起诉讼的，应当以组建该机构的行政机关为被告。

（六）共同行为被告的确认

多个行政主体共同作出行政行为，在行政诉讼中应当有两个以上的被告，原告起诉时漏掉被告，比如应当以甲和乙两个机关作为共同被告，原告起诉时，只起诉了甲机关，对于乙机关，法院应当如何处理呢？法定步骤如下：

第一步，尊重原告诉权，通知原告追加被告乙机关。第一步为必经步骤，不能跨越。

第二步，如果原告不同意追加，法院应当追加没有被起诉的乙机关为第三人。注意此处追加的是第三人，而不是追加为共同被告。道理很简单，有人告乙机关，乙才能作为"被告"；没人告它，它怎么可能做被告呢？那么，乙机关这只漏网之鱼既然不能做被告，适合它的法律身份是什么呢？原告？法院？都不行。法院只能退而求其次，追加乙机关作为第三人。

⊙ [注意] 关于共同行为的判定必须做到"有名且有实"。第一，所谓"共同"，应当做实质的理解，即在行政行为的全部或者部分阶段参与意思形成过程，对行政行为的作出产生了重大影响。"共同"的表现形式多种多样，包括联合执法、共同署名发文、共同组成临时机构执法等。第二，必须是同一个行政行为，即必须是一个行政决定书、一个文号，并且内容相同。如果是若干个内容不同的行政决定书，或者内容相同，但是文号不同，都不是同一个行政行为。

⊙ [概念辨析1] 共同行为不同于联合行为，比如，在"行政许可"这一专题中的"联合许可"就属于联合行为。联合许可只是办公地点集中到了一起，当事人"挨个窗口递申请，挨个窗口拿许可"而已，各机关的各项许可行为依然是各自独立的，并不会共同署名作出某一个行政行为，所以，哪个机关不颁发许可证，自然应当以哪个机关为被告。

⊙ [概念辨析2] 共同行为"告漏了"不同于"告错了"，"告错了"是认错了人，应当以A机关为被告，当事人却把B机关诉至法庭。法院发现被告有误时处理方法为：第一步，通知原告变更被告；第二步，通知原告变更被告而原告拒绝变更，则由法院裁定驳回起诉。既然法院已经明确确定被告错误，而原告却拒绝变更，那么法官就没有必要为一个原告必然败诉的案件开庭审理了。

（七）假共同行为被告的确认

所谓假共同行为，是指行政主体与非行政主体共同署名作出某个行政行为。当事人如果对该行为起诉，只能以其中的行政主体作为被告，而其中的非行政主体应当被列为第三人。

⊙ [例] 虚拟一个案件：嵩阳市政府和少林寺共同强拆了少林寺景区周边居民的房屋，被告为拥有行政职权的嵩阳市政府，而少林寺由于没有行政职权，无法成为行政诉讼的被告，但其又与本案有利害关系，于是法院应将其列为第三人。

（八）经上级机关批准而作出行政行为的被告确认

具体行政行为的作出或者生效有时需要上级行政机关批准，此时就会出现经批准的具体行政行为。比如，县公安局经过市公安局批准对王某处以 500 元罚款，此时应以在对外发生法律效力的文书上署名的机关为被告。通俗地说，行政诉讼采用的是"看名义"的形式标准，也就是看盖章即可，而不用管该行政行为的法定职权究竟属于哪个机关，"盖上级告上级；盖下级告下级；盖两个章，两个一起告"。

⊙ [知识点拨] "看名义"的标准只需记忆即可，本身并没有难度。但是，本知识点考生却经常出错，原因在于由于实践经验的相对匮乏，无法理解"为什么一个行政行为的作出需要上级批准""什么是上级批准"。

"县公安局经过市公安局批准对王某处以 500 元罚款"，该行为从外部状态来看本身并不复杂，只是个普普通通的行政处罚，它的特殊性在于作出前的内部权力运行过程。由于行政机关是金字塔式结构，强调下级行政机关服从上级行政机关，所以，"在行政实践中，不少行政机关所作的决定事先请示过上级，并得到上级行政机关的指示或者批准"。[1] 这在法律条文中是比比皆是的，如《环境保护法》第 60 条规定，超过污染物排放标准或者超过重点污染物排放总量控制指标排放污染物，情节严重的，县级以上人民政府环境保护主管部门报经有批准权的人民政府批准，责令停业、关闭。

（九）派出机构、内设机构被告的确认

关于取得有效授权的派出机构、内设机构被告的确认要分情况处理，我们以派出所为例来分析，《治安管理处罚法》授权派出所有权作出警告和 500 元以下罚款的处罚决定，但是不是所有的情况被告均为派出所呢？需要分情况讨论。

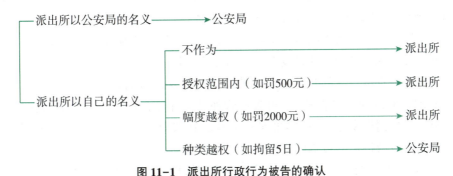

图 11-1 派出所行政行为被告的确认

（1）派出机构以所属机关名义作出行政行为，自然要以所属机关为被告；

（2）派出机构以自己的名义不作为，比如，派出所有权处罚却对违法行为该罚不罚，被告为派出机构自己；

（3）派出机构以自己的名义在授权范围内实施行政活动，被告为派出机构自己；

（4）派出机构以自己的名义超越了法定授权的幅度，"小祸自己扛"，被告为派出机

---

① 何海波：《行政诉讼法》，法律出版社 2016 年版，第 214 页。

构自己；

（5）派出机构以自己的名义超越了法定授权的种类，"大祸爹来挡"，被告为派出机构所属的机关。

⊙ ［归纳］内设机构、派出机构以所属机关名义作出行政行为，被告为所属机关；以自己名义作出行为，只有在"种类越权"时才由其所属机关为被告，其他情况下仍以其自己为被告。只要记住特例即可。[1]

⊙ ［概念辨析］注意，派出机关与派出机构是不同的。派出机关是指根据《宪法》和《地方组织法》规定由人民政府设立的派出机关，如行政公署、区公所和街道办事处，属于 12 类主体之一，一般都有被告资格。

（十）开发区的被告资格

开发区的主要功能是经济功能，但实践中，也逐步承担了一部分行政管理功能，比如规划、建设、土地开发、工商管理、项目审批等。对于开发区作出的行政行为，如何确定被告一直是实务中的难题。为了解决开发区的被告资格的难题，2018 年《行政诉讼法司法解释》作出以下类型化处理：

1. 国务院、省级人民政府批准设立的开发区管理机构

国务院、省级人民政府批准设立的开发区管理机构是最为正式化的开发区模式，这类开发区管理机构本质是政府的派出机关，考生完全可以将其类比作"区政府"。在"开发区"这个特别的区政府下面，还会像普通区政府一样，设立开发区环保局、开发区财政局等管理部门。

只要考生能够将此类开发区类比作区政府，就不难理解司法解释的规定了。当事人对由国务院、省级人民政府批准设立的开发区管理机构作出的行政行为不服提起诉讼的，以该开发区管理机构为被告；对由国务院、省级人民政府批准设立的开发区管理机构所属职能部门作出的行政行为不服提起诉讼的，以其职能部门为被告。

2. 非国务院、省政府批准设立的开发区

由于开发区可以享受诸多的政策优惠、吸引投资、拉动当地经济，所以，地方纷纷设立各种类型的开发区，其中一些是没有经过国务院、省政府批准就自行设立的。对非国务院、省级人民政府批准设立的开发区，根据 2018 年司法解释的意旨：

（1）在取得有效授权的情况下，开发区管理机构有权成为行政诉讼的被告，考生把这类开发区类比为生猪屠宰办公室之类的临时机构，在取得了特别法有效授权的情况下，自然有独立的成为行政诉讼的被告的资格。

（2）在未取得有效授权的情况下，开发区管理机构无权成为行政诉讼的被告，应当以开发区的设立者地方政府为被告。[2]

---

① 在该问题上实务界和法考观点的冲突：（1）实务界观点：根据 2018 年生效的《行政诉讼法司法解释》确认的"谁行为，谁被告"的原则，只要取得了有效授权，即使在行政越权的情况下，内设机构和派出机构依然可以作为行政主体，成为行政诉讼的被告。（2）法考观点：在客观题"四大本"和主观题官方案例中，命题人均坚守旧法观点，在种类越权的情况下，内设机构和派出机构没有行政主体资格，应当以其所属机关为被告。在应试中，命题人观点是居于首位的，本书采纳第二种观点。

② 最高人民法院行政审判庭编著：《最高人民法院行政诉讼法司法解释理解与适用》（上），人民法院出版社 2018 年版，第 136-138 页。

⊙ ［例1］甲开发区为甲市政府设立，但未经国务院、省级政府批准的开发区，该市地方性法规规定，甲开发区有权对某类环保问题罚款1000~5000元。甲开发区据此对朝阳公司罚款1500元。

问：如何确定本案的被告？

答：对于处罚权，具有授权资格的文件为法律、法规，甲开发区取得了有效授权，被告为甲开发区。

⊙ ［例2］甲开发区为甲市政府设立，但未经国务院、省级政府批准的开发区，该市规章规定，甲开发区有权对某类环保问题罚款1000~5000元。甲开发区据此对朝阳公司罚款1500元。

问：如何确定本案的被告？

答：对于处罚权，规章是无权让临时机构、企事业单位等非行政主体获得行政主体资格的，所以，甲开发区无权成为被告，只能由甲开发区的设立者甲市政府成为被告，对外承担行政责任。

（十一）房屋征收的被告资格

市、县级人民政府确定的房屋征收部门组织实施房屋征收与补偿工作过程中作出行政行为，被征收人不服提起诉讼的，以房屋征收部门为被告。征收实施单位受房屋征收部门委托，在委托范围内从事的行为，被征收人不服提起诉讼的，应当以房屋征收部门为被告。具体而言：

按照《国有土地上房屋征收与补偿条例》的规定，房屋征收部门是具体实施房屋征收与补偿工作的行政机关，在不同地方会体现为不同的部门，诸如建设局、房管局、规划局等，房屋征收部门的行政职责有与被征收人签订补偿协议、向因征收房屋造成搬迁的被征收人支付搬迁费、向选择产权调换的被征收人支付临时安置费或提供周转用房、建立房屋征收补偿档案等。所以，司法解释规定，市、县级人民政府确定的房屋征收部门组织实施房屋征收与补偿工作过程中作出行政行为，被征收人不服提起诉讼的，以房屋征收部门为被告。

⊙ ［例1］李某向建设局申请公开某片区房屋征收补偿档案，建设局以李某不具有申请人资格为由予以拒绝，李某有权起诉，被告为建设局。

而征收实施单位是根据房屋征收部门（比如建设局）的委托，开展征收补偿和拆迁工作的主体，实践里一般表现为专业的拆迁公司等。拆迁公司等征收实施单位并没有独立对外开展行政管理活动的能力，应当在征收部门的委托范围内承担房屋征收与补偿的具体工作，是房屋征收部门的行政助手，其行为后果由房屋征收部门承担。

⊙ ［例2］某区建设局委托辉煌拆迁公司负责居民张某房屋征收补偿工作，辉煌公司在和张某签订征收补偿协议时克扣张某的补偿价格，张某对此不服，应当以辉煌公司还是区建设局为被告提起诉讼？

答：区建设局。实际上考生不需要知道2018年生效的《行政诉讼法司法解释》第25条内容，只需要按照委托制度的一般原理，就可以轻松解答本题。区建设局委托辉煌拆迁公司签订补偿协议，辉煌公司只是区建设局的助手，责任自然应当由区建设局承担。

（十二）县级以上地方政府被告资格若干问题

在行政实践中，一般县以上政府负责统筹本地各领域的全局，很少会直接针对公民、法人或其他组织作出行政行为，具体工作一般交给县以上政府所属的具体部门实施，比如，教育类的行为交由教育局作出、土地类的行为交由土地局作出、公安类的行为交由公安局作出。比如我们熟悉的行政处罚行为，根据《行政处罚法》第23条的规定，除非法律、行政法规、部门规章另有规定的，行政处罚由县级以上地方政府具有行政处罚权的行政机关管辖。

但由于修改后的《行政诉讼法》将"县级以上地方人民政府所作的行政行为"的管辖提高至中级人民法院，导致在行政诉讼管辖方面，也出现了一些亟待解决的问题：一些地方的法院对于《行政诉讼法》第26条第1款，即"公民、法人或者其他组织直接向人民法院提起诉讼的，作出行政行为的行政机关是被告"规定的被告确定规则把握不准确；一些当事人由于对法律不熟悉或者为了提高管辖级别，在作出行政行为的行政机关并非县级以上地方人民政府的情况下，将县级以上地方人民政府列为被告，导致中级人民法院受理的案件出现激增态势，也导致当事人的诉讼权利和合法权益不能得到及时有效救济。[①]

基于以上理由，为正本清源，减轻中院以上法院的审理压力，最高人民法院在2021年通过了《关于正确确定县级以上地方人民政府行政诉讼被告资格若干问题的规定》（以下简称《被告资格规定》），明确了县以上政府（以下简称县政府）为被告的情况。

1. 谁行为，谁被告

（1）县政府的指导行为被告资格

《被告资格规定》第1条规定："法律、法规、规章规定属于县级以上地方人民政府职能部门的行政职权，县级以上地方人民政府通过听取报告、召开会议、组织研究、下发文件等方式进行指导，公民、法人或者其他组织不服县级以上地方人民政府的指导行为提起诉讼的，人民法院应当释明，告知其以具体实施行政行为的职能部门为被告。"

比如，根据《治安管理处罚法》第91条规定，治安管理处罚由县级以上人民政府公安机关决定。但在实践中，如果出现了影响本地治安秩序的重大、复杂违法案件，县以上政府的政府会"过问"一下这类案件，通过听取报告、召开会议、组织研究、下发文件等方式对公安局进行指导，但这种指导只是轻度的介入、柔性的建议，并不影响公安局独立对外作出处罚的意思表示，所以，被告依然是具体实施该处罚行为的县以上公安部门。

（2）县政府的转送行为被告资格

《被告资格规定》第4条规定："公民、法人或者其他组织向县级以上地方人民政府申请履行法定职责或者给付义务，法律、法规、规章规定该职责或者义务属于下级人民政府或者相应职能部门的行政职权，县级以上地方人民政府已经转送下级人民政府或者相应职能部门处理并告知申请人，申请人起诉要求履行法定职责或者给付义务的，以下级人民政府或者相应职能部门为被告。"

本条实际上属于行政不作为案件的被告资格判定问题，有观点认为，只要当事人向谁申请，谁就应该作为被告，不管是否该机关有作出该行为的职权，只要被申请机关拒绝履行职责，则应该以该被申请机关作为被告。对这种观点我们并不赞同，比如，食品生产经营许可证的发放权归于县市场监督管理局，而公民张某却向县政府申请食品生产经营许可证，由于不属于县政府管辖范围，县政府自然会予以拒绝，此时，张某就有权以县政府为

[①] 《最高法发布关于正确确定县级以上地方人民政府行政诉讼被告资格若干问题的规定和办理行政申请再审案件若干问题的规定》，载 https://baijiahao.baidu.com/s? id=1695297176426547082&wfr=spider&for=pc。

被告提起行政诉讼，这种明显不属于县政府职责范围的许可，法院还需要审理的话，岂不是在浪费有限的司法资源吗？所以，《被告资格规定》第4条的处理方式是正确的，张某向县政府申请食品生产经营许可证，县政府将材料转送给县市场监督管理局并告知张某，县政府能做到这一步就已经是"仁至义尽"了，在这之后，即使县市场监督管理局拒绝给张某发放食品生产经营许可证，那也与县政府无关了，被告应当是县市场监督管理局了。

（3）不动产登记行为被告资格

《被告资格规定》第5条规定："县级以上地方人民政府确定的不动产登记机构或者其他实际履行该职责的职能部门按照《不动产登记暂行条例》的规定办理不动产登记，公民、法人或者其他组织不服提起诉讼的，以不动产登记机构或者实际履行该职责的职能部门为被告。公民、法人或者其他组织对《不动产登记暂行条例》实施之前由县级以上地方人民政府作出的不动产登记行为不服提起诉讼的，以继续行使其职权的不动产登记机构或者实际履行该职责的职能部门为被告。"

在2015年《不动产登记暂行条例》生效前，土地、房屋、林地、草地、海域等各种不动产在登记时适用各种不同的规则，由不同的部门，比如，县政府、土地局、房管局、林业局等，进行登记。《不动产登记暂行条例》要求县级以上地方人民政府确定一个部门负责本行政区域不动产登记工作，实现了不动产登记机构实行统一归口，由县以上政府统一设立的不动产登记机构或实际履行该职责的职能部门统一负责登记，比如，无锡市的不动产登记工作由无锡市自然资源规划局统一负责，上海市的不动产登记工作由自然资源确权登记局统一负责，此时，公民对不动产登记行为不服提起诉讼的，以不动产登记机构或者实际履行该职责的职能部门为被告。

在2015年《不动产登记暂行条例》生效前，县政府作出的不动产登记行为，由于县政府不再进行不动产登记工作，权力已然移交给不动产登记机构或实际履行该职责的职能部门，根据权责一致的理念，权力继受机关不动产登记机构或实际履行该职责的职能部门应当作为行政诉讼案件的被告。

（4）县政府政府信息公开被告资格

《被告资格规定》第6条规定："县级以上地方人民政府根据《中华人民共和国政府信息公开条例》的规定，指定具体机构负责政府信息公开日常工作，公民、法人或者其他组织对该指定机构以自己名义所作的政府信息公开行为不服提起诉讼的，以该指定机构为被告。"

根据《政府信息公开条例》第4条："各级人民政府及县级以上人民政府部门应当建立健全本行政机关的政府信息公开工作制度，并指定机构（以下统称政府信息公开工作机构）负责本行政机关政府信息公开的日常工作。"可见，县以上政府并不直接负责政府信息公开工作，公民向县以上政府申请的信息，县以上政府会指定具体机构负责政府信息公开日常工作。比如，湘潭市政府指定湘潭市政务公开办具体负责市政府信息公开工作，长沙市政府指定长沙市行政审批服务局具体负责市政府信息公开工作，深圳市政府指定深圳市人民政府信息公开办公室具体负责市政府信息公开工作。如果李某向深圳市政府申请政府信息公开，由于深圳市政府将具体工作交由深圳市人民政府信息公开办公室负责，深圳市人民政府信息公开办公室以自己名义作出了拒绝决定，根据《被告资格规定》的规定，被告应当是该指定机构也就是深圳市人民政府信息公开办公室。

2. 有文书，看文书；没文书，看行动

根据《城乡规划法》第68条规定："城乡规划主管部门作出责令停止建设或者限期拆除的决定后，当事人不停止建设或者逾期不拆除的，建设工程所在地县级以上地方人民政府可以责成有关部门采取查封施工现场、强制拆除等措施。"但对于本条规定，"由于没有明确的实施细则，实践中存在较大分歧：一是认为属于法律授予县级以上政府行使强制拆除等措施的权力，被责成部门应当以县级以上政府的名义实施强制拆除等行为；二是认为属于县级以上政府对被责成部门的内部行政命令行为，被责成部门应以本机关的名义实施强制拆除等行为，即实施强制拆除等措施的主体是被责成的部门；三是认为属于县级以上政府与被责成部门共同实施的行政行为。"① 根据《现代汉语词典》解释，"责成"是指定人或机构办某事，要求负责完成的意思。从强制力度角度来看，责成的力度是要弱于责令和指令的，下级机关在上级机关指令和责令为一定的行为时，是没有太多的抵抗余地的，意思表示应当是上级机关作出的，被告应当为上级机关；但与此同时，责成的力度是要强于指导的，上级机关对于下级机关的指导是一种柔性的建议，下级机关有为或者不为某样行为的意思表示选择空间，被告应当是对外做意思表示的下级机关。而责成只是"交办"的意思，下级机关能够以自己的名义做行为，也能够以上级的名义做行为，那么，在行政诉讼中，当事人如果就强制执行行为提起诉讼，被告应当是县政府呢？还是被责成的具体部门呢？

《被告资格规定》第2条规定："县级以上地方人民政府根据城乡规划法的规定，责成有关职能部门对违法建筑实施强制拆除，公民、法人或者其他组织不服强制拆除行为提起诉讼，人民法院应当根据行政诉讼法第二十六条第一款的规定，以作出强制拆除决定的行政机关为被告；没有强制拆除决定书的，以具体实施强制拆除行为的职能部门为被告。"采用了"有文书，看文书；没文书，看行动"的判断方式，也就是，如果实施强制拆除行为的行政机关按照《行政强制法》的要求，履行了"一催、二辩、三执行"的程序，在"三执行"环节执行之前下达了执行决定书的，以作出强制拆除决定的行政机关为被告，但实践中，有一些行政机关的强拆行为并没有那么规范，在没有强制拆除决定书的情况下，就直接实施了强拆行为，那么以具体实施强制拆除行为的职能部门为被告。

与第2条相同，第3条第1款针对违反《土地管理法》的违法建筑物的强拆也采用了"有文书，看文书；没文书，看行动"的判断方式，该条规定"公民、法人或者其他组织对集体土地征收中强制拆除房屋等行为不服提起诉讼的，除有证据证明系县级以上地方人民政府具体实施外，人民法院应当根据行政诉讼法第二十六条第一款的规定，以作出强制拆除决定的行政机关为被告；没有强制拆除决定书的，以具体实施强制拆除等行为的行政机关为被告。"

与第2条相似，第3条第2款针对已作征收补偿决定的合法建筑物的强拆也采用了"有文书，看文书；没文书，看行动"的判断方式，该条规定"县级以上地方人民政府已经作出国有土地上房屋征收与补偿决定，公民、法人或者其他组织不服具体实施房屋征收与补偿工作中的强制拆除房屋等行为提起诉讼的，人民法院应当根据行政诉讼法第二十六

---

① 严根章：《〈城乡规划法〉第68条规定"责成"行为的法律性质及适用分析》

条第一款的规定，以作出强制拆除决定的行政机关为被告；没有强制拆除决定书的，以县级以上地方人民政府确定的房屋征收部门为被告。"

只不过，由于房屋征收补偿中市、县级人民政府需要提前确定的房屋征收部门组织实施房屋征收与补偿工作过程中作出行政行为，所以，具体实施单位一定是提前确定的房屋征收部门，所以就需要以房屋征收部门为被告，而 2 条和第 3 条第 1 款之所以表达为"具体实施强制拆除行为的职能部门为被告"是因为在违法领域的拆迁中，县政府会指派一个或几个机关实施拆迁工作，有可能是城管局、有可能是规划局，还有可能是乡政府，甚至有可能责成几个机关一起实施，具体实施拆迁的机关在不同案件中可能会有所不同，所以，法条才表达为"以具体实施强制拆除行为的职能部门为被告"。

3. "找错了"的处理方式

被诉行政行为不是县级以上地方人民政府作出，公民、法人或者其他组织以县级以上地方人民政府作为被告的，人民法院应当予以指导和释明，告知其向有管辖权的人民法院起诉；公民、法人或者其他组织经人民法院释明仍不变更的，人民法院可以裁定不予立案，也可以将案件移送有管辖权的人民法院。

三、经过复议后再起诉，被告的确定

如果当事人先申请复议，而后再提起行政诉讼时，如何确定被告呢？之所以要专门论述该问题，是因为经过复议后再起诉的案件，有两个行政机关可能成为被告，一个是作出原行政行为的原机关，另外一个是审理复议案件的复议机关，究竟应当以哪个机关为被告呢？

表 11-2　经过复议后诉讼被告的确认

复议结果	行政诉讼被告
复议改变 （行为结果改变）	复议机关
复议维持 （审过且结果未变）	原机关和复议机关
复议机关不作为 （未实质审理过）	对复议机关不服，以复议机关为被告； 对原行政行为不服，以原行政机关为被告

（一）复议不作为后再起诉

复议不作为是一种特别的行政行为，剥夺了当事人的一次复议的救济机会，影响了当事人的诉权。因为原行为和复议不作为均为影响当事人权利义务的行政行为，所以，在复议不作为的情况下，当事人对两个行为都可以分别提起诉讼。这就意味着，当事人拥有自主选择权，既可以起诉原机关的原行为；也可以起诉复议机关的复议不作为。原机关县公安局对小新处以 500 元罚款，小新不服向县政府申请行政复议，结果县政府不受理小新的复议请求。此时就存在两个行为对小新的权利义务产生影响，第一个是原行为罚款 500 元，第二个是复议机关的复议不作为。当事人对罚款 500 元不服提起诉讼的，应当以作出原行政行为的行政机关为被告；当事人对复议机关不作为不服提起诉讼的，应当以复议机关为被告。

⊙ [注意1] 当事人不能就原行为和复议不作为同时起诉，只能要么起诉原行为，要么起诉复议不作为。背后的法理在于为了避免判决结果的冲突。比如，当事人同时起诉了原行为罚款 500 元和复议不作为，受理罚款 500 元的 A 法院将处罚内容予以撤销，而受理复议不作为的 B 法院判决复议机关应当履行复议审理职责，但尴尬在于，原行为都已经被 A 法院撤销了，复议机关还需要审理什么呢？

⊙ [注意2] 复议不作为的判断标准是"未经实质审理过"，所谓实质审理就是经历了复议审理程序后，对行政行为的合法性作出了判断，而复议积极不作为（不予受理：包括不接收复议申请书、不受理复议申请、驳回复议申请和拒绝作出复议决定）和消极的不作为（逾期不作复议）均属于"未实质审理过"的复议不作为的情况。

⊙ [注意3] 复议不作为"择一告"有一种例外情形：复议前置的案件，当事人只能诉复议机关复议不作为，而不可直接对原行政行为提起行政诉讼。要理解该制度背后的法理，我们首先回顾下复议前置的含义是什么？复议前置指的是应当经过复议，才可以起诉，经过行政复议是当事人起诉的前提条件。接着，考生需要理解如下两个逻辑问题：

1. 何为经过复议？

2. 复议不作为是否属于经过复议的情形？

第一个问题的答案是：经过行政复议，是指原行政行为的合法性经过复议程序的实体审查。

第二个问题的答案是：复议不作为的含义是"未经实质审理过"。此时，不管复议机关决定不予受理，还是逾期不作复议决定，原行政行为都没有经过复议程序的实体审查，当事人在此情形下对原行政行为直接提起诉讼，当然不符合复议前置起诉的法定条件。

类比下，假设天堂的规则为，只有恋爱过的男人才能上天堂。而如果李佳是一个母胎 solo 的老鳏夫，问可否上天堂？答案当然是不能，你得体会过恋爱的酸甜苦辣才能够算经过恋爱，才符合上天堂的前提条件呀。同样的道理，当事人好歹体会过复议的酸甜苦辣才叫经过复议吧，复议不作为自然不算经过复议，不满足起诉原行为的前提条件。

在这种情况下，法院只能受理复议机关复议不作为，如果法院认为复议不作为违法，则会判决要求复议机关审理案件，至此，走歪的复议前置案件会重新回归正途。

关于"经过行政复议"和复议不作为"择一告"两个问题的理解，都属于实务界最顶级的疑难问题。考生如果怀疑我的权威性的话，可以查阅《最高人民法院行政法官专业会议纪要》和《最高人民法院第一巡回法庭关于行政审判法律适用若干问题的会议纪要》。

⊙ [例] 汪某和邻居杨某集体土地使用权产生争议，2010 年 3 月 10 日，县政府为汪某颁发集体土地使用证并通知了杨某，6 月 20 日，杨某认为该行为侵犯了自己已有的集体土地使用权，向市政府申请复议，市政府认为杨某的复议请求超过了复议申请期，于是驳回了杨某的复议请求，7 月 15 日，杨某就县政府颁发集体土地使用证行为向法院提起行政诉讼。

问：法院应当如何处理？

答：本题属于复议前置的案件，对于复议前置的案件，复议不作为的情况下，因为原行为没有经过复议实质审查，所以，不应受理，法院应当裁定驳回杨某的起诉。

（二）复议改变后再起诉

复议机关改变了原行政行为，复议机关就是被告。比如，原机关县公安局对当事人处以 5000 元罚款，复议机关县政府认为原处罚决定过重，改为罚款 3000 元，在复议改变后，事实上罚款 5000 元的原行为早已"香消玉殒"，既然原行政行为已经不存在了，不会对当事人的权利义务产生影响了，那何必去起诉它呢？现在真正影响当事人利益的是复议机关新作出的罚款 3000 元的行为，被告应当是复议机关县政府。

（三）复议维持后再起诉

复议机关维持原行政行为的，作出原行政行为的行政机关和复议机关是共同被告。本条内容是 2014 年《行政诉讼法》修改力度最大的条款之一。

根据 1989 年《行政诉讼法》第 25 条第 2 款，经复议的案件，复议机关决定维持原具体行政行为的，作出原具体行政行为的行政机关是被告。旧法规定是符合法律逻辑的，也是世界各国的普遍做法。复议维持只是对原行为合法性的肯定，通俗地说，就是复议机关只是称赞了下原机关做得好，并没有对当事人的权利义务构成新的影响，所以，当事人对复议维持不服起诉的，只告原机关即可，而不需要将复议机关作为被告，这在法律逻辑上是通顺的。

但 2014 年新修改的《行政诉讼法》第 26 条第 2 款将本项规定调整为：经复议的案件，复议机关决定维持原行政行为的，作出原行政行为的行政机关和复议机关是共同被告。本条内容的修正体现了立法者实用主义的法治思想，搁置法律逻辑，一切以解决问题为导向。在 1989 年《行政诉讼法》的结构中，改变后被告为复议机关，维持后被告为原机关，所以，在实践中就出现了复议机关"一味维持原行政行为，该撤销的不撤销，该纠正的不纠正，导致维持率过高，复议制度解决行政争议的作用没有很好地发挥，复议制度的优势没有得到很好的体现"[1]。

修订后的 2014 年《行政诉讼法》，不管复议维持，还是复议改变，复议机关均会成为行政诉讼的被告，反正横竖都要做被告，复议机关的心态就可能会有所转变，该改变的时候为什么不改变呢？就可以有效遏制复议机关为了逃避做被告，"不分青红皂白"统统选择复议维持的自保现象，有效地激活了整个行政复议制度。

但问题还没有结束，复议维持后原机关和复议机关应当作为共同被告，但如果原告只起诉原机关或者复议机关，法院应当怎么处理呢？司法解释规定为：

第一步，法院应当告知原告追加被告；

第二步，原告不同意追加的，法院应当将另一机关列为共同被告。

需要注意的是，这里并不是将另一机关列为第三人，而是列为共同被告，这是和"共同行为告漏了"有所不同的。复议维持"告漏了"和共同行为"告漏了"是不同的，共同行为是指多个行政机关共同作出一个行政行为，虽然行为作出主体为多个，但被诉的行为却只有一个。而复议维持后，被诉行为是原机关的原行为和复议机关的维持决定，由于存在两个被诉行为，所以，不可能允许出现某个被诉行为没有被告只有第三人的情况，所以，本条规定背离了诉的一般原理，即使在原告不诉的情况下，也将其强行追加为共同被告。

⊙ ［特别注意 1］何为复议改变？

传统意义的改变包括：（1）改变主要事实和证据；（2）改变法律依据；（3）改变原行为的处理结果。本来，旧法时代的复议改变也是遵守一般规则，三个要素中任一要素改变，均为改变。但是，2015 年、2018 年司法解释限缩了改变的范围，复议改变原行政行

---

① 信春鹰主编：《中华人民共和国行政诉讼法释义》，法律出版社 2014 年版，第 73 页。

为只包括改变原行政行为的处理结果，处理结果的改变表现形式有撤销、部分撤销、变更，或者确认行政行为无效等。比如，原机关罚款 500 元，复议机关改为罚款 300 元；又如，原机关认为土地属于甲村，复议机关认为原机关无权处理该问题，将其原行为予以撤销。

复议改变只包括改变处理结果，这就意味着如果只是改变了法律依据或事实依据的，并不算改变，而会被归类于维持。

确认无效、确认违法也是复议改变的一种表现形式，因为这两种情形是从根本上否定原行为的合法性和正确性，属于改变了原行为的处理结果。但如果复议机关以违反法定程序为由确认原行政行为违法，只是对原行为程序上的否定，并不影响实体上的结果，所以，以程序违法为由确认原行为违法应归类为下文的复议维持。

🔗 **关联法条**

《行政诉讼法司法解释》第 22 条　行政诉讼法第二十六条第二款规定的"复议机关改变原行政行为"，是指复议机关改变原行政行为的处理结果。复议机关改变原行政行为所认定的主要事实和证据、改变原行政行为所适用的规范依据，但未改变原行政行为处理结果的，视为复议机关维持原行政行为。

复议机关确认原行政行为无效，属于改变原行政行为。

复议机关确认原行政行为违法，属于改变原行政行为，但复议机关以违反法定程序为由确认原行政行为违法的除外。

⊙ ［特别注意 2］ 何为复议维持?

具体行政行为认定事实清楚，证据确凿，适用依据正确，程序合法，内容适当的，行政复议机关应当决定维持，同时，这里的维持还包括驳回复议申请或者复议请求的情形。此处的驳回类似于民事诉讼判决中的判决驳回原告诉讼请求，是复议申请人符合程序上的立案条件，但复议请求不成立。在实践中，在被诉行政行为合法时，复议机关经常交互使用维持和驳回，驳回"虽然未否定原行政行为效力，但与维持决定的效果是一致的。因此，应当将驳回复议申请的处理方式视为复议机关对原行政行为的维持"[1]。

以上驳回不包括以复议申请不符合受理条件为由的驳回，如果驳回申请的行政复议决定并未针对原行政行为，而是针对复议申请人的复议条件的，并不属于复议维持。[2] "以不符合受理条件为由的驳回"是在查明当事人的复议请求不符合法定立案条件后，直接将当事人拒之门外，对当事人的复议请求不予受理。"以不符合受理条件为由的驳回"类似于民事诉讼里的裁定不予受理，程序性的驳回并未进行实体审理。请考生仔细比较如下两个案例：

例 1：对王某申请运输许可证，县交通局作出不予许可决定，王某申请复议，复议机关认为县交通局的决定事实清楚，证据确凿，适用依据正确，程序合法，内容适当，申请人王某的复议请求不成立，于是驳回王某的复议请求。

例 2：县公安局罚款王某 500 元，但王某迷迷糊糊地将行政处罚决定书遗失，王某申请复议，请求撤销某机关的处罚决定。复议机关询问王某："哪个机关?"王某回答："不

---

[1] 江必新主编：《中华人民共和国行政诉讼法及司法解释条文理解与适用》，人民法院出版社 2015 年版，第 166 页。
[2] 梁凤云：《新行政诉讼法讲义》，人民法院出版社 2015 年版，第 165 页。

知道。"试想，对于这样的案件复议机关会受理吗？即使受理了也无法审理被申请人为"不知道"的案件，所以，只能以不符合受理条件为由驳回王某的复议请求。

复议制度没有像诉讼那样细节的区分判决、裁定和决定，一律以"决定"方式结案，所以，以上两个案例虽然都是决定驳回王某复议请求，但他们的区别是非常明显的，<u>最简略的区分标准为"审理过""没审理过"</u>。由于以不符合受理条件为由驳回王某的复议请求本身"没审理过"，所以，它的性质属于复议不作为，遵守复议不作为后再起诉时的被告规则。如果当事人认为原行为违法时，可以以原机关为被告；认为复议机关不作为违法，可以以复议机关为被告。此时只要原告认为其违法即可，不作为是否真的违法，是在之后法院审理过程中，由法官去判断的。

📌 **技术流**

对于复议维持的判断，建议考生采用二步排除法，这样做题的准确率会大为提高。第一步，审理过（用以排除复议不作为的情况）；第二步，没有改变行为结果（用以排除复议改变的情况）。综上，"审过且结果没变"就是复议维持。

⊙ [**特别注意 3**] 复议维持和重复处理行为的关系。

在 2014 年《行政诉讼法》通过之前，复议维持被视作重复处理行为的一种，所以，2014 年之前复议维持后，被告只有原机关。背后的原因就是认为复议维持并没有对当事人的权利义务带来任何新的影响，只是肯定原行为的合法性，所以维持决定不可诉。（重复处理行为的概念外延更为广泛，只要是行政机关作出的对原行政行为没有任何改变的二次决定均为重复处理行为，不管重复行为作出是基于当事人的申诉、复议还是上访，也不管作出二次决定的是行政机关自己、上一级还是上几级机关，只要二次决定和原行为一样，就叫作重复处理行为，所以，在 2014 年之前，复议维持也被视作重复处理的一种）

但 2014 年之后，为督促复议机关积极、合法履行复议职责，复议维持后的被告调整为原机关和复议机关，所以，复议维持遵守的就是自己独立的规则，与重复处理行为无关了。考生需要仔细理解下面这句话：

①行为和②行为一样，则②行为是重复处理行为，不属于受案范围，但②行为如果是复议维持，则例外。

对于这个知识点，千万不要脑子中空想，一定要放到具体案例中去判断，相当容易辨别。

例 1：某工厂拖欠职工郑某养老保险费，2004 年 9 月 22 日，县劳动局向其送达《决定书》，要求其为郑某缴纳养老保险费 1 万元。同月 30 日，该局向郑某送达告知书，称其举报一事属实，已经要求该厂为其缴纳养老保险费 1 万元。

例 2：某工厂拖欠职工郑某养老保险费，2004 年 9 月 22 日，县劳动局向其送达《决定书》，要求其为郑某缴纳养老保险费 1 万元。同月 30 日，郑某向县政府申请复议，县政府认为《决定书》合法，作出维持决定。

例 1 为重复处理行为，"告知书"不属于行政复议的受案范围；例 2 为复议维持，其后郑某如果起诉，县劳动局和县政府应作为共同被告。名为复议维持的就是复议维持，遵守自己的规则；剩下的就是重复处理行为，遵守重复处理行为的一般规则。

⊙ [特别注意4] 复议决定包括多重因素时被告的认定。

如果行政复议决定既有维持原行政行为内容，又有改变原行政行为内容或者不予受理申请内容的，被告应当如何确定呢？在复议维持的情况下，被告是最多、最全的，便于查清案件事实，所以，司法解释规定即使有不作为或改变的内容也整体上视为复议维持，以作出原行政行为的行政机关和复议机关为共同被告。什么情况下会出现复议决定多重因素呢？按照最高院的观点，是在申请人提出多项申请，复议机关经过审查，分别针对多项申请作出的复议决定。①

例：甲市乙区市监局在开展专项整治中发现宋某无工商营业执照，经营服装销售，且部分服装无厂名厂址。区市监局以宋某无照经营为由罚款 2000 元、销售来源不明商品为由罚款 6000元。宋某对两项处罚决定不服申请复议。区政府认为宋某的确存在无照经营的违法行为，但不存在有销售来源不明商品的违法行为，作出宋某无照经营罚款 2000 元的复议决定。

问：本案被告为？

答：针对无照经营的违法行为的处罚 2000 元被维持，但针对销售来源不明商品罚款6000 元的行为被改变，复议机关针对宋某的两项复议请求，作出了多元因素的处理结果，此时，按照司法解释的规则，应当以乙区市监局和区政府为共同被告。

⊙ [总结] 经过复议再起诉，被告有三种情况："复议改变，单独告；复议维持，共同告；复议不作为，择一告"。下面我们再来通过 5 个题目，总结下本部分的知识点：

例 1：县计生委认定孙某违法生育第三胎，决定对孙某征收社会抚养费 40000 元。孙某向县政府申请复议，要求撤销该决定。县政府决定征收 43000 元的社会抚养费。孙某不服，向法院起诉，本案的被告是？②

例 2：县计生委认定孙某违法生育第三胎，决定对孙某征收社会抚养费 40000 元。孙某向县政府申请复议，要求撤销该决定。县政府认为孙某虽未超生，但构成了未婚生育，于是决定维持该决定。孙某不服，向法院起诉。本案的被告是？③

例 3：县计生委认定孙某违法生育第三胎，决定对孙某征收社会抚养费 40000 元。孙某向县政府申请复议，要求撤销该决定。县政府认为原征收决定超期 1 日送达，属于程序违法，于是确认征收决定违法。孙某不服，向法院起诉。本案的被告是？④

例 4：县计生委认定孙某违法生育第三胎，决定对孙某征收社会抚养费 40000 元。孙某向县政府申请复议，要求撤销该决定。县政府认为孙某虽未超生，但构成了未婚生育，于是决定驳回孙某的复议请求。孙某不服，向法院起诉。本案的被告是？⑤

例 5：县计生委认定孙某违法生育第三胎，决定对孙某征收社会抚养费 40000 元。孙某向县政府申请复议，要求撤销该决定。县政府认为计划生育案件属于敏感案件，不应受理，于是决定驳回孙某的复议请求。孙某不服，向法院起诉。本案的被告是？⑥

① 最高人民法院行政审判庭编著：《最高人民法院行政诉讼法司法解释理解与适用》（下），人民法院出版社 2018 年版，第 623 页。

② 本案改变了行为处理结果，属于复议改变，被告为复议机关县政府。

③ 本案"审过且结果没变"，属于复议维持。只改变法律依据、事实依据，并未触及根本，新司法解释将其视为复议维持。所以，被告为原机关县计生委和复议机关县政府。

④ 本案仅仅确认原行为程序违法，属于"审过且结果没变"的情形，新司法解释将其视为复议维持。所以，被告为原机关县计生委和复议机关县政府。

⑤ 本案"审过且结果没变"，属于复议维持，被告为原机关县计生委和复议机关县政府。

⑥ 本案属于未经审理、直接驳回的复议不作为，被告为原机关县计生委或者复议机关县政府。

第二节　行政诉讼原告

一、原告的概念

行政诉讼原告是指认为行政行为侵犯其合法权益，而依法向法院提起诉讼的公民、法人或者其他组织。

1. "公民、法人或其他组织"

行政机关作为行政主体管理一方时，不享有原告资格。行政机关具有对管理相对人直接的命令权和强制权，当相对人不履行行政机关设定的义务时，行政机关可以行使行政处罚权，追究其法律责任，或者采用强制执行手段实现行政行为的内容。行政机关没有必要通过行政诉讼来实现具体行政行为的内容。

2. "认为"

只要当事人"认为"受到行政行为的侵犯就可以提起诉讼，这只是当事人的一种主观认识，而不一定是其权利在实体法上确实受到了影响。当事人的实体权益是否受到确实的影响，需要通过法院的判决予以最终确认，而不是在当事人起诉时就可以确定下来。

3. "侵犯"

侵犯是指当事人的实体权利受到"必然影响"。"必然影响"是指使公民、法人或者其他组织的权利、义务发生了变化，如限制、减少权利，增加、减少、免除义务等。

◉ ［例］某公司向规划局交纳了一定费用后获得了该局发放的建设用地规划许可证。刘某的房屋紧邻该许可规划用地，刘某认为建筑工程完成后将遮挡其房屋采光，向法院起诉请求撤销该许可决定。法院认为，因建筑工程尚未建设，刘某权益受侵犯不具有现实性，不具有原告资格。

问：这一观点是否正确？

答：不正确。"必然影响"既包括权利被剥夺，比如房屋已然被强制拆除，也包括必然限制，规划许可证一旦颁发，该公司就获得按照规划许可建设的权利，与此对应的，也就为刘某设定了不得妨害该公司工程建设的义务。这样刘某的权利在法律上已经受到影响，已具备法律上的利害关系。

4. "其"

"其"意味着是当事人自身利益受到侵犯，当事人起诉不能为了维护他人利益，也不能是为了公共利益。"其"字导致在行政诉讼制度中，普通公民、法人或其他组织，不能够为了公共利益而提起行政公益诉讼。

理解"其"的含义就可以理解 2018 年《行政诉讼法司法解释》第 12 条第（五）项的规定，"为维护自身合法权益向行政机关投诉，具有处理投诉职责的行政机关作出或者未作出处理的"，属于"与行政行为有利害关系"。该条规定针对的是司法实践中频繁出现的投诉类行政案件等滋扰性案件，一些与自身合法权益没有关系或者与被投诉事项没有关联的"职业打假人""投诉专业户"，反复向行政机关进行投诉，而行政机关一旦拒绝对其投诉作出处理，他们就会向法院起诉行政机关，各级法院不堪其扰，于是，司法解释重申只有"自己的""其"利益受到影响的人，才具有原告资格，法院才会受理其诉讼。

5. "合法权益"

合法权益是指法定权利和法定利益，其核心是法定权利。享有和行使法定权利，才有可能获得法定利益。根据《行政诉讼法》的规定，合法权益主要是指人身权、财产权。人身权、财产权以外的权利受到行政行为侵犯的，只有在有关单行法律、法规规定可以起诉的情况下，公民、法人、其他组织才能起诉，比如《政府信息公开条例》允许公民为了知情权而提起行政诉讼。

二、原告资格的判断（法律上利害关系的判断）

原告必须与被诉行政行为之间有法律上的利害关系，即承担该行政行为的法律后果或者合法权益受到该行政行为影响。行政诉讼原告包括行政行为的相对人，但并不限于行政相对人，只要是与行政行为有法律上直接利害关系的公民、法人或其他组织，对该行政行为不服的，均可作为原告提起行政诉讼。学理上把行政诉讼的原告分为两种人：

图 11-2 利害关系人的确定

（一）行政相对人必然具有原告资格

具体行政行为的直接对象被称为"行政相对人"，如图 11-2 所示，行政机关对甲作出 A 行政行为，甲作为相对人必然与行政行为之间具有法律上的利害关系，甲拥有原告资格。

（二）行政相关人在一定情况下具有原告资格

行政相关人不一定具有法律上的利害关系。上图中的乙是否具有利害关系，关键在于判断他的权益是否受到该行政行为的实质影响。那该如何判断乙是否具有法律上的利害关系呢？

这主要取决于甲、乙之间的关系如何。因为乙并不是 A 行政行为的直接相对人，乙是由于和甲之间具有一定的联系，进而受到 A 行政行为波及的人。如果甲、乙关系足够紧密，行政行为会直接冲击到乙的利益，乙的权益会受到行政行为的实质影响，那么乙就具有原告资格；但如果甲乙关系较为疏远，乙的权益是否会受到行政行为的冲击具有或然性，那么乙就不具有原告资格。甲乙之间可能存在何种关系呢？

1. 侵权关系

侵权关系的受害人乙具有原告资格。受害人是指受到其他公民（加害人）违法行为侵害的人。在发生侵害时，行政机关可能有两种做法：一是不予处理；二是处罚了加害人，但受害人认为处罚轻微。在这两种情况下，受害人有权起诉，要求法院判令行政机关追究或者加重加害人的责任。

2. 亲属关系

甲和乙之间存在父子、婚姻、兄弟姐妹等亲属关系，行政机关对甲作出 A 行政行为，此时，仅仅凭借亲属关系，乙只具有事实上的利害关系，而不具有法律上的利害关系，进而没有原告资格。

3. 物权关系

甲、乙之间具有所有权与所有权、所有权与相邻权、所有权与用益物权等关系时，乙具有利害关系，进而具有原告资格。

（1）相邻权人

相邻权是指不动产的占有人在行使其物权时，对与其相邻的他人不动产所享有的特定支配权。相邻权主要包括截水、排水、通行、通风、采光等权利。如果被诉行政行为侵害了有关当事人的相邻权，利害关系即告成立。

◉ ［例1］ 规划局许可甲修建30层大楼，影响了与之相邻的另外一栋大楼居民乙的采光权、通风权，乙有权对规划部门的规划许可提起行政诉讼。

◉ ［例2］ 某县政府准予甲开采煤矿，结果开采行为导致邻地使用权人乙的房屋倾斜，乙有权起诉。

（2）农村土地使用权人

农村土地承包人、以土地使用权作价入股等土地使用权人，对行政机关处分其使用的农村集体所有土地的行为不服，可以自己的名义提起行政诉讼。也就是说，土地承包权人、以土地使用权作价入股等土地使用权人具有法律上的利害关系，进而具有原告资格。

◉ ［例］ 行政机关征收了甲村的土地，乙作为集体土地的土地承包权人，具有法律上的利害关系，有权对征地行为提起行政诉讼。

（3）所有权人

甲、乙均认为自己是土地、专利或商标的合法所有权人，如果政府作出的行政裁决、许可等行为侵害了其权益的，有权起诉。

◉ ［例1］ 甲、乙两村就某片集体土地所有权归属发生争议，县政府裁决该土地归甲村所有，此时，乙村认为自己的土地所有权受到侵害，有权提起行政诉讼。

◉ ［例2］ 甲拥有两块山场的山林权证。林改期间，乙认为该山场是自家的土改山，要求甲返还。乙请镇政府调处，镇政府向甲重新核发了山林权证。此时，乙有权起诉。

4. 公平竞争关系

甲、乙之间是公平竞争关系，行政机关滥用行政权力排除或者限制乙与甲之间的竞争，使乙陷入不利的竞争地位时，乙具有法律上的利害关系，有权起诉。

◉ ［例1］ 某市政府对城市中巴车经营管理时，对本地人甲给予财政补贴，而对外地人乙没有给予财政补贴，乙作为竞争权人，有资格提起行政诉讼。

◉ ［例2］ 某小区已建有A幼儿园，为满足需要，某区人民政府拟在该小区内再建一所幼儿园。张某和李某先后向某区人民政府提出申请，张某获批准。

问1：李某是否有权对某区人民政府批准张某申请的行为提起行政诉讼？

答：有权。因为李某和张某是同时申请该行政许可的公平竞争权人，如果李某认为在竞争中遭遇了不公平对待，有权提起行政诉讼。

问2：A幼儿园是否有权对某区人民政府批准再建幼儿园的决定提起行政诉讼？

答：无权。A幼儿园并非公平竞争权人，因为A幼儿园与张某、李某不处于同样的竞争地位，它的既得利益是否受到侵犯不具有必然性，所以，法律不保护A幼儿园这样的既存的经营者。"只要是行政机关居于'竞争中立'立场作出的，即使对既存经营者的经济利益产生影响，也不能认为该行为侵犯了公平竞争权，该经营者也不具有原告资格。①"

5. 合同关系

甲和乙之间签订了民事买卖合同，后由于某种原因，行政机关对甲作出 A 行为，相对人甲一定有权起诉，现在要思考的是，合同关系的相对方乙是否具有法律上的利害关系，是否有权对 A 行政行为提起行政诉讼呢？这个问题需要分情况分析。我们主要考虑两个标准：

第一，行政机关在作出 A 行政行为的时候，是否需要考虑乙的利益，进而判断乙的权益是否受到行政行为的实质影响。

第二，乙是否只能告政府。如果乙只有行政诉讼或复议的公法救济途径，从法律制度设计的角度来看，乙只有唯一的救济途径，如果剥夺了其唯一的行政救济的机会，那么乙就会走投无路，不符合"有权利，必然有救济"的法律原理。所以，在乙只能告政府的情况下，乙有权起诉。我们来通过例子分析。

⊙ ［例1］省林业局以甲公司无证加工木材为由没收其加工的全部木片，并处以 30 万元罚款。因甲公司停产，无法履行与乙公司签订的合同，乙公司要求支付货款并赔偿损失，甲公司表示无力支付和赔偿。对省林业局的处罚决定，乙公司是否有原告资格？为什么？

答：乙公司没有对罚款行为提起行政诉讼的原告资格，乙公司与省林业局的处罚行为无直接的、实质性的利害关系。第一，行政机关在作出对甲公司行政处罚决定的时候，只需要考虑甲公司是否从事了违法行为，无需征求乙公司意见，也无需考虑乙公司利益。一个成熟的企业的合同相对方何止成千上万，怎么可能逐一考虑其合同相对方的利益呢？第二，对甲公司不履行合同以及给乙公司带来的损失，乙公司可以通过对甲公司提起民事诉讼等途径获得救济，而无需提起行政诉讼。

⊙ ［例2］甲从乙处购得一辆轿车，但未办理过户手续。在一次查验过程中，某市公安局认定该车系走私车，予以没收。甲作为相对人自然有权起诉，卖方乙是否有权对于没收行为提起行政诉讼呢？

答：乙有权对于没收行为提起行政诉讼。第一，行政机关没收甲的车辆，首先需要认定该车辆是走私车还是进口车，对于该认定只能征求负责销售车辆的乙的意见，查阅其报关手续等进口凭证。公安局对该车辆是走私车的认定，使得乙与没收行为产生了必然的、实质的利害关系，甲可以凭借该认定，要求乙承担相应的民事赔偿责任，乙的权利义务与被诉行政行为产生了直接、必然的关联。第二，乙利益受损，缺乏其他的救济途径。乙不可能对甲提起民事诉讼，如果剥夺了乙向公安局提起行政诉讼的起诉机会，那么乙的冤屈就无法得以伸张，有悖于"有权利，必然有救济"的现代法治理念。

▶ 技术流

关于合同关系，相对人甲永远具有原告资格，而如何判断合同相对人乙是否具有原告资格？大家只需记住做题口诀是相关人"有民诉，没行政；没民诉，有行政"，就足以应对考试了。也就是只需要考虑乙是否可以提起民事诉讼，如果有民事诉讼的救济途径，就不具有行政诉讼的原告资格；反之，则具有。大家现在试试看前述［例1］和［例2］是否会判断了呢？在例1中，乙公司有诉甲公司合同违约的民事诉讼途径，所以，乙公司不

---

① 张树义、张力：《行政法与行政诉讼法》（第 3 版），高等教育出版社 2015 年版，第 214 页。

应具有行政诉讼的原告资格。在例2中，卖方乙不仅没有民事诉讼起诉甲的机会，反而容易被甲起诉。乙的利益受损，没有其他救济途径，只能允许其起诉公安局的没收行为。

关联法条

《行政诉讼法司法解释》第13条 债权人以行政机关对债务人所作的行政行为损害债权实现为由提起行政诉讼的，人民法院应当告知其就民事争议提起民事诉讼，但行政机关作出行政行为时依法应予保护或者应予考虑的除外。

除以上5种关系外，2018年《行政诉讼法司法解释》还规定，在行政复议等行政程序中被追加为第三人的、撤销或者变更行政行为涉及其合法权益的当事人具有原告资格。

三、组织的原告资格问题

组织在原告资格的问题上具有一定的特殊性。比如，市税务局对于甲股份制公司罚款5万元，甲公司作为相对人自然具有法律上的利害关系，但是，"组织"具有自然人不具有的一些特殊问题，需要法律制度予以回应。比如，甲公司应当以公司的名义起诉，还是以法定代表人的名义起诉？公司的股东是否有权以自己的名义起诉？除了法定代表人，还有哪些主体有权代表公司起诉？等等。这都是需要在本部分予以回答的问题。

（一）合伙组织的原告确认

合伙组织分为个人合伙和合伙企业两种形式。合伙企业向法院提起诉讼的，应当以核准登记的字号为原告。未依法登记领取营业执照的个人合伙的全体合伙人为共同原告；全体合伙人可以推选代表人，被推选的代表人，应当由全体合伙人出具推选书。

（二）个体工商户的原告确认

个体工商户向法院提起诉讼的原告确认要看其有无字号：

1. 无字号的，以营业执照上登记的经营者为原告；

2. 有字号的，以营业执照上登记的字号为原告，并应当注明该字号经营者的基本信息。

（三）非营利法人的原告确认

事业单位、社会团体、基金会、社会服务机构等非营利法人的出资人、设立人认为行政行为损害法人合法权益的，可以自己的名义提起诉讼。

⊙ ［注意］并非只能以非营利法人的名义起诉，还能够以出资人、设立人的名义起诉，也就是说，出资人、设立人是能够独立成为原告的。

（四）业主共有利益的原告确认

业主委员会对于行政机关作出的涉及业主共有利益的行政行为，可以自己的名义提起诉讼。

业主委员会不起诉的，专有部分占建筑物总面积过半数或者占总户数过半数的业主可以提起诉讼。

（五）股份制企业内部机构的诉权

股份制企业的股东大会、股东会、董事会等认为行政机关作出的行政行为侵犯企业经营自主权的，可以企业名义提起诉讼。这里需要注意以下两个细节：

- [细节1]"3+1"，即股东大会、股东会、董事会和法定代表人有权代表公司起诉，其他主体是无权的，比如，股东个人、债权人等等。

- [细节2]"3+1"只是代表企业以"企业的名义"起诉，原告依然是企业自身，而不是董事会等主体直接成为原告。

（六）投资人的原告资格

中外合资企业、中外合作企业、联营企业的联营、合资、合作各方，认为联营、合资、合作企业权益或者自己一方合法权益受到行政行为侵害的，均可以自己的名义提起诉讼。

- [例]某市工商局发现，某中外合资游戏软件开发公司研发的一种软件带有暴力和色情内容，决定没收该软件，并对该公司处以3万元罚款。中方投资者接受处罚，但外方投资者认为处罚决定既损害了公司的利益也侵害了自己的权益，向法院提起行政诉讼。

问1：外方投资者是否有权以自己的名义起诉？

答：有权。

问2：中方投资者是否有权以自己的名义起诉？

答：有权。

问3：某中外合资游戏软件开发公司是否有权以自己的名义起诉？

答：有权。本处罚的行政相对人为该公司，如果利益受到损害的投资人能够代表公司起诉，公司自身自然可以以公司的名义起诉。

（七）非国有企业法人资格消亡后的原告①

非国有企业被行政机关注销、合并、强令兼并、出售、分立或改变企业隶属关系，该企业或其法定代表人可以提起行政诉讼。注意此时具备原告资格的主体有两个：

一是企业可以自己的名义起诉。虽然企业法人资格已然消亡，企业依然可以享受最后一次诉讼机会，这是和民事规则不一致的。试想，如果企业被行政机关恣意行使行政权力而"杀死"，那么，不赋予该企业原告资格，那该企业如何得到救济呢？

二是企业的法定代表人可以自己的名义起诉，也就是说法定代表人自己直接成为原告。如果法定代表人以企业的名义起诉，往往需要提供企业登记文件或者加盖企业公章的起诉书，而在法人资格被终止后，法定代表人很可能无法提供这些文件，所以，立法者允许其以自己的名义起诉，直接赋予了法定代表人诉权。

- [例]甲厂是某市建筑装潢公司下属的独立核算的集体企业，2007年1月某市建筑装潢公司经批准与甲厂脱离隶属关系。2007年4月，行政机关下达文件批准某市建筑装潢公司的申请，将甲厂并入另一家集体企业乙厂。对此行为，有权提起行政诉讼的主体有哪些？

答：甲厂、乙厂、甲厂法定代表人和乙厂法定代表人均有权起诉。首先，由于甲厂被强行兼并，甲厂法人资格消亡，按照前述规则，甲厂和甲厂的法定代表人可以自己的名义起

---

① 国有企业在本情况下是否遵守同样的规则呢？学界认为，这并不意味着在这种情况下国有企业法定代表人没有原告资格。因为，就经营自主权而言，无论是国有企业还是非国有企业都是一致的，国有企业被侵犯经营自主权的，法定代表人可以以自己的名义起诉。不过，由于"国有企业"的问题超出了法律规则本身，属于学理解释，考试试题中考查到的可能性较小。

诉。其次，乙厂被政府强行"拉郎配"后，经营自主权也会受到影响，所以，乙厂也有权起诉。但是，为什么仍然存在的乙厂的法定代表人有权起诉，成为原告呢？命题人在解析本题目时认为"法定代表人可以独立起诉，并不以乙企业是否实际存在为前提"[①]。这说明命题人对于强令兼并采取字面解释，强令兼并是双向的，不管兼并方、被兼并方都是被强迫的，套用前述法条规则，双方的企业和企业的法定代表人均有权起诉，成为独立的原告。

四、原告资格的转移

（一）概念

原告资格转移是指有权起诉的公民死亡、法人或者其他组织终止，他们的原告资格依法自然转移给有利害关系的特定公民、法人或者其他组织承受。

（二）自然人原告资格的转移

有权提起诉讼的公民死亡时，其近亲属可以提起诉讼。近亲属包括配偶、父母、子女、兄弟姐妹、祖父母、外祖父母、孙子女、外孙子女和其他具有扶养、赡养关系的亲属。在这种情况下，近亲属享有原告资格，以自己的名义提起诉讼，其地位等同于有权提起诉讼的公民。

⊙ [例] 经王某请求，国家专利复审机构宣告授予李某的专利权无效，并于 2011 年 5 月 20 日向李某送达决定书。6 月 10 日李某因交通意外死亡。

问：李某妻子应以李某代理人身份起诉，是否正确？

答：如果李某未死亡，妻子本不具有原告资格，如果妻子要参与诉讼，确实只能以诉讼代理人的身份参加，原告是李某。司法解释对此规定，公民因被限制人身自由而不能提起诉讼的，其近亲属可以依其口头或者书面委托以该公民的名义提起诉讼。近亲属起诉时无法与被限制人身自由的公民取得联系，近亲属可以先行起诉，并在诉讼中补充提交委托证明。

但在李某死亡后，发生了原告资格的转移，妻子像继承财产一样的，继受了属于李某的原告资格，此时，继受人获得的是独立的原告资格，而非代理人。

（三）法人或其他组织原告资格的转移

有权提起诉讼的法人或者其他组织终止，承受其权利的法人或者其他组织可以起诉。

（四）诉讼中原告资格转移的程序

在诉讼过程中原告死亡需要等待其近亲属表明是否参加诉讼的，或者作为原告的法人、组织终止，尚未确定权利义务承受人的，诉讼中止。中止诉讼期限满 90 日以后，如仍无人要求继续诉讼的，依法终结诉讼。

第三节 共同诉讼

一、共同诉讼的概念

当事人一方或双方为 2 人或 2 人以上，因同一行政行为发生的行政案件，或者因同类行政行为发生的行政案件、法院认为可以合并审理并经当事人同意的，为共同诉讼。可以

---

① 司法部国家司法考试中心组编：《2008 年国家司法考试试题解析》，法律出版社 2008 年版，第 168 页。

看出，共同诉讼是指原告或被告一方为 2 人以上、诉讼客体相同，并且诉讼主张一致的诉讼。这里的要点是：

1. 当事人一方是 2 个或 2 个以上的公民、法人或者其他组织。

2. 诉讼标的相同。所谓相同，是指同一或者同类两种情况。

3. 诉讼主张一致。所谓一致，是指共同诉讼人之间的诉讼主张之间没有根本冲突或者实质性的差异，并不是指诉讼主张完全相同。

4. 案件属同一法院管辖，并且法院决定合并审理。

二、共同诉讼的类型

1. 必要共同诉讼

必要共同诉讼是指当事人一方或者双方为 2 人以上，因同一行政行为发生行政争议，人民法院必须合并审理的诉讼，必要共同诉讼之所以称为"必要"是因为诉讼标的为同一个行政行为，导致法律或事实联系的不可分割。比如，夫妻二人因超生被政府征收社会抚养费 5 万元，则为必要共同诉讼。

2. 普通共同诉讼

普通共同诉讼是指诉讼标的是同类行政行为，法院认为可以合并审理，且两人以上参加诉讼的当事人同意合并审理的。比如，4 家同一条街道上的烧烤店被环保局处罚，甲烧烤店提起行政诉讼，乙、丙、丁烧烤店可以参加诉讼，也可以不参加诉讼，因为法律关系是可分的，所以被称为普通共同诉讼。有下列情形之一的，法院可以决定合并审理：（1）2 个以上行政机关分别对同一事实作出行政行为，公民、法人或者其他组织不服向同一法院起诉的；（2）行政机关就同一事实对若干公民、法人或者其他组织分别作出行政行为，公民、法人或者其他组织不服分别向同一法院起诉的；（3）在诉讼过程中，被告对原告作出新的行政行为，原告不服向同一法院起诉的；（4）法院认为可以合并审理的其他情形。

三、追加共同被告

追加共同被告，实际上就是第一节中共同行为"告漏了"的知识点，比如应当以甲和乙两个机关作为共同被告，原告起诉时，只起诉了甲机关，对于乙机关，法院应当如何处理呢？法定步骤如下：

第一步，尊重原告诉权，通知原告追加乙机关为共同被告。

第二步，如果原告不同意追加，法院应当追加没有被起诉的乙机关为第三人。

四、追加共同原告

对于应当作为原告而未起诉的当事人，法院应当如何处理呢？法定步骤如下：

第一种情况，如果同意法院追加为原告，其法律身份为共同原告；

第二种情况，如果既不参加诉讼也不同意追加为原告，但肯放弃实体权利，可不参加诉讼；

第三种情况，如果既不参加诉讼也不同意追加为原告，但又不肯放弃实体权利，应追加为第三人。

⊙ [例] 某市工商局发现，某中外合资游戏软件开发公司研发的一种软件带有暴力和色情内容，决定对该公司处以 3 万元罚款。外方投资者向法院提起行政诉讼，对于未起诉的中方投资者法院应如何处理？

答：法院应通知其作为共同原告参加诉讼，如同意，则作为原告；不同意但肯放弃实体权利，可不参加；不同意但不肯放弃实体权利，则追加为第三人。

● 归纳总结

追加共同被告和共同原告，法律制度的规定事实上是雷同的，均为优先追加其为本来的法律角色（共同原告或共同被告），但无法追加（原告，不愿告；被告，无人告）时，则法院只能追加为第三人了。其中，只有一点差别，原告的权利是自己可以放弃的，所以，只要肯放弃，完全可以不参加诉讼；但被告资格是被告自己无权放弃的，在原告不告的情况下，只能列为第三人。

第四节　行政诉讼第三人

一、第三人的概念

公民、法人或者其他组织同被诉行政行为有利害关系但没有提起诉讼，或者同案件处理结果有利害关系的，可以作为第三人申请参加诉讼，或者由法院通知参加诉讼。

二、第三人的确认

行政诉讼的第三人分为原告型第三人与被告型第三人。

（一）原告型第三人

原告型第三人，是指享有诉权的公民没有在法定期限内起诉，而是参加他人提起的行政诉讼的第三人。在行政诉讼中，只要是"民"作为第三人，均统称为原告型第三人。"民"在"民告官"的行政诉讼中，一般居于原告的地位。原告型第三人并不是指一定会支持原告诉讼主张的、依附于原告而存在的第三人，而是指居于"民"相对人或相关人地位的，类似于原告状态的第三人。

1. 与被诉行政行为有法律上利害关系的原告型第三人

原告型第三人的判断关键在于判断当事人是否和被诉行为存在法律上的利害关系，原告和第三人在本质上是一致的，区别仅仅在于他是否起诉。利害关系人，起诉是原告，他人起诉则作为第三人。公民、法人或其他组织是否具备原告型第三人资格，其实和原告资格的判定方式是一致的。对此，考生可以参见本专题第二节下的第二个问题"原告资格的判断（法律上利害关系的判断）"。

⊙ [例] 甲殴打乙，公安机关因为甲的侵权行为处罚甲，此时，甲、乙均具有利害关系，因为甲是相对人必然拥有利害关系，而乙是侵权关系的受害人，也具有利害关系。甲乙二人都属于不肯放弃自己实体权利的人，他们在诉讼中的法律身份可能有以下组合：

（1）甲认为处罚过重而起诉，甲是原告，没有起诉的乙是第三人；

（2）乙认为处罚过轻而起诉，乙是原告，没有起诉的甲是第三人；

（3）如果甲认为行政处罚过重而起诉，受害人乙认为处罚过轻同时起诉，在这种情况下，加害人甲和受害人乙都是原告，但他们不是共同原告。这是因为，两个原告的主张冲突，不符合共同原告的要件。

但是，这里还有一个问题，在步骤顺序上，追加共同原告和追加为第三人的关系是怎样的呢？这里应分情况讨论：

（1）与原告的利益相反的利害关系人，直接追加为第三人。例如，甲乙争议某片土地，县政府裁决土地给甲，乙起诉，应当直接追加甲为第三人，二人利益关系是冲突的，无法成为共同原告，所以，应当直接追加为第三人。同理，前述的甲殴打乙的例子，也应该直接追加第三人。

（2）与原告的利益一致的利害关系人，应首先考虑追加为共同原告，当事人不同意，才能追加为第三人。县政府征收左某和高某夫妇超生费，左某起诉，应首先考虑追加高某为共同原告，高某不同意，才能追加为第三人。

2. 与案件处理结果有法律上利害关系的原告型第三人

"与案件处理结果有法律上利害关系的第三人"为2014年《行政诉讼法》新增内容，"实际上是将一个已经开始的诉讼和一个今后可能发生的潜在的诉讼合并审理，从而达到防患未然、简化诉讼、方便当事人诉讼、化解纠纷的目的"①。

但"与案件处理结果有法律上利害关系的第三人"的范围不宜放得过宽，如果允许与案件关联度很弱的主体参与诉讼，就会影响行政诉讼的正常审理，导致案件审理的焦点不明确，降低审判质量。在目前的司法实践主要适用于下列情况：

（1）被诉行政行为虽然没有直接涉及当事人的权利义务，但是，法院审查被诉行政行为中所认定的案件事实，或者对行政行为效力的判定，会对该当事人直接产生"预决"效力，则该当事人有权作为第三人参与行政诉讼。

⊙ ［例］公安局认为甲盗窃，处罚了甲。甲不服起诉，认为行政处罚对象错误，是乙实施的该盗窃行为。在该诉讼中，虽然乙表面上和该处罚行为无关，他既不是被处罚人，也不是受害人，但是，如果法院审理了该处罚行为，认定公安机关对甲作出的处罚对象错误，进而将该处罚撤销的话，那么，在正常情况下乙马上会被公安局处罚的。所以，乙能够成为第三人。

（2）行政机关根据当事人的违法事实作出同一类行政行为，未起诉的主体，可以作为第三人。这种情况的本质是合并审理制度，主要是为了防患未然和节约诉讼成本。

⊙ ［例］甲、乙二人将丙打伤，公安局拘留甲10日、乙15日，受害人丙对甲被拘留10日不服，向法院提起诉讼，甲作为该处罚的相对人，一定是有资格参与诉讼的，甲是与被诉行政行为有利害关系的人。乙虽然是另外一个处罚的被处罚人，但是由于两个处罚之间具有密不可分的关联性，所以，乙有权作为第三人参加本诉讼。

（二）被告型第三人

被告型第三人，是指应当作为被告参加诉讼，但因原告不指控，而被法院通知作为第三人参加诉讼的行政机关。在行政诉讼中，只要是"官"作为第三人，均统称为被告型第三人。被告型第三人并不一定是指支持被告诉讼主张的、依附于被告而存在的第三人，而

① 梁凤云：《新行政诉讼法讲义》，人民法院出版社2015年版，第182页。

是指居于行政主体的、类似于被告的第三人。比如，公安局本应成为被告，结果没有人告它，它作第三人就称作被告型第三人。

1. 与被诉行为有法律上利害关系的被告型第三人

（1）在行政决定中署名的非行政主体

对于行政主体与非行政主体共同署名作出的行为，只能以其中的行政主体作为被告，而既非行政机关，又非取得了授权的非行政主体只能被列为第三人。

⊙ ［例］市监局与消费者协会处罚个体户刘某，在该处罚决定书上加盖两个机关的印章，刘某不服提起诉讼，本案的被告是？第三人是？

答：被告只能是市监局。如果是真正的共同行为，比如市监局和卫生局共同作出的处罚，那么被告是市监局和卫生局。但在本案中，消费者协会不是行政机关，也没有取得有效的法律、法规的授权，无法成为行政主体，所以，有资格成为被告的只能是市监局，消协应当被列为被告型的第三人。

（2）原告起诉时遗漏的行政主体

多个机关的共同行为，法院应当通知原告追加被告，如果原告拒绝追加的，"告漏了"的行政机关只能被追加为第三人。本知识点事实上在被告资格的确立中已经讲授过了。

⊙ ［例］某县环保局与水利局在联合执法过程中，发现某化工厂排污口建在防洪通道上，并对下游河水造成污染，遂联合作出责令该厂限期拆除其排污口的决定。该厂不服，以某县水利局为被告向法院提起行政诉讼。

问：法院应当如何处理？

答：法院应当通知该厂追加环保局为共同被告，原告坚持不追加的，将环保局列为第三人。

2. 与案件处理结果有法律上利害关系的被告型第三人

（1）两个以上行政机关作出相互矛盾的行政行为，非被告的行政机关是第三人

甲、乙两个机关作出相互矛盾的行政行为，甲机关作为被告，非被告的乙机关就应当作为被告型第三人参加诉讼。因为乙机关作出的行为与被诉甲机关作出的行为之间存在矛盾，法院审查判断甲行为的合法性，必然会影响到乙行为，这是一种"非此即彼""你死我活"的关系，作出矛盾行为的乙机关自然要参加到诉讼中来，以证明自己行为的合法性和"死对头"甲机关行为的违法性。

⊙ ［例］甲市土地局作出土地登记，将DAL-2014-22地块登记给了小新（1号行为），乙县政府认为市土地局对于该事项无管辖权，于是作出土地登记，将DAL-2014-22地块登记给了小白（2号行为）。小白就甲市土地局的行政登记提起诉讼，甲市土地局作为被告，而它的对头乙县政府必然和该诉讼有密切的利害关系，应当作为第三人。可以预见的是，在行政诉讼审理过程中，就DAL-2014-22地块的归属问题，两个机关必然会争执不休。

（2）复议改变后再起诉，被告为复议机关，原机关为第三人

本情形为2018年新增情形，2018年《行政诉讼法司法解释》第89条规定："复议决定改变原行政行为错误，人民法院判决撤销复议决定时，可以一并责令复议机关重新作出复议决定或者判决恢复原行政行为的法律效力。"该条款增加了"判决恢复原行政行为的法律效力"的条款，导致原机关和复议机关在庭审中可能呈现对立关系。最高人民法院书

中指出："原告提起诉讼要求撤销复议决定的，作出原行政行为的行政机关与被诉行政复议决定有利害关系，是必须参加诉讼的第三人，人民法院应当通知其为第三人参加行政诉讼。"[①]

⊙ [例] 市土地局作出土地登记，将 DAL-2014-22 地块登记给了小新，小白认为该片土地是自家自留地，向市政府申请复议，市政府认为市土地局对于该事项无管辖权，于是作出土地登记，将 DAL-2014-22 地块登记给了小白。小新对复议决定不服提起诉讼。因为本案属于复议改变，被告为复议机关市政府，原机关市土地局是否应当作为第三人呢？

答：市土地局有权成为第三人，因为如果法院认为市政府的改变行为违法，会将登记给小白的行为撤销，此时，如果法院认为土地应该属于小新，为了提高行政效率，有可能直接恢复市土地局的行为。在这种情况下，原机关市土地局就通过诉讼，看到了自己行为复活的希望，所以，它要作为第三人参加行政诉讼"挣扎"一下。

三、第三人参加诉讼的程序

（一）第三人的诉讼地位

行政法的第三人有独立的诉讼地位。行政诉讼中的第三人具有独立的诉讼利益，既不依附原告也不依附被告，可以提出自己的请求。所以，法院判决第三人承担义务或者减损第三人权益的，第三人有权依法提起上诉，第三人也可以申请法院执行生效判决，申请法院调取证据等，拥有和行政诉讼的原告、被告同样的诉讼地位。比如，《行政诉讼法司法解释》规定：法院判决其承担义务或者减损其权益的第三人，有权提出上诉或者申请再审。该司法解释的意思是，如果判决未生效，第三人有权上诉；如果判决生效了，第三人和原被告一样，有权申请再审。

第三人因不能归责于本人的事由未参加诉讼，但有证据证明发生法律效力的判决、裁定、调解书损害其合法权益的，可以自知道或者应当知道其合法权益受到损害之日起 6 个月内，向上一级法院申请再审。

⊙ [注意] 应参加而未参加诉讼的第三人不是另行起诉，也不是判决结果自动对其生效，而是申请再审。申请对象不是本级法院，而是上一级法院。

（二）参加诉讼时间

第三人参加行政诉讼，须在原、被告的诉讼程序已开始，一审判决未作出以前参与到诉讼中。

⊙ [细节1] 第三人参加诉讼限于一审期间，之所以是一审，是因为行政诉讼第三人具有独立的诉讼地位，法院应当通知当事人参加诉讼而未通知的，属于遗漏了必要的共同诉讼人，二审法院应当发回重审。

⊙ [细节2] 第三人参加行政诉讼的时间截至"一审判决作出前"。如果遗漏了第三人，二审法院会发回重审。从一审法院的心态来看，与其到了二审再发回重审，不如将参加时间拖延至一审不能再拖为止，而一审程序的最后就是裁判作出时。

---

① 最高人民法院行政审判庭编著：《最高人民法院行政诉讼法司法解释理解与适用》（上），人民法院出版社 2018 年版，第 418 页。

（三）参加诉讼途径

第三人参加行政诉讼有<u>申请参加</u>和<u>通知参加</u>两种方式。

1. 申请参加

申请参加是指第三人向法院提出申请，经法院准许而参加诉讼。法院同意的，书面通知第三人；法院不同意的，裁定驳回申请。申请人不服裁定可在 10 日以内上诉。

2. 通知参加

（1）应当通知

同一个行政行为，影响到若干人的利益，<u>法院应当通知未起诉的人作为第三人</u>。之所以同一个行政行为是应当通知，是因为既然被诉行政行为只有"一个"，那么，法院对该行为的合法违法的判定只能有一次，所以，法院应当通知其他利害关系人参加诉讼。

（2）可以通知

同一类的行政行为，影响到若干人的利益，<u>法院可以通知未起诉的人作为第三人</u>。[①]同一类行政行为事实上彼此之间各自独立，即使利害关系人未参与本诉讼，之后也可以另行起诉，所以，法律制度在这种情况下没有对法院规定强制通知义务。

⊙ [例1] 甲、乙、丙、丁四人在法考中各自独立作弊，被司法局发现后，司法局作出决定，禁止甲、乙、丙、丁 3 年内参加此考试。如果甲提起行政诉讼，则法院可以通知乙、丙、丁参加诉讼。因为此处事实上是四个独立的行政处罚行为，乙、丙、丁对针对他们自身的处罚完全可以之后再起诉，所以没有必要非通知其参加不可。

⊙ [例2] 村民甲带领乙、丙等人，与造纸厂协商污染赔偿问题。因对提出的赔偿方案不满，甲、乙、丙等人阻止生产，将工人李某打伤。公安局接该厂厂长举报，经调查后决定对甲拘留 15 日、乙拘留 5 日，对其他人未作处罚。甲对于拘留 15 日不服，向法院提起行政诉讼，法院受理。

问：丙、乙、李某、造纸厂厂长、造纸厂，这些主体中哪些不能成为本案的第三人？

答：丙和造纸厂厂长不是本案的第三人。

①丙不是本案的被处罚人，与公安局对甲、乙作出的行政处罚没有利害关系，法院审查拘留 15 日是否合法，不会直接触及丙的利益，丙不能成为本案第三人。

②造纸厂厂长本人的身份为举报人，与公安局对甲、乙作出的行政处罚没有直接的法律上的利害关系，不能作为第三人。

③工人李某作为受害人，认为拘留 15 日的行为处罚过轻，可以要求加重对甲的处罚，因此可以作为第三人，通知方式为"应当通知"，因为拘留 15 日是一个独立的行为，对行为的违法性，法院只能判断一次。

④乙是另外一个行为拘留 5 日的被处罚人，与拘留 15 日引发的诉讼有一定的利害关系，可以作为第三人，但通知方式为"可以通知"，因为拘留 15 日和拘留 5 日两个行为各自独立，法院完全可以通过两个诉讼分别审理。"四大本"中对本知识点是如此表述的："在一个行政处罚案件中，行政机关处罚了两个以上的违法行为人，其中一部分人向法院起诉，而另一部分被处罚人没有起诉的，可以作为第三人参加诉讼。"

---

① 2018 年《行政诉讼法司法解释》第 30 条第 2 款规定，与行政案件处理结果有利害关系的第三人，可以申请参加诉讼，或者由人民法院通知其参加诉讼。

第五节　诉讼代表人与诉讼代理人

一、诉讼代表人

当事人一方人数众多的共同诉讼，可以由当事人推选代表人进行诉讼。代表人的诉讼行为对其所代表的当事人发生效力，但代表人变更、放弃诉讼请求或者承认对方当事人的诉讼请求，应当经被代表的当事人同意。诉讼代表人有以下考点：

第一，同案原告人数须为 10 人以上（旧法规定为 5 人以上）。

第二，行政诉讼代表人的总数限为 2~5 人。修改后的《行政诉讼法》，诉讼代表人的人数和《民事诉讼法》取得了一致，均为 2~5 人，但行政复议制度依然是旧规定 1~5 人。

第三，诉讼代表人产生途径有两个：（1）原告在指定期限内推选产生；（2）当事人推选不出的，可以由法院在起诉的当事人中指定代表人。

第四，法院的裁判效力不仅及于诉讼代表人，也及于其他未亲自参加诉讼的当事人。

二、诉讼代理人

诉讼代理人是以当事人名义，在代理权限内，代理当事人从事诉讼活动的人。

（一）法定代理人

法定代理人是指依法直接享有代理权限，代替无诉讼行为能力的公民开展行政诉讼活动的人。这种代理权直接根据法律设定而产生，不以被代理人的意志为转移。法定代理条件是：

1. 被代理人是无行为能力的人，即未成年人、精神病人等。

2. 代理人与被代理人之间存在亲权或监护关系。首先是父母、配偶、子女、兄弟姐妹等。如果被代理人没有作为监护人的亲属，则由其所在单位或者住所地居委会、村委会作为其监护人，即法定代理人。

（二）委托代理人

受当事人、法定代理人委托，以当事人的名义代为开展行政诉讼活动的人就是委托代理人。当事人、法定代理人可以委托 1~2 人作为诉讼代理人。

1. 范围

下列人员可以被委托为诉讼代理人：

（1）律师、基层法律服务工作者。

（2）当事人的近亲属或者工作人员。

与当事人有合法劳动人事关系的职工，可以当事人工作人员的名义作为诉讼代理人。以当事人的工作人员身份参加诉讼活动，应当提交以下证据之一加以证明：①缴纳社会保险记录凭证；②领取工资凭证；③其他能够证明其为当事人工作人员身份的证据。

（3）当事人所在社区、单位以及有关社会团体推荐的公民。

有关社会团体推荐公民担任诉讼代理人的，应当符合下列条件：

①社会团体属于依法登记设立或者依法免予登记设立的非营利性法人组织；

②被代理人属于该社会团体的成员，或者当事人一方住所地位于该社会团体的活动地域；

③代理事务属于该社会团体章程载明的业务范围；

④被推荐的公民是该社会团体的负责人或者与该社会团体有合法劳动人事关系的工作人员。

专利代理人经中华全国专利代理人协会推荐，可以在专利行政案件中担任诉讼代理人。

2. 方式

当事人委托诉讼代理人，应当向法院提交由委托人签名或者盖章的授权委托书。委托书应当载明委托事项和具体权限。公民在特殊情况下无法书面委托的，也可以由他人代书，并由自己捺印等方式确认，法院应当核实并记录在卷。被诉行政机关或者其他有义务协助的机关拒绝法院向被限制人身自由的公民核实的，视为委托成立。

◉ [注意] 一般情况下不能口头委托，只能由他人代书。但近亲属作为委托代理人时享有口头委托的特权。公民因被限制人身自由而不能提起诉讼的，其近亲属可以依其口头或者书面委托以该公民的名义提起诉讼。近亲属起诉时无法与被限制人身自由的公民取得联系，近亲属可以先行起诉，并在诉讼中补充提交委托证明。

当事人解除或者变更委托的，应当书面报告法院。

3. 代理人的权利

代理诉讼的律师，有权按照规定查阅、复制本案有关材料，有权向有关组织和公民调查、收集与本案有关的证据。对涉及国家秘密、商业秘密和个人隐私的材料，应当依照法律规定保密。当事人和其他诉讼代理人有权按照规定查阅、复制本案庭审材料，但涉及国家秘密、商业秘密和个人隐私的内容除外。

主观题命题规律

本专题是主观题考查的重点专题，不过在考查内容的广度和深度上，客观题和主观题考查是一致的，只不过主观题不仅需要考生给出判断，还需要考生具备一定的论证和分析能力，主观题考试重点同样都在于原告、被告（尤其是经过复议再起诉被告的确定）和第三人。

主观题知识提升

进阶案例1：原告资格的判断

2015年3月24日，昌平发改委对北京国际高尔夫游乐公司作出《退出通知》，其中载明："……北京国际高尔夫球场（以下简称涉案球场）及其所属地上物违反了《水法》《北京市城市规划条例》《北京市城乡规划条例》《风景名胜区管理暂行条例》等规定。请贵球场于2015年4月底前基本完成发球台、标志标示、宣传栏等与高尔夫球场功能有关的构筑物的拆除，5月底前完成高尔夫球场的退出，望贵单位予以配合"。2015年6月6日，北京国际高尔夫游乐公司向其会员发出《停业告知》，告知自2015年6月8日起涉案球场停止营业。原告李冰认为自己是涉案球场的会员，其享有使用该球场的合法权益，该权益类似于物权。由于《退出通知》导致涉案球场停业，致使自己不能继续使用该球场，对自己的上述合法权益产生了直接的损害，该《退出通知》

与自己具有利害关系，请求法院依法撤销《退出通知》，一审法院裁定驳回李冰的起诉，李冰不服，提起上诉。

问题：请分析李冰是否具有行政诉讼的原告资格？

解析：只有与行政行为有直接利害关系的人才是原告，即除了行政管理相对人外，其他与被诉行政行为存在直接利害关系的人和组织也具有原告资格。相对人具有利害关系自无须多言，但相关人的利害关系的内涵仍较为模糊，尚属一个不确定的法律概念，需要借助具体细致的规则加以识别和判断。从审判实践看，通行的做法是将利害关系界定为行政行为与起诉人权利义务之间的变量关系，具体而言，利害关系反映的是行政行为的有无，能否引起起诉人权利义务发生增减得失之变化。如果特定行政行为的存在与否能够引发起诉人具体权利义务的消长变更，则应认定起诉人与行政行为存在利害关系，进而赋予其原告资格，反之则不应确认。

本案的争议焦点，即在判断李冰与被诉的《退出通知》之间是否具有行政诉讼法上的"利害关系"，进而便可以判断李冰是否具有原告资格。债权人一般不具有行政诉讼的原告资格。债权的实质，即是债权人要求债务人作为或者不作为的一种请求权。基于债务关系的相对性原理，债权人基于债务关系所享有的权利应当向债务人加以主张。即使因第三方原因导致债务人不能继续履行债务的，债权人也应当直接向债务人主张权利。因此，债权人一般不能直接以非债务关系当事人的行政机关为义务对象主张权利，除非相关法律规范已经明确规定，行政机关负有考量和保护债务关系的法定职责或者行政机关的履责行为已经直接对债务关系产生法律拘束力。本案中，上诉人所主张的法律地位，是其作为涉案球场的会员，具有使用球场的权利，该权利显然属于债务法律关系的范畴，上诉人主张其处于类似于物权人的地位并无事实和法律依据。针对上述权利，并无法律规范规定被上诉人负有考量和保护的法定职责，或者《退出通知》已经直接对债务关系产生法律拘束力。因此，就上诉人所主张的权利而言，被上诉人并不处于义务主体的地位，故上诉人针对被上诉人提起本案诉讼不具有行政法上的请求权基础。

进阶案例2：经过复议再起诉被告资格问题

2016年7月29日，王林生向川汇区政府申请信息公开，内容是"市发（1983）20号《关于处理私有出租房屋社会主义改造遗留问题的通知》是什么时间清理与失效或有效的记录信息"。该《通知》文件头为"中共周口市委文件"，落款署名单位是"中共周口市委员会、周口市人民政府"。2016年8月8日，川汇区政府作出川政信公复001号《政府信息公开申请答复书》，答复内容为"由于您申请公开的文件是原中共周口市委文件，不属于本机关公开职责权限范围"。王林生不服，提出复议申请，周口市政府于2016年8月16日作出周政（复不可诉）字〔2016〕11号《行政复议不予受理决定书》，内容为：申请人申请公开的文件是原中共周口市委的文件，不属于政府信息公开职责范围。川汇区已于2016年8月8日对申请人进行了公开答复，不构成不作为，故根据《行政复议法》第17条关于"对不符合本法规定的行政复议申请，决定不予受理"的规定，王林生不服，提起行政诉讼，请求撤销该不予受理决定，判定周口市政府行政复议内容未予以据实查处违法。

问题：本案应当如何确定行政诉讼的被告？

解析：区分复议机关的驳回复议申请究竟属于因理由不成立而驳回，还是因不符合受理条件而驳回，应当适用实质性标准。名为驳回复议申请，甚至名为不予受理决定，但事实上对复议请求作出了实体审查的，也应当定性为驳回复议请求，进而构成对原行政行为的维持。本案中，尽管周口市政府作出的周政（复不可诉）字〔2016〕11号《行政复议不予受理决定书》援引的是《行政复议法》第17条关于"对不符合本法规定的行政复议申请，决定不予受理"的规定，但其在决定书中指出："申请人申请公开的文件是原中共周口市委的文件，不属于政府信息公开职责范围。川汇区已于2016年8月8日对申请人进行了公开答复，不构成不作为。"事实上是对复议请求进行了实体审查，其情形也符合《行政复议法实施条例》第48条第1款第1项"申请人认为行政机关不履行法定职责申请行政复议，行政复议机关受理后发现该行政机关没有相应法定职责或者在受理前已经履行法定职责的"情形，而非第1款第2项"受理行政复议申请后，发现该行政复议申请不符合行政复议法和本条例规定的受理条件的"情形。所以，本案属于复议维持，如果原告提起行政诉讼，被告应当为区政府和市政府。

专题十二

行政诉讼的管辖

第一节　管辖的一般原理

一、管辖的概念

管辖是指关于不同级别和地方的法院之间受理第一审行政案件的权限分工。需要注意的问题是：在确定本案的管辖法院之前，一定首先要确定本案的被告，被告会直接影响管辖法院的级别与地域。

二、级别管辖

（一）基层法院

基层人民法院管辖第一审行政案件。据此，除法律规定由上级法院管辖的特殊情形之外，行政案件都应由基层人民法院负责管辖。行政诉讼法作出这种规定的原因是基层人民法院的管辖地域往往是案件的发生地，与原被告当事人较接近，节省费用、便于法院调查取证、执行等。

（二）中级人民法院

中级人民法院管辖的第一审行政案件有：

1. 级别高

（1）国务院部门为被告的案件由中院管辖。比如，教育部、文化和旅游部等。

（2）县级以上地方政府为被告的案件由中院管辖。县级以上地方政府为被告的案件集中于土地、林地等自然资源争议、征收征用土地争议等案件上，这些案件一般在当地社会影响较大，而且容易受到当地政府的干扰，将管辖法院的级别提升到中级法院，有利于排除干扰，保证案件审理的公正性。

⊙ ［注意］"政府"只包括一般权限政府，也就是县级政府、市级政府和省级政府三类，不包括地方政府的职能部门，如省公安厅、市司法局等。省公安厅等为被告时，案件由基层区县法院管辖。

2. 性质特

（1）海关处理的案件。主要是海关处理的纳税案件和海关行政处罚案件。这类案件由中级人民法院管辖的主要原因是，海关的业务与政策水平要求较高，需要高度的统一性，

174

由中级人民法院管辖有助于保障审判质量。

海关处理的案件由中级法院管辖，但究竟是由普通中级法院管辖，还是由行政级别相当于中院的海事法院管辖呢？答案是普通中级法院。2018 年《行政诉讼法司法解释》第 3 条第 2 款规定，海事、军事、铁路专门人民法院、人民法庭不审理行政案件，也不审查和执行行政机关申请执行其行政行为的案件。[①] 比如，厦门海关要求李某缴纳海淘的 iPhone 的进口关税 1000 元，李某不服，提起行政诉讼。本案不由厦门海事法院管辖，而由厦门海关所在地的厦门市中级人民法院管辖。

（2）证交所为被告或第三人的证券行政案件。证券类案件专业性极强，社会影响也往往较大，将管辖法院的级别提升到中级法院，有利于保障案件的审判质效。《最高人民法院关于对与证券交易所监管职能相关的诉讼案件管辖与受理问题的规定》中规定，上海证券交易所和深圳证券交易所所在地的中级人民法院分别管辖以上海证券交易所和深圳证券交易所为被告或第三人的与证券交易所监管职能相关的第一审民事和行政案件。

3. 本辖区内重大、复杂的案件

（1）社会影响重大的共同诉讼案件。

（2）涉外或者涉及香港特别行政区、澳门特别行政区、台湾地区的案件。

（三）高级人民法院的管辖

高级人民法院管辖本辖区内重大、复杂的第一审行政案件。

（四）最高人民法院的管辖

最高人民法院管辖全国范围内重大、复杂的第一审行政案件。迄今为止，最高人民法院尚未管辖过第一审行政案件。

⊙ ［特别注意］作出原行政行为的行政机关和复议机关为共同被告的，以作出原行政行为的行政机关确定案件的级别管辖。

⊙ ［例］县公安局罚款 500 元，当事人提起复议，复议机关县政府维持具公安局作出的处罚决定，当事人提起行政诉讼。按照被告确认标准，本案被告应当为县公安局和县政府。当面临行政级别不同的两个被告时，管辖法院的级别由哪个行政机关来确定呢？在本案中，如果以县公安局确定管辖法院的级别，就应当由基层法院管辖；但如果以复议机关来确定，就应当由中院管辖。最终，在级别管辖上，中国立法者选择了"就低原则"，以原机关的行政级别来确定管辖法院的级别，于是，在本案中，最终就应该由基层法院管辖。

三、地域管辖

（一）一般地域管辖

行政案件由最初作出行政行为的行政机关所在地人民法院管辖。一般地域管辖采取了"原告就被告"原则，也就是被告在哪里，原告就到哪里的法院起诉的原则。

---

① 在实践中，一些地区的铁路法院行使了对行政案件的管辖权，其权力来源是省高院专门赋权行为，省高院依据《行政诉讼法》第 18 条，在经过最高院批准后，确定铁路法院跨行政区域管辖行政案件。这也是为什么 2018 年《行政诉讼法司法解释》第 3 条第 2 款的完整规定是："专门人民法院、人民法庭不审理行政案件，也不审查和执行行政机关申请执行其行政行为的案件。铁路运输法院等专门人民法院审理行政案件，应当执行行政诉讼法第十八条第二款的规定。"

（二）不动产案件的特殊地域管辖

因不动产而提起的诉讼，由不动产所在地的人民法院专属管辖。

1. 不动产案件，是指因行政行为导致不动产物权变动的案件，常见的不动产案件主要包括：不动产所有权、建筑物的拆除、改建案件、自然权属征收案件、自然资源采伐许可案件等。如果不动产仅仅是证据或者关联情况，则不属于不动产案件。

⊙ [例] 李某修建违章建筑物，规划局责令限期拆除，李某逾期未拆除，规划局对其罚款 5000 元，李某对罚款 5000 元不服，提起诉讼。

问：本案是否由不动产所在地法院专属管辖？

答：不是，由于李某起诉的是罚款 5000 元的处罚决定，罚款本身并不会导致不动产物权变动。

2. "专属管辖"，是指只要是不动产案件，必然只能在不动产所在地法院起诉，而不考虑原告所在地、被告所在地和复议机关所在地等其他信息。

3. 不动产已登记的，以不动产登记簿记载的所在地为不动产所在地；不动产未登记的，以不动产实际所在地为不动产所在地。

（三）经复议案件的特殊地域管辖

为了便利原告起诉，只要经过复议的行政案件，无论复议结果是维持还是改变，原告既可以向原机关所在地法院起诉，也可以向复议机关所在地法院起诉。

本知识点事实上很容易理解，但是，一旦命题人将经过复议后再起诉、被告的确认、级别管辖和地域管辖等知识综合命题的时候，考生就很容易出现知识点之间的混淆。

⊙ [例1] 左某和杜某夫妇违法生育第三胎左眼皮，威海市政府决定对二人征收社会抚养费 4 万元。二人向省政府申请复议，要求撤销该决定。山东省政府维持该决定，并在征收总额中补充列入遗漏的 3000 元未婚生育社会抚养费。二人不服，向法院起诉。

问：本案的管辖法院为？

答：第一步，被告。由于复议改变了行为结果，属于复议改变，所以，被告为山东省政府。

第二步，级别管辖。由于被告为省政府，所以，管辖法院的级别为中级。

第三步，地域管辖。经过复议的案件，既可以在原机关威海市政府所在地法院起诉，也可以在复议机关山东省政府所在地法院起诉。

综上，本案既可以在威海市中院起诉被告山东省政府，也可以在济南市中院①起诉被告山东省政府。本题考生会错，主要是把被告知识和地域管辖的知识混淆了。被告究竟是一个还是两个，究竟是选择告、共同告还是单独告，取决于被告自身的规则（复议结果究竟是改变、维持还是不作为）。而管辖法院的地域，只要经过复议，不管被告如何，永远是既可以去原机关所在地法院起诉，也可以去复议机关所在地法院起诉。

⊙ [例2] 左某和杜某夫妇违法生育第三胎，市计生局决定对二人征收社会抚养费 4 万元。二人向省计生厅申请复议，要求撤销该决定。省计生厅认为原机关事实认定有误，但

---

① 因为山东省的省会在济南市，所以省政府所在地的中院为济南市中院。其实每一个行政机关的"脚下"都有对应的四级法院，比如，山东省政府位于济南市历下区，从地址上可见，如果按照级别管辖的规则，山东省政府的某个案件归于最高法院管辖，那管辖法院就是最高院；如果归于高级法院管辖，那管辖法院就是山东省高院；如果归于中院管辖，那就是济南市中院；如果归于基层法院管辖，那就是历下区法院。在本案中，级别规则确定在中院管辖，所以为济南市中院。

征收社会抚养费决定内容本身合法，于是决定维持。二人不服，向法院起诉。

问：本案的管辖法院为？

答：第一步，被告。由于行为结果没有改变，所以，复议决定的性质为复议维持，被告是市计生局和省计生厅。

第二步，级别管辖。被告为原机关和复议机关，应根据就低原则，以原机关市计生局确定管辖法院的级别，应当由基层法院管辖。

第三步，地域管辖。经过复议的案件，原告既可以在原机关市计生局所在地的法院起诉，也可以在复议机关省计生厅所在地的法院起诉。

综上，原告可以在市计生局所在地基层法院起诉，也可以在省计生厅所在地基层法院起诉，但不管在哪里起诉，被告均为市计生局和省计生厅。

（四）限制人身自由案件的特殊地域管辖

公民对限制公民人身自由的行政强制措施不服而提起的诉讼，由原告所在地或被告所在地法院管辖。

1. 限制人身自由的行政行为

（1）限制人身自由的行为，《行政诉讼法》及其司法解释采用了狭义理解，仅仅包括强制传唤、强制隔离等行政强制措施，拘留等行政处罚不包括在内。其中，可能的原因是实践中行政机关作出的拘留行为数量巨大，如果原告所在地法院有管辖权的话，那被告不得不全国各地来回奔波，不当增加行政机关的执法成本。

（2）对行政机关基于同一事实，既采取限制公民人身自由的行政强制措施，又采取其他行政强制措施或行政处罚不服的，由被告所在地或者原告所在地的人民法院管辖。既然仅仅是"限制人身自由的强制措施"，原告所在地和被告所在地法院均具有管辖权，那么，再加上财产类行为，让财产类行政行为也享受下"原告所在地"有管辖权的豪华待遇，有何不可呢？这相当于"财产类行政行为"搭了"限制人身自由的行政行为"的便车。

⊙ ［注意1］必须是基于同一事实作出的既对人身又对财产的行政行为。小川的面条馆卫生条件不达标被卫生局罚款5000元、面条馆老板小川因为卖淫被公安局强制传唤24小时。因为事实依据不同，罚款和强制传唤是两个独立的行政行为，即使同时起诉，也是两个独立的诉讼，对于罚款引发的诉讼只能在被告所在地法院起诉，对于强制传唤引发的诉讼既可以在原告所在地法院，也可以在被告所在地法院起诉。

⊙ ［注意2］基于同一事实作出的既对人身又对财产的行政行为，还要当事人同时起诉，才会有双重管辖权。如果当事人只起诉财产类行政行为，那么就只能由被告所在地管辖。面条馆老板小川因为卖淫被公安局强制传唤24小时并处罚款5000元。如果小川只起诉强制传唤，那么毫无疑问原告所在地和被告所在地法院均具有管辖权；如果小川就强制传唤和罚款同时起诉，那么原告所在地和被告所在地法院也均具有管辖权；但如果小川只起诉罚款决定，只能是被告所在地法院具有管辖权。

⊙ ［注意3］只要当事人提出的诉讼请求中具有限制人身自由的行政强制措施（不管是单纯的限制人身自由的强制措施，还是限制人身自由的强制措施再加上其他的财产、人身行为），那么就可以由原告所在地或被告所在地法院管辖，但拘留类的行政处罚行为（不管是单纯的拘留，还是拘留加罚款、扣押等财产类行为）只能由被告所在地法院管辖，这是和以前不同的。

2. 原告

本知识点的原告必须是"被限制人身自由"的人，只有被限制人身自由的人，才可以享受原被告所在地法院均具有管辖权的待遇。而受害人起诉的话，受害人并没有被限制人身自由，只能在被告所在地法院起诉。

⊙ ［例］黄某与张某之妻发生口角，被张某打成轻微伤。某区公安分局决定对张某强制隔离 5 日、罚款 500 元。当事人不服提起诉讼。

问 1：如果黄某起诉，管辖法院如何确定？

答：黄某并未被限制人身自由，地域管辖只能遵循"原告就被告"的一般原理，黄某只能在区公安分局所在地法院起诉。

问 2：如果张某就强制隔离和罚款起诉，管辖法院如何确定？

答：张某是被限制人身自由的人，也满足诉讼请求中包含限制人身自由的强制措施的要求，所以，张某所在地法院和被告区公安分局所在地法院对本案具有管辖权。

问 3：如果张某就罚款起诉，管辖法院如何确定？

答：由于张某并未起诉限制人身自由的强制措施，地域管辖只能遵循"原告就被告"的一般原理，张某只能在区公安分局所在地法院起诉。

问 4：如果张某之妻就强制隔离和罚款起诉，管辖法院如何确定？

答：张某之妻与本案没有法律上的利害关系，没有原告资格，不管是哪里的法院均不应受理本案。

3. 原告所在地

原告所在地包括原告的户籍所在地、经常居住地和被限制人身自由地。所谓经常居住地，是指公民离开住所地连续居住满 1 年以上的地方。所谓被限制人身自由地，是指公民被羁押、限制人身自由的场所所在地。之所以被限制人身自由地也被视为原告所在地，主要是因为被限制人身自由地在公民被限制人身自由期间，也是他遮风避雨之所，可以视为暂时的原告所在地。

4. 被告所在地

被告所在地本身没有特殊性，但是，需要首先将被告确定下来，才能判断被告所在地为何。如前所述，被告的确定是管辖题目的必然逻辑前提。

📌 技术流

管辖题目的做题顺序很重要，否则，做题很容易思路紊乱，顾此失彼。具体顺序如下图：

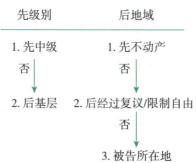

图 12-1 管辖知识点做题顺序

（1）根本顺序：先级别，后地域。既不要合二为一，合并考虑；也不要颠倒顺序。

（2）级别顺序：先中级，后基层。

（3）地域顺序：最先考虑是否是不动产案件；如果不是，接着考虑的是两种特殊情形，是否是经过复议的案件或者是否是限制人身自由案件；如果还不是，最后按照原告就被告的逻辑，确定由被告所在地法院管辖。

四、管辖恒定原则

为了保证诉讼的安定性，避免随着诉讼程序的推进而带来的情势变更，使管辖法院处于变动的、不确定的状态（假设原告搬一次家，就变换一次管辖法院，那就很荒唐了），2018 年《行政诉讼法司法解释》规定，立案后，受诉人民法院的管辖权不受当事人住所地改变、追加被告等事实和法律状态变更的影响。类似的，中国台湾地区"行政诉讼法"第 17 条规定："定行政法院之管辖以起诉时为准"。

五、跨区域管辖

经最高人民法院批准，高级人民法院可以根据审判工作的实际情况，确定若干人民法院跨行政区域管辖行政案件。本条规定又称为交叉异地管辖，是为了排除地方干预，提高司法公正性，树立司法权威，让人们在每一个案件中感受到司法的公平与正义的有效司法改革举措。试想，如果被告为厦门市政府，管辖法院按照一般规则应当为厦门市中院，该案审理起来的公正度容易引人怀疑，那么，福建省高院就可以确定福州市中院审理厦门市政府为被告的案件，这一规定有力提升了司法的公正度。

六、共同管辖

共同管辖是指两个以上的法院对同一个诉讼案件都有合法管辖权的情况。在前述，经过复议的案件、限制人身自由案件和临界不动产案件中均可能会出现多个法院对同一案件拥有管辖权。为了避免和解决管辖权争议，法律规定的解决办法是：

1. 原告选择。2 个以上人民法院都有管辖权的案件，原告可以选择向其中一个人民法院提起诉讼。

2. 最先立案的人民法院管辖。原告向 2 个以上有管辖权的人民法院提起诉讼的，由最先立案的人民法院管辖。

3. 协商管辖或者指定管辖。人民法院对管辖权发生争议，由争议双方协商解决。协商不成的，报它们的共同上级人民法院指定管辖。

第二节　裁定管辖

一、移送管辖

这是指受诉法院在决定受理之后发现案件不属于自己管辖时，将案件移送给有管辖权的法院。其要件是：

1. 移送案件的法院已经决定受理，即诉讼程序已经开始但未审结。在审查起诉期间发现不属于自己管辖的，应当告知当事人向有管辖权的法院起诉，不产生移送问题；如果受诉法院已经对案件作出生效判决，也不发生移送管辖的问题。

2. 移送案件的法院对本案无管辖权，必须移送。

3. 受移送的法院应当受理。受移送的法院认为受移送的案件按照规定不属于本院管辖的，应当报请上级法院指定管辖，不得再自行移送。

4. 必须作出移送案件的裁定。受诉法院合议庭提出移送意见，报经法院院长批准之后裁定。受移送的法院不得拒收、退回或再自行移送。

二、指定管辖和移转管辖

根据法律规定，可以通过以下途径启动指定管辖和管辖权转移的程序：

（一）当事人启动

1. 理由

当事人以案件重大复杂为由，认为有管辖权的基层人民法院不宜行使管辖权，或者有管辖权的法院既不立案又不作出不予立案裁定，可以直接向中级人民法院起诉。

2. 处理方式

中级人民法院应当根据不同情况在 7 日内分别作出以下处理：

（1）指定本辖区内其他基层人民法院管辖，本情形属于指定管辖；

（2）决定自己审理，本情形属于管辖权转移；

（3）要求有管辖权的基层人民法院依法处理。

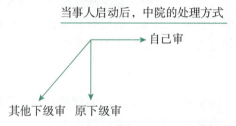

图 12-2　当事人启动的指定管辖与转移管辖

（二）基层人民法院启动

1. 理由

基层人民法院对其管辖的第一审行政案件，认为需要由中级人民法院审理或者指定管辖的，可以报请中级人民法院决定。

2. 处理方式

中级人民法院应当根据不同情况在 7 日内分别作出以下处理：

（1）决定由报请的人民法院审理；

（2）指定本辖区其他基层人民法院管辖，本情形属于指定管辖；

（3）决定自己审理，本情形属于管辖权转移。

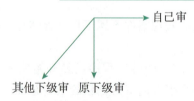

图 12-3　基层法院启动的指定管辖与转移管辖

（三）中级人民法院启动

中级人民法院对基层人民法院管辖的第一审行政案件，根据案件情况，可以决定自己审理，也可以指定本辖区其他基层人民法院管辖。

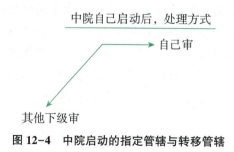

图12-4　中院启动的指定管辖与转移管辖

⊙ ［知识点拨1］ 上述情形适用于由基层人民法院管辖的第一审行政案件，如果中级人民法院和高级人民法院管辖的第一审行政案件需要由上一级人民法院审理或者指定管辖的，可以参照上述情形处理。

⊙ ［知识点拨2］ 下级人民法院不适合行使管辖权的，上级人民法院有权提审或指定其他下级法院管辖，下级人民法院也可以报请上级人民法院提审或指定管辖；但是，上级人民法院不能把自己管辖的第一审行政案件移交下级人民法院审判。

三、管辖权异议

管辖权异议，是指行政诉讼当事人对受理案件的法院提出的管辖权方面的异议。当事人提出管辖异议，应当在接到人民法院应诉通知之日起15日内以书面形式提出。对当事人提出的管辖异议，法院应当进行审查。异议成立的，裁定将案件移送有管辖权的法院；异议不成立的，裁定驳回。需要注意以下问题：

1. 管辖权异议只能在真正的一审案件中提出，而发回重审、再审虽然也有可能按照一审程序审理，但是当事人无权提出管辖权异议。在诉讼法中，一审案件和按一审程序审理的案件是不完全相同的概念。所以，《行政诉讼法司法解释》特别规定，有下列情形之一的，法院不予审查：（1）法院发回重审或者按第一审程序再审的案件，当事人提出管辖异议的；（2）当事人在第一审程序中未按照法律规定的期限和形式提出管辖异议，在第二审程序中提出的。

2. 法院对管辖异议审查后确定有管辖权的，不因当事人增加或者变更诉讼请求等改变管辖，但违反级别管辖、专属管辖规定的除外。

■ 主观题命题规律

本专题客观题和主观题考查的广度和深度是一致的，客观题每年必考，主观题传统卷四时代接近于每年必考，但进入法考时代后，本专题内容的地位有所滑落，但考生依然不能放弃，管辖会成为红花中的绿叶，比如司法文书题让考生撰写起诉状，考生如果连哪个法院对于本案有管辖权都无法决定的话，那么在起诉状的"此致"对象上就会丢掉一个采分点。

■ 主观题知识提升

进阶案例 1

安宁公司于 2004 年 4 月办理了双塔西街 162 号的《国有土地使用证》和《房屋产权证》，2014 年 4 月 4 日，某县土地局发布《通告》，为实现城市规划而实施道路建设改造工程，决定收回解放南路长治路道路建设所涉及 87 个单位 776.85 亩的国有土地使用权。其中，安宁公司的 740 平方米的土地属于《通告》的征收范围。安宁公司对征收决定不服，向县政府提起行政复议，县政府撤销了《通告》决定。但安宁公司认为自己要求行政补偿的诉求仍没有得以满足，于是，向法院提起行政诉讼。

问题：

1. 本案的被告是？本案法院的审理对象是什么？

2. 如何确定本案的级别管辖？

解析：

1. （1）复议改变原行政行为只包括改变原行政行为的处理结果，处理结果的改变表现形式有撤销、部分撤销、变更，复议机关撤销了被诉的《通告》决定，属于复议改变。被告就应当是复议机关县政府。

（2）对于复议机关改变，因为原行为的法律效力已经被复议机关否定，所以，法院审理对象只能是改变后的新行政行为的合法性，对于本题而言，法院审理对象为复议机关县政府撤销决定的合法性。

2. 依据《行政诉讼法》规定，县级以上地方政府为被告的案件由中院管辖，所以本案应当由中院管辖。

进阶案例 2

安宁公司于 2004 年 4 月办理了双塔西街 162 号的《国有土地使用证》和《房屋产权证》，2014 年 4 月 4 日，某县土地局发布《通告》，为实现城市规划而实施道路建设改造工程，决定收回解放南路长治路道路建设所涉及 87 个单位 776.85 亩的国有土地使用权。其中，安宁公司的 740 平方米的土地属于《通告》的征收范围。安宁公司对征收决定不服，向县政府提起行政复议，县政府认为县土地局证据不足，在补充了相应证据后，驳回了安宁公司的诉讼请求。但安宁公司不服，向法院提起行政诉讼。

问题：

1. 本案的被告是？本案法院的审理对象是什么？

2. 如何确定本案的级别管辖？

解析：

1. （1）本案由于县政府只是增加了证据，但并没有实质性改变原机关的处理结果，所以，县政府的复议结果不属于复议改变，其本质属于"审过且结果没变"的复议维持，当事人再起诉被告是县政府和县土地局。

（2）复议机关决定维持原行政行为，起诉后法院审理对象为原行政行为合法性与复议程序的合法性。因为维持后再起诉的被告为原机关和复议机关，所以，法院审查对象为原行为和复议维持的合法性。就本案而言，法院审理对象为《通告》及县政府维持决定的合法性。

2.《行政诉讼法司法解释》规定：作出原行政行为的行政机关和复议机关为共同被告的，以作出原行政行为的行政机关确定案件的级别管辖。在级别管辖上，中国立法者选择了"就低原则"，以原机关的行政级别来确定管辖法院的级别，于是，在本案中，最终就应该由基层法院管辖。

进阶案例 3

安宁公司于 2004 年 4 月办理了双塔西街 162 号的《国有土地使用证》和《房屋产权证》，2014 年 4 月 4 日，某县土地局发布《通告》，为实现城市规划而实施道路建设改造工程，决定收回解放南路长治路道路建设所涉及 87 个单位 776.85 亩的国有土地使用权。其中，安宁公司的 740 平方米的土地属于《通告》的征收范围。安宁公司对征收决定不服，向县政府提起行政复议，县政府认为县土地局证据不足，在补充了相应证据后，驳回了安宁公司的诉讼请求。但安宁公司不服，向法院提起行政诉讼。

问题：如何确定本案的管辖法院？

解析：第一步，被告。"审过且结果没变"，本案属于复议维持，被告为县土地局和县政府。

第二步，级别管辖。被告有两个行政机关，根据"就低原则"，本案应当由县土地局来确定管辖法院的级别，那么就应当由基层法院管辖。

第三步，地域管辖。本案涉及不动产征收，属于不动产案件，应当由不动产所在地的法院专属管辖。

综上，本案应当由土地所在地的基层法院，即县法院管辖。

专题十三

行政诉讼的受案范围

第一节　受案范围概述

一、受案范围的概念

行政争议的种类和表现形式各种各样，并不是所有的行政争议都适合通过行政诉讼的途径解决。于是，在法律制度上，我们就设置了受案范围制度。所谓受案范围是指法院可以依法受理行政争议的种类和权限。通俗来说，就是哪些案件法院会管，哪些案件法院不管，哪些行为法院会审查，哪些行为法院不审查。哪些行政争议属于行政诉讼的受案范围，受一个国家的人权观念、权力架构、司法政策等多重因素的影响。

同时，需要注意的是，受案范围的内容也不是一成不变的，受案范围会随着人权保障理念、国家权力结构的调整和司法政策的演进等多重因素的变化而变化。在 2014 年修改的《行政诉讼法》将部分的抽象行为和行政合同纳入受案范围当中。

二、受案范围的确定标准

受案范围的核心确定标准是行为标准。在专题四"具体行政行为概述"中我们就已经详细对此进行了阐述，具体行政行为构成了行政诉讼受案范围的最主要内容。只要属于具体行政行为，那么就必然可以直接起诉。不属于具体行政行为，原则上不可以直接起诉，但行政合同与抽象行政行为在符合限定条件的情况下可以受案。也就是说，在新《行政诉讼法》中，行政诉讼的受案范围为"具体行政行为+行政合同+部分抽象行政行为"，而诸如事实行为、内部行为、国家行为和刑事司法行为等不属于行政诉讼的受案范围。

第二节　具体行政行为可受案

一、应予受理的案件

《行政诉讼法》关于应当受理的案件采取的是列举式，但我们认为，受案范围的知识点侧重于理解，机械式地死记硬背是无法解决问题的。所以，建议考生认真理解专题四内容，本部分只需浏览即可。

（一）行政处罚案件

行政处罚是行政机关依法对违反行政管理秩序的公民、法人或者其他组织作出的惩戒。主要包括警告、行政拘留、罚款、没收和暂扣或者吊销许可证件和执照等。

（二）行政强制案件

公民、法人和其他组织对限制人身自由或者对财产的查封、扣押、冻结等行政强制措施和行政强制执行不服的，可以向法院起诉。行政强制案件包括行政强制措施案件和行政强制执行案件。

（三）行政许可案件

行政许可是行政机关应行政相对人的申请，经审查后决定是否解除法律的一般禁止，并且允许其从事某种行为享有某种权利或者资格的行政行为。申请行政许可，行政机关拒绝或者在法定期限内不予答复，或者对行政机关作出的有关行政许可的其他决定不服起诉的，属于受案范围。

除此以外，行政相对人认为行政机关就行政许可的变更、延续、撤回、注销、撤销等事项作出的有关具体行政行为及其相应的不作为侵犯其合法权益，提起行政诉讼的，法院应当依法受理。

⊙ ［例］甲市政府以治理城市交通状况、节能减排为由，依法撤回电瓶车的机动车号牌和驾驶证。居民王某的车辆牌照被撤回，王某不服，有权就撤回行为提起行政诉讼。

（四）行政确权案件

行政确权案件是指对行政机关作出的关于确认土地、矿藏、水流、森林、山岭、草原、荒地、滩涂、海域等自然资源的所有权或者使用权的决定不服而提起的行政诉讼。行政确权行为是行政机关依职权或依申请，对当事人之间就自然资源的所有权或使用权的归属发生的争议予以甄别、认定，并作出裁决的行为。

（五）征收、征用案件

征收是指行政机关为了公共利益的需要，依照法律规定强制从行政相对人处有偿或无偿获取一定财物（费）或劳务的行为。

征用则是指行政机关为了公共利益的需要，依照法律规定强制取得原属于公民、法人或者其他组织的财产使用权的行为。

（六）不履行法定职责案件

不履行法定职责案件是公民认为行政机关拒不履行保护人身权、财产权等合法权益的法定职责而引起的行政案件。按照全国人大法工委的观点，此类案件主要是针对人身权和财产权的行政不作为，当事人有权起诉，但并不限制在这两项权利上，只要是法律、法规明确规定行政机关应当积极去保护的权利，行政机关不作为，公民、法人或其他组织都可以提起诉讼。① 比如，《最高人民法院关于审理政府信息公开行政案件若干问题的规定》中规定，向行政机关申请获取政府信息，行政机关拒绝提供或者逾期不予答复，当事人依法提起行政诉讼的，法院应当受理。

⊙ ［例］某银行以某公司未偿还贷款为由向法院起诉，法院终审判决认定其请求已过诉讼时效，予以驳回。某银行向某县政府发函，要求某县政府落实某公司的还款责任。某县政府复函："请贵行继续依法主张债权，我们将配合做好有关工作。"尔后，某银行向法院

---

① 信春鹰主编：《中华人民共和国行政诉讼法释义》，法律出版社 2014 年版，第 40 页。

起诉，请求某县政府履行职责。

问：银行对县政府不履行职责不服，提起诉讼，是否属于受案范围？

答：属于，因为行政机关未履行保护公民财产权的义务。同时，需要注意，只要当事人认为行政机关"不作为"即可起诉，至于该不作为是合法或违法，那是法院在审理过程中予以审查判断的，这是两个的不同逻辑层次。

（七）侵犯法律规定的经营自主权和农村土地承包经营权、农村土地经营权案件

公民、法人和其他组织认为行政机关侵犯其经营自主权或者农村土地承包经营权、农村土地经营权向法院起诉的，属于受案范围。

⊙ ［例1］某市物价局限制本地甲、乙、丙火锅店的人均消费不得超过60元。甲品牌火锅店号称火锅中的"劳斯莱斯"，用料极度奢华，价格也极度昂贵。但因为政府对其限价行为，导致经营模式受到巨大影响，甲火锅店有权针对政府对自己作出限价的行为提起诉讼。

⊙ ［例2］县政府禁止土地承包方小川的土地承包权流转，小川有权对禁止行为起诉。

（八）侵犯公民公平竞争权案件

侵犯公民公平竞争权的案件是指公民、法人或其他组织认为行政机关滥用行政权力排除或者限制竞争而引起的行政诉讼案件。行政机关在对具有相互竞争关系的公民、法人或其他组织实施行政管理时，他方公民、法人或其他组织认为自己具有同等或更优越的条件却未能取得成功的，或者受到不公平对待，可以以其公平竞争权受到侵害为由提起行政诉讼。

⊙ ［例］某市政府责令本市机动车在规定的期限内安装A品牌的尾气净化装置。对该强制行为首先被强制安装的车主有权起诉，B、C等其他尾气净化装置生产公司认为市政府限定购买使用A品牌产品的行为，影响了其在该市市场上的公平竞争机会，同样有权起诉。

（九）违法要求履行义务案件

违法要求履行义务案件是指公民、法人或者其他组织认为行政机关违法集资、摊派费用或者违法要求履行其他义务而引起的行政诉讼案件。行政机关违法要求公民履行的义务可能是财产义务，也可能是行为义务。主要情形有：（1）法律、法规没有设定义务，但行政机关要求公民履行义务；（2）行政机关违反法定程序要求履行的义务，如收费不出具法定的收据。

⊙ ［例］某乡政府违反国务院《农民承担费用和劳务管理条例》，要求谢某缴纳新村提留、乡统筹费和社会生产性服务费，超过谢某全家应负担费用的一倍，对于该违法要求履行义务，谢某有权提起诉讼。

（十）行政给付案件

行政给付案件是指公民申请行政机关依法支付抚恤金、最低生活保障待遇或者社会保险待遇，行政机关没有依法支付而引起的行政诉讼案件。这类案件通常表现为：（1）不按法定标准发放；（2）扣减金额；（3）不按期限发放。

（十一）特别法规定其他可以受理的案件

1. 国际贸易行政案件

国际贸易行政案件，是指自然人、法人或者其他组织认为中华人民共和国具有国家行

政职权的机关和组织及其工作人员（以下统称行政机关）有关国际贸易的具体行政行为侵犯其合法权益而提起的诉讼，包括有关国际货物贸易、国际服务贸易、有关知识产权贸易案件和其他国际贸易行政案件四种情形。

2. 反倾销行政案件

法院依法受理对下列反倾销行政行为提起的行政诉讼：有关倾销及倾销幅度、损害及损害程度的终裁决定，有关是否征收反倾销税的决定以及追溯征收、退税、对新出口经营者征税的决定，有关保留、修改或者取消反倾销税以及价格承诺的复审决定，依照法律、行政法规规定可以起诉的其他反倾销行政行为。

3. 反补贴行政案件

法院依法受理对下列反补贴行政行为提起的行政诉讼：有关补贴及补贴金额、损害及损害程度的终裁决定，有关是否征收反补贴税以及追溯征收的决定，有关保留、修改或者取消反补贴税以及承诺的复审决定，依照法律、行政法规规定可以起诉的其他反补贴行政行为。

4. 信息公开案件

公民、法人或者其他组织认为下列政府信息公开工作中的具体行政行为侵犯其合法权益，依法提起行政诉讼的，法院应当受理：

（1）向行政机关申请获取政府信息，行政机关拒绝提供或者逾期不予答复的；

（2）认为行政机关提供的政府信息不符合其在申请中要求的内容或者法律、法规规定的适当形式的；

（3）认为行政机关主动公开或者依他人申请公开的政府信息侵犯其商业秘密、个人隐私的；

（4）认为行政机关提供的与其自身相关的政府信息记录不准确，要求该行政机关予以更正，该行政机关拒绝更正、逾期不予答复或者不予转送有权机关处理的；

（5）认为行政机关在政府信息公开工作中的其他具体行政行为侵犯其合法权益的。

二、不予受案的范围

（一）内部行政行为

内部行政行为是指行政主体为了管理内部事务，对其内部组织或个人实施的行为。主要包括两种：第一，行政机关对其工作人员的奖惩、任免等决定，还包括行政机关对公务员的培训、考核、离退休、工资、休假等方面的决定。第二，行政机关内部、上下级行政机关之间、不同行政机关之间的公文流转、权力调整、内部指示等行为。比如，上级行政机关基于内部层级监督关系对下级行政机关作出的听取报告、执法检查、督促履责等行为。

[深入阅读]

魏永高、陈守志诉来安县人民政府收回土地使用权批复案
（指导案例 22 号）

[基本案情] 2010 年 8 月 31 日，安徽省来安县国土资源和房产管理局向来安县人民政府报送《关于收回国有土地使用权的请示》，请求收回该县永阳东路与塔山中路部分地块土地使用权。9 月 6 日，来安县人民政府作出《关于同意收回永阳东路与塔山中路部分地块国有土地使用权的批复》。来安县国土资源和房产管理局收到该批复后，

没有依法制作并向原土地使用权人送达收回土地使用权决定，而直接交由来安县土地储备中心付诸实施。魏永高、陈守志的房屋位于被收回使用权的土地范围内，其对来安县人民政府收回国有土地使用权批复不服，提起行政复议。2011年9月20日，滁州市人民政府作出《行政复议决定书》，维持来安县人民政府的批复。魏永高、陈守志仍不服，提起行政诉讼，请求人民法院撤销来安县人民政府上述批复。

[裁判结果] 滁州市中级人民法院于2011年12月23日作出（2011）滁行初字第6号行政裁定：驳回魏永高、陈守志的起诉。魏永高、陈守志提出上诉，安徽省高级人民法院于2012年9月10日作出（2012）皖行终字第14号行政裁定：一、撤销滁州市中级人民法院（2011）滁行初字第6号行政裁定；二、指令滁州市中级人民法院继续审理本案。

[关联法条]《安徽省国有土地储备办法》（安徽省政府2004年177号令）

第11条 以收回方式储备国有土地应当遵循下列程序：

（一）拟订方案。以收回方式储备国有土地的，土地储备机构应当拟订国有土地使用权收回方案。其中，以有偿方式收回划拨土地使用权的，应当参照当地征收土地补偿标准，确定补偿数额；以有偿方式收回出让土地使用权的，根据使用土地年限和土地开发情况，确定补偿数额。以有偿方式收回本办法第八条第四项规定的土地使用权的，按照征收土地补偿标准，确定补偿数额。储备国有土地收回方案涉及省属单位的，该方案应当报省人民政府国土资源行政主管部门确定。

（二）方案审核。土地储备机构应当将国有土地使用权收回方案报县（市）以上地方人民政府国土资源行政主管部门；国土资源行政主管部门收到收回方案后，应当举行听证，并根据听证会意见对收回方案予以审核。

（三）报经批准。审核同意的国有土地使用权收回方案，由县（市）以上地方人民政府国土资源行政主管部门报依法有批准权的人民政府批准。

（四）土地使用权收回通知。县（市）以上地方人民政府国土资源行政主管部门应当根据有批准权的人民政府的批准决定，向土地使用权人下达土地使用权收回通知。

（五）补偿费用支付。以有偿方式收回土地使用权的，土地储备机构应当自土地使用权收回通知下达后30日内，将补偿费用全额支付给原土地使用权人或者与原土地使用权人签订土地使用权补偿协议。

（六）注销登记。以无偿方式收回土地使用权的，县（市）以上地方人民政府国土资源行政主管部门应当在下达土地使用权收回通知的同时，办理土地使用权注销登记手续，注销土地使用权证书；以有偿方式收回土地使用权的，县（市）以上地方人民政府国土资源行政主管部门应当在土地储备机构将补偿费用全额支付给原土地使用权人或者与原土地使用权人签订土地使用权补偿协议后，办理土地使用权注销登记手续，注销土地使用权证书。

[裁判理由] 法院生效裁判认为：根据《土地储备管理办法》和《安徽省国有土地储备办法》以收回方式储备国有土地的程序规定，来安县国土资源行政主管部门在来安县人民政府作出批准收回国有土地使用权方案批复后，应当向原土地使用权人送达对外发生法律效力的收回国有土地使用权通知。来安县人民政府的批复属于内部行

政行为，不向相对人送达，对相对人的权利义务尚未产生实际影响，一般不属于行政诉讼的受案范围。但本案中，来安县人民政府作出批复后，来安县国土资源行政主管部门没有制作并送达对外发生效力的法律文书，即直接交由来安县土地储备中心根据该批复实施拆迁补偿安置行为，对原土地使用权人的权利义务产生了实际影响；原土地使用权人通过申请政府信息公开知道了该批复的内容，并对批复提起了行政复议，复议机关作出复议决定时也告知了诉权，该批复已实际执行并外化为对外发生法律效力的具体行政行为。因此，对该批复不服提起行政诉讼的，人民法院应当依法受理。

[评点] 本案涉及的是内部行为外部化后的可诉性问题，在最高法《行政审判办案指南（一）》（法办〔2014〕17号）中得到了确认，行政机关的内部会议纪要不可诉。但其直接对公民、法人或者其他组织的权利义务产生实际影响，且通过送达等途径外化的，属于可诉的具体行政行为。"本来下级行政机关根据上级行政机关的批复应当作出一个对外发生法律效力的决定，但下级行政机关担心作被告，就直接依据上级的批复实施了，如果相对人对批复不服提起行政诉讼但不予受理的话，就很难得到权利救济"。①

（二）国家行为

国家行为是指国务院、国防部、外交部等特定国家机关，根据宪法和法律的授权以国家名义实施的高度政治性的行为。一般包括以国家的名义实施的有关国防和外交事务的行为，以及经宪法和法律授权的国家机关宣布紧急状态、实施戒严和总动员等行为。

（三）公安、国家安全等机关的刑事司法行为

公安、国家安全等国家机关为了侦查犯罪，在《刑事诉讼法》的明确授权范围之内，作出的讯问刑事犯罪嫌疑人，询问证人，检查、搜查、扣押物品（物证、书证），冻结存款、汇款，通缉，拘传，取保候审，保外就医，监视居住，刑事拘留，执行逮捕等行为，不属于行政诉讼的受案范围。

（四）行政机关的调解行为和仲裁行为

行政调解是指行政机关劝导发生民事争议的当事人自愿达成协议的一种行政活动。行政调解针对的是发生了民事权益争议的当事人。行政调解为"柔性"行为，不具有处分性、强制性，不可诉。当事人如对调解结果不服，不能对其提起行政诉讼，应当就原有的民事纠纷提起民事诉讼。

行政机关下设的仲裁机构以中立身份按照法定程序对平等主体之间的民事纠纷作出有法律拘束力的裁决的，当事人一方不服裁决，应当依法提起民事诉讼。

⊙ [例] 劳动者李某对劳动仲裁裁决不服的，能以用人单位为被告向法院提起民事诉讼。但是，劳动争议仲裁委员会的不予仲裁或错误仲裁行为是否是行政行为，李某可否提起行政诉讼呢？

答：不能。劳动争议仲裁委员会的性质是准司法机关，而非行政机关。最高院认为："虽然劳动争议仲裁委员会设立在各级劳动行政管理部门，但其本身不是行政机关，因而当事人对劳动争议仲裁委员会逾期不作出仲裁裁决或者作出不予受理的决定时，当事人向

---

① 最高人民法院案例指导与参考丛书编选组编：《最高人民法院行政案例指导与参考》，人民法院出版社2018年版，第50页。

法院提起行政诉讼就没有法律依据。"①

（五）不具有强制力的行政指导行为

行政指导行为是指行政机关以倡导、示范、建议、咨询等方式，引导公民自愿配合而达到行政管理目的的行为，行政指导为"柔性"行为，不具有处分性、强制性，不可诉。

（六）驳回当事人对行政行为提起申诉的重复处理行为

重复处理行为是指行政机关作出的与原有的生效行政行为没有任何改变的二次决定。重复处理行为实质上是对原已生效的行政行为的简单重复，并没有形成新事实或者权利义务状态。所以，重复处理行为不可诉。

（七）过程性行政行为

过程性行政行为是为最终作出权利义务安排进行的行政行为而实施的准备、论证、研究、层报、咨询等程序性、阶段性工作行为。例如，行政机关开会讨论、征求意见，由于行政行为尚未作出，最终的法律结论没有形成，起诉的客体没有形成，开会讨论、征求意见的行为不可诉；又如，行政强制执行的催告程序不可诉。

🔗 关联法条

《关于审理行政许可案件若干问题的规定》第 3 条 公民、法人或者其他组织仅就行政许可过程中的告知补正申请材料、听证等通知行为提起行政诉讼的，人民法院不予受理，但导致许可程序对上述主体事实上终止的除外。

⊙ ［知识点拨］在行政许可领域，也存在大量的准备性行政行为，比如，受理行政许可申请通知、材料补正通知、不予听证通知、告知陈述申辩权等。这些尚在酝酿中的行政行为，不具有最终性，不必然影响权利义务，一般不可诉。只有等整个行政许可程序完结，瓜熟蒂落地作出准予许可或不予许可决定时才可以起诉。

同时，立法者认为："有时过程行为也可以具有事实上的最终性，并影响公民、法人或者其他组织的合法权益，如果坚持让其等待行政机关作出最终决定后再起诉，则可能使司法救济丧失有利时机，甚至失去意义。我们认为，为了及时有效地监督行政机关依法行政，保护公民、法人或者其他组织的合法权益，此时应当承认过程行为的可诉性，作为通常标准的一个例外。"② 请看如下案例，进行仔细区分。

例 1：2015 年 3 月 20 日，张某向某市规划分局邮寄《听证申请书》，要求某市规划分局就"西溪湿地三期配套发展区块 B-11 地块选址论证举行听证"。2015 年 4 月 10 日，某市规划分局作出《关于听证申请的答复意见》，告知张某该事项不属于听证的范围。张某对《关于听证申请的答复意见》不服，提起诉讼。

问：对《关于听证申请的答复意见》法院可否受案？

答：《关于听证申请的答复意见》系关于听证事项的通知行为，不是对涉案行政许可项目的最终处理，并不导致许可程序的终止，行政机关即使不举行听证会，也有可能作出

---

① 杜万华主编：《解读最高人民法院司法解释、指导性案例（民事诉讼卷下）》，人民法院出版社 2016 年版，第 1030 页。

② 赵大光、杨临萍、王振宇：《〈关于审理行政许可案件若干问题的规定〉的理解与适用》，载《人民法院报》2010 年 1 月 6 日第 5 版。

许可决定。所以，《答复意见》最多只是影响了程序公正，但不必然地对实体权利义务产生影响，法院应不予受理。

例2：港舜公司向建设局申请《建设工程施工许可证》，建设局认为港舜公司递交的材料不符合法律要求，于是向其下达《行政许可不受理告知书》。港舜公司对该告知书不服，提起诉讼。

问：对《行政许可不受理告知书》，法院可否受案？

答：可以受案。因为《不受理告知书》事实上已经确定性地宣告许可程序的终结，港舜公司已经没有了继续该许可程序的可能性，必然影响当事人的实体权利义务，导致其无法从事项目的施工建设，所以，该行为的性质属于行政不作为，可诉。

例3：港舜公司向建设局申请《建设工程施工许可证》，建设局认为港舜公司递交的材料不符合法律要求，于是向其下达《行政许可材料补正通知书》，通知其补正①、②、③、④、⑤五项申请材料。事实上，该材料④⑤并非法律要求当事人提交的申请材料，港舜公司也无法获得材料④⑤。港舜公司对该通知书不服，提起诉讼。

问：对《行政许可材料补正通知书》，法院可否受案？

答：可以受案。一般而言，材料补正通知书不可诉，因为只要当事人补正相应材料，许可程序可重新继续，当事人依然具有获得许可证的可能性，所以材料补正通知书因为没有必然影响权利义务而不可诉。但本案例有所不同，建设局告知港舜公司提交非法定的申请材料，事实上是对当事人许可申请的委婉、变相拒绝，让当事人去完成不可能完成的任务，与例2中的直接下达《不受理告知书》并没有本质区别，所以，本案例中的《行政许可材料补正通知书》可诉。

如果同学觉得难于理解，我们可以类比一个情况：男生左嘿嘿向女生白美美求婚。

白美美答复1：我不嫁给你！

白美美答复2：你摘下天上的月亮，我就嫁给你！

考生会觉得答复1和答复2有本质的区别吗？

这一规定符合行政行为"处分性"一般原理，不需要死记硬背，而且不仅行政许可制度如此，信息公开、抚恤金等其他事项的申请也如此。"不仅于行政机关对于人民依法申请之案件，予以驳回或于法定期间内应作为而不作为情形，属于未获满足；于变更、限缩申请内容再予准许、或予其申请内容外额外增加不利益（如附款）、或对其申请以资料不足为由一再退回去补件或不予受理、或以仍须查询相关意见或仍须调查事实而不当搁置、或以申请不合程式一再退回要求重提等情形，均属申请未获满足。"[1]

[深入阅读]

王明德诉乐山市人力资源和社会保障局工伤认定案

（指导案例69号）

原告王明德系王雷兵之父。王雷兵是四川嘉宝资产管理集团有限公司峨眉山分公司职工。2013年3月18日，王雷兵因交通事故死亡。由于王雷兵驾驶摩托车倒地翻覆的原因无法查实，四川省峨眉山市公安局交警大队于同年4月1日作出《道路交通事

---

① 翁岳生编：《行政法》，中国法制出版社2009年版，第1450页。

故证明》。该《道路交通事故证明》载明：2013 年 3 月 18 日，王雷兵驾驶无牌"卡迪王"二轮摩托车由峨眉山市大转盘至小转盘方向行驶。1 时 20 分许，当该车行至省道 S306 线 29.3KM 处驶入道路右侧与隔离带边缘相擦挂，翻覆于隔离带内，造成车辆受损、王雷兵当场死亡的交通事故。

2013 年 4 月 10 日，第三人四川嘉宝资产管理集团有限公司峨眉山分公司就其职工王雷兵因交通事故死亡，向被告乐山市人力资源和社会保障局申请工伤认定，并同时提交了峨眉山市公安局交警大队所作的《道路交通事故证明》等证据。被告以公安机关交通管理部门尚未对本案事故作出交通事故认定书为由，于当日作出《工伤认定时限中止通知书》（以下简称《中止通知》），并向原告和第三人送达。

2013 年 6 月 24 日，原告通过国内特快专递邮件方式，向被告提交了《恢复工伤认定申请书》，要求被告恢复对王雷兵的工伤认定。因被告未恢复对王雷兵工伤认定程序，原告遂于同年 7 月 30 日向法院提起行政诉讼，请求判决撤销被告作出的《中止通知》。

法院认为，被告作出《中止通知》，属于工伤认定程序中的程序性行政行为，如果该行为不涉及终局性问题，对相对人的权利义务没有实质影响的，属于不成熟的行政行为，不具有可诉性，相对人提起行政诉讼的，不属于人民法院受案范围。但如果该程序性行政行为具有终局性，对相对人权利义务产生实质影响，并且无法通过提起针对相关的实体性行政行为的诉讼获得救济的，则属于可诉的行政行为，相对人提起行政诉讼的，属于人民法院行政诉讼的受案范围。

在现实道路交通事故中，也存在因道路交通事故成因确实无法查清，公安机关交通管理部门不能作出交通事故认定书的情况。对此，《道路交通事故处理程序规定》[①]第 50 条规定："道路交通事故成因无法查清的，公安机关交通管理部门应当出具道路交通事故证明，载明道路交通事故发生的时间、地点、当事人情况及调查得到的事实，分别送达当事人。"就本案而言，峨眉山市公安局交警大队就王雷兵因交通事故死亡，依据所调查的事故情况，只能依法作出《道路交通事故证明》，而无法作出《交通事故认定书》。因此，本案中《道路交通事故证明》已经是公安机关交通管理部门依据《道路交通事故处理程序规定》就事故作出的结论，也就是《工伤保险条例》第 20 条第 3 款中规定的工伤认定决定需要的"司法机关或者有关行政主管部门的结论"。除非出现新事实或者法定理由，否则公安机关交通管理部门不会就本案涉及的交通事故作出其他结论。而本案被告在第三人申请认定工伤时已经提交了相关《道路交通事故证明》的情况下，仍然作出《中止通知》，并且一直到原告起诉之日，被告仍以工伤认定处于中止中为由，拒绝恢复对王雷兵死亡是否属于工伤的认定程序。由此可见，虽然被告作出《中止通知》是工伤认定中的一种程序性行为，但该行为将导致原告的合法权益长期，乃至永久得不到依法救济，直接影响了原告的合法权益，对其权利义务产生实质影响，并且原告也无法通过对相关实体性行政行为提起诉讼以获得救济。因此，被告作出《中止通知》，属于可诉的行政行为，人民法院应当依法受理。

---

① 此法条已失效，但仍具有示例意义。

（八）法律规定由行政机关最终裁决的行政行为

在专题十"行政争议法总论"中，我们讲述过行政复议和行政诉讼程序的衔接，其中有情况是当事人一旦申请复议，复议结果为最终裁判，当事人不可以再起诉，也就是复议决定为最终裁决，这类法律规定由行政机关最终裁决的行政行为主要有以下四种：

1. 国务院的复议决定

《行政复议法》第14条规定：对国务院部门或者省、自治区、直辖市人民政府的具体行政行为不服的，向作出该具体行政行为的国务院部门或者省、自治区、直辖市人民政府申请行政复议。对行政复议决定不服的，可以向人民法院提起行政诉讼；也可以向国务院申请裁决，国务院依照本法的规定作出最终裁决。

2. 省级人民政府的自然资源权属复议决定

《行政复议法》第30条第2款规定：根据国务院或者省、自治区、直辖市人民政府对行政区划的勘定、调整或者征用土地的决定，省、自治区、直辖市人民政府确认土地、矿藏、水流、森林、山岭、草原、荒地、滩涂、海域等自然资源的所有权或者使用权的行政复议决定为最终裁决。

3. 公安机关出入境管理机构作出的有关普通签证、外国人居留决定为最终决定

《出境入境管理法》第36条规定：公安机关出入境管理机构作出的不予办理普通签证延期、换发、补发，不予办理外国人停留居留证件、不予延长居留期限的决定为最终决定。

4. 针对外国人和其他境外人员的强制措施的行政复议决定

《出境入境管理法》第64条规定：外国人对依照《出境入境管理法》规定对其实施的继续盘问、拘留审查、限制活动范围、遣送出境措施不服的，可以依法申请行政复议，该行政复议决定为最终决定。其他境外人员对依照《出境入境管理法》规定对其实施的遣送出境措施不服，申请行政复议的，适用此规定。

（九）行政协助执行行为

行政协助执行行为是行政机关根据法院的生效裁判、协助执行通知书作出的执行行为。行政机关协助司法机关执行生效判决，作为协助执行义务人的行政机关，必须服从法院的指令，对协助执行内容没有审查判断的权力。所以，行政机关没有独立的影响当事人权利义务的意思表示，行政机关的协助行为本身并不具有行政行为的属性，应归类为司法行为的一个环节。

但如果行政机关在协助执行过程中，扩大了执行范围或者采取违法执行方式，那就属于假借司法机关之名义，实现行政机关自身的意思表示的行政行为了，这种"假行政协助执行行为"属于具体行政行为，这种情况可受案。

（十）信访行为

信访，是指公民、法人或者其他组织采用书信、电子邮件、传真、电话、走访等形式，向行政机关反映情况，提出建议、意见或投诉请求，依法由有关行政机关处理的活动。2018年《行政诉讼法司法解释》明确规定，行政机关针对信访事项作出的登记、受理、交办、转送、复查、复核意见等行为不属于行政诉讼受案范围。

最高人民法院《关于不服信访工作机构依据〈信访条例〉处理信访事项的行为提起行政诉讼人民法院是否受理的复函》中指出："信访工作机构是各级政府或政府工作部门

授权负责信访工作的专门机构，其依据《信访条例》作出的登记、受理、交办、转送、承办、协调处理、督促检查、指导信访事项等行为，对信访人不具有强制力，对信访人的实体权利不产生实质影响。信访人对信访机构依据《信访条例》处理信访事项的行为或者不履行《信访条例》规定的职责不服提起行政诉讼的，人民法院不予受理。"具体而言，登记、受理属于过程性行为，行政机关尚未对外作出影响当事人权利义务的行为，自然不属于行政诉讼受案范围；交办、转送行为属于信访机关将相关案件转交其他行政机关予以处理的行为，其行为性质属于机关与机关之间的公文往来行为，属于内部行为，自然也不可诉；即使是行政机关作出的复查、复核意见，也属于没有创设新的权利义务的重复处理行为，对信访人的实体权利义务不产生实质影响，不具有强制力，故而也不可诉。

⊙ [注意] 要准确的界定信访办理行为的概念，行政信访办理行为不是行政机关行使"首次判断权"的行为，而是对行政机关已经处理过的行政法律关系进行的二次、甚至是多次判断行为，并未对公民的权利义务带来新的影响和变化，故而不可诉。但是，在实践中会出现公民依法要求行政机关履行职责，行政机关出具信访事项告知书、意见书，而这些文书即使名为"信访"，但也不能一概认定为信访行为。如果是行政机关对公民合法诉求的"一次"处理，那就会影响到公民的实体权利义务，自然可诉。① 比如，罗某认为某电信公司将手机 UIM 卡定价为 50 元/张属于违法收费，要求市监局对该公司进行查处。市监局进行调查后表示应当收取卡费，驳回了罗某的请求。市监局的驳回是对罗某合法请求对"一次处理"，属于行政不作为，故而可诉，但如果罗某就市监局的驳回，反复向市监局或其上级要求处理，行政机关拒绝处理的行为，则属于不可诉的信访办理行为。考生可将信访行为视为重复处理行为的变种，就好理解该知识点了。

（十一）特别法规定不可受案的其他案件

1. 劳动监察指令书

劳动行政部门作出责令用人单位支付劳动者工资报酬、经济补偿和赔偿金的劳动监察指令书，不属于可申请法院强制执行的具体行政行为，法院对此类案件不予受理。

⊙ [知识点拨] 注意区别劳动监察指令书与劳动监察决定书。劳动行政部门作出责令用人单位支付劳动者工资报酬、经济补偿和赔偿金的行政处理决定书，当事人既不履行又不申请复议或者起诉的，劳动行政部门可以依法申请法院强制执行。劳动监察指令书实际上就是对当事人予以劝告、建议的行政指导行为，而劳动监察决定书的性质是具体行政行为。

2. 信息公开的不可受案行为

公民、法人或者其他组织对下列行为不服提起行政诉讼的，法院不予受理：

（1）因申请内容不明确，行政机关要求申请人作出更改、补充且对申请人权利义务不产生实际影响的告知行为。

（2）要求行政机关提供政府公报、报纸、杂志、书籍等公开出版物，行政机关予以拒绝的。

⊙ [知识点拨] 既然已经公开出版发行，则应当视为政府已经履行了主动公开的义务。当事人对这种信息依然强行索要，法院又应当受理这样的案件的话，那么就有法院纵容滥诉之虞了。

---

① 梁凤云著：《行政诉讼法司法解释讲义》，人民法院出版社 2018 年版，第 21 页。

（3）要求行政机关为其制作、搜集政府信息，或者对若干政府信息进行汇总、分析、加工，行政机关予以拒绝的。

⊙［例］2014年3月18日，夏某向协和医院邮寄《协和医院信息公开申请表》，将所需的医院信息特征描述为："申请公开你院自2009～2014年间，涉及医患纠纷的相关信息：（1）各年的医患纠纷统计信息（包括件数、赔偿金额、解决途径等）；（2）你院对经法院判决/医疗鉴定的责任事故中相关责任医生的行政处罚情况（包括公告文件、内部通知等）；（3）将上述信息主动在你院网站公布。"协和医院2014年4月4日作出《信息公开答复意见单》。夏某对该答复不服，诉至法院。

问：协和医院是否具有被告资格？《信息公开答复意见单》是否属于法院的受案范围？

答：第一，协和医院具有被告资格，教育、医疗卫生、供水等与人民群众利益密切相关的公共企事业单位也是政府信息公开主体，公民、法人或者其他组织认为提供医疗卫生公共服务的企事业单位的信息公开行为侵犯其合法权益的，有权起诉。

第二，法院是否受理本案并不只取决于被告资格，还需要满足受案范围、起诉期、原告资格等条件。本案不属于行政诉讼受案范围，夏某向协和医院申请获取的信息，确需对有关医患纠纷和行政处罚的事实材料进行搜集汇总，对相关数据进行统计分析，对于这类案件，按照司法解释的规定，法院不应受理。

（4）行政程序中的当事人、利害关系人以政府信息公开名义申请查阅案卷材料，行政机关告知其应当按照相关法律、法规的规定办理的。

（5）公民、法人或者其他组织认为行政机关不依法履行主动公开政府信息义务，直接向法院提起诉讼的，应当告知其先向行政机关申请获取相关政府信息。对行政机关的答复或者逾期不予答复不服的，可以向法院提起诉讼。

⊙［知识点拨］这一规定意味着当事人可以对主动公开起诉，但是不可以直接起诉，必须经过行政先行处理的过程。这是法院对行政权的尊重和谦让的表现，同时是让对象不确定的主动公开，转化为对象确定的具体行政行为，以符合行政诉讼的一般原理。

事实上，这是和行政诉讼其他规定在内在制度逻辑上一脉相承的：第一，不可以直接起诉抽象行政行为，必须等抽象行政行为转化为具体行政行为之后，才可以在诉具体行政行为的时候，附带性地起诉抽象行政行为。第二，在行政诉讼法中，普通公民、法人和其他组织等私主体不能提起公益诉讼。必须是直接侵犯"其"个人利益的时候，当事人才有原告资格。

表13-1 具体行政行为与受案范围总结

受理的案件	1. 行政处罚； 2. 行政强制措施和行政强制执行； 3. 行政许可类行为； 4. 关于确认土地、矿藏等自然资源的所有权或者使用权的决定； 5. 征收、征用决定及其补偿决定； 6. 不履行保护人身权、财产权等合法权益的法定职责； 7. 侵犯经营自主权或者农村土地承包经营权、农村土地经营权； 8. 滥用行政权力排除或者限制竞争； 9. 违法集资、摊派费用或者违法要求履行其他义务； 10. 未依法支付抚恤金、最低生活保障待遇或者社会保险待遇； 11. 认为行政机关侵犯其他人身权、财产权等合法权益

不受理的案件	1. 公安、国家安全等机关依照刑事诉讼法的明确授权实施的行为； 2. 调解行为以及法律规定的仲裁行为； 3. 行政指导行为； 4. 驳回当事人对行政行为提起申诉的重复处理行为； 5. 行政机关作出的不产生外部法律效力的行为； 6. 行政机关为作出行政行为而实施的准备、论证、研究、层报、咨询等过程性行为； 7. 行政机关根据法院的生效裁判、协助执行通知书作出的执行行为，但行政机关扩大执行范围或者采取违法方式实施的除外； 8. 上级行政机关基于内部层级监督关系对下级行政机关作出的听取报告、执法检查、督促履责等行为； 9. 行政机关针对信访事项作出的登记、受理、交办、转送、复查、复核意见等行为； 10. 国防、外交等国家行为； 11. 行政法规、规章或者行政机关制定、发布的具有普遍约束力的决定、命令； 12. 行政机关对行政机关工作人员的奖惩、任免等决定； 13. 法律规定由行政机关最终裁决的行政行为

第三节　行政协议可受案

　　行政协议，又称为行政合同，指行政机关为实现公共利益或者行政管理目标，在法定职责范围内，与公民、法人或者其他组织协商订立的具有行政法上权利义务内容的协议。

　　传统上，行政诉讼所要解决的是单方具体行政行为而引发的争议。行政合同（行政协议）属于双方行政行为，一直未被纳入行政诉讼受案范围。2014 年修改的《行政诉讼法》规定，公民、法人或其他组织认为行政机关不依法履行、未按照约定履行或者违法变更、解除政府特许经营协议、土地房屋征收补偿协议等协议的，属于受案范围。

　　但需要特别注意的是，行政合同可受案指的是公民、法人或者其他组织对行政机关不依法履行、未按照约定履行协议、单方变更或解除合同而提起诉讼，也就是说，还是遵守"民告官"的行政诉讼的基本格局。如果公民、法人或者其他组织不履行协议或未按照约定履行协议，行政机关可以以公民、法人或者其他组织为被告提起行政诉讼吗？答案是否定的。虽然不是具体行政行为，但行政合同也是行政行为的一种，行政机关享有国家法律赋予的命令权、强制权等，完全能够通过强制、命令的方式迫使当事人履行行政合同所设定的义务，而无须通过向法院提起行政诉讼的方式达到目标。

第四节　部分抽象行政行为可附带性受案

　　在旧诉讼制度中，只有具体行政行为属于行政诉讼的受案范围，2014 年修改的《行政诉讼法》，允许公民、法人或其他组织对部分抽象行政行为附带性地提出审查要求。立法者的主要立法目的是："规范性文件是行政行为的依据和源头，要纠正违法和不当的行政行为，有必要正本清源，从源头开始审查和纠正"。①

---

　　① 信春鹰主编：《中华人民共和国行政诉讼法释义》，法律出版社 2014 年版，第 139 页。

一、审查方式

当事人在对具体行政行为提起诉讼时，可以一并请求对抽象行政行为进行审查。其中的"一并"就意味着当事人不能直接起诉抽象行政行为，而只能间接对其提出审查要求。当事人正确的做法是：先对具体行政行为提起诉讼，同时，要求法院予以审查抽象行政行为，我们形象地将其比喻为"搭便车的审查方式"，抽象行政行为搭具体行政行为的便车。

⊙ ［知识点拨］之所以立法者选择"附带性的间接审查方式"，是因为抽象行政行为不一定会直接影响到特定对象的权利义务，"如果不具体适用到具体的人或事，它并不能产生现实的危害"①。如果将对抽象行政行为起诉完全放开，任何人在不考虑是否直接影响其利害关系的情况下均可以起诉，那么，很容易出现滥诉的情况，法院和行政机关均会不堪其扰。所以，只有当事人向法院证明该抽象行政行为已经得以落实转化为了具体行政行为，直接对自己利益产生影响时，才会允许当事人对抽象行政行为附带性地提出审查请求。②

同时，需要注意的是，附带性审查的抽象行政行为必须与被诉的具体行政行为之间具有关联性，该具体行政行为由抽象行政行为直接转化而来。如果A规范性文件→A具体行政行为，那么当事人在对A行为起诉时一并请求法院审查的只能是A规范性文件；如果当事人可以挑战不具有关联性的B、C、D等规范性文件的话，那同样会出现滥诉的风险。

⊙ ［例］杭州市卫生局在杭州机场之内张贴"公告"，内容为"凡是在杭州机场之内吸烟者，罚款50元"。李某在机场内吸烟被有关部门罚款50元，李某不服，提起行政诉讼。

问：李某应当如何选择诉讼请求？

答：第一种选择，李某仅就罚款50元提起行政诉讼，此乃传统选择。

第二种选择，李某就罚款50元提起行政诉讼，一并要求法院审查该公告，此乃新法新增选择。

李某没有直接就公告提起行政诉讼的第三种选择。

二、审查对象

抽象行政行为是指行政机关制定行政法规、行政规章和发布具有普遍约束力的决定、命令的行为，但《行政诉讼法》并没有将全部抽象行政行为纳入审查范围，允许当事人向法院提出附带性审查的只有其他规范性文件（国务院制定的其他规范性文件除外）。

其他规范性文件为专有名词，指的是除了行政法规和规章之外的抽象行政行为，由于其他规范性文件的制定程序随意，法律位阶较低，所以，所有的行政机关均有权制定，上至国务院，下至乡政府，也包含公安局等政府的工作部门。但国务院制定的其他规范性文件由于制定主体的身份特殊，不允许审查，要排除出来。③

⊙ ［知识点拨］规章和行政法规不属于行政诉讼能够附带性审查的范围。这是考虑到行

---

① 信春鹰主编：《中华人民共和国行政诉讼法释义》，法律出版社2014年版，第139页。
② 该条规定与行政诉讼的原告资格的判定具有密切的内在关联，行政诉讼不承认公民、法人或其他组织有权提起公益诉讼。
③ 对于本知识点不熟悉的同学，请复习专题一"行政法概述"中行政法法律渊源。

政法规和规章立法层次较高，《立法法》《行政法规制定程序条例》和《规章制定程序条例》详细地规定了其制定程序、备案审查制度和改变撤销制度。在实践中，出现问题较多的是规章以下的其他规范性文件（又称"红头文件"），而现行法律对于其他规范性文件的控权机制较为薄弱，于是，将行政诉讼当事人请求附带性审查的对象限制在了其他规范性文件之上。

三、申请审查时间

公民、法人或者其他组织一并请求法院对其他规范性文件进行审查，应当在一审开庭前提出；有正当理由的，也可以在法庭调查中提出。

⊙ ［知识点拨］ 该条规定的"有正当理由"，主要是考虑到因为客观因素，当事人在开庭审理后才知道该规范性文件的存在，所以，法律允许当事人适当的延长申请期限。

四、管辖法院

由具体行政行为作出机关决定管辖法院，而不由规范性文件制定机关决定管辖法院。

五、审查程序和实体要求

（一）审查程序

1. 法院在审查规范性文件过程中，发现规范性文件可能不合法的，应当听取规范性文件制定机关的意见。

2. 制定机关申请出庭陈述意见的，法院应当准许。

3. 行政机关未陈述意见或者未提供相关证明材料的，不能阻止法院对规范性文件进行审查。

（二）审查内容

法院对规范性文件进行一并审查时，可以从规范性文件制定机关是否超越权限或者违反法定程序、作出行政行为所依据的条款以及相关条款等方面进行。有下列情形之一的，属于"规范性文件不合法"：

1. 超越制定机关的法定职权或者超越法律、法规、规章的授权范围的；

2. 与法律、法规、规章等上位法的规定相抵触的；

3. 没有法律、法规、规章依据，违法增加公民、法人和其他组织义务或者减损公民、法人和其他组织合法权益的；

4. 未履行法定批准程序、公开发布程序，严重违反制定程序的；

5. 其他违反法律、法规以及规章规定的情形。

⊙ ［知识点拨］ 关于审查内容以理解为主，不需死记硬背。

六、申请审查结果

法院经审查认为规范性文件不合法的，不作为认定行政行为合法的依据，并在裁判理由中予以阐明。作出生效裁判的法院应当向规范性文件的制定机关提出处理建议，并可以在裁判生效之日起3个月内，向规范性文件制定机关提出修改或者废止该规范性文件的司法建议，并可以抄送制定机关的同级政府、上一级行政机关、监察机关以及规范性文件的备案机关。

第一，不作为认定行政行为合法的依据，这是对法院的底线要求。在实践中，其他规范性文件往往是行政行为的依据和源头，为了正本清源，法院对于不合法的规范性文件，首先不能将其作为支持具体行政行为合法的正当性依据。同时，为了鞭策该文件的制定机关，可以在判决书裁判理由中予以阐明。比如，阐明下位法抵触上位法，所以本法院不予适用等。

第二，作出生效裁判的法院应当向规范性文件的制定机关提出处理建议，并可以在裁判生效之日起 3 个月内，向规范性文件制定机关提出修改或者废止该规范性文件的司法建议，如果规范性文件由多个部门联合制定的，法院可以向该规范性文件的主办机关或者共同上一级行政机关发送司法建议。接收司法建议的行政机关应当在收到司法建议之日起60 日内予以书面答复。情况紧急的，法院可以建议制定机关或者其上一级行政机关立即停止执行该规范性文件。

在《行政诉讼法修正案》起草过程中，有人建议应当更进一步地赋予法官对于其他规范性文件的撤销权，或者宣告文件违法、无效的权力。但因为这一建议违反了《宪法》和《立法法》的基本权力结构，而被全国人大所否定。在我国宪法中，撤销和改变规范性法律文件的权力主体为人大和上级政府，法院不能直接判决撤销不合法的规范性法律文件，但可"不作为依据并提出建议"。"这符合我国宪法和法律有关人大对政府、政府对其部门以及下级政府进行监督的基本原则，也有利于纠正相关规范性文件的违法问题"。①

⊙ ［知识点拨］评述是司法权中的浅层次的评价权。真正意义上的司法权应当包括对其他规范性文件的处分权、形成权，也就是经过合法性审查认为其他规范性文件违法或不合理的，可以判决撤销、变更或宣告无效。但目前，中国的法院还不具有深层次评价权。②

⊙ ［细节］只有作出生效裁判的法院才可以提出建议。在一审判决作出后，如果当事人上诉，一审法院是不能提出建议的，否则，一审法院刚提完建议，二审法院就作出判决，认为"其他规范性文件"合法有效，那让文件制定者听谁的呢？

第三，并可以抄送制定机关的同级人民政府、上一级行政机关、监察机关以及规范性文件的备案机关。

七、对于法院审查权的监督制度

（一）备案

1. 法院认为规范性文件不合法的，应当在裁判生效后报送上一级法院进行备案。

2. 涉及国务院部门、省级行政机关制定的规范性文件，司法建议还应当分别层报最高人民法院、高级人民法院备案。

⊙ ［注意］国务院部门的文件层报至最高院，省政府文件层报至省高院，此处的省政府不包括省政府下属部门。

（二）再审

1. 各级法院院长对本院已经发生法律效力的判决、裁定，发现规范性文件合法性认

---

① 全国人大常委会法制工作委员会行政法室编著：《中华人民共和国行政诉讼法解读》，中国法制出版社 2014 年版，第 179 页。

② 梁凤云：《新行政诉讼法讲义》，人民法院出版社 2015 年版，第 362 页。

定错误，认为需要再审的，应当提交审判委员会讨论。

2. 最高院对地方各级法院已经发生法律效力的判决、裁定，上级法院对下级法院已经发生法律效力的判决、裁定，发现规范性文件合法性认定错误的，有权提审或者指令下级法院再审。

📗 主观题命题规律

本专题客观题和主观题考查的广度和深度是一致的，在客观题和主观题中都是桂冠般的知识点，受案范围是典型的会者不难、不会则难的知识点，不需要考生有太多的背诵，但是需要反复理解知识背后的法理。

📗 主观题知识提升

进阶案例 1

2015 年 1 月 1 日，某直辖市政府根据国务院的授权出台了该市的《城市综合执法规定》，规定了对于本市对无证摊贩管理主体、管理程序和救济途径等内容。市政局根据《城市综合执法规定》的规定，召开会议形成会议纪要，决定将工商部门查处无证摊贩的处罚权交由城管局行使。2015 年 11 月 1 日，城管局与该市繁华商业区的商户都签订了《门前三包协议书》，约定商户门前出现无证摊贩经营时，商户应当及时向城管局举报。2015 年 11 月 11 日，城管局接到举报称摊贩张某在一商业街摆摊卖麻辣烫，遂派出城管队员李某前去扣押其小推车，并要求张某缴纳 1000 元城市治理费。李某在扣押的同时，还殴打了张某。张某对于被要求缴纳 1000 元城市治理费的决定不服，向城管局申诉。2016 年 1 月 1 日，城管局向其送达了《关于张某就 1000 元城市治理费申诉的处理意见》，该意见表示原征收决定符合法律要求，驳回张某的申诉请求。张某向城管局申请政府信息公开，要求公开城管局讨论其申诉意见的会议意见。2016 年 2 月 1 日，城管局以该信息涉及国家秘密为由，拒绝公开。

问题：在此案中，哪些行为属于具体行政行为？哪些属于行政诉讼的受案范围？

解析：

（1）某市出台《城市综合执法规定》属于抽象行政行为。具体行政行为的约束对象是特定的，如果一个行政行为是针对不特定对象作出的，那么这个行政行为一定不是具体行政行为，而是它的反面——抽象行政行为。本行为不属于行政诉讼的受案范围。

（2）市政府决定将工商部门查处无证摊贩的处罚权交由城管局行使的行为属于内部行为。具体行政行为是行政主体为了管理外部的公共事务，针对外部对象而作出的行为。外部性的特征使具体行政行为与内部行政行为区别开来。内部行政行为，指的是行政主体为了管理内部事务，对其内部组织或个人实施的行为。本行为不属于行政诉讼的受案范围。

（3）《门前三包协议书》属于行政合同行为。行政合同行为是双方的，而具体行政行为是单方的。行政合同虽非具体行政行为，但属于行政诉讼的受案范围。

（4）扣押、要求张某缴纳 1000 元城市治理费完全满足具体行政行为四大核心特征，均属于具体行政行为。属于行政诉讼的受案范围。

（5）城管队员李某殴打张某的行为属于事实行为中的暴力侵权行为。打人等暴力侵权行为之所以被归类为事实行为，是因为行政机关作为一个整体，从其机关意志的角度不可能具有"打人"的目的。打人只可能是公务员或临时工的个人意志，所以，由于"打人"

欠缺了处分性的主观层次，该行为只能被归类为事实行为。不属于行政诉讼的受案范围。

（6）《关于张某就1000元城市治理费申诉的处理意见》属于事实行为中的重复处理行为。重复处理行为是指行政机关作出的与原有的生效行政行为没有任何改变的二次决定。重复处理行为实质上是对原已生效的行政行为的简单重复，并没有形成新的事实或者权利义务状态。不属于行政诉讼的受案范围。

（7）城管局拒绝公开政府信息是命题人常考查的具体行政行为中的行政不作为。具体行政行为可以分为作为与不作为，行政不作为是行政主体应当履行某种法律职责，能够履行而不履行的行为。只要行政机关在某种状态下"当为，能为而不为"就构成了不作为。"当为，能为而不为"是指行政机关应当履行，能履行却没有履行。属于行政诉讼的受案范围。

进阶案例2

孙某与村委会达成在该村采砂的协议，期限为5年。孙某向甲市乙县国土资源局申请采矿许可，该局向孙某发放采矿许可证，载明采矿的有效期为2年，至2015年10月20日止。

2015年10月15日，乙县国土资源局通知孙某，根据甲市国土资源局日前发布的《严禁在自然保护区采砂的规定》，采矿许可证到期后不再延续，被许可人应立即停止采砂行为，撤回采砂设施和设备。

孙某以与村委会协议未到期、投资未收回为由继续开采，并于2015年10月28日向乙县国土资源局申请延续采矿许可证的有效期。该局通知其许可证已失效，无法续期。

2015年11月20日，乙县国土资源局接到举报，得知孙某仍在采砂，以孙某未经批准非法采砂，违反《矿产资源法》为由，发出《责令停止违法行为通知书》，要求其停止违法行为。孙某向法院起诉请求撤销通知书，一并请求对《严禁在自然保护区采砂的规定》进行审查。

孙某为了解《严禁在自然保护区采砂的规定》内容，向甲市国土资源局提出政府信息公开申请。

问题：

1. 《行政许可法》对被许可人申请延续行政许可有效期有何要求？行政许可机关接到申请后应如何处理？

2. 孙某一并审查的请求是否符合要求？根据有关规定，原告在行政诉讼中提出一并请求审查行政规范性文件的具体要求是什么？

3. 行政诉讼中，如法院经审查认为规范性文件不合法，应如何处理？

解析：

1. 《行政许可法》第50条规定，被许可人需要延续依法取得的行政许可的有效期的，应在该许可有效期届满30日前向作出行政许可决定的行政机关提出申请。但法律、法规、规章另有规定的，从其规定。行政机关应根据被许可人的申请，在该许可有效期届满前作出是否准予延续的决定；逾期未作出决定的，视为准予延续。

2. 本案中，因《严禁在自然保护区采砂的规定》并非被诉行政行为（责令停止违法行为通知）作出的依据，孙某的请求不成立。根据《行政诉讼法》第53条和《行政诉讼法司法解释》的规定，原告在行政诉讼中一并请求审查规范性文件需要符合下列要求：一是该规范性文件为国务院部门和地方政府及其部门制定的规范性文件，但不含规章；二是该规范性文件是被诉行政行为作出的依据；三是应在第一审开庭审理前提出；有正当理由的，也可以在法庭调查中提出。

3. 法院不作为认定被诉行政行为合法的依据，并在裁判理由中予以阐明。作出生效裁判的法院应当向规范性文件的制定机关提出处理建议，并可以抄送制定机关的同级政府或上一级行政机关。

专题十四

行政诉讼程序

第一节　起诉和受理

一、起诉

起诉是指公民、法人或者其他组织认为行政行为侵犯其合法权益，依法请求法院行使国家审判权给予其救济的诉讼行为。它是公民、法人或者其他组织请求法院启动行政诉讼程序的意思表示，是其行使法律赋予的诉权的具体表现。但这一权利的行使并非不受条件限制，提起行政诉讼必须符合起诉的一般条件、时间条件和程序条件。

（一）起诉的一般条件

起诉的一般条件是法律对提起诉讼最基本的，也是最普遍的要求。根据《行政诉讼法》第49条的要求，提起行政诉讼的一般条件是：

1. 有原告资格。原告是行政行为的相对人以及其他与行政行为有利害关系的公民、法人或者其他组织。这包括四方面的含义：第一，原告必须是公民、法人或者其他组织，行使职权的行政主体不能作为行政诉讼的原告。第二，侵犯原告合法权益的是行政行为。第三，原告必须是认为自己的合法权益被侵犯的人，其起诉是为了保护自己的权益，而不是为了他人的利益或者公共利益，在《行政诉讼法》中，普通公民、法人和其他组织等私主体不能提起公益诉讼。第四，行政行为侵犯了自己的合法权益只是原告的一种"认为"，属原告自我的判断。合法权益是否真正被侵犯，则是行政诉讼要解决的实质问题。行政行为是否违法，是否侵犯了原告的合法权益，并不影响原告资格的取得和原告的起诉。以上内容我们在专题十一"行政诉讼参加人"中已经有详细讲授。

2. 有明确的被告。即原告在起诉时，必须指明对谁起诉，明确指出被告，否则被告都不明确，这个案子怎么审？原告提供被告的名称等信息足以使被告与其他行政机关相区别的，可以认定为"有明确的被告"。起诉状列写被告信息不足以认定明确的被告的，法院可以告知原告补正；原告补正后仍不能确定明确的被告的，法院裁定不予立案。

3. 有具体的诉讼请求和事实根据。

（1）诉讼请求是原告通过法院针对被告提出的，希望获得法院司法保护的实体权利要求。它将决定法院审理和裁判的内容，因此必须明确当事人的诉讼请求，"诉什么，审什么，判什么"是行政诉讼一条一以贯之的逻辑线索，考生在应试的时候，一定要仔细分辨当事人的诉讼请求，也就是"就……起诉"的问题。

关联法条

《行政诉讼法司法解释》第68条 行政诉讼法第四十九条第三项规定的"有具体的诉讼请求"是指：

（一）请求判决撤销或者变更行政行为；

（二）请求判决行政机关履行特定法定职责或者给付义务；

（三）请求判决确认行政行为违法；

（四）请求判决确认行政行为无效；

（五）请求判决行政机关予以赔偿或者补偿；

（六）请求解决行政协议争议；

（七）请求一并审查规章以下规范性文件；

（八）请求一并解决相关民事争议；

（九）其他诉讼请求。

当事人单独或者一并提起行政赔偿、补偿诉讼的，应当有具体的赔偿、补偿事项以及数额；请求一并审查规章以下规范性文件的，应当提供明确的文件名称或者审查对象；请求一并解决相关民事争议的，应当有具体的民事诉讼请求。

当事人未能正确表达诉讼请求的，人民法院应当要求其明确诉讼请求。

（2）事实根据是指原告向法院起诉所依据的事实和根据，包括案件情况和证据。值得注意的是，要求原告提供事实根据是为了证明存在行政争议，而不是要求原告提供证据证明行政行为违法，在后文原告举证责任部分，我们会详加论述。

⊙ ［注意］行政机关作出行政行为时，没有制作或者没有送达法律文书，公民、法人或者其他组织只要能证明行政行为存在，并在法定期限内起诉的，法院应当依法立案。

4. 属于法院受案范围和受诉法院管辖。行政诉讼受案范围决定着法院受理行政案件的范围，也决定着当事人的诉权范围。原告的起诉若不属于法院受案范围，起诉不能成立，法院也无权受理。同时，法院对行政案件的受理有一定的分工。当事人应依法向对案件有管辖权的法院起诉。

5. 不构成重复起诉。"一事不再理"是诉讼制度的重要原则，又称"禁止重复起诉"原则，意思是指对于已经裁判并发生法律效力的案件，当事人的诉权已被耗尽，不得再行提起诉讼，否则构成重复起诉。重复起诉的判定方式是判断是否同时具有下列情形：

（1）后诉与前诉的当事人相同；

（2）后诉与前诉的诉讼标的相同；

（3）后诉与前诉的诉讼请求相同，或者后诉的诉讼请求被前诉裁判所包含。

如果同时满足以上三个条件，当事人就已经提起诉讼的事项在诉讼过程中或者裁判生效后再次起诉，则构成重复起诉。当事人重复起诉的，法院应当裁定不予受理；已经受理的，裁定驳回起诉。

⊙ ［注意］禁止重复起诉原则对于已经起诉或者正在审理的案件也适用。

⊙ ［例］郑某因某厂欠缴其社会养老保险费，向区社保局投诉。2004年9月22日，该局向该厂送达《决定书》，要求为郑某缴纳养老保险费1万元。同月30日，该局向郑某送达告知书，称其举报一事属实，并要求他缴纳养老保险费（个人缴纳部分）2000 元。郑某不服区社保局的《决定书》向法院起诉，法院的生效判决未支持郑某的请求。2005 年 4 月 19 日，郑某不服告知书向法院提起诉讼。

问：郑某的起诉是否构成重复起诉？

答：不构成。郑某 4 月 19 日诉讼请求针对的是个人缴纳 2000 元养老保险费的告知书，而之前的诉讼标的是工厂为其缴纳 1 万元的《决定书》，诉讼请求和标的均不同。

关联法条

《行政诉讼法司法解释》第 54 条 依照行政诉讼法第四十九条的规定，公民、法人或者其他组织提起诉讼时应当提交以下起诉材料：

（一）原告的身份证明材料以及有效联系方式；

（二）被诉行政行为或者不作为存在的材料；

（三）原告与被诉行政行为具有利害关系的材料；

（四）人民法院认为需要提交的其他材料。

由法定代理人或者委托代理人代为起诉的，还应当在起诉状中写明或者在口头起诉时向人民法院说明法定代理人或者委托代理人的基本情况，并提交法定代理人或者委托代理人的身份证明和代理权限证明等材料。

（二）起诉的程序条件

行政复议与行政诉讼均是解决行政争议的方式，是当事人不服行政行为寻求救济的两条重要途径。不过，当事人对这两种救济方式的使用，必须遵循法律对二者关系的规定。在我国，行政诉讼与行政复议的关系，以当事人自由选择救济方式为原则，以行政复议前置、复议终局等特别情况为例外。如果案件为复议前置或复议终局的情形，当事人直接提起行政诉讼，法院不应受理本案。

（三）起诉的时间条件

公民、法人或者其他组织提起行政诉讼，要符合起诉的时间条件，即当事人必须在法律规定的期限内提出诉讼，对超过法律规定期限的起诉，法院应当裁定不予受理，已经受理的也应裁定驳回起诉。

◉ ［知识点拨］行政诉讼的起诉期与民法中的诉讼时效不同。"行政诉讼法之所以用起诉期限的概念就是为了区别于民法上的诉讼时效。二者在理论上有共通之处，但却是两种独立制度。"① 对法考而言，应重点把握以下两点：

第一，民法中超过了诉讼时效，当事人并没有丧失起诉权，只是丧失了胜诉权，也就是说，案子可以受理，但当事人无法胜诉。而一旦超过了行政诉讼的起诉期，法院应当裁定不予立案，已经受理的也应裁定驳回起诉，也就是说，当事人连立案的机会都没有。

第二，民法的诉讼时效存在着中断、中止的情形，而行政诉讼起诉期是一个不变期间，不存在中止、中断的情形，只有期限扣除和延长的问题。在行政诉讼中，当事人因不可抗力或者其他不属于其自身的原因耽误起诉期限的，被耽误的时间不计算在起诉期限内。

---

① 信春鹰主编：《中华人民共和国行政诉讼法释义》，法律出版社 2014 年版，第 127 页。

🔗 **关联法条**

《行政诉讼法》第48条　公民、法人或者其他组织因不可抗力或者其他不属于其自身的原因耽误起诉期限的，被耽误的时间不计算在起诉期限内。

公民、法人或者其他组织因前款规定以外的其他特殊情况耽误起诉期限的，在障碍消除后十日内，可以申请延长期限，是否准许由人民法院决定。

行政诉讼起诉期限因当事人起诉的对象与程序不同而有所不同，具体分为以下三种情况：

1. 经复议才提起诉讼的案件

当事人对于行政行为，经行政复议之后，对复议决定仍然不服的：

（1）复议机关作出复议决定的，当事人可以在收到复议决定书之日起15日内起诉。

当事人申请行政复议后，复议机关作出维持决定，被告是复议机关和原行为机关，那么应当以原行为还是复议维持决定确定起诉期限呢？司法解释的回答是以复议决定送达时间确定起诉期限。

行政诉讼的期间与送达（和民诉相同）：

［期间］

1. 期间包括法定期间和人民法院指定的期间。

2. 期间以时、日、月、年计算。期间开始的时和日，不计算在期间内，这和民事诉讼是相同的，民事诉讼中以时计算的期间从次时起算；以日、月、年计算的期间从次日起算。比如，当事人5月1日收到复议决定书，5月2日是上诉期的起点、第一天。

3. 期间届满的最后一日是节假日的，以节假日后的第一日为期间届满的日期。

4. 期间不包括在途时间，诉讼文书在期满前交邮的，视为在期限内发送。

［送达］

1. 法院可以要求当事人签署送达地址确认书，当事人确认的送达地址为法院法律文书的送达地址。

2. 当事人同意电子送达的，应当提供并确认传真号、电子信箱等电子送达地址。

3. 当事人送达地址发生变更的，应当及时书面告知受理案件的法院；未及时告知的，法院按原地址送达，视为依法送达。

4. 法院可以通过国家邮政机构以法院专递方式进行送达。

5. 法院可以在当事人住所地以外向当事人直接送达诉讼文书。当事人拒绝签署送达回证的，采用拍照、录像等方式记录送达过程即视为送达。审判人员、书记员应当在送达回证上注明送达情况并签名。

（2）复议机关逾期不作出决定的，当事人可以在复议期满之日起15日内起诉。

在上述两种情况中，如果另有其他法律对起诉期限作出不同规定的，从其例外。

2. 直接起诉行政不作为的案件

行政行为的起诉期是从知道或者应当知道作出行政行为之日起的6个月内，但行政不作为什么时候作出，也就是行政行为什么时候成立呢？我们需要简略地回顾一下专题四"具体行政行为概述"中的知识。不作为分为两种类型：

第一，积极不作为，表现形式为行政机关对于当事人的申请明确拒绝。对于积极不作为，行政行为当场成立，行政机关明确拒绝之日，就是起诉期6个月的起点。

第二，消极不作为，表现形式为行政机关对于当事人的申请不理不睬。消极不作为的本质是默示拒绝，需要给出一个时间来推定行政机关默示拒绝的成立，使其能及时在行政复议或者行政诉讼中主张行政机关的不作为违法，包括三种具体情况：（1）如果法律、法规规定了行政机关履行职责的期限，则该期限届满之日就是不作为成立的时间，也就是当事人起诉期的起点。（2）如果法律、法规没有规定行政机关履行职责的期限，则行政机关在接到申请之日起2个月内仍不履行职责的，2个月期满之日就是不作为成立的时间，也就是当事人起诉期的起点。（3）当事人在紧急情况下请求行政机关履行保护其人身权、财产权等合法权益的法定职责，行政机关不履行的，不作为当场成立，当事人可以立即起诉。

上述规则明确的是不作为案件起诉期限起点的计算，其终点应当是不作为成立后的6个月。

3. 直接起诉作为类行政行为的案件

《行政诉讼法》第46条第1款规定："公民、法人或者其他组织直接向人民法院提起诉讼的，应当自知道或者应当知道作出行政行为之日起6个月内提出。法律另有规定的除外。"

从该规则的结构来看，当行政机关明确作出一个处罚、许可、强制等行政行为，当事人对其不服而起诉时，其起诉期限的计算主要看三个时间点：第一，客观上，行政行为作出之日；第二，主观上，当事人知道行政行为内容之日；第三，主观上，当事人被告知诉权之日。一个完整行政行为在其作出的时候，是能够实现三位一体的，既告知当事人诉权、又告知当事人行为内容，同时，送达该决定之日起，具体行政行为作出。

按照这三个时间点的不同关系，分别依下列规则计算：

（1）全知道

行政机关已将具体行政行为向当事人送达，并告知其诉讼权利或起诉期限的，其起诉期限为当事人知道行政行为之日起的6个月内。如果是"全知道"的行政决定，应该呈现以下状态：

交通处罚决定书1

小新：

现查明，被处罚人于2016年10月1日在人行道上有停放机动车行为，违反了《道路交通安全法》第五十六条的规定，以上事实有现场照片等证据证明。现决定给予罚款200元的处罚，被处罚人持本决定书在15日内到大望路工商银行缴纳。到期不缴纳罚款的，每日按罚款数额3%加处罚款。

如不服本决定，可以在收到本决定书之日起60日内向市交管局或区政府申请行政复议；或者在6个月内向朝阳区人民法院提起行政诉讼。

朝阳区交管局

2016年10月25日

图14-1 交通处罚决定书1

该行政处罚决定书分两段，第一段告知当事人行为内容，第二段告知当事人诉权，让当事人完全知晓了该行政行为。行政行为送达之时就是行为作出之时，当事人知道行为内容之时，同时也是当事人被告知诉讼权利之时，上述三个时间点是完全重合的，起诉期就在知道行政行为之日起的6个月内。本案中，2016年10月25日交管局送达决定书，起诉期是 2016 年 10 月 26 日—2017 年 4 月 25 日。

（2）知一半

"知一半"是指行政机关向当事人送达的行政决定书，只告知了当事人行政行为的内容，但并未告知其诉讼权利或起诉期限的情况。如果是"知一半"的行政决定，应该呈现以下状态：

交通处罚决定书 2

小新：

现查明，被处罚人于 2016 年 10 月 1 日在人行道上有停放机动车行为，违反了《道路交通安全法》第五十六条的规定，以上事实有现场照片等证据证明。现决定给予罚款 200 元的处罚，被处罚人持本决定书在 15 日内到大望路工商银行缴纳。到期不缴纳罚款的，每日按罚款数额 3% 加处罚款。

朝阳区交管局

2016 年 10 月 25 日

图 14-2　交通处罚决定书 2

与《交通处罚决定书 1》相比，《交通处罚决定书 2》只告知了处罚的行为内容，未告知当事人诉权和起诉期，所以被称为"知一半"。对于"知一半"的情况，当事人既然不知道诉权或起诉期，那么，起诉期限就从当事人实际知道诉讼权利或起诉期限之日起，计算 6 个月。但是，法律不会允许某个行政纠纷一直处于悬而未决的不确定状态，于是在起诉期之外，又增加了最长保护时效的约束，即当事人知道行为内容之日起 1 年内起诉，法律才会予以保护，超过了 1 年，法院则不会予以登记立案。也就是说，在"知一半"的情况下，当事人起诉，需要以下 2 个条件同时满足：

①起诉期：知诉权 6 个月内；

②最长保护期限：知内容 1 年内。

①②两个条件要同时满足，用数学概念去表达，就是取交集，重合的部分就是当事人的起诉期，如果①②没有重合的部分，那么当事人的起诉就不会被受理立案。①

⊙　[例 1]《交通处罚决定书 2》中，小新在 2016 年 10 月 25 日被交管局罚款 200 元，但没有告知小新诉权和起诉期间。后交管局在 2017 年 6 月 1 日补正了决定书，告知小新对于罚款 200 元的起诉期。小新不服，应当在什么时间内起诉？

答：本情况属于"知一半"，起诉期限应当同时满足：

①知诉权 6 个月内，2017 年 6 月 2 日—2017 年 12 月 1 日；

②知内容 1 年内，2016 年 10 月 26 日—2017 年 10 月 25 日。

综上，①②两个条件重合部分为 2017 年 6 月 2 日—2017 年 10 月 25 日。

⊙　[例 2]《交通处罚决定书 2》中，小新在 2016 年 10 月 25 日被交管局罚款 200 元，但没有告知小新诉权和起诉期间。后交管局在 2018 年 11 月 1 日补正了决定书，告知小新对于罚款 200 元的起诉期。小新不服，在 2019 年 1 月 1 日起诉，法院是否应当受理？

答：本情况属于"知一半"，起诉期限应当同时满足：

①知诉权 6 个月内，2018 年 11 月 2 日—2019 年 5 月 1 日；

---

①　复议决定未告知公民、法人或者其他组织起诉期限的同样适用该制度，只不过由于复议后再起诉，起诉期不是 6 个月，而是 15 天，需要同时满足以下 2 个条件：①起诉期：知诉权 15 日内；②最长保护期限：知内容 1 年内。

②知内容 1 年内，2016 年 10 月 26 日—2017 年 10 月 25 日。

综上，①②两个条件没有重合的部分，小新在 2019 年 1 月 1 日起诉虽然在条件①之中，但是超过了条件②的最长保护期"知内容 1 年内"，法律不予保护，不受理本案。

（3）全不知

"全不知"是指行为虽然客观上作出了，但是行政机关根本没有告知当事人行政行为的内容，当事人后来才知道行为内容的情况。

对于"全不知"，既然当事人连行为内容都不知道，那么起诉期限从当事人实际知道或应当知道该行为的内容与诉讼权利之日起，计算 6 个月。但法律也规定了最长保护期限：因不动产提起诉讼的案件自行政行为作出之日起超过 20 年，其他案件自行政行为作出之日起超过 5 年的，法院不予受理。也就是说，在"全不知"的情况下，当事人起诉，需要以下两个条件同时满足：

①起诉期：知内容 6 个月内；

②最长保护期限：行为作出 5 年（不动产案件 20 年）内。

①②两个条件要同时满足，用数学概念去表达，就是取交集，重合的部分就是当事人的起诉期，如果①②没有重合的部分，那么当事人的起诉就不会被受理立案。

◉ ［例］甲与乙婚后购买一套房屋，产权证载明所有权人为乙。后双方协议离婚，约定房屋赠与女儿，甲可以居住房屋至女儿满 18 岁，但未办理房屋所有权转移登记。不久，乙与丙签订抵押借款协议，将房屋抵押给丙，2005 年 10 月 8 日丙取得房产局发放的房屋他项权利证书。2006 年 11 月 7 日，丙在联系不到乙的情况下，找到甲并出示抵押相关材料和证书，甲才知该房屋已被抵押，遂要求房产局解决。未获得满意答复后于 2007 年 1 月 16 日向法院起诉请求注销该证书。

问：法院可否受理本案？

答：本案属于"全不知"，甲根本不知道行政机关作出房屋抵押登记的内容，起诉期限应当同时满足：

①知内容 6 个月内，2006 年 11 月 8 日—2007 年 5 月 7 日；

②行为作出 20 年内，2005 年 10 月 9 日—2025 年 10 月 8 日。

综上，①②两个条件重合部分为 2006 年 11 月 8 日—2007 年 5 月 7 日。

表 14-1　行政诉讼起诉期总结

	全知道	知道行政行为作出之日起 6 个月内，有例外则从例外
诉作为	知一半	知道诉权或起诉期限之日起 6 个月内，且在（应）知道行为内容起 1 年内
	全不知	（应）知道行为内容之日起 6 个月内，且在行为作出之日起 5 年内（不动产 20 年内）
诉不作为	明确拒绝	拒绝之日起 6 个月
	有履行期	履行期届满后可以起诉，期限为 6 个月
	无履行期	申请满 2 个月后可以起诉，期限为 6 个月
	紧急情况	当时便可以起诉，期限为 6 个月

续表

复议后起诉	复议作为	收到复议决定之日起 15 日内, 有例外则从例外
	复议不作为	复议期限届满之日起 15 日内, 有例外则从例外

(四) 起诉方式

公民、法人或者其他组织起诉时, 原则上应采用书面方式, 应当向法院递交起诉状, 并按照被告人数提出副本。不过, 书写起诉状确有困难的, 可以口头起诉, 由法院记入笔录, 出具注明日期的书面凭证, 并告知对方当事人。

二、受理

(一) 受理的概念

受理是指法院对公民、法人或者其他组织的起诉进行审查, 对符合法定条件的起诉决定立案审理, 从而引起诉讼程序开始的职权行为。

(二) 对起诉的审查和处理

行政诉讼从原来的立案审查制改为了登记立案制, 即立案环节对是否符合起诉条件不进行实质审查, 只作形式审查, 不得以起诉材料不具有真实性等实体方面的理由不予立案, 以保障当事人诉权, 解决"立案难"的问题。

对当事人依法提起的诉讼, 一律接收起诉状, 然后分情况作如下处理:

1. 登记立案

法院在接到起诉状时对符合规定起诉条件的, 应当登记立案。即只要符合条件, 就必须立案, 而且立案本身必须要登记。能够判断符合起诉条件的, 应当当场登记立案。

2. 不予立案

不符合起诉条件的, 作出不予立案的裁定。裁定书应当载明不予立案的理由。

对裁定不服的, 当事人可以提起上诉。

📖 关联法条

《行政诉讼法司法解释》第 69 条　有下列情形之一, 已经立案的, 应当裁定驳回起诉:

(一) 不符合行政诉讼法第四十九条规定的;

(二) 超过法定起诉期限且无行政诉讼法第四十八条规定情形的;

(三) 错列被告且拒绝变更的;

(四) 未按照法律规定由法定代理人、指定代理人、代表人为诉讼行为的;

(五) 未按照法律、法规规定先向行政机关申请复议的;

(六) 重复起诉的;

(七) 撤回起诉后无正当理由再行起诉的;

(八) 行政行为对其合法权益明显不产生实际影响的;

(九) 诉讼标的已为生效裁判或者调解书所羁束的;

(十) 其他不符合法定起诉条件的情形。

前款所列情形可以补正或者更正的, 人民法院应当指定期间责令补正或者更正; 在指定期间已经补正或者更正的, 应当依法审理。

人民法院经过阅卷、调查或者询问当事人，认为不需要开庭审理的，可以迳行裁定驳回起诉。

3. 先予立案

对当场不能判定是否符合《行政诉讼法》规定的起诉条件的，应当接收起诉状，出具注明收到日期的书面凭证，并在 7 日内决定是否立案。7 日内仍不能作出判断的，应当先予立案。

4. 指导、释明与补正

起诉状内容欠缺或者有其他错误的，法院应当给予指导和释明，并一次性全面告知当事人需要补正的内容、补充的材料及期限。不得未经指导和释明即以起诉不符合条件为由不接收起诉状。

在指定期限内补正并符合起诉条件的，应当登记立案，立案期限从补正后递交法院的次日起算。当事人拒绝补正或者经补正仍不符合起诉条件的，退回诉状并记录在册；坚持起诉的，裁定不予立案，并载明不予立案的理由。

(三) 起诉人的救济途径

1. 上诉

当事人对不予立案裁定不服的，可以向上一级法院提起上诉。

2. 投诉

对于不接收起诉状、接收起诉状后不出具书面凭证，以及不一次性告知当事人需要补正的起诉状内容的，当事人可以向上级法院投诉，上级法院应当责令改正，并对直接负责的主管人员和其他直接责任人员依法给予处分。

3. "飞跃起诉"

法院既不立案，又不作出不予立案裁定的，当事人可以向上一级法院起诉。上一级法院认为符合起诉条件的，应当立案、审理，也可以指定其他下级法院立案、审理。

表 14-2 立案登记制（一律接收起诉状，之后再分情况处理）

处理方式	当场或 7 日内能够判断符合起诉条件	登记立案
	当场能够判断不符合起诉条件	裁定不予立案并载明不予立案的理由
	当场不能够判断符不符合起诉条件	第一步，先接收起诉状，7 日内决定是否立案； 第二步，7 日内仍不能作出判断的，应当先予立案
	起诉状内容或者材料存在欠缺	法院应当给予指导和释明；一次性全面告知需要补正的内容、材料及期限。 [后续处理] 1. 在指定期限内补正并符合起诉条件的，应当登记立案； 2. 当事人拒绝补正或者经补正仍不符合起诉条件的，退回诉状并记录在册； 3. 当事人拒绝补正或者经补正仍不符合起诉条件且坚持起诉的，裁定不予立案，并载明不予立案的理由

续表

救济途径	不立案的救济	向上一级法院上诉	
	受理瑕疵的救济	救济范围	1. 不接收起诉状； 2. 接收起诉状后不出具书面凭证； 3. 不一次性告知当事人需要补正的起诉状内容
		救济途径	向上级法院投诉，上级法院应当责令改正，并对直接负责人和其他直接责任人依法给予处分
	不立不裁的救济	救济范围	既不立案，又不出具不予立案的裁定
		救济途径	向上一级法院起诉，上一级法院认为符合起诉条件的，应当立案、审理，也可以指定其他下级法院立案、审理

第二节　行政诉讼审理程序

一、行政诉讼一审程序

行政诉讼第一审程序，是指法院自立案至作出第一审判决的诉讼程序。行政诉讼第一审程序分为第一审普通程序和简易程序。

（一）一审普通程序

1. 审理前的准备

审理前的准备，是指法院在受理案件后至开庭审理前，为保证庭审工作的顺利进行，由审判人员依法所进行的一系列准备工作的总称。审理前的准备主要包括下列内容：

（1）组成合议庭。法院审理第一审行政案件，由审判员或审判员、陪审员组成合议庭。合议庭成员应是 3 人以上的单数。

（2）交换诉状。交换诉状主要是向被告和原告发送有关起诉状副本和答辩状等诉讼文书。

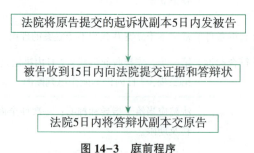

图 14-3　庭前程序

⊙ ［注意 1］被告不提交答辩状不影响法院的审理。

⊙ ［注意 2］起诉状副本送达被告后，原告提出新的诉讼请求，法院不予准许，但有正当理由的除外（行政赔偿程序可以在一审庭审结束前提出）。

（3）开庭准备。法院适用普通程序审理案件，应当在开庭 3 日前用传票传唤当事人。对证人、鉴定人、勘验人、翻译人员，应当用通知书通知其到庭。当事人或者其他诉讼参与人在外地的，应当留有必要的在途时间。

2. 庭审程序

（1）审理对象

①行政诉讼一审的审理对象是被诉行政行为的合法性。

⊙ ［细节1］"诉什么，审什么，判什么"。必须紧紧把握好当事人的诉讼请求，一般在题干里出现有关联性的多个行政行为时，当事人选择的诉讼请求会直接影响到审理对象与裁判内容。例：小白涉嫌嫖娼，将其行政传唤至公安局。在获取证据后，对小白处以5000元罚款，小白对罚款不服，提起诉讼。虽然强制传唤也属于具体行政行为，但是当事人并没有起诉该行为，根据不诉不理的诉讼原理，法院的审理对象就只有罚款5000元行为的合法性。①

⊙ ［细节2］因为在行政诉讼中，法院承担着"控权"的功能，所以，只有行政行为才属于审理对象，当事人行为不能作为审理对象。

例：甲公司与乙公司开办中外合资企业丙公司，经营房地产。因急需周转资金，丙公司与某典当行签订合同，以某宗国有土地作抵押贷款。典当期满后，丙公司未按约定回赎，某典当行遂与丁公司签订协议，将土地的使用权出售给丁公司。经丁公司申请，2001年4月17日市国土局的派出机构办理土地权属变更登记。丙公司未参与变更土地登记过程。2008年3月3日甲公司查询土地抵押登记情况，得知该土地使用权已变更至丁公司名下。甲公司对变更土地登记行为不服向法院起诉。

问：丙公司与某典当行签订的合同是否合法？是否属于本案的审理对象？

答：不属于。因为审理对象必须是被诉的行政行为，也就是变更登记行为的合法性，丙公司与丁典当行之间的合同是否合法不属于本案的审理对象。

⊙ ［细节3］法院的审查强度只审查合法性，合理性问题不属于行政诉讼的审查范围。

②复议机关决定维持原行政行为，起诉后法院审理对象为原行政行为的合法性与复议决定的合法性。因为维持后再起诉的被告为原机关和复议机关，所以，法院审查对象为原行为和复议维持行为的合法性。

---

① 本知识点唯一的例外是，在《关于审理行政许可案件若干问题的规定》中规定的，前置性行政许可之间存在连带审查问题。前置性行政许可，指当事人在办理当前许可事项时，必须持有上一环节的许可证件。表面上这是两个独立的行政许可类型，但前一个许可是后一个许可的事实基础，是发放后一个许可的证据前提。比如，甲煤炭生产企业在申请市场准入时，首先要取得《安全生产许可证》，证明自身符合了安全生产条件后，才能领取《工商营业执照》开展生产经营活动。所以《安全生产许可证》是《工商营业执照》的前置性许可。如果工商局根据甲伪造的《安全生产许可证》为甲颁发了《工商营业执照》，公平竞争权人乙就《工商营业执照》提起诉讼。表面上看来，当事人并未就《安全生产许可证》起诉，根据"不诉不理"原理，似乎法院不应主动审查《安全生产许可证》。但《安全生产许可证》是《工商营业执照》的事实基础和证据前提，对《工商营业执照》合法性的审查，离不开对作为其存在事实基础的《安全生产许可证》的审查。如果前置性的许可存在明眼人一眼看上去就会发现的明显违法问题时，法院是可以主动进行审查的。该知识点也可以用行政行为无效理论予以解释。如果一个具体行政行为构成"明显重大违法"，则是一个无效的行为。根据行政法的理论，具体行政行为无效的后果，是使得该行为自始至终不存在任何法律效力，其效力的丧失并不是从有权机关宣布其无效时开始，而是自其作出之日就从来没有产生过任何效力。因此，理论上当事人可以拒绝履行该行为所设定的义务，可以不受时间限制而主张其无效，或者要求有权机关宣告其无效；而有权机关也可以在任何时候宣告该行为无效。因此，一旦作为被诉具体行政行为前提性、基础性的其他行为存在明显重大违法，法院应当不予认可。［关联法条］2010年《关于审理行政许可案件若干问题的规定》第7条："作为被诉行政许可行为基础的其他行政决定或者文书存在以下情形之一的，人民法院不予认可：（一）明显缺乏事实根据；（二）明显缺乏法律依据；（三）超越职权；（四）其他重大明显违法情形。"

⊙ [注意] 事实上，本知识点为被告资格问题的自然延伸，考生只要明白了被告的原理，这里可以很轻松地推导出来。复议维持被告有两个，审理对象自然也有两个。而复议改变和不作为在审理对象上没有任何的特殊性：复议机关改变原行政行为，起诉后法院审理对象为改变后的新行政行为的合法性；复议机关不作为，如果当事人就原行为起诉，法院审理对象为原行为的合法性；如果当事人就复议不作为起诉，法院审理对象为复议不作为的合法性。

（2）审理方式

行政诉讼第一审程序必须进行开庭审理。开庭审理应遵循以下原则：

①必须采取言词审理的方式。

②以公开审理为原则。法院公开审理行政案件，但涉及国家秘密、个人隐私和法律另有规定的除外。涉及商业秘密的案件，当事人申请不公开审理的，可以不公开审理。对于公开审理的案件，允许公民旁听、记者采访报道。当事人所提供的证据涉及国家秘密、商业秘密或者个人隐私的，提供人应当作出明确标注，并向法庭说明，法庭予以审查确认。

③法院审理政府信息公开行政案件，应当视情况采取适当的审理方式，以避免泄露涉及国家秘密、商业秘密、个人隐私或者法律规定的其他应当保密的政府信息。

④为了防止有些当事人在开庭时以"沉默"对抗法庭，导致开庭程序无法正常进行，《行政诉讼法司法解释》规定原告在庭审中明确拒绝陈述或者以其他方式拒绝陈述，导致庭审无法进行，经法庭释明法律后果后仍不陈述意见的，视为放弃陈述权利，由其承担不利的法律后果。

⑤当事人之间恶意串通，企图通过诉讼等方式侵害国家利益、社会公共利益或者他人合法权益的，法院应当裁定驳回起诉或者判决驳回其请求，并根据情节轻重予以罚款、拘留；构成犯罪的，依法追究刑事责任。

（3）审理期限

法院审理第一审普通行政案件，应当自立案之日起6个月内作出判决。审理期限，是指从立案之日起至裁判宣告、调解书送达之日止的期间，但公告期间、鉴定期间、调解期间、中止诉讼期间、审理当事人提出的管辖异议以及处理法院之间的管辖争议期间不应计算在内。

因起诉状内容欠缺或者有其他错误通知原告限期补正的，从补正后递交法院的次日起算。由上级法院转交下级法院立案的案件，从受诉法院收到起诉状的次日起算。

有特殊情况需要延长的，由高级人民法院批准，高级人民法院审理第一审行政案件需要延长的，由最高人民法院批准。基层人民法院申请延长审理期限，应当直接报请高级人民法院批准，同时报中级人民法院备案。

（二）一审简易程序

为了节省司法资源，提高司法效率，2014年《行政诉讼法》增加了简易程序。

1. 适用范围

（1）法定简易

对于第一审下列案件，法院认为事实清楚、权利义务关系明确、争议不大，可以适用简易程序。具体有：

①被诉行政行为是依法当场作出的；

②案件涉及款额 2000 元以下的；

③属于政府信息公开案件的。

⊙［知识点拨］"事实清楚"，是指当事人对争议的事实陈述基本一致，并能提供相应的证据，无须法院调查收集证据即可查明事实；"权利义务关系明确"，是指行政法律关系中权利和义务能够明确区分；"争议不大"，是指当事人对行政行为的合法性、责任承担等没有实质分歧。

（2）协定简易

对第一审案件，当事人各方同意适用简易程序的，可以适用简易程序。

（3）不得适用的案件

简易程序只适用于一审案件，发回重审、按照审判监督程序再审的案件不适用简易程序。

⊙［知识点拨］一审法院按照一审程序审理的行政案件，当事人各方同意适用简易程序的，可以适用简易程序。该表述是否正确？

答：错误。一审案件和"按照一审程序审理的行政案件"是两个不同的概念，发回重审、再审案件也可以按照一审程序审理，但这类案件往往案情较为复杂，不适宜按照简易程序审理。

2. 简易程序的要求

（1）对于适用简易程序审理的行政案件，由审判员一人独任审理。

（2）审限为 45 日，法院应当在立案之日起 45 日内审结。

（3）法院可以用口头通知、电话、短信、传真、电子邮件等简便方式传唤当事人、通知证人、送达裁判文书以外的诉讼文书。但是，以简便方式送达的开庭通知，未经当事人确认或者没有其他证据证明当事人已经收到的，法院不得缺席判决。

⊙［注意］裁判文书不可以口头、电话等方式送达。

（4）举证期限由法院确定，也可以由当事人协商一致并经法院准许，但不得超过 15日。被告要求书面答辩的，法院可以确定合理的答辩期间。

法院应当将举证期限和开庭日期告知双方当事人，并向当事人说明逾期举证以及拒不到庭的法律后果，由双方当事人在笔录和开庭传票的送达回证上签名或者捺印。

当事人双方均表示同意立即开庭或者缩短举证期限、答辩期间的，法院可以立即开庭审理或者确定近期开庭。

3. 简易程序向普通程序的转换

法院在审理过程中，发现案件不宜适用简易程序的，裁定转为普通程序。法院发现案情复杂，需要转为普通程序审理的，应当在审理期限届满前作出裁定并将合议庭组成人员及相关事项书面通知双方当事人。

案件转为普通程序审理的，审理期限自法院立案之日起计算。

行政诉讼简易程序与民事诉讼简易程序的区别：

（1）民诉的简易程序只能由基层法院（及其派出法庭）在一审案件中审理；行政诉讼只要求一审案件，对于法院的级别没有具体要求。

（2）民诉简易程序的审限为 3 个月；行政诉讼为 45 天。

（3）民诉规定原则上当庭宣判；行政诉讼没有这方面规定。

二、行政诉讼二审程序

行政诉讼第二审程序，是指当事人不服地方各级法院尚未生效的第一审判决或裁定，依法向上一级法院提起上诉，上一级法院据此对案件进行再次审理所适用的程序。

（一）上诉

1. 上诉主体

凡第一审程序中的原告、被告、法院判决承担义务或者减损其权益的第三人及其法定代理人、经授权的委托代理人，都有权提起上诉。第一审法院作出判决和裁定后，当事人均提起上诉的，上诉各方均为上诉人。诉讼当事人中的一部分人提出上诉，没有提出上诉的对方当事人为被上诉人，其他当事人依原审诉讼地位列明。

⊙ [注意] 被告有权对一审判决不服，提起上诉。

2. 上诉内容

能够提起上诉的判决和裁定，包括地方各级法院第一审尚未发生法律效力的判决和对驳回起诉、不予受理、管辖权异议所作出的裁定。当事人提出上诉，应当按照其他当事人或者诉讼代表人的人数提出上诉状副本。

3. 上诉期

当事人不服法院第一审判决的，有权在判决书送达之日起 15 日内向上一级法院提起上诉；当事人不服法院第一审裁定的，有权自裁定书送达之日起 10 日内向上一级法院提起上诉。

4. 原审法院处理程序

（1）原审法院收到上诉状，应当在 5 日内将上诉状副本发送其他当事人，对方当事人应当在收到上诉状副本之日起 15 日内提出答辩状。

（2）原审法院应当在收到答辩状之日起 5 日内将副本发送上诉人。对方当事人不提出答辩状的，不影响法院审理。

（3）原审法院收到上诉状、答辩状，应当在 5 日内连同全部案卷和证据，报送第二审法院；已经预收的诉讼费用，一并报送。

（二）二审案件的审理

1. 审理方式

法院对上诉案件，应当组成合议庭，开庭审理。经过阅卷、调查和询问当事人，对没有提出新的事实、证据或者理由，合议庭认为不需要开庭审理的，也可以不开庭审理。

2. 审理对象

法院审理上诉案件，应当对原审法院的判决、裁定和被诉行政行为进行全面审查，不受上诉范围的限制。

⊙ [注意] 民诉的二审审理对象为当事人上诉范围，刑诉为一审判决全面审查，不受上诉范围的限制。

3. 审理期限

法院第二审行政案件，应当自收到上诉状之日起 3 个月内作出终审判决，有特殊情况需要延长的，由高级人民法院批准。高级人民法院审理上诉案件需要延长的，由最高人民法院批准。

第三节　行政诉讼审理中的特殊制度

一、撤诉制度

（一）撤诉的概念

行政诉讼中的撤诉，是指原告或上诉人自立案至法院作出裁判前，向法院撤回自己的诉讼请求，不再要求法院对案件进行审理的行为。撤诉分为自愿撤诉（主动撤诉）和视为撤诉（被动撤诉）。自愿撤诉是指当事人主动向受诉法院提出撤诉申请，不再要求受诉法院对案件继续进行审理，是当事人对自己诉讼权利的积极处分；视为撤诉是指当事人拒绝履行法定诉讼义务，被法院视为其申请撤诉的情形，它是当事人对自己诉讼权利的消极处分。

（二）自愿撤诉的过程

原告申请撤诉的原因可能有多种[①]，在实践中，大多数情况下都是因为被告在诉讼过程中改变被诉行政行为，原告看到被告作出了让步而主动向法院申请撤诉。申请撤诉的主要过程可以被概括为"一变→二撤→三裁"三个步骤：

1. 第一步：被告改变行政行为

（1）改变动机：被告改变被诉行政行为，可以基于与原告的协调，可以自己改变想法，也可以是因为被告接受了法院的改变建议。在行政诉讼中，法院经审查认为被诉行政行为违法或者不当，可以在宣告判决或者裁定前，建议被告改变其所作的行政行为。

（2）改变时间：可以在一审中改变，也可以在二审、再审中改变。

（3）改变表现：

表 14-3　行政行为改变的表现

实质改变	①改变被诉行为所认定的主要事实和证据
	②改变被诉行为所适用的规范依据且对定性产生影响
	③撤销、部分撤销或变更被诉行为的处理结果
视为改变	①被告根据原告的请求依法履行法定职责
	②被告采取了相应的补救、补偿等措施
	③行政裁决案件中，被告书面认可相对人之间达成的和解协议

2. 第二步：原告申请撤诉

在被告改变被诉行为的情况下，原告基于真实的意思表示自愿撤回了起诉。在一审期间，法庭辩论终结后原告申请撤诉，法院可以准许，但涉及国家利益和社会公共利益的除外。

3. 第三步：法院裁定准予撤诉

（1）裁定是否准许撤诉的审查条件

①被告改变被诉行为不违反法律、法规的禁止性规定，不超越或放弃职权，不损害公

---

① 实践中还存在着被诉行政行为没有任何变化，但原告申请撤诉的情况，这种类型的撤诉没有考点，法律对此也没有详细规定，所以，我们便将其忽略了。

共利益和他人合法权益。比如，张某法考客观题 179 分，司法局不予许可，张某不服起诉。在诉讼过程中，司法局同意颁发法律职业资格证书，张某申请撤诉，此时由于该许可行为违法，法院则不应准予撤诉。

②被告已经改变或决定改变被诉行为，并书面告知法院。

③第三人无异议。

（2）审查结果

①裁定准许撤诉；

②裁定不准撤诉，继续审理本案，并及时作出裁判；

③不能即时履行或一次性履行的，法院可以裁定准许撤诉，也可以裁定中止审理。

撤诉中特别情况的处理

"一变→二撤→三裁"的三步骤是理想化的，在诉讼过程中，有可能出现被告改变了被诉行为，原告仍不愿撤诉的情况。比如，在诉讼中，公安局将对原告小白的处罚从罚款 3000 元改为罚款 1000 元，但原告仍然不愿撤诉，那此时，法官应该审理的是改变前的旧行为罚款 3000 元呢？还是改变后的新行为罚款 1000 元呢？同学们首先记住以下口诀：新行为审不审看诉没诉，旧行为审不审看撤不撤。

新行为审不审看诉没诉，指的是对于改变后在诉讼中刚作出的新行政行为，由于该行为刚刚火热出炉，根据"不诉不理"原理，只有当事人就罚款 1000 元行为另行起诉，法院才会予以审理。所以，新的看诉没诉。

旧行为审不审看撤不撤，指的是对于改变前的旧行为，法院早已受理了该案的诉讼请求，在诉讼中，虽然该行为事实上已不复存在了，但是，当事人如果不撤诉，那诉讼请求还摆在法官面前，"不诉不理"的反面就是"诉了就得理"。所以，法院还需要继续审查该行为的合法性。

当然还有一种可能，对旧行为当事人不申请撤诉，对新行为当事人也不服并另行起诉，原告先后提起的两个诉讼同时存在，法院应当对这两个诉讼都进行审理并作出判决。

（三）视为撤诉

在以下三种情形下，即使原告未主动申请撤诉，法院也可以视为撤诉：

1. 原告经传票传唤，无正当理由拒不到庭（不来的）；

2. 原告未经法庭许可中途退庭（先走的）；

3. 原告未按规定的期限预交案件受理费，又不提出缓交、减交、免交申请，或者提出申请未获批准的（不交钱的）。

（四）撤诉的法律后果

法院裁定准许原告撤诉后，原告以同一事实和理由重新起诉的，法院不予立案。但因诉讼费缴纳问题按撤诉处理后，原告在法定期限内再次起诉，并依法解决诉讼费预交问题的，法院应予立案。

⊙ [知识点拨] 这一点与民事诉讼不同。在民事诉讼中，原告的撤诉经法院准许后，视为自始即未起诉，原告仍有权提起诉讼。

（五）撤诉错误的纠错制度

准予撤诉的裁定确有错误，原告申请再审的，法院应当通过审判监督程序撤销原准予撤诉的裁定，重新对案件进行审理。

⊙ ［注意］在二审中，上诉人撤诉制度，包括申请撤诉和视为撤诉，和一审原告的内容相同。

二、缺席判决制度

（一）对被告的缺席审判

1. 条件

被告经传票传唤无正当理由拒不到庭，或者未经法庭许可中途退庭的，法院可以按期开庭或者继续开庭审理，对到庭的当事人的诉讼请求、双方的诉辩理由以及已经提交的证据及其他诉讼材料进行审理后，依法缺席判决。

2. 后果

（1）可以将被告拒不到庭或者中途退庭的情况予以公告；

（2）并可以向监察机关或者被告的上一级行政机关提出依法给予其主要负责人或者直接责任人员处分的司法建议；

（3）经合法传唤，因被告无正当理由拒不到庭而需要依法缺席判决的，被告提供的证据不能作为定案的依据，但当事人在庭前交换证据中没有争议的证据除外。

（二）对原告的缺席审判

原告如果拒不到庭或者中途退庭，一般是视为撤诉；但原告主动申请撤诉，而法院不予准许后，原告经合法传唤无正当理由拒不到庭或未经法庭许可而中途退庭，法院可以对原告缺席审判。

⊙ ［注意］简易程序中，以简便方式送达的开庭通知，未经当事人确认或者没有其他证据证明当事人已经收到的，人民法院不得缺席判决。

⊙ ［总结］对于拒不到庭或者中途退庭的情况，原告一般是视为撤诉，被告视为缺席审判；对于第三人法律规定为，第三人经合法传唤无正当理由拒不到庭，或未经法庭许可中途退庭的，不发生阻止案件审理的效果。

三、行政机关负责人出庭制

（一）制度背景

行政机关负责人出庭制（又称为行政首长出庭制）有利于行政纠纷的实质性化解，便于首长直接发现行政执法过程中存在的问题，提高行政机关依法行政的推行效果。

（二）负责人原则上应当出庭应诉

1. 应出庭的阶段

第一审、第二审、再审等诉讼程序，负责人均应当出庭应诉。

⊙ ［注意1］仅限于诉讼程序，不包括调查等程序。

⊙ ［注意2］在有些领域和有些地域，诉讼案件数量较大，为了减轻负责人出庭应诉的压力，对于同一审级需要多次开庭的同一案件，行政机关负责人到庭参加一次庭审的，一般可以认定其已经履行出庭应诉义务，但人民法院通知行政机关负责人再次出庭的除外。

⊙ ［注意3］ 行政机关负责人在一个审理程序中出庭应诉，不免除其在其他审理程序出庭应诉的义务。

2. 应出庭的诉讼参加人

（1）不限于行政机关的负责人，还包括其他具有行政诉讼被告主体资格的行政主体，也就是法律、法规、规章授权独立行使行政职权的行政机关内设机构、派出机构或者其他组织的负责人。

（2）不限于作为被告的行政机关的负责人，还包括应当追加为被告而原告不同意追加，人民法院通知以第三人身份参加诉讼的行政机关（被告型的第三人）的负责人。

（3）有共同被告的行政案件，可以由共同被告协商确定行政机关负责人出庭应诉；也可以由人民法院确定。

⊙ ［注意］ 行政机关在庭审前申请更换出庭应诉负责人且不影响正常开庭的，人民法院应当准许。

3. 应出庭的负责人范围

（1）被诉行政机关负责人，包括行政机关的正职、副职负责人、参与分管被诉行政行为实施工作的副职级别的负责人以及其他参与分管的负责人。该项规定体现了对负责人的范围尽量放开的态度，一则有利于减轻正职领导出庭应诉的压力，二则有利于出庭的负责人既出庭又出声。在实践中，有些案件中，分管、熟悉行政执法业务的负责人对本案更加熟悉、专业，更具有发言权，由其出庭应诉，可能比正职负责人还要适宜。

（2）被诉行政机关委托的组织或者下级行政机关的负责人，不能作为被诉行政机关负责人出庭。

4. 负责人出庭的情形

（1）应当通知

对于涉及食品药品安全、生态环境和资源保护、公共卫生安全等重大公共利益，社会高度关注或者可能引发群体性事件等的案件，人民法院应当通知行政机关负责人出庭应诉。

（2）可以通知

有下列情形之一，需要行政机关负责人出庭的，人民法院可以通知行政机关负责人出庭应诉：①被诉行政行为涉及公民、法人或者其他组织重大人身、财产权益的；②行政公益诉讼；③被诉行政机关的上级机关规范性文件要求行政机关负责人出庭应诉的；④人民法院认为需要通知行政机关负责人出庭应诉的其他情形。

5. 负责人出庭的相关程序

（1）出庭前通知

①法院在向行政机关送达的权利义务告知书中，应当一并告知行政机关负责人出庭应诉的法定义务及相关法律后果等事项。

②法院通知行政机关负责人出庭的，应当在开庭3日前送达出庭通知书，并告知行政机关负责人不出庭可能承担的不利法律后果。

（2）出庭时审核

行政机关负责人出庭应诉的，应当于开庭前向人民法院提交出庭应诉负责人的身份证明。身份证明应当载明该负责人的姓名、职务等基本信息，并加盖行政机关印章。

法院应当对出庭应诉负责人的身份证明进行审查，经审查认为不符合条件，可以补正的，应当告知行政机关予以补正；不能补正或者补正可能影响正常开庭的，视为行政机关负责人未出庭应诉。

（3）出庭时委托代理人

行政机关负责人出庭应诉的，可以另行委托 1 至 2 名诉讼代理人。行政机关负责人不能出庭的，应当委托行政机关相应的工作人员出庭，不得仅委托律师出庭。

6. 不能出庭

（1）情形：不可抗力；意外事件；需要履行他人不能代替的公务；无法出庭的其他正当事由。

⊙［口诀］不可抗、不可代、有意外。

（2）提交手续：行政机关负责人有正当理由不能出庭的，应当提交相关证明材料，并加盖行政机关印章或者由该机关主要负责人签字认可。

⊙［注意］2018 年生效《行政诉讼法司法解释》规定为"情况说明"，2020 年《行政机关负责人出庭应诉规定》改为了"证明材料"，这是对行政机关负责人不能出庭时规定了更加严格的要求，以前只需要提交一个"请假条"就行，现在还得把"病历本"拿过来。

（3）法院审查：人民法院应当对行政机关负责人不能出庭的理由以及证明材料进行审查。行政机关负责人有正当理由不能出庭，行政机关申请延期开庭审理的，人民法院可以准许；人民法院也可以依职权决定延期开庭审理。

7. 负责人出庭效果保障措施

行政机关负责人的"介入感""参与感"很重要。行政机关负责人出庭不出声，应诉不应答，就会使庭审效果大打折扣，就会使官民矛盾继续紧张，就会使行政纠纷难以实质化解，就会使出庭应诉制度变成摆设，[1] 为了确保行政机关负责人出庭又出声，《行政机关负责人出庭应诉规定》规定了以下内容：

（1）负责人出庭应当依法行使诉讼权利，履行诉讼义务，遵守法庭规则，自觉维护诉讼秩序。

（2）行政机关负责人或者行政机关委托的相应工作人员在庭审过程中应当就案件情况进行陈述、答辩、提交证据、辩论、发表最后意见，对所依据的规范性文件进行解释说明，确保"出庭又出声"。

（3）负责人出庭应诉的，应当就实质性解决行政争议发表意见，充分发挥负责人的决策作用，推动行政争议的实质性化解。

8. 负责人未出庭时的异议制度

对"行政机关负责人未出庭应诉，且未说明理由或者理由不成立的"，原告有权提出异议，人民法院可以在庭审笔录中载明，但不影响案件的正常审理。但为了防止原告滥用

---

[1] 黄永维、梁凤云、章文英：《〈最高人民法院关于行政机关负责人出庭应诉若干问题的规定〉的理解与适用》，载《人民法院报》2020 年 6 月 25 日。

权利，导致诉讼程序或庭审无法正常审理，司法解释还重申了以下两种制度：

（1）原告以此为由拒不到庭、未经法庭许可中途退庭的（他不来，我也不来），法院可以按照撤诉处理。

（2）原告以此为由在庭审中明确拒绝陈述或者以其他方式拒绝陈述（他不来，我就不说），导致庭审无法进行，经法庭释明法律后果后仍不陈述意见的，人民法院可以视为放弃陈述权利，由其承担相应的法律后果。

（三）工作人员可以出庭

《行政诉讼法》第 3 条第 3 款规定："被诉行政机关负责人应当出庭应诉。不能出庭的，应当委托行政机关相应的工作人员出庭。"相应的工作人员，是指被诉行政机关中具体行使行政职权的工作人员。行政机关委托行使行政职权的组织或者下级行政机关的工作人员，可以视为行政机关相应的工作人员。

行政机关委托相应的工作人员出庭应诉的，应当向人民法院提交加盖行政机关印章的授权委托书，并载明工作人员的姓名、职务和代理权限。

（四）责任制度

1. 司法建议制度

有下列情形之一的，人民法院应当向监察机关、被诉行政机关的上一级行政机关提出司法建议：

（1）行政机关负责人未出庭应诉，且未说明理由或者理由不成立的；

（2）行政机关有正当理由申请延期开庭审理，人民法院准许后再次开庭审理时行政机关负责人仍未能出庭应诉，且无正当理由的；

（3）行政机关负责人和行政机关相应的工作人员均不出庭应诉的；

（4）行政机关负责人未经法庭许可中途退庭的；

（5）人民法院在庭审中要求行政机关负责人就有关问题进行解释或者说明，行政机关负责人拒绝解释或者说明，导致庭审无法进行的。

有前款情形之一的，人民法院应当记录在案并在裁判文书中载明。

2. 公开和通报制度

（1）法院可以通过适当形式将行政机关负责人出庭应诉情况向社会公开。

（2）法院可以定期将辖区内行政机关负责人出庭应诉情况进行统计、分析、评价，向同级人民代表大会常务委员会报告，向同级人民政府进行通报。

四、调解制度

（一）调解范围

法院审理行政案件，原则上不适用调解。但法院对于行政赔偿、补偿以及行政机关行使法律、法规规定的自由裁量行为，认为法律关系明确、事实清楚，在征得当事人双方同意后，可以进行调解。

（二）调解协议

1. 内容和形式要件

调解达成协议，法院应当制作调解书，与民诉不同，行政诉讼中没有不需要制作调解书的情况。调解书应当写明诉讼请求、案件的事实和调解结果。

调解书由审判人员、书记员署名，加盖法院印章，送达双方当事人。

2. 生效要件

调解书经双方当事人签收后，即具有法律效力。调解书生效日期根据最后收到调解书的当事人签收的日期确定。

◉ [注意] 调解书不是加盖法院印章之日起生效，而是双方当事人签收后生效，生效则意味着如果当事人不履行，调解书可以构成强制执行的依据。行政法律制度中，存在两类调解协议：救济阶段（诉讼、复议）的调解协议和行政实体法中的调解协议。这两类调解协议在效力上是不同的，行政实体法中的调解，是对张三、李四两个民事主体的矛盾进行调处，没有处分性，不可以被强制执行，因而被归类为实施事实行为。而救济阶段的调解协议是正式的结案方式，是法院对官民矛盾（不是平等主体的矛盾）进行调处的行为，具有处分性和强制执行力。

3. 调解公开制度

（1）调解过程不公开。法院审理行政案件，调解过程不公开，但当事人同意公开的除外。

（2）调解结果不公开。调解协议内容不公开，但为保护国家利益、社会公共利益、他人合法权益，法院认为确有必要公开的除外。

4. 第三人参与调解

经法院准许，第三人可以参加调解。法院认为有必要的，可以通知第三人参加调解。这说明第三人参加调解程序，既可以依申请，又可以依职权。

5. 及时判决

当事人一方或者双方不愿调解、调解未达成协议的，法院应当及时判决。

6. 调解协议不能成为判决的依据

当事人自行和解或者调解达成协议后，请求法院按照和解协议或者调解协议的内容制作判决书的，法院不予准许。调解是个双方相互让步的过程，在调解中有些当事人为了能够化解矛盾，会承认案件事实，甚至会承认对方诉讼主张。但是，如果一旦当事人承认了某些内容，最终却没有达成调解协议，这些被当事人承认的内容不能成为后续判决的依据，否则调解可能是个"圈套"，以后就没有人愿意调解了。

五、诉讼保全与先予执行制度

（一）诉讼保全

1. 诉中保全

（1）适用情形。因一方当事人的行为或者其他原因，可能使行政行为或者法院生效裁判不能或者难以执行，法院裁定对其财产进行保全、责令其作出一定行为或者禁止其作出一定行为。分为财产保全和行为保全。

①对于财产的保全，案件从人民法院受理到作出生效判决、再到执行需要经过几个月甚至更长的时间。如果债务人隐匿、转移或者挥霍争议中的财产或者以后用于执行的财产而得不到制止，不仅会激化当事人双方的矛盾，而且可能会使生效的判决不能得到执行。所以，在诉讼中可以对财产采取查封、冻结等保全措施。

②对于行为的保全，比如禁止行政机关公开涉及当事人个人隐私的信息。

（2）启动方式。根据对方当事人的申请或法院在必要时启动。

（3）担保。法院采取保全措施，可以责令申请人提供担保；申请人不提供担保的，裁定驳回申请。

（4）程序要求。法院接受申请后，对情况紧急的，必须在 48 小时内作出裁定；裁定采取保全措施的，应当立即开始执行。

（5）实体要求。

①保全限于请求的范围，或者与本案有关的财物。

②法院保全财产后，应当立即通知被保全人。

③财产已被查封、冻结的，不得重复查封、冻结。

④涉及财产的案件，被申请人提供担保的，法院应当裁定解除保全。

⊙ ［注意］ 只限于财产案件，其他案件不可。比如行政机关要公开张某个人隐私，被法院制止，那如果行政机关提供担保，就可以解除保全吗？这不是钱能解决的问题。

⑤申请有错误的，申请人应当赔偿被申请人因保全所遭受的损失。

（6）救济。当事人对保全的裁定不服的，可以申请复议；复议期间不停止裁定的执行。

⊙ ［注意］ 此处的复议为司法复议，有权申请复议的是当事人，包含原告、被告和第三人。

2. 诉前财产保全

（1）适用情形。利害关系人因情况紧急，不立即申请保全将会使其合法权益受到难以弥补的损害的，可以在提起诉讼前向法院申请采取保全措施。

（2）管辖。被保全财产所在地、被申请人住所地或者对案件有管辖权的法院均可以受理诉前保全申请。

（3）担保。申请人应当提供担保，不提供担保的，裁定驳回申请。

（4）程序要求。法院接受申请后，必须在 48 小时内作出裁定；裁定采取保全措施的，应当立即开始执行。

（5）实体要求。

①保全限于请求的范围，或者与本案有关的财物。

②法院保全财产后，应当立即通知被保全人。

③财产已被查封、冻结的，不得重复查封、冻结。

④涉及财产的案件（其他案件不可以），被申请人提供担保的，法院应当裁定解除保全。

⑤申请有错误的，申请人应当赔偿被申请人因保全所遭受的损失。

（6）保全解除。申请人在法院采取保全措施后 30 日内不依法提起诉讼的，法院应当解除保全。

（7）救济。当事人对保全的裁定不服的，可以申请复议；复议期间不停止裁定的执行。

⊙ ［注意］ 此处的复议为司法复议，有权申请复议的是当事人，包含原告、被告和第三人。

⊙ ［知识点拨 1］ 关于诉前保全和诉中保全制度，行政诉讼和民事诉讼基本一致，主要差别有一处，民事诉讼诉中保全应 5 日内作出裁定，紧急时是 48 小时内，行政诉讼并没有交代在一般情形下作出裁定的时间。同时，行政诉讼中没有规定民事诉讼中的执行前保全。

⊙ ［知识点拨 2］ 诉前保全和诉中保全在程序、实体和救济内容上基本一致，主要存在三处差别：第一，申请时间是诉讼前还是诉讼中。第二，诉中保全既可以当事人申请又可以法院主动保全，这是因为既然诉至法院，出现影响公共利益等因素，法官不可能坐视不理；而诉前的话，法院都不知道会有这个案件，怎么会主动保全呢，这就会违背了不诉不理的基本法理。第三，诉中保全可以要求当事人提供担保，而诉前保全是当事人应当提供担保，原因是诉中法院对于当事人的人品、财力有所了解，有时候不担保法院也不担心；但诉前，法院对当事人都不了解，不担保的话，法院会心虚。

（二）先予执行

法院对起诉行政机关没有依法支付抚恤金、最低生活保障金和工伤、医疗社会保险金的案件，权利义务关系明确、不先予执行将严重影响原告生活的，可以根据原告的申请，裁定先予执行。我们将这种先予执行称为"可怜的人，申请可怜的钱"。

当事人对先予执行裁定不服的，可以申请复议一次。复议期间不停止裁定的执行。

⊙ ［细节 1］ 只能根据原告申请，不存在法院主动先予执行的情况。

⊙ ［细节 2］ 由于是"可怜的人，申请可怜的钱"，当事人生活困难，所以，法律没有要求该种先予执行的申请人提供担保。

⊙ ［细节 3］ 当事人对先予执行裁定不服的，可以申请复议一次。第一，这里的复议不是行政复议，而是司法复议。行政复议是"民告官"，所以申请人只能是公民、法人或其他组织，而司法复议是诉讼参与人对法院的某项裁定或决定不服，而要求法院予以纠正其错误的救济制度，申请者既可以是原告，也可以是被告。司法复议制度在各个诉讼法中均大量存在，比如民事诉讼法中，对于法院回避决定、先予执行裁定、财产保全裁定等均可申请司法复议。第二，向作出先予执行裁定的法院申请复议，而不是向上一级法院申请。[①]

六、行政行为的停止执行问题

一旦行为被起诉，法院在执行问题上的态度是消极中立的，对于有执行权的机关，法院原则上不会阻拦其执行的步伐；而对于没有执行权的机关，法院原则上也不会帮助其先予执行。如果行政机关自身具有强制执行权，那么只需要在当事人义务履行期届满后，就可以强制执行了，当事人是否诉讼或复议不影响行政机关执行的步伐。否则，当事人一旦提起诉讼，执行过程就会被打断，这不利于保障国家管理的稳定性和连续性。比如，税务局要求当事人缴纳税款，如果在当事人起诉时，税务局强制执行停止下来，不仅让整个税务系统陷于瘫痪，更会让"国家机器"因缺乏财政资金补给而无法运转，伤及公共利益。不停止执行是原则情况，但如果有下列情况之一的，被诉行政行为也会被裁定停止执行：

第一，被告认为需要停止执行的；

第二，原告或者利害关系人申请停止执行，法院认为该行政行为的执行会造成难以弥补的损失，并且停止执行不损害国家利益、社会公共利益的；

---

① 信春鹰主编：《中华人民共和国行政诉讼法释义》，法律出版社 2014 年版，第 137 页。

第三，法院认为该行政行为的执行会给国家利益、社会公共利益造成重大损害的；

第四，法律、法规规定停止执行的。

当事人对停止执行或者不停止执行的裁定不服的，可以申请复议一次。

七、延期审理、诉讼中止与诉讼终结制度

（一）延期审理

延期审理，又称为延期开庭，是指由于出现某种法定事由，使开庭审理不能如期进行，或者已经开始的庭审无法继续进行，从而决定推延审理的一种诉讼制度。有下列情形之一的，可以延期开庭审理：

1. 应当到庭的当事人和其他诉讼参与人有正当理由没有到庭的；

2. 当事人临时提出回避申请且无法及时作出决定的；

3. 需要通知新的证人到庭，调取新的证据，重新鉴定、勘验，或者需要补充调查的；

4. 其他应当延期的情形。

⊙ ［知识点拨］对于以上情形，考生不需要死记硬背，只需要理解延期审理的本质，是由于临时障碍导致庭审无法继续下去，一旦临时性的障碍消除，就必然可以继续开庭审理，继续开庭的话，当事人、案件审理结果不会因为延期原因而受到任何影响。比如，原告因为在医院安排手术或者出席"两会"而无法参与庭审，法院决定延期审理，而后临时障碍消除，诉讼恢复如初，不会有任何影响；再比如，当事人临时提出回避，那么法官就需要暂停工作，则需要延期审理，等法院作出回避处理决定后，哪怕更换了一个新的法官，当事人还是原来的当事人，诉讼标的还是原来的标的，不会受到延期的影响。这和诉讼中止是不同的，诉讼中止一切都是悬而未决的，整个诉讼程序都会停顿下来，未来谁做原告不知道，甚至未来是否要继续诉讼都不知道。

（二）诉讼中止

诉讼中止是指在诉讼过程中，因出现某种原因而诉讼暂时停止，待原因消除后诉讼继续进行的制度。行政诉讼中的诉讼中止主要包括以下情形：

1. 原告死亡，须等待其近亲属表明是否参加诉讼的；

2. 原告丧失诉讼行为能力，尚未确定法定代理人的；

3. 作为一方当事人的行政机关、法人或者其他组织终止，尚未确定权利义务承受人的；

4. 一方当事人因不可抗力的事由不能参加诉讼的；

5. 案件涉及法律适用问题，需要送请有权机关作出解释或者确认的；

6. 案件的审判须以相关民事、刑事或者其他行政案件的审理结果为依据，而相关案件尚未审结的；

7. 其他应当中止诉讼的情形。

⊙ ［例1］原告李某因在参加庭审的路上发生交通事故，无法参加庭审，法院应当延期审理还是诉讼中止？

答：延期审理。因为相关原因消除后，李某必然可以参加原诉讼，原诉讼的任何内容不会受到影响。

⊙ ［例2］因发生地震，交通受阻，原告李某无法参加庭审，法院应当延期审理还是中

止诉讼？

答：延期审理。依赖于死记硬背的考生，很可能认为地震是不可抗力，法院应诉讼中止，这是没有理解延期审理和诉讼中止区别的表现。仔细想想［例1］与［例2］有无本质区别，此处的不可抗力和延期审理的"有正当理由"如何区别？因为地震原因消除后，李某必然可以参加原诉讼，庭继续开，案继续审，没有任何影响。

⊙ ［例3］因发生地震，交通受阻，原告李某失踪，法院应当延期审理还是中止诉讼？

答：中止诉讼。因为不可抗力原告失踪，李某能不能被找到、什么时候被找到、这个诉讼是否要继续、怎么继续等一系列问题均不可知，此时法院只能把整个诉讼程序停下来，裁定诉讼中止。

（三）诉讼终结

诉讼终结是指在诉讼开始后，出现了使诉讼不可能进行或进行下去已无必要的情形，由法院决定结束对案件审理的制度。诉讼终结仅限于法定事由：

1. 原告死亡，没有近亲属或者近亲属放弃诉讼权利的；

2. 作为原告的法人或者其他组织终止后，其权利义务的承受人放弃诉讼权利的；

3. 因原告死亡须等待其近亲属表明是否参加诉讼，或者原告丧失诉讼行为能力尚未确定法定代理人，或者作为一方当事人的行政机关、法人或者其他组织终止，尚未确定权利义务承受人这三种原因，使诉讼中止满90日仍无人继续诉讼的（但有特殊情况的除外）。

⊙ ［注意］原告死亡，并不会直接导致诉讼终结，必须还得增加另外一个条件"没有近亲属或者近亲属放弃诉讼权利"或者是"原告丧失诉讼行为能力尚未确定法定代理人，使诉讼中止满90日仍无人继续诉讼"，才会终止。法人或者其他组织终止后也是类似的道理。

⊙ ［知识点拨］行政诉讼和民诉制度在延期审理、诉讼中止与诉讼终结制度上的法律规定高度一致。

八、妨害行政诉讼行为的排除制度

妨害行政诉讼行为的排除，是指法院在行政诉讼过程中，为了保障行政审判的顺利进行，对实施妨害行政诉讼行为的人采取的强制手段。根据《行政诉讼法》的规定，法院必须针对法定的妨害行政诉讼行为，依法采取强制措施。

（一）妨害行政诉讼的行为

妨害行政诉讼的行为，是指诉讼参加人和其他人在行政诉讼过程中，故意干扰、破坏诉讼秩序，妨碍诉讼活动正常进行的行为。根据《行政诉讼法》规定，妨害行政诉讼的行为包括：

1. 有义务协助调查、执行的人，对法院的协助调查决定、协助执行通知书，无故推拖、拒绝或者妨碍调查、执行的；

2. 伪造、隐藏、毁灭证据或者提供虚假证明材料，妨碍法院审理案件的；

3. 指使、贿买、胁迫他人作伪证或者威胁、阻止证人作证的；

4. 隐藏、转移、变卖、毁损已被查封、扣押、冻结的财产的；

5. 以欺骗、胁迫等非法手段使原告撤诉的；

6. 以暴力、威胁或者其他方法阻碍法院工作人员执行职务，或者以哄闹、冲击法庭等方法扰乱法院工作秩序的；

7. 对法院审判人员或者其他工作人员、诉讼参与人、协助调查和执行的人员恐吓、侮辱、诽谤、诬陷、殴打、围攻或者打击报复的。

（二）排除妨害行政诉讼的强制措施

对上述妨害行政诉讼的行为，法院可以采取下列强制措施予以排除：训诫、责令具结悔过、罚款和拘留；构成犯罪的，依法追究刑事责任。

1. 训诫，是法院对妨害行政诉讼行为情节较轻者，予以批评、教育并警告其不得再犯的措施，属较轻的强制措施。

2. 责令具结悔过，是法院对有妨害行政诉讼行为的人，责令其承认错误，写出悔过书，保证不再重犯的措施，也属较轻的强制措施。

3. 罚款，是法院对有妨害行政诉讼行为的人，强制其交纳一定数额款项的强制措施。罚款金额为1万元以下。

4. 拘留，是法院对有妨害行政诉讼行为的人，短期内限制其人身自由的一种强制措施，是最严厉的强制措施。拘留期限为15日以下。

法院对有上述妨害行政诉讼行为的单位，可以对其主要负责人或者直接责任人员依照上述规定予以罚款、拘留；构成犯罪的，依法追究刑事责任。

按照《行政诉讼法》及《行政诉讼法司法解释》的规定，罚款、拘留须经法院院长批准。当事人对决定不服的，可以向上一级法院申请复议一次。复议期间不停止执行。罚款、拘留可以单独适用，也可以合并适用。

对同一妨害行政诉讼行为的罚款、拘留不得连续适用。发生新的妨害行政诉讼行为的，法院可以重新予以罚款、拘留。

九、回避制度

（一）范围

当事人认为审判人员、书记员、翻译人员、鉴定人、勘验人与本案有利害关系或者有其他关系可能影响公正审判，有权申请审判人员回避。审判人员、书记员、翻译人员、鉴定人、勘验人（不包括证人）认为自己与本案有利害关系或者有其他关系，应当申请回避。

在一个审判程序中参与过本案审判工作的审判人员，不得再参与该案其他程序的审判。发回重审的案件，在一审法院作出裁判后又进入第二审程序的，原第二审程序中合议庭组成人员不受上述规定的限制。

（二）决定主体

院长担任审判长时的回避，由审判委员会决定；审判人员的回避，由院长决定；其他人员的回避，由审判长决定。

（三）申请时间

当事人申请回避，应当说明理由，在案件开始审理时提出；回避事由在案件开始审理后知道的，应当在法庭辩论终结前提出。

（四）决定时间和方式

对当事人提出的回避申请，法院应当在 3 日内以口头或者书面形式作出决定。对当事人提出的明显不属于法定回避事由的申请，法庭可以依法当庭驳回。

被申请回避的人员，在法院作出是否回避的决定前，应当暂停参与本案的工作，但案件需要采取紧急措施的除外。

（五）救济

申请人对驳回回避申请决定不服的，可以向作出决定的法院申请复议一次。复议期间，被申请回避的人员不停止参与本案的工作。对申请人的复议申请，法院应当在 3 日内作出复议决定，并通知复议申请人。

⊙ ［注意］被决定回避的人无权申请复议。

第四节　行政诉讼与其他诉讼交叉案件

一、行政与刑事交叉案件的处理

法院在行政诉讼过程中，认为受行政行为处理的原告或第三人的行为已构成犯罪，将有关犯罪材料移送公安、检察机关按刑事诉讼程序处理。法院对于原行政案件有两种处理方式：

第一种，犯罪行为与行政机关之前认定的行政违法行为具有相关性，那么法院应中止行政诉讼，等刑事案件审结确认是否犯罪后，再恢复行政诉讼程序。

⊙ ［例］区公安局认定王某盗窃 1000 元，对王某拘留 10 日，后王某不服提起诉讼，在行政诉讼审理过程中，法院发现王某实际上的盗窃数额为 5 万元，法院应当如何处理呢？

答：法院应将有关犯罪材料移送司法机关，对原行政案件中止审理，等待刑事审判结果。如果刑事案件的处理结果为王某构成犯罪，则行政处罚会和刑罚进行折抵，行政诉讼的标的就不存在了，此时法院应当裁定终止行政诉讼；如果刑事案件的处理结果为王某不构成犯罪，此时法院应当恢复行政案件的审理，重新判断王某行为的违法程度，并作出对行政处罚合法性的审查认定结论。

第二种，犯罪行为与行政机关之前认定的行政违法行为没有相关性，是两项独立的行为，法院就应当继续审理原来的行政诉讼，而无需等待刑事案件的审判结果。

⊙ ［例］区市监局以涉嫌虚假宣传为由扣押了王某财产，王某不服诉至法院。在此案的审理过程中，法院发现王某涉嫌受贿犯罪需追究刑事责任。法院应当如何处理呢？

答：法院应当将涉嫌受贿犯罪的有关材料移送有管辖权的司法机关处理，对基于涉嫌虚假宣传而实施的扣押行为的合法性继续审理。

二、行政与民事交叉案件的处理

（一）概述

在实践中，行政法和民法并不是两个完全独立的法律部门，它们经常会交织到一起。

⊙ ［例1］规划局向开发商甲颁发规划许可证，允许甲在居民乙的房屋附近建设商品房。乙认为商品房建成后会影响采光，对规划局提起行政诉讼，请求撤销规划许可（行政争议），同时，对甲提起民事诉讼，要求给予侵权赔偿（民事争议）。这时候，行政法律关系和民事法律关系就交织到了一起。

⊙ ［例2］ 甲乙二人共有某套房屋，甲在乙不知情的情况下，将房屋出售给丙，并通过伪造签名、他人冒名顶替的方式将房屋所有权人变更为丙。乙知晓后，以房产局未尽审查义务为由提起行政诉讼，要求撤销登记行为；对甲、丙二人提起民事诉讼，要求法院确认房屋所有权归属。[①] 这时候，行政法律关系和民事法律关系就交织到了一起。

对于行政与民事交叉案件，如依照行政诉讼法和民事诉讼法分别立案，由民事审判庭和行政审判庭分别审理，则浪费了司法资源，降低了司法效率，还不利于矛盾的实质性化解，容易导致循环诉讼。为解决该问题，2014年修改的《行政诉讼法》第61条规定："在涉及行政许可、登记、征收、征用和行政机关对民事争议所作的裁决的行政诉讼中，当事人申请一并解决相关民事争议的，人民法院可以一并审理。在行政诉讼中，人民法院认为行政案件的审理需以民事诉讼的裁判为依据的，可以裁定中止行政诉讼。"这说明，立法者对于行政与民事交叉案件的态度是：对于在涉及行政许可、登记、征收、征用和行政机关对民事争议所作的裁决行政诉讼中，如果当事人申请一并解决民事争议的，那可以合并审理。但是如果当事人没有申请或法院决定不予合并的，只能将行政案件和民事案件分开处理，"你走你的阳关道，我走我的独木桥"，由法院民事审判庭和行政审判庭分别予以审理。在分别审理中，法院认为行政案件的审理需以民事诉讼的裁判为依据的，可以裁定中止行政诉讼，以等待民事案件的审判结果。

（二）行政诉讼附带民事诉讼（合并审理）的概念和特点

行政和民事案件的合并审理，理论上又称为行政诉讼附带民事诉讼，是法院在审理行政案件的同时，对与引起该案件的行政争议相关的民事纠纷一并审理的诉讼活动和诉讼关系的总称。它具有以下特点：

1. 行政诉讼附带民事诉讼实质是两种不同性质诉讼的合并。行政诉讼解决的是行政争议，民事诉讼解决的是民事纠纷，争议性质的不同决定了两种诉讼制度的区别，也决定了两种诉讼通常应分别进行。在一般情况下，对于行政、民事两个争议，法院的处理方式均为"应当分别立案，可以合并审理"。行政争议按照行政诉讼的起诉期、案由、受案范围等标准立案，民事争议按照相应的民事标准立案，这是独立的两个案件，但如果符合合并审理的条件，法院可以将两个案件合并审理。原则上，立案的时候是两个独立案件，只是为了节约诉讼成本，避免裁判冲突，提高司法效率而合并审理。审理是"可以"合并，那么意味着也可以不合并审理，是否合并取决于：当事人是否申请；法院裁量是否符合合并审理的条件。

2. 附带民事诉讼的原告可以是行政诉讼的原告，但附带民事诉讼的被告不能是行政诉讼的被告。行政诉讼解决的是"民告官"的问题，而民事诉讼解决的是"民告民"的权利纠纷，例如，在上文例1中，行政诉讼的被告为规划局，而民事诉讼的被告为开发商甲，但行政诉讼及民事诉讼的原告均为乙。

（三）行政诉讼附带民事诉讼（合并审理）的适用条件

1. 民事争议当事人要求法院一并解决相关民事纠纷

既然是附带民事诉讼，就必须遵守民事诉讼不告不理的原则，在当事人没有提出附带

---

① 以上两个案例的来源为：信春鹰主编：《中华人民共和国行政诉讼法释义》，法律出版社2014年版，第165页。

民事诉讼的情况下，法院无权一并审理。申请时间应当在第一审开庭审理前提出；有正当理由的，也可以在法庭调查中提出，当然法院是否准许合并审理，还需要法院自己权衡判断。

有些案件民事争议是解决行政争议的基础，这类案件不审理民事纠纷，行政纠纷是无法审理的。但即使如此，如果当事人没有请求一并审理，法院还是只能告知当事人可以申请合并，而无法主动合并审理。如果当事人不申请合并审理，那只能行政庭和民庭就行政和民事部分分别审理。2018 年《行政诉讼法司法解释》对此规定为："人民法院在审理行政案件中发现民事争议为解决行政争议的基础，当事人没有请求人民法院一并审理相关民事争议的，人民法院应当告知当事人依法申请一并解决民事争议。当事人就民事争议另行提起民事诉讼并已立案的，人民法院应当中止行政诉讼的审理①。民事争议处理期间不计算在行政诉讼审理期限内。"

2. 行政诉讼和民事诉讼的诉讼请求具有一定的内在关联性

如果两个诉讼请求之间没有内在关联，则没有合并审理的必要性，应当告知当事人另行提起民事诉讼。内在关联性如何判断呢？《行政诉讼法修正案（草案）》第 63 条第 1 款规定为：在行政诉讼中，当事人申请一并解决因具体行政行为影响民事权利义务关系引起的民事争议的，人民法院可以一并审理。但最终稿改为了更容易操作的列举式，列举了存在民事和民事关联关系的行为类型：行政许可、登记、征收、征用和裁决。

（1）行政许可案件

由于行政许可通常与民事行为主体资格、民事活动的依据等相关联，直接关系到民事争议的解决。② 行政机关一旦作出准予许可的决定，则解除了某种禁止状态，当事人被赋予了从事某种特定活动的资格或能力。此时，行政许可就会成为该项民事活动的合法性基础和依据，行政许可直接影响着民事法律关系的产生、变更或消灭。

⊙ ［例1］区环保局向甲颁发排污许可证。甲开始生产，并且向河道内排放污水。10 月 11 日，养殖户乙发现甲排污导致自己在河道内承包的渔场出现大面积的死鱼，于是向甲索要赔偿。甲认为自己已获得区环保局发放的排污许可证，是合法排放，拒绝民事赔偿。在该诉讼中，排污许可证是民事排污行为的依据，若要获得民事赔偿，首先应当通过行政诉讼的方式，认定该排污许可的违法性。此时，行政行为的合法性对民事争议具有"预决效力"。所以，最优化的解决方案是行政附带民事诉讼，既审查许可行为的合法性，又解决民事赔偿问题。

而且，在许可领域，民事赔偿和行政赔偿问题很容易交织在一起。

⊙ ［例2］假设在例1中，甲瞒报申请材料，区环保局工作人员过于疏忽大意，导致许可证颁发给了不符合条件的甲。此时，乙的损失是区环保局和甲双方共同原因力带来的。所以，应该按照与损害结果之间因果关系的原因力，来分配行政责任和民事责任的赔偿份额，这类似于民法中的"无意思联络共同侵权"。

⊙ ［例3］假设在例1中，甲行贿，区环保局工作人员受贿后将许可证颁发给了其明知

---

① 既然民事争议是行政争议的前提，那不对民事纠纷进行审理，行政诉讼是无法审理的，所以，只能中止行政诉讼，等待民事诉讼的审判结果。

② 梁凤云：《新行政诉讼法讲义》，人民法院出版社 2015 年版，第 343 页。

不符合条件的甲。此时，乙的损失是区环保局和甲双方共同故意带来的，类似于民法里的"共同侵权"，甲和区环保局应当承担连带责任。

🔗 **关联法条**

《关于审理行政许可案件若干问题的规定》第13条 被告在实施行政许可过程中，与他人恶意串通共同违法侵犯原告合法权益的，应当承担连带赔偿责任；被告与他人违法侵犯原告合法权益的，应当根据其违法行为在损害发生过程和结果中所起作用等因素，确定被告的行政赔偿责任；被告已经依照法定程序履行审慎合理的审查职责，因他人行为导致行政许可决定违法的，不承担赔偿责任。

在行政许可案件中，当事人请求一并解决有关民事赔偿问题的，人民法院可以合并审理。

（2）行政登记案件

行政登记，是指行政机关要求公民对其有关情况向行政机关申报，予以书面记录备查。比如，户籍登记、婚姻登记、房屋产权登记、房屋抵押权登记等等。民事权利往往会依附于行政登记而存在，需要登记行为予以形成、确认某种民事法律权利，所以，行政登记争议也容易和民事争议交织在一起。

⊙ [例] 甲乙二人共有某套房屋，甲在乙不知情的情况下，与丙签订了房屋买卖合同，将房屋出售给了丙，并通过伪造签名、他人冒名顶替的方式将房屋所有权人变更为丙。乙知晓后，以房产局未尽审查义务为由，要求撤销登记行为；对甲、丙二人提起民事诉讼，要求确认买卖合同无效。

（3）行政征收、征用案件

行政征收，是指行政机关为了公共利益的需要，依照法律规定强制从行政相对人处有偿或无偿获取一定私有财产、税费或劳务的行为；行政征用，则是指行政机关为了公共利益的需要，依照法律规定强制取得原属于公民、法人或者其他组织的财产使用权的行为。征收和征用的对象是当事人的财产，如果行政行为和私人主体之间财产权纠纷重合到了一起，那么就会既涉及公法的行政征收、征用行为的合法性，又涉及民事财产确认规则。

⊙ [例] 甲将自己的房屋出租给乙后到外地长住。半年后政府决定征收该区域所有房屋，乙冒充所有权人出面与房屋征收部门协商补偿数额，后协商不成。房屋征收部门作出补偿决定，乙未提起诉讼并领取了补偿款。甲知情后，认为补偿对象错误并且补偿过低，就补偿决定向法院提起行政诉讼，并同时对乙提起民事诉讼，要求返还冒领的补偿款。此时，当事人申请一并解决行政争议和民事争议的，法院可以一并解决。①

（4）行政裁决案件

行政裁决，是指行政机关在其行政职权范围内，对平等主体之间发生的民事纠纷进行审查并作出裁断的具体行政行为。行政裁决主要适用于对土地、草原、森林、滩涂等自然资源的所有权或者使用权争议和对专利、商标等知识产权的争议。

⊙ [例] 甲村和乙村对某片土地所有权产生了纠纷，甲村认为乙村侵犯了自己的集体土地所有权，遂向市政府申请解决，市政府裁决争议土地属于甲村所有。在本案例中，民事土地权利的归属和行政裁决的合法性的关系密不可分，因为行政裁决的对象就是民事权利

---

① 信春鹰主编：《中华人民共和国行政诉讼法释义》，法律出版社2014年版，第137页。

归属，所以，应当以行政附带民事诉讼的方式予以解决。

3. 行政纠纷、民事纠纷均可独立立案并属于同一法院管辖

行政附带民事诉讼的基本特征就是将两种性质不同的诉讼纳入同一诉讼程序当中，对数个性质不同但是却相互关联的争议一次性处理。[①] 所以，如果有一个纠纷不符合立案条件，则不会出现合并审理。同时，合并审理要求行政案件与民事案件归属于同一法院管辖，不属于同一法院管辖的两个案件，怎么能够合并到一起呢？

按照《行政诉讼法司法解释》规定，有下列情形之一的，法院应当作出不予准许一并审理民事争议的决定，并告知当事人可以依法通过其他渠道主张权利：

（1）法律规定应当由行政机关先行处理的

有法律规定，对于涉及土地、山林、草原等自然资源所有权以及使用权等民事争议依法应当由行政机关先行处理。《森林法》第 22 条前 3 款规定："单位之间发生的林木、林地所有权和使用权争议，由县级以上人民政府依法处理。个人之间、个人与单位之间发生的林木所有权和林地使用权争议，由乡镇人民政府或者县级以上人民政府依法处理。当事人对有关人民政府的处理决定不服的，可以自接到处理决定通知之日起 30 日内，向人民法院起诉。"

对于该类案件，如果未经行政机关先行处理，直接提起民事诉讼，则法院不会予以受理，又怎么可能将民事和行政案件合并到一起审理呢？如前所述，合并审理的前提是能够分别立案，只有民、行案件均符合立案条件，才可能合并审理，如果程序条件不具备，民事无法直接立案，则无法直接合并审理。

⊙ ［例］政府征收了甲村的林地，甲村对征收行为提起行政诉讼。乙村认为该片林地属于自己，于是，以甲村为被告提起民事诉讼，要求法院确立林地归属。

问：可否将两个诉讼合并审理呢？

答：不一定，取决于乙村和甲村的民事争议是否经过县政府处理。如果在提出该民事请求前，县政府已经处理过该争议，则民事纠纷可以立案，且同一法院受理，法院可以将两个案件合并审理。但如果并未由县政府先行处理过，民事纠纷无法立案，更谈不上行政诉讼、民事诉讼合并审理了。

（2）违反民事诉讼法专属管辖规定或者协议管辖约定的

若要合并审理，必须是同一法院受理民事和行政两个案件。如果 A 县法院受理当事人提出的行政诉讼，而相关的民事争议，按照当事人约定应当在 B 县法院审理，则 A 县法院无法将本案的行政和民事争议合并审理（总不能违反管辖规则"虎口夺食"吧）。专属管辖也是同样的道理。

（3）约定仲裁或者提起民事诉讼的

按照民事诉讼规则，约定仲裁或者向其他有管辖权的法院提起了民事诉讼的，则其他法院无法再予以立案审理。进而，导致无法将行政案件和该民事案件合并审理。

（4）行政案件已超过起诉期限

当事人请求一并审理相关民事争议，法院经审查发现行政案件已经超过起诉期限，那么法院对于行政案件则无法立案，更无法将行政和民事部分合并审理，法院只能够就民事

[①] 梁凤云：《新行政诉讼法讲义》，人民法院出版社 2015 年版，第 343 页。

部分作出处理：①如果民事案件尚未立案的，告知当事人另行提起民事诉讼；②如果民事案件已经立案的，由原审判组织继续审理。

⊙ ［总结］ 由于合并审理的基本规则为"应当分别立案，可以合并审理"，所以，A法院受理了行政案件，但关联民事部分因为各种原因无法立案时，则行政案件和民事案件无法合并审理。对于法院不予准许的决定，可以申请复议一次。

（四）行政诉讼附带民事诉讼（合并审理）的程序规则

1. 立案：原则上分别立案

法院在行政诉讼中一并审理相关民事争议的，民事争议应当单独立案，这是合并审理制度的一般规则。但有唯一的例外：审理行政机关对民事争议所作裁决的案件，一并审理民事争议的，不另行立案。

⊙ ［知识点拨1］ 为什么行政裁决案件不分别立案呢？原因如下：行政裁决纠纷和民事纠纷在本质上是一体的，表面上看行政诉讼部分是审查行政裁决的合法性，"但解决行政裁决的合法性并不是当事人的最终目的，他们的最终目的在于解决平等主体之间的民事争议"①。民事争议是作为行政行为处理的对象而存在，并不是在行政争议之外还有一个相关联的民事争议。正是基于这一特点，在行政裁决案件中一并解决民事争议，并不需要作出两个不同诉讼类型的划分，只要直接触及作为行政裁决对象的民事争议，就可以实现终极解决争议的目的。②

⊙ ［知识点拨2］ 行政诉讼原告在宣判前申请撤诉的，是否准许由法院裁定。法院裁定准许行政诉讼原告撤诉，但其对已经提起的一并审理相关民事争议不撤诉的，法院应当继续审理。既然本质上是两个诉讼，只不过是在审理时临时合并到一起的，那么行政诉讼部分原告撤诉，自然不会影响法院对民事争议的审理。

⊙ ［知识点拨3］ 既然本质是两个诉讼，所以应当按行政案件、民事案件的标准分别收取诉讼费用。

2. 审理：审理时合并审理

（1）由行政审判庭一并审理；

（2）法院一并审理相关民事争议，适用民事法律规范的相关规定，法律另有规定的除外；

（3）当事人在调解中对民事权益的处分，不能作为审查被诉行政行为合法性的根据。

3. 裁判：裁判时分别裁判

法院对行政争议和民事争议应当分别裁判。

4. 上诉：上诉时独立上诉

当事人仅对行政裁判或者民事裁判提出上诉的，未上诉的裁判在上诉期满后即发生法律效力。第一审法院应当将全部案卷一并移送第二审法院，由行政审判庭审理。第二审法院发现未上诉的生效裁判确有错误的，应当按照审判监督程序再审。

（五）分别审理

由于并不是所有的行政和民事案件均可以合并审理，并不是所有的当事人都会申请合

---

① 王小红：《行政裁决制度研究》，知识产权出版社2011年版，第48页。

② 李广宇：《新行政诉讼法逐条解释》（下），法律出版社2015年版，第493、494页。

并审理，并不是所有的法院都会准许合并审理，所以就会出现"分别立案，分别审理"的情况，由民事审判庭对民事纠纷予以审理，由行政审判庭对行政纠纷予以审理。但由于行政法律关系和民事法律关系交织了在一起，所以，需要根据具体的情形，去判断是否需要暂时中止某个诉讼案件审理，以等待另外一个诉讼的审判结果。

⊙ ［例1］区环保局向甲颁发排污许可证。甲开始生产，并且向河道内排放污水。10月11日，养殖户乙发现甲排污导致自己在河道内承包的渔场出现大面积的死鱼，于是向甲索要赔偿。甲认为自己已获得区环保局发放的排污许可证，是合法排放，拒绝民事赔偿。如果当事人没有申请合并审理，那么，行政案件和民事案件就应该由民庭和行政庭分别审理。由于行政许可的合法性对民事争议具有"预决效力"，所以，应当先审理行政案件，在确认排污许可证合法或违法后，再恢复民事案件的审理。

⊙ ［例2］甲乙二人共有某套房屋，甲在乙不知情的情况下，与丙签订了房屋买卖合同，将房屋出售给了丙，并通过伪造签名、他人冒名顶替的方式将房屋所有权人变更为丙。乙知晓后，以房产局未尽审查义务为由提起行政诉讼，要求撤销登记行为；对甲、丙二人提起民事诉讼，要求确认买卖合同无效。如果本案没有合并审理，应当先通过民事诉讼，确认债权合同的效力，才能在行政诉讼中判断登记行为的合法性。行政案件的审理需以民事诉讼的裁判为依据，法院可以裁定中止行政诉讼，等待民事诉讼的审判结果。

表14-4　行政诉讼中对其他争议的处理

分别审理		应当分别立案，如果当事人未要求合并审理或法院认为不宜合并审理时，可以分别审理。 ［注意］如果遇到审判前提问题，本案诉讼可能中止
合并审理	适用前提	1. 行政行为与民事纠纷可能关联的行政行为：许可、登记、征收、征用、裁决。 2. 当事人在一审开庭前提出；有正当理由的，也可以在法庭调查中提出。 ［注意］法院不可主动合并审理，如果法院在审理行政案件中发现民事争议为解决行政争议的基础，当事人没有请求法院一并审理相关民事争议的，法院应当告知当事人依法申请一并解决民事争议。当事人就民事争议另行提起民事诉讼并已立案的，法院应当中止行政诉讼的审理。 3. 行政案件尚未超过起诉期。法院经审查发现行政案件已经超过起诉期限，民事案件尚未立案的，告知当事人另行提起民事诉讼；民事案件已经立案的，由原审判组织继续审理。 4. 只有行政纠纷、民事纠纷均可独立立案并属于同一法院管辖才可能合并审理，下列案件无法合并审理： ①法律规定该民事争议需要行政机关先行处理； ②行政立案违反民事诉讼专属管辖或协议管辖； ③约定仲裁或者已经提起民事诉讼； ④行政案件已超过起诉期限
	救济途径	对法院不予准许一并审理的决定，可申请复议一次
	应当分别立案	行政、民事两部分分别立案，但行政裁决案件附带的民事诉讼除外
	可以合并审理	由同一审判组织审理

续表

合并审理	应当分别裁判	1. 行政争议和民事争议应当分别裁判，可分别上诉。 2. 仅对行政裁判或民事裁判上诉，未上诉的裁判在上诉期满后即发生法律效力。 3. 第一审法院应将全部案卷一并移送第二审法院，由行政审判庭审理。 4. 第二审法院发现未上诉的生效裁判确有错误的，按照再审程序审理
	撤诉	原告在宣判前申请撤诉的，是否准许由人民法院裁定。人民法院裁定准许行政诉讼原告撤诉，但其对已经提起的一并审理相关民事争议不撤诉的，人民法院应当继续审理
备注		1. 当事人在调解中对民事权益的处分，不能作为审查被诉行政行为合法性的根据。 2. 一并审理相关民事争议，适用民事法律规范的相关规定，法律另有规定除外。 3. 一并审理相关民事争议，按行政案件、民事案件的标准分别收取诉讼费用

■ 主观题命题规律

行政诉讼程序这一专题在主观题中的地位是红花中的绿叶，不构成题目主要的难点，但会成为主观题中的易得分点。本专题主观题中较容易考查的内容有起诉期、立案程序及条件、诉讼请求的增加、撤诉、审理对象、首长出庭制、重复起诉等。同时，由于本专题考点较为分散，除以上重点内容外，由于本专题知识的"绿叶"地位，其他的知识点考生也不应掉以轻心，命题人可能随机结合具体案情，在适宜的地方，考查 1~2 问内容作为陪衬，所以希望考生在准备主观题的时候，对于本专题内容能够参照民事诉讼程序加以全面掌握。

■ 主观题知识提升

进阶案例 1

昌吉市土地局对一幅使用权存有争议的土地作出处理，分别给工贸公司、磷肥厂颁发了《国有土地使用权证》。新河公司认为土地局的行为侵犯了本公司的国有土地使用权，于是向昌吉市政府提起行政复议，复议机关维持了土地局的行政行为。

新河公司于 2006 年 5 月 18 日向昌吉市法院提起行政诉讼，诉讼中，被告昌吉市政府和昌吉市土地局在原告新河公司和第三人工贸公司、磷肥厂中间进行协调，表示由市政府负责解决问题，并为此召开了市长办公会议，形成了《关于新河公司土地遗留问题解决方案》《昌吉市人民政府市长办公会议纪要》。在这种情况下，原告新河公司申请撤回起诉，昌吉市人民法院作出（2006）昌行初字第 8 号裁定，准予原告新河公司撤回起诉。

此后，新河公司多次要求被告昌吉市政府、昌吉市土地局解决土地使用权问题，但二被告未按上述会议形成的文件解决问题，2006 年 8 月 18 日，新河公司遂以二被告行政不作为为由再次提起行政诉讼。一审法院认为，起诉人新河公司就本案曾于 2006 年 5 月 18日向本院提起行政诉讼，在审理过程中起诉人以与政府自行协商为由向本院提出撤诉申请，本院依据起诉人的申请作出了（2006）昌行初字第 8 号准予起诉人撤回起诉的行政裁定，现起诉人又以同一事实和理由重新起诉，本院不予立案。原告向二审法院提出上诉。

问题：

1. 本案可否不经过复议直接起诉，要求法院撤销给工贸公司、磷肥厂颁发的《国有土地使用权证》？

2.（1）如果在本案审理过程中，原告新河公司未经法庭许可中途退庭，法院应当如何处理？

（2）如果在本案审理过程中，被告未经法庭许可而中途退庭，法院应当如何处理？

（3）如果在本案审理过程中，第三人工贸公司未经法庭许可而中途退庭，法院应当如何处理？

3. 本案一审法院的审理对象是什么？

4. 如果原告对《关于新河公司土地遗留问题解决方案》《昌吉市人民政府市长办公会议纪要》的方案不满意而不同意撤诉，法院是否应当继续审理本案，审理对象是什么？

5. 如果第三人就《关于新河公司土地遗留问题解决方案》《昌吉市人民政府市长办公会议纪要》的方案不满意提出异议，法院可否准予原告撤诉？

6. 原告在 2006 年 8 月 18 日的起诉是否属于重复起诉，法院作出不予受理的裁定是否合法？

7. 二审法院应当作出何种裁判？

8. 如果你是一审昌吉市法院的法官，在原告申请撤诉时，有无更好的方案避免类似情况的再次发生？

解析：

1. 昌吉市土地局给工贸公司、磷肥厂颁发的《国有土地使用权证》满足自然资源确权案件复议前置的条件。"国有土地使用权"满足自然资源所有权的第一个条件；"侵犯了本公司的国有土地使用权"满足已取得的第二个条件；"给工贸公司、磷肥厂颁发了《国有土地使用权证》"满足"给了别人"的第三个条件，三个条件均满足，因此，本案例属于复议前置的案件，当事人不可直接提起行政诉讼。

2.（1）原告未经法庭许可中途退庭，法院可以视为原告撤诉。

（2）被告经人民法院传票传唤，无正当理由拒不到庭，或者未经法庭许可而中途退庭的，可以缺席判决。被告缺席审判的后果是：

①法院可以将被告拒不到庭或者中途退庭的情况予以公告；

②法院可以向监察机关或者被告的上一级行政机关提出依法给予其主要负责人或者直接责任人员处分的司法建议；

③经合法传唤，因被告无正当理由拒不到庭而需要依法缺席判决的，被告提供的证据不能作为定案的依据，但当事人在庭前交换证据中没有争议的证据除外。

（3）第三人经合法传唤无正当理由拒不到庭，或未经法庭许可中途退庭的，不影响案件的审理。

3. 复议机关决定维持原行政行为，起诉后法院审理对象为原行政行为（颁发《国有土地使用权证》）与复议程序的合法性。因为维持后再起诉的被告为原机关和复议机关，所以，法院审查对象为原行为和复议维持的合法性。

4. "一变→二撤→三裁"是理想化的撤诉三部曲，但在诉讼过程中，有可能出现被告改变了被诉行为，原告仍不愿撤诉的情况，比如，在本案中，虽然市政府的《关于新河公司土地遗留问题解决方案》《昌吉市人民政府市长办公会议纪要》事实上已经将土地局的《国有土地使用权证》行为内容作出了改变，但如果原告不撤诉，那么根据"不诉不理，诉了就得理"的基本法理，法院依然需要继续审理改变前的行政行为，也就是法院的审理对象依然是《国有土地使用权证》与复议程序的合法性。

5. 在被告改变了被诉行政行为，原告申请撤诉的时候，法院要考量以下因素，判断是否应当准予撤诉：（1）被告改变被诉行为不违反法律、法规的禁止性规定，不超越或放弃职权，不损害公共利益和他人合法权益；（2）被告已经改变或决定改变被诉行为，并书面告知法院；（3）第三人无异议。如果本案第三人就改变后的新方案有异议，法院应当裁定不准撤诉，继续审理本案，并及时作出裁判。

6. 新河公司于2006年5月18日向昌吉市法院提起行政诉讼，诉讼对象为改变前的《国有土地使用权证》行为；而2006年8月18日的起诉，诉讼对象已经是改变后的两机关不履行《关于新河公司土地遗留问题解决方案》《昌吉市人民政府市长办公会议纪要》的行政不作为行为，诉讼的标的都有所不同，自然不属于重复起诉。

7. 由于一审法院不予立案的裁定理由不成立，二审法院应当撤销原判，责令一审法院审理本案。

8. 本案属于被告不能即时履行或一次性履行义务的情况，如果法院直接撤诉，很容易出现被告翻脸不认账，拒不履行义务的情况，所以，司法解释规定，此时法院可以中止审理案件，之后视情况决定是否准予撤诉。

进阶案例 2

建设单位在李某的门前设有消防设施，市公安消防支队对其消防设施抽查后作出《建设工程消防验收备案结果通知》。李某认为消防栓的设置和建设影响了其生活而消防支队却验收合格，严重侵犯了其合法权益，遂向法院起诉，请求依法撤销市公安消防支队批准在其门前设置的消防栓通过验收的决定；依法判令被告责令报批单位依据国家标准限期整改。市公安消防支队辩称：建设工程消防验收备案结果通知的性质属于技术性验收，不属于人民法院的受案范围，请求驳回原告的起诉。一审法院裁定驳回了李某的起诉，李某上诉，在二审期间，公安消防支队撤销了该通知，原告撤诉。

关联法条：

《消防法》

第4条 县级以上地方人民政府公安机关对本行政区域内的消防工作实施监督管理，并由本级人民政府公安机关消防机构负责实施。

第13条 国务院住房和城乡建设主管部门规定应当申请消防验收的建设工程竣工，建设单位应当向住房和城乡建设主管部门申请消防验收。前款规定以外的其他建设工程，建设单位在验收后应当报住房和城乡建设主管部门备案，住房和城乡建设主管部门应当进行抽查。依法应当进行消防验收的建设工程，未经消防验收或者消防验收不合格的，禁止投入使用；其他建设工程经依法抽查不合格的，应当停止使用。

问题：

1. 《建设工程消防验收备案结果通知》是否属于行政诉讼的受案范围？为什么？

2. 《建设工程消防验收备案结果通知》属于什么性质的行为？

3. 被告能否在二审中撤销《建设工程消防验收备案结果通知》？

4. 二审中上诉人申请撤诉，法院准许上诉人撤诉的条件是什么？如法院不允许上诉人撤诉，二审的审理对象是什么？

5. 若《建设工程消防验收备案结果通知》被撤销，建设单位可以如何救济自己的权利？

6. 针对原告请求被告责令建设单位限期整改，如果一审能够得到支持，法院应如何裁判？为什么？

解析：

1. 属于行政诉讼的受案范围，《建设工程消防验收备案结果通知》属于公安机关履行消防工作实施监督管理职权而作出的行政行为，且对行政相对人建设单位与行政相关人李某均具有行政法意义上的约束力，符合具体行政行为的特征，而且不属于政治行为、司法行为和事实行为等不可诉的行为类型，故属于行政诉讼的受案范围。

2. 属于行政确认，行政确认是指行政主体依法对行政相对人的法律地位、法律关系或有关法律事实进行甄别，给予确定、认定、证明并予以宣告的具体行政行为。本案中，根据《消防法》第 13 条规定可以推知，对公安机关消防机构而言，《结果通知》属于公安机关消防机构对行政相对人的法律事实、法律关系予以认定、确认的行政行为，符合行政确认的特征。

3. 可以，《最高人民法院关于行政诉讼撤诉若干问题的规定》第 3 条规定：有下列情形之一的，属于被告改变其所作的具体行政行为：（三）撤销、部分撤销或者变更被诉具体行政行为处理结果。第 8 条规定：第二审或者再审期间行政机关改变被诉具体行政行为，当事人申请撤回上诉或者再审申请的，参照本规定。由此可知，根据有错必纠的理念，行政机关在诉讼审理期间内可以改变其所作的具体行政行为，只是会因此影响案件处理结果。

4.（1）根据《关于行政诉讼撤诉若干问题的规定》第 8 条规定：第二审或者再审期间行政机关改变被诉具体行政行为，当事人申请撤回上诉或者再审申请的，参照本规定。故二审法院允许上诉人撤诉的条件与一审法院准许原告撤诉的条件相同，即为：（一）申请撤诉是当事人真实意思表示；（二）被告改变被诉具体行政行为，不违反法律、法规的禁止性规定，不超越或者放弃职权，不损害公共利益和他人合法权益；（三）被告已经改变或者决定改变被诉具体行政行为，并书面告知人民法院；（四）第三人无异议。

（2）在原告李某不撤诉的情况下，二审法院的审理对象没有变化，根据《行政诉讼法》第 87 条规定："人民法院审理上诉案件，应当对原审人民法院的判决、裁定和被诉行政行为进行全面审查。"所以，本案审理对象为一审裁定和被诉《建设工程消防验收备案结果通知》的合法性。

5. 建设单位可以针对行政机关撤销该通知的行为申请行政复议或提起行政诉讼。

6. 根据《行政诉讼法》第 72 条："人民法院经过审理，查明被告不履行法定职责的，判决被告在一定期限内履行。"所以，如果被告责令建设单位限期整改的请求能够得到一审法院支持，法院应当判决被告在一定期限内履行职责。

进阶案例 3

2006 年 11 月 3 日，王某与甲市公路运输管理总站签订了特许经营协议书，该协议许可第三人从事城市公共交通客运并对特许经营权的撤销、注销及特许经营协议的终止等内容作出明确规定，特许经营协议书对特许经营期限未作出明确约定。

2010 年 6 月 28 日，甲市人民政府作出甲政发［2010］33 号《关于印发克拉玛依市中巴车管理体制改革方案的通知》（以下简称《通知》）提出，在充分考虑个体中巴车合法经营者（档案车主）利益因素基础上，通过发放中巴车退出线路经营补偿、退市车辆处置补贴、退市人员就业补贴的办法，分步稳妥实施，争取在 2010 年年底前实现克拉玛依市个体中巴车整体退市，同时对中巴车退出线路经营补偿办法、退市中巴车辆的处理办法和对退市中巴车车主的就业帮扶办法作出了规定。

2010 年 11 月 8 日王某认为甲市人民政府通过发布《通知》的方式终止了自己的中巴车特许经营权，王某就市政府解除特许经营协议行为提起行政诉讼。开庭时，被告市政府的负责人和工作人员均未出庭应诉，只委托 2 名律师出庭。最终，法院经过审理查明被告发布《通知》前没有召开听证会，没有广泛听取并征求中巴车经营者的意见，被告的行政行为缺乏法律依据，严重损害原告的合法经营权益且程序违法。

问题：

1. 被告负责人和工作人员均未出庭应诉是否符合法律要求？

2. 被告市政府的负责人和工作人员均未出庭应诉，法院应当如何处理？

3. 在行政诉讼中，法院可否对本案进行调解？

4. 如果在诉讼审理过程中，原告王某突发心脏病去世，法院应当如何处理？

5. 对于本案法院应当如何判决？

解析：

1. 被诉行政机关负责人原则上应当出庭应诉；不能出庭的，应当委托行政机关相应的工作人员出庭。行政首长出庭应诉的，还可以另行委托 1~2 名诉讼代理人。

2. 根据《关于行政机关负责人出庭应诉若干问题的规定》，行政机关负责人无正当理由未出庭应诉的，法院应当向监察机关、被诉行政机关乡政府的上一级行政机关提出司法建议，并应当记录在案并在裁判文书中载明。

3. 人民法院审理行政案件，原则上不适用调解。但行政赔偿、补偿以及行政机关行使法律、法规规定的自由裁量行为可以调解。行政合同属于裁量行为，所以，法院可以予以调解。

4. 原告死亡，须等待其近亲属表明是否参加诉讼的，法院应当中止案件的审理。如果近亲属决定参加诉讼，法院应当继续审理；如果没有近亲属或者近亲属放弃诉讼权利的，法院应当终结本诉讼。

5. 本案属于合同有效，被告行为单方解除合同违法的情况，法院应当作出如下判决：

（1）确认协议有效，判决被告继续履行协议；

（2）无法履行或履行无实际意义的，判决被告采取相应的补救措施；

（3）给原告造成损失的，判决予以赔偿。

专题十五

行政诉讼证据

一、行政诉讼证据制度的特点

行政诉讼证据制度脱胎于民事诉讼证据制度，在绝大部分的规则上两者内容基本相同，但是，行政诉讼也有自己明显的特点。与民诉相比，最大的差别点在于行政诉讼"不利被告"的价值倾向。在举证责任分配、举证期限、证据调取和证据补充等具体问题上，行政诉讼证据制度旗帜鲜明地体现了"不利被告，偏向原告"的价值倾向，其背后的原因在于：

第一，有证在先。行政机关在对相对人作出具体行政行为的时候，遵循先取证后裁决的原则，需要有充分的证据为其行政行为做支撑。既然在行政行为作出的时候，行政机关已经充分、全面地掌握了证据。那么，到了诉讼阶段，行政诉讼在举证责任、举证期限等问题上对被告苛刻一点倒也理所应当。

第二，在行政实体法中，行政机关居于相对强势的地位，而公民、法人和其他组织居于被支配的服从者地位。在行政诉讼程序中，双方地位应当实现翻转。行政诉讼的宗旨为"控权保民"，为了完成这一宗旨，法院对原告应当增加其权利、减少其义务；对被告则应减少其权利、增加其义务。这种权利义务不均衡的配置，在行政诉讼证据制度中体现得淋漓尽致。

二、证据的概念和要求

行政诉讼证据，是指在行政诉讼过程中，一切用来证明案件事实情况的材料。行政诉讼的证据应该满足以下三个要求：

（一）真实性

证据的真实性是指作为证据的事实必须是客观存在的事实，具有客观属性，不是主观臆断或虚构的东西。法庭应当根据案件的具体情况，从以下方面审验证据的真实性：（1）证据形成的原因；（2）发现证据时的客观环境；（3）证据是否为原件、原物，复制件、复制品与原件、原物是否相符；（4）提供证据的人或者证人与当事人是否具有利害关系；（5）影响证据真实性的其他因素。

（二）关联性

证据的关联性是指证据必须与待证案件事实之间具有一定的内在联系，能够直接或间接地证明案件事实行为的条件、发生原因或后果。

（三）合法性

证据的合法性是指在主体、形式和收集方法上必须符合法律的要求。法院应当从三个方面审查证据的合法性：（1）证据是否符合法定形式；（2）证据的取得是否符合法律、法规、司法解释和规章的要求；（3）是否有影响证据效力的其他违法情形。

三、证据种类

（一）书证

书证是指以文字、符号、图形所记载或表示的内容、含义来证明案件事实的证据。比如，行政处罚决定书、行政处罚告知书、账本、许可证书等均为书证。书证一般应当符合下列要求：

1. 原则上应提供书证的原件，在提供原件确有困难时，可以提供与原件核对无误的复制本。但由有关部门保管的书证原件的复制本，应当注明出处，经该部门核对无异后加盖其印章；

2. 当事人提供报表、图纸等专业性书证的，应当附有说明材料；

3. 被告提供的被诉行政行为所依据的询问、陈述、谈话类笔录，应当有行政执法人员、被询问人、陈述人、谈话人签名或者盖章；

4. 当事人向法院提供外文书证，应当附有由具有翻译资质的机构翻译的或者其他翻译准确的中文译本，并由翻译机构盖章或者翻译人员签名。

（二）物证

物证是指以自己的存在、形状、质量等外部特征和物质属性，证明案件事实的物品。物证一般应当符合下列要求：

1. 当事人向法院提供物证的，原则上应当提供原物，在提供原物确有困难时，可以提供与原物核对无误的复制件或者证明该物证的照片、录像等其他证据；

2. 如果原物为数量较多的种类物时，当事人应当提供其中的一部分。

⊙ ［知识点拨］物证是指以自己的存在、形状、质量等外部特征和物质属性来证明案件事实的物品，而书证是以文字、符号、图形所记载或表示的内容、含义来证明案件事实的证据。小新用"四大本"将小白砸伤，则书籍为物证，用物理属性去证明为何书籍也可以把人砸的头破血流；小新写作的书籍《左嘿嘿是个二货》侵犯了左嘿嘿的名誉权，该书籍则以其内容展现了小新对左嘿嘿的攻击事实，为书证。

（三）视听资料

视听资料是指利用现代科技手段记载法律事件和法律行为的证据，比如录音机录制的当事人的谈话、摄像机拍摄的当事人的形象及活动。视听资料应当符合下列要求：

1. 当事人应向法院提供有关资料的原始载体，在提供原始载体确有困难时，可以提供复制件；

2. 当事人应注明制作方法、制作时间、制作人和证明对象等；

3. 声音资料应当附有该声音内容的文字记录；

4. 对于当事人向法院提供的外国语视听资料，当事人应同时附有由具有翻译资质的机构翻译的或者其他翻译准确的中文译本，并由翻译机构盖章或者翻译人员签名。

（四）电子数据

电子数据是指以电子形式存在，可用作证据使用的材料和信息。这类证据是随着电子技术，特别是计算机和互联网的发展而产生的新型证据。电子数据形式多样，如电子邮件、手机短信、电子签名、网上聊天记录、网络访问记录等。

⊙ ［知识点拨］ 电子数据是以二进制数字方式凭借计算机生成和识别的，存放介质为光盘或SD卡、U盘、电脑磁盘等。而视听资料是存放在录像带、磁带、胶片等模拟信号存放介质中的，而且视听资料只能在物理空间传播，电子数据可以在虚拟空间内无限制地快速传播。

（五）证人证言

证人证言是指证人就自己了解的案件事实向法院所作的陈述，它一般是以口头形式表现出来的，当事人可以向法院提供书面证人证言。证人证言应当符合下列要求：

1. 载明证人的姓名、年龄、性别、职业、住址等基本情况。

2. 需有证人的签名，如果证人不能签名的，应当以盖章等方式证明。

3. 应注明证人出具证言的日期。

4. 应附有居民身份证复印件等证明证人身份的文件。

⊙ ［知识点拨］ 证人证言为独立的证据形式，并非书证的一种。事实上，鉴定意见、证人证言、现场笔录和勘验笔录虽然也是通过一定的书面载体，以记载的内容、含义来证明案件事实的证据。但由于这些证据有特殊记载内容和制作方法，所以，均为独立的证据形式。

5. 法院在证人出庭作证前应当告知其如实作证的义务以及作伪证的法律后果。

6. 证人因履行出庭作证义务而支出的交通、住宿、就餐等必要费用以及误工损失，由败诉一方当事人承担。

⊙ ［注意］ 费用既不是由法院承担，也不是必然由某一方当事人承担，而是由败诉一方当事人承担。

（六）鉴定意见

鉴定意见是指鉴定人运用自己的专业知识，利用专门的设备和材料，对某些专门问题所作的意见，比如产品质量鉴定、医疗事故鉴定和药品质量鉴定等。鉴定意见应当符合下列条件：

1. 应当载明委托人和委托鉴定的事项；

2. 应有向鉴定部门提交的相关材料；

3. 应有鉴定的依据和使用的科学技术手段；

4. 应有鉴定部门和鉴定人鉴定资格的说明；

5. 应有鉴定人的签名和鉴定部门的盖章。对于通过分析获得的鉴定意见，还应当说明分析过程。

（七）勘验笔录

勘验笔录是审判人员在诉讼过程中对与争议有关的现场、物品等进行的查验、测量、拍照后制作的笔录。勘验笔录应当符合下列条件：

1. 勘验现场时，勘验人必须出示法院的证件；

2. 邀请当地基层组织或者当事人所在单位派人参加；

3. 当事人或其成年亲属应当到场，拒不到场的，不影响勘验的进行，但应当在勘验笔录中说明情况；

4. 审判人员应当制作勘验笔录，记载勘验的时间、地点、勘验人、在场人、勘验的经过和结果，由勘验人、当事人、在场人签名；

5. 勘验现场时绘制的现场图，应当注明绘制的时间、方位、绘制人姓名和身份等内容。

（八）现场笔录

现场笔录是行政诉讼特有的证据种类，由行政机关在行政程序中当场制作而成。现场笔录应当符合下列条件：

1. 应当载明制作现场笔录的时间、地点和事件等内容；

2. 由执法人员和当事人签名；

3. 当事人拒绝签名或者不能签名的，应当注明原因；

4. 有其他人在现场的，可由其他人签名。

⊙ [知识点拨] 现场笔录侧重于对执法过程和处理结果的记录，制作者为行政机关，制作时间为行政程序中。勘验笔录则是侧重于司法机关对案件现场或物品静态的全面综合的勘查、检验记录，制作者为司法机关，制作时间为司法程序中，具有滞后性。

（九）当事人陈述

当事人陈述是指当事人就自己所经历的案件事实，向法院所作的叙述、承认和陈词。

（十）涉外证据

如果当事人向法院提供的证据是在中华人民共和国领域外形成的证据，应当说明证据来源，经所在国公证机关证明，并经中华人民共和国驻该国使领馆认证，或者履行中华人民共和国与证据所在国订立的有关条约中规定的证明手续。当事人提供的在中华人民共和国香港特别行政区、澳门特别行政区和台湾地区内形成的证据，应当具有按照有关规定办理的证明手续。

四、行政诉讼举证责任

（一）举证责任的概念

举证责任是法律假定的一种后果，指承担举证责任的当事人应当举出证据证明自己的主张是成立的，否则将承担败诉的不利后果。

（二）举证责任分配

民事诉讼举证责任的分配通常采用"谁主张，谁举证"的规则。而行政诉讼的举证责任分配规则为被告对作出的行政行为负有举证责任，应当提供作出该行政行为的证据和所依据的规范性文件。这是行政诉讼"不利被告"的价值倾向的最核心的体现。但一般规则也有例外，原告在特定的情况下对特定事项也需要承担举证责任。

1. 被告的举证责任

（1）被告对作出的行政行为负有举证责任，应当提供作出该行政行为的证据和所依据的规范性文件。被告不提供或者无正当理由逾期提供证据，视为没有相应证据。但是，被诉行政行为涉及第三人合法权益，第三人提供证据的除外。

◉ ［例1］王某认为社保局提供的社会保障信息有误，要求该局予以更正。该局以无权更正为由拒绝更正。王某向法院起诉，法院受理。

问：谁来承担拒绝更正合法性的举证责任呢？

答：若社保局拒绝更正与原告相关的政府信息记录，社保局应当对拒绝的理由进行举证和说明。

◉ ［例2］沈某向住建委申请公开一企业向该委提交的某危改项目纳入危改范围的意见和申报材料。该委以信息中有企业联系人联系电话和地址等个人隐私为由拒绝公开，沈某起诉。

问：谁来承担拒绝公开行为是否合法的举证责任呢？

答：住建委应对拒绝公开的根据及履行法定告知和说明理由义务的情况举证，住建委应当举证证明自己拒绝公开该信息实体上确实涉及个人隐私、程序上遵守法律要求。

被告对行政行为承担举证责任，而"责任"带来的负面效果就是，如果被告无法举证或未举证，视为被告没有证据，被告要承担败诉的后果。不过，2014年修改后的《行政诉讼法》增加了一个例外：第三人可以代为举证。

◉ ［例1］规划局向开发商甲颁发规划许可证，允许甲在居民乙的房屋附近建设商品房。乙认为商品房建成后会影响采光，对规划局提起行政诉讼，请求撤销规划许可。在本诉讼中，原告为乙，被告为规划局，第三人为甲。一般情况下，应当由规划局承担证明规划许可合法性的举证责任，但如果规划局怠于举证，带来的必然后果是规划局败诉，该规划许可被撤销，此时，自然会触及第三人开发商甲的利益。《行政诉讼法》的"控权保民"思想，不仅要保护原告的利益，第三人的利益也要予以保护，所以，应当允许甲向法院提交其掌握的全部材料，证明规划许可证的合法性。

◉ ［例2］沈某向住建委申请公开一企业向该委提交的某危改项目纳入危改范围的意见和申报材料。该委虽知信息中有企业联系人李某联系电话和地址等个人隐私，但认为该信息涉及重大的公共利益，予以公开，企业联系人以涉及个人隐私为由起诉，沈某作为第三人参加诉讼。

问1：谁来证明该公开行为是否合法的举证责任呢？

答：住建委，法律规定因公共利益决定公开涉及商业秘密、个人隐私的政府信息，被告应当对认定公共利益以及不公开可能对公共利益造成重大影响的理由进行举证和说明。

问2：如果住建委怠于举证，住建委是否必然败诉？

答：不是的，第三人沈某也可以举证证明该信息涉及重大公共利益，公开行为合法。

（2）复议机关决定维持原行政行为时，被告为复议机关和原机关，审理对象为原行政行为和复议维持决定，那么对于这两个行为的举证责任该由哪个行政机关来承担呢？

①作出原行政行为的行政机关和复议机关对原行政行为的合法性共同承担举证责任，可以由其中一个机关实施举证行为。

◉ ［例］原行为罚款500元，复议机关维持其合法性，当事人不服起诉。经法院审理认定罚款500元违法，那么，败诉的苦果由谁来承担呢？

答：原机关和复议机关。这是因为复议维持本质上是对原行为合法性的肯认，复议维持的正确性以原行为存在合法性为基础，你复议机关前脚刚说原行为好，结果法院把原行为撤销了，你复议机关不也同样被打脸吗。所以，复议机关为了自己的面子也会努力证明原行为的合法性。不过，败诉的风险由两个机关共担，但证据谁提交给法院都可以，一个机关完成了举证行为，另外一方也会松口气，也就是法条中所说的"可以由其中一个机关实施举证行为"。

②复议机关对复议决定程序的合法性承担举证责任。复议机关审理复议案件，原机关是无法介入的，原机关只能保证其自身的行为没问题，复议机关的行为究竟是否合法，你还是问它去吧。所以，复议维持程序合法性的举证责任不由原机关承担，而只由复议机关承担。

③复议机关作共同被告的案件，复议机关在复议程序中依法收集和补充的证据，可以作为法院认定复议决定和原行政行为合法的依据。既然在复议维持的情况下，复议机关和原机关作为共同被告，是"一条线上的蚂蚱"，所以根据"同甘苦、同命运"的逻辑，复议机关在复议程序中依法收集和补充的证据不仅可以用来证明复议决定本身的合法性，还可以用来证明原行为的合法性。

2. 原告的举证责任

虽然行政诉讼中被告对行政行为承担举证责任，但不排除在特定情况下由原告提供证据的可能。行政诉讼中原告提供证据仅限于下列情形：

（1）原告起诉时的举证责任

公民、法人或其他组织向法院起诉的，应当提供其符合起诉条件的相应证据材料。该起诉条件包括：①原告是认为行政行为侵犯其合法权益的公民、法人或其他组织；②有明确的被告；③有具体的诉讼请求和事实根据；④属于法院受案范围和受诉法院管辖。

⊙ ［例］ 市城管执法局委托镇政府负责对一风景区域进行城管执法。镇政府接到举报并经现场勘验，认定刘某擅自建房并组织强制拆除。刘某的父亲和嫂子称房屋系二人共建，拆除行为侵犯其合法权益，向法院起诉，要求确认强拆行为违法，法院予以受理。

问：关于此案，举证责任如何分配？

答：被告应当提供证据和依据证明有拆除房屋的决定权和强制执行的权力；原告刘某的父亲和嫂子应当提供证据证明自己起诉符合起诉条件。

（2）不作为案件原告的举证责任

在起诉被告不履行法定职责的案件中，原告应当提供其在行政程序中曾经向被告提出申请的证据材料。行政不作为须以当事人的申请为前提，所以，不作为案件，原告就应当提供证据证明自己在行政程序中曾经向行政机关提出过申请。如果法律没有将该举证责任分配给原告，也容易出现滥诉的风险。

⊙ ［例］ 沈某向住建委申请公开一企业向该委提交的某危改项目纳入危改范围的意见和申报材料。该委以信息中有企业联系人联系电话和地址等个人隐私为由拒绝公开，沈某起诉。

问：本案原告承担怎样的举证责任呢？

答：原告起诉被告拒绝公开政府信息记录的，应当举证证明其向被告提出过公开申请。

值得注意的是，在起诉被告不履行法定职责的案件中，原告应当提供其向被告提出申请的证据，但有下列情形之一的除外：①被告应当依职权主动履行法定职责的。即行政机关法定职责的履行不以原告申请为前提，如警察看到正在遭受不法侵害的公民，不依职权进行保护，即属此情形。②原告因正当理由不能提供证据的。这是因为实践中由于原告因正当理由不能提供证据的，再由原告承担举证责任是不适宜的。如行政机关申请登记制度不健全，致使出现申请人在确实已提出申请，却因行政机关的原因而无法证明曾提出申请的现象。

（3）赔偿、补偿案件原告需要证明损害结果的存在

在行政赔偿、补偿诉讼中，原告因被诉行政行为遭受损害，是原告主张被告给予自己行政赔偿、补偿的基本前提，损害究竟有没有、有多大，被告无从知晓，只能原告自己证明。但因被告的原因导致原告无法就损害情况举证的，应当由被告就该损害情况承担举证责任。

⊙ ［注意］房屋强制拆除引发的行政赔偿案件中，原告提供了初步证据，但因行政机关的原因导致原告无法对房屋内物品的损失举证，行政机关亦因未依法进行财产登记、公证等措施无法对房屋内物品损失举证的，法院对原告未超出市场价值的符合生活常理的房屋内物品的赔偿请求，应当予以支持。

对于各方主张损失的价值无法认定的，应当由负有举证责任的一方当事人申请鉴定，但法律、法规、规章规定行政机关在作出行政行为时依法应当评估或者鉴定的除外；负有举证责任的当事人拒绝申请鉴定的，由其承担不利的法律后果。

当事人的损失因客观原因无法鉴定的，法院应当结合当事人的主张和在案证据，遵循法官职业道德，运用逻辑推理和生活经验、生活常识等，酌情确定赔偿数额。

⊙ ［例］市城管执法局委托镇政府负责对一风景区域进行城管执法。镇政府接到举报并经现场勘验，认定刘某擅自建房并组织强制拆除。刘某的父亲和嫂子称房屋系二人共建，拆除行为侵犯其合法权益，向法院提起行政诉讼，要求确认强拆行为违法，请求赔偿房屋损失。

问：本案的举证责任如何分配？

答：确认强拆行为违法的举证责任同前。对于赔偿请求，原告需要证明损害结果，因为房屋的损害有多大、屋内有多少财产，被告无从知晓，只能原告自己证明。

⊙ ［注意］原告对其他事项不承担举证责任，但享有举证权利，这意味着，原告可以举证证明被诉行政行为的违法性，但原告提供证据证明被诉行政行为违法的证据不成立的，不免除被告对被诉行政行为合法性的举证责任。

⌕ 关联法条

《关于审理政府信息公开行政案件若干问题的规定》第 5 条 被告拒绝向原告提供政府信息的，应当对拒绝的根据以及履行法定告知和说明理由义务的情况举证。

因公共利益决定公开涉及商业秘密、个人隐私政府信息的，被告应当对认定公共利益以及不公开可能对公共利益造成重大影响的理由进行举证和说明。

被告拒绝更正与原告相关的政府信息记录的，应当对拒绝的理由进行举证和说明。

被告能够证明政府信息涉及国家秘密，请求在诉讼中不予提交的，人民法院应当准许。

被告主张政府信息不存在，原告能够提供该政府信息系由被告制作或者保存的相关线索的，可以申请人民法院调取证据。

被告以政府信息与申请人自身生产、生活、科研等特殊需要无关为由不予提供的，人民法院可以要求原告对特殊需要事由作出说明。

原告起诉被告拒绝更正政府信息记录的，应当提供其向被告提出过更正申请以及政府信息与其自身相关且记录不准确的事实根据。

（三）举证期限

行政诉讼法对原、被告举证期限作出了不同规定，这也体现了"有证在先，不利被告"的价值倾向。被告的证据在行政程序阶段就确实充分了，只需要将现成的证据从档案室中取出，提交至法院即可。所以，被告的举证期较短，也是在情理之中的。而原告收集证据往往需要一个过程。过短的期限限制，不利于保护原告的合法权益。

1. 被告的举证期限。被告应当在收到起诉状副本之日起15日内，提供据以作出被诉行政行为的全部证据和所依据的规范性文件。被告在作出行政行为时已经收集了证据，但因不可抗力等正当事由不能提供的，经法院准许，可以延期提供。被告申请延期提供证据的，应当在收到起诉状副本之日起15日内以书面方式向法院提出。法院准许延期提供的，被告应当在正当事由消除之日起15日内提供证据。逾期提供的，视为被诉行政行为没有相应的证据。

2. 原告的举证期限。原告或者第三人应当在开庭审理前或者法院指定的交换证据清单之日提供证据。因正当事由申请延期提供证据的，经法院准许，可以在法庭调查中提供。逾期提供证据的，法院应当责令其说明理由；拒不说明理由或者理由不成立的，视为放弃举证权利。

3. 举证期限的延长。当事人申请延长举证期限，应当在举证期限届满前向法院提出书面申请。申请理由成立的，法院应当准许，适当延长举证期限，并通知其他当事人。申请理由不成立的，法院不予准许，并通知申请人。

（四）提交证据后的手续

当事人对其向法院提交的证据材料应当予以分类编号，并对证据材料的来源、证明对象和内容作简要说明，签名或者盖章，注明提交日期。而法院在收到当事人提交的证据材料时，应当向当事人出具收据，注明证据的名称、份数、页数、件数、种类以及收到的时间，由经办人员签名或者盖章。

五、证据补充

（一）一审补充

1. 被告：原则上禁止补充，例外时可以

被告在行政诉讼中所提供的证据，原则上都应当是从行政处罚、行政许可和行政强制作出时遵照的行政程序证据中转化而来的，在行政程序阶段被告的证据应当是充分、合法、关联的，在此基础上，被告才作出行政行为。所以，被告只能用作出行政行为当时的证据，证明其当时行政行为的合法性，被告不能事后补充证据。如果被告以①、②、③三个证据为基础，作出了某行政行为，它只能用①、②、③三个证据在诉讼中证明它当时的行政行为合法。在行政程序完结，行政行为作出后，被告及其诉讼代理人不得自行向原告、第三人和证人收集证据，他们在这个阶段所收集的证据原则上不得被用于认定被诉行为的合法性。

但也有例外，如果原告或第三人提出其在行政程序中没有提出过的新证据或理由时，经法院准许，被告可以在一审时补充相应的证据。由于原告或第三人提出了全新的证据，此时，如果还不允许被告补充证据的话，即使原告无中生有、信口开河，被告也无法反驳，只能陷于被动了，这不利于保障行政机关所代表的公共利益。所以，《行政诉讼法》允许被告在原告或第三人提出的新证据的范围内"针锋相对"地补充证据。

2. 原告或第三人：原则上可以补充，例外时禁止

原则上，原告和第三人可以在诉讼程序中提出其在行政程序中没有提出的反驳理由或证据。

但也存在例外，被告有证据证明其在行政程序中依照法定程序要求原告或者第三人提供证据，原告或者第三人依法应当提供而没有提供，在诉讼程序中提供的证据，法院一般不予采纳。原告这种将证据故意隐藏，而后在诉讼程序中搞"证据突袭"的做法，会浪费行政机关的公共资源，冲击正常的行政秩序，所以不为法律所容。虽然在这种情况下，被告也可以针锋相对地补充证据，但有可能力度还是不够，所以立法者更进一步到位地将路封死，直接不作为定案依据。

（二）二审补充

对于被告，只要超过了一审举证期限，一般应视为被诉行政行为没有相应的证据。但原告和第三人也不是没有补充证据期限上的限制，2018 年《行政诉讼法司法解释》规定，原告或者第三人在第一审程序中无正当事由未提供而在第二审程序中提供的证据，法院不予接纳。

六、证据调取和责令提交证据

法院调取证据可分为依职权主动调取和依申请调取证据两种情形。不论属于哪种情形，法院皆不得为证明被诉行政行为的合法性而调取被告在作出行政行为时未收集的证据。

（一）证据调取

1. 依职权调取证据

法院有权向有关行政机关以及其他组织、公民调取证据。法院主动调取证据限于两种情形：

（1）相关事实认定涉及国家利益、公共利益或者他人合法权益

原告、被告只会为证明自己的诉讼主张而提交证据，国家利益、公共利益或者他人合法权益谁来保障呢？只能是法院。

（2）涉及依职权追加当事人、中止诉讼、终结诉讼、回避等程序性事项

法院是行政诉讼程序的主导者，涉及程序性事项的证据，如果法院不调取，是没有人会帮助法院的。

2. 依申请调取证据

（1）申请人

原告或第三人可申请法院调取证据，被告不可申请，这是和民诉有差异的地方。

（2）申请事项

与案件有关的下列证据，如果原告或者第三人不能自行收集，可以申请法院调取：

第一，由国家机关保存而须由法院调取的证据；

第二，涉及国家秘密、商业秘密、个人隐私的证据；

第三，确因客观原因不能自行收集的其他证据。

但当事人申请调查收集证据与待证事实无关联、对证明待证事实无意义或者其他无调查收集必要的，法院不予准许。

（3）申请时间

当事人申请法院调取证据时，应当在举证期限内提交调取证据申请书。

（4）救济制度

若申请符合调取证据条件的，法院应当及时决定调取；若申请不符合调取证据条件的，法院应当向当事人或者其诉讼代理人送达通知书，说明不准许调取的理由。当事人及其诉讼代理人可以在收到通知书之日起3日内向受理申请的法院书面申请复议一次。法院应当在收到复议申请之日起5日内作出答复。同时，法院根据当事人申请，经调取未能取得相应证据的，应当告知申请人并说明原因。

（二）责令提交证据

1. 主动责令

对当事人无争议，但涉及国家利益、公共利益或者他人合法权益的事实，法院可以责令当事人提供或者补充有关证据。

2. 申请责令

（1）申请人

原告或者第三人有权申请，被告无权申请。

（2）申请理由

确有证据证明被告持有的证据对原告或者第三人有利。

（3）申请时间

在开庭审理前书面申请法院责令行政机关提交。

（4）申请结果

申请理由成立的，法院应当责令行政机关提交，因提交证据所产生的费用，由申请人预付。行政机关无正当理由拒不提交的，法院可以推定原告或者第三人基于该证据主张的事实成立。

持有证据的当事人以妨碍对方当事人使用为目的，毁灭有关证据或者实施其他致使证据不能使用行为的，法院可以推定对方当事人基于该证据主张的事实成立，并可依照《行政诉讼法》第59条干扰法院审判秩序的规定处理，比如法院可以作出司法罚款、拘留等，构成犯罪的，依法追究刑事责任。

⊙ ［总结］当事人申请法院调取证据、责令被告提交证据、延长举证期限、申请保全证据、申请证人出庭、申请重新鉴定、申请重新勘验，都应当在举证期限之内提出。

七、证据的对质辨认和核实

证据的对质辨认和核实，是指在法官的主持下，当事人就有关证据进行辨认和对质，围绕证据的真实性、关联性和合法性及证据的证明力和证明力大小进行辩论的活动，是对证据进行审查的重要环节。

（一）质证的方式

证据应当在法庭上出示，并由当事人互相质证。

对涉及国家秘密、商业秘密和个人隐私的证据，不得在公开开庭时出示。

（二）质证的对象

原则上，一切证据均应在法庭上出示，并经庭审质证，才能作为定案的依据。但当事人在庭前证据交换过程中没有争议并记录在卷的证据，经审判人员在庭审中说明后，可以直接作为定案的依据，无须再行质证。对经过庭审质证的证据，除确有必要外，一般不再进行质证。但有例外，比如，法院依职权调取的证据不予质证，应由法庭出示，并可就调取该证据的情况进行说明，听取当事人意见即可。

⊙ ［注意］在第二审程序中，对当事人依法提供的新的证据，法庭应当进行质证；当事人对第一审认定的证据仍有争议的，法庭也应当进行质证。

（三）质证的具体要求

1. 关于证人出庭作证问题

（1）证人要求

不能正确表达意志的人不能作为证人。当事人如果对证人能否正确表达意志有怀疑，有权向法院提出审查或鉴定申请。法院根据当事人申请可以就证人能否正确表达意志进行审查或者交由有关部门鉴定。必要时，法院也可以依职权交由有关部门鉴定。

（2）出庭作证与书面证言

凡是知道案件事实的人，都有出庭作证的义务。在特殊情况下，证人出庭作证不可能或不方便，法律规定有下列情形之一的，经法院准许，当事人可以提交书面证言：

①当事人在行政程序或者庭前证据交换中对证人证言无异议的；

②证人因年迈体弱或者行动不便无法出庭的；

③证人因路途遥远、交通不便无法出庭的；

④证人因自然灾害等不可抗力或者其他意外事件无法出庭的；

⑤证人因其他特殊原因确实无法出庭的。

（3）申请时间

当事人要求证人出庭作证，应当在举证期限届满前向法院提出申请，经法院许可方可进行。

2. 对鉴定意见的质证

在对鉴定意见进行质证时，当事人可以要求鉴定人出庭接受询问。鉴定人因正当事由不能出庭的，经法庭准许，可以不出庭，由当事人对其书面鉴定意见进行质证。

如果被诉行政行为涉及专门性问题，当事人可以向法庭申请由专业人员出庭进行说明，法庭也可以通知专业人员出庭说明。必要时，法庭可以组织专业人员进行对质。当事人对出庭的专业人员是否具备相应专业知识、学历、资历等专业资格等有异议的，可以进行询问。由法庭决定其是否可以作为专业人员出庭。专业人员可以对鉴定人进行询问。

3. 出庭说明

有下列情形之一，原告或者第三人要求相关行政执法人员出庭说明的，法院可以准许：（1）对现场笔录的合法性或者真实性有异议的；（2）对扣押财产的品种或者数量有异议的；（3）对检验的物品取样或者保管有异议的；（4）对行政执法人员身份的合法性有异议的；（5）需要出庭说明的其他情形。

4. 到庭接受询问

（1）适用情形

法院认为有必要的，可以要求当事人本人或者行政机关执法人员到庭，就案件有关事实接受询问。在询问之前，可以要求其签署保证书。保证书应当载明据实陈述、如有虚假陈述愿意接受处罚等内容。当事人或者行政机关执法人员应当在保证书上签名或者捺印。

（2）法律后果

负有举证责任的当事人拒绝到庭、拒绝接受询问或者拒绝签署保证书，待证事实又欠缺其他证据加以佐证的，人民法院对其主张的事实不予认定。

八、证据的审核认定

证据的审核认定，是指法官在听取当事人对证据的说明、对质和辨认后，对证据作出的采信与否的认定。它是法院对当事人举证、质证结果的评价和认定。证据审核认定的主体是合议庭的法官，审核认定的内容是对证据是否具有真实性、关联性和合法性作出确认。

（一）有瑕疵的证据

1. 不能作为定案依据（没效力）

不能作为定案依据的证据不得用于证明任何当事人的诉讼主张，既不能证明被诉行政行为的合法性，也不能证明其违法性，具体包括：

（1）严重违反法定程序收集的证据材料；

（2）以违反法律强制性规定的手段获取且侵害他人合法权益的证据材料；

（3）以利诱、欺诈、胁迫、暴力等不正当手段获取的证据材料；

（4）当事人无正当事由超出举证期限提供的证据材料；

（5）在中华人民共和国领域以外或者在中华人民共和国香港特别行政区、澳门特别行政区和台湾地区形成的未办理法定证明手续的证据材料；

（6）当事人无正当理由拒不提供原件、原物，又无其他证据印证，且对方当事人不予认可的证据的复制件或者复制品；

（7）被当事人或者他人进行技术处理而无法辨明真伪的证据材料；

（8）不能正确表达意志的证人提供的证言；

（9）以违反法律禁止性规定或者侵犯他人合法权益的方法取得的证据，不能作为认定案件事实的依据。

◉ ［知识点拨］（1）、（2）、（3）指的是非法取得的证据；（4）指的是超期证据；（5）～（9）指的是不具有证据基本属性而被排除了的证据。

2. 不能作为认定被诉行政行为合法的证据（片面效力）

片面效力的证据只是不能被用于证明被诉行为的合法性，但可以证明被诉行为的违法性，这里也体现了"不利被告，偏向原告"的价值立场。这类证据不能支持被告主张行政行为具有合法性的观点，但可以证明原告的诉讼主张。具体包括：

（1）被告及其诉讼代理人在作出行政行为后或者在诉讼程序中自行收集的证据；

（2）原告或者第三人在诉讼程序中提供的、被告在行政程序中未作为行政行为依据的证据；

（3）作出原行政行为的行政机关在复议程序中未向复议机关提交的证据，不能作为法院认定原行政行为合法的依据；

（4）被告在行政程序中非法剥夺公民、法人或者其他组织依法享有的陈述、申辩或者听证权利所采用的证据。

⊙ ［知识点拨］具有片面效力的证据是行政诉讼特有的证据效力状态，民诉、刑诉中均不存在。假设证据符合上述四个条件之一，如果证明内容是行政行为合法，完全没有效力；但如果证明内容是行政行为违法，完全有效力。所以，我们将其命名为证据的片面效力。根据"有证在先"的要求，被告只能用作出行政行为当时的证据，证明其当时行政行为的合法性。被告不能事后补充证据，不能用事后的证据证明当时行为的合法性，不管事后证据是以何种方式获得的（原告、第三人阴差阳错提交的、被告自己提交的）。但事后证据有一种可以使用的例外情形，复议机关作共同被告的案件，复议机关在复议程序中依法收集和补充的证据，可以作为法院认定复议决定和原行政行为合法的依据。同时，如果在行政程序阶段，行政机关以片面的方式获取证据，剥夺了原告陈述、申辩、听证的权力，那么这些证据都不能用以证明被诉行政行为的合法性。但是，反过来，却可以证明被诉行政行为的违法性。

⊙ ［例］黄某在与陈某的冲突中被陈某推倒后摔成轻微伤，甲市乙县公安局以此对陈某作出行政拘留15日的决定。陈某不服申请复议，甲市公安局经调查并补充了王某亲眼看到黄某摔伤的证言后维持了原处罚决定。陈某向法院提起诉讼。

问：王某的证言只能作为证明甲市公安局的复议决定合法的证据，这一表述是否正确？

答：错误。根据2018年《行政诉讼法司法解释》"复议机关作共同被告的案件，复议机关在复议程序中依法收集和补充的证据，可以作为人民法院认定复议决定和原行政行为合法的依据。"所以，根据新法，这一表述是错误的。

3. 不能单独作为定案依据

不能单独作为定案依据，在诉讼法中又被称为证据补强规则，该类证据不能被用于单独定案，但可以与其他证据结合用于证明事实，具体包括：

（1）未成年人所作的与其年龄和智力状况不相适应的证言；

（2）与一方当事人有亲属关系或者其他密切关系的证人所作的对该当事人有利的证言，或者与一方当事人有不利关系的证人所作的对该当事人不利的证言；

（3）应当出庭作证而无正当理由不出庭作证的证人证言；

（4）难以识别是否经过修改的视听资料；

（5）无法与原件、原物核对的复制件或者复制品；

（6）经一方当事人或者他人改动，对方当事人不予认可的证据材料。

（二）证据效力大小的判断

在对证据进行审核认定过程中，如果发现证明同一事实的数个证据，其证明效力一般可以按照以下情形分别认定：

1. 国家机关以及其他职能部门依职权制作的公文文书优于其他书证；

2. 鉴定意见、现场笔录、勘验笔录、档案材料以及经过公证或者登记的书证优于其他书证、视听资料和证人证言；

3. 原件、原物优于复制件、复制品；

4. 法定鉴定部门的鉴定意见优于其他鉴定部门的鉴定意见；

5. 法庭主持勘验所制作的勘验笔录优于其他部门主持勘验所制作的勘验笔录；

6. 原始证据优于传来证据；

7. 其他证人证言优于与当事人有亲属关系或者其他密切关系的证人提供的对该当事人有利的证言；

8. 出庭作证的证人证言优于未出庭作证的证人证言；

9. 数个种类不同、内容一致的证据优于一个孤立的证据。

（三）认证的程序

法院在认定证据证明力时，应当按照下列程序操作：

1. 认定的时间，法庭对于庭审中经过质证的证据，能够当庭认定的应当当庭认定，不能当庭认定的应当在合议庭合议时认定。

2. 法庭发现当庭认定的证据有误，可以按照下列方式纠正：

（1）庭审结束前发现错误的，应当重新进行认定；

（2）庭审结束后宣判前发现错误的，可以在裁判文书中予以更正并说明理由，也可以再次开庭予以认定；

（3）有新的证据材料可能推翻已认定的证据的，应当再次开庭予以认定。

■ 主观题命题规律

在主观题命题趋向实践化的命题背景下，行政诉讼证据制度作为能够与诉讼实务紧密结合的知识，必然会成为命题人所青睐的重点知识，2018 年行政法学科案例题最难的一问就出在证据部分，该问中的举证责任超越了选择题以往考查的难度，不独行政法，相邻学科刑事诉讼法更是以证据中的认证和证明标准为核心来命题。本专题主观题的命题重点有举证责任分配、证据的种类、认证等。

■ 主观题知识提升

王某在未取得建设工程规划许可证情况下，在公路南侧建设沿街楼房。2018 年 3 月 12 日，市国土资源局向王某下达《停止违法建设通知书》，责令其停止违法建设行为。在就王某违法建设行为召开协调会后，市建设规划局向王某发出《责令拆除违法建筑通知》，告知王某其建筑违法，责令王某 1 天内自行拆除公路南侧违法建设。2018 年 3 月 15 日，港城大队组织强制拆除工作，港城大队通知镇政府、镇管委会到场，组织人员将王某违法建筑予以强制拆除，在拆除期间，王某尚未来得及将房屋内物品搬离，港城大队也未依法对屋内物品登记保全，未制作物品清单并交王某签字确认。王某以镇政府、镇管委会、港城大队、市国土资源局、市建设规划局为被告提起行政诉讼，请求法院确认强制拆除行为违法、赔偿损失 30 万元。

法院查明，市建设规划局曾向港城大队发送委托书，委托港城大队作出违法建筑物行政拆除决定，委托期限为 2015 年 1 月 1 日至 2020 年 12 月 31 日。

问题：

1. 市建设规划局责令王某限期拆除的行为是什么性质？

2. 市建设规划局的行为是否违法？为什么？

3. 王某起诉的被告是否正确？为什么？

4. 王某提出行政诉讼的期限是？

5. 若在一审开庭时，行政机关的负责人没有出庭应诉，但委托港城大队的相关工作人员和律师出庭，法庭是否应予准许？为什么？

6. 王某请求损失赔偿的举证责任如何分配？

解析：

1. 观点一：行政处罚是通过对违法行为人增加新的负担的方式，实现对违法行为惩戒目的的行政行为，而行政机关将其修建的建筑物予以拆除，为当事人增加了新的负担，所以，责令拆除违反《城乡规划法》的建筑物属于行政处罚。

观点二：责令拆除的功能在于恢复合法状态，没有给当事人增加负担，因而不具有惩戒性。责令拆除的行为性质属于行政命令，行政命令是行政主体依法要求相对人进行一定的作为或不作为的意思表示。

观点三：责令拆除违反《城乡规划法》的建筑物属于行政机关实施的对相对人予以不利益或侵犯相对人权益的负担性行政行为。

观点四：责令拆除违反《城乡规划法》的建筑物属于行政强制措施，行政强制措施，是指行政机关在行政管理过程中，为制止违法行为、防止证据损毁、避免危害发生、控制危险扩大等情形，依法对公民的人身自由实施暂时性限制，或者对公民、法人或者其他组织的财物实施暂时性控制的行为。

[注意] 推荐观点一和观点二作为答案，不能回答为催告或行政强制执行。《土地管理法》对于违反土地管理秩序予以责令拆除的行为性质定性为行政处罚。这一点由于有《土地管理法》第83条为依据，是没有理论和实务争议的。

2. 市建设规划局的行为违法。（1）根据《城乡规划法》第68条规定："城乡规划主管部门作出责令停止建设或者限期拆除的决定后，当事人不停止建设或者逾期不拆除的，建设工程所在地县级以上地方人民政府可以责成有关部门采取查封施工现场、强制拆除等措施。"可见，有权作出责令拆除决定的是规划主管部门，而有权决定强制拆除执行的是县级以上政府。因此，市建设规划局强制拆除王某房屋的行为主体违法。（2）市建设规划局责令王某1天内自行拆除，并没有给王某留下充分的自行拆除的机会，在拆除时，建设规划局也没有按照《行政强制法》的要求催告当事人、并听取王某陈述申辩，属于程序违法。同时，根据《行政强制法》第44条规定："对违法的建筑物、构筑物、设施等需要强制拆除的，应当由行政机关予以公告，限期当事人自行拆除。当事人在法定期限内不申请行政复议或者提起行政诉讼，又不拆除的，行政机关可以依法强制拆除。"建设规划局既未公告，也没有在王某起诉期和复议期过后就实施了强拆行为，属于时限违法。

3. 不正确。（1）王某就强制拆除行为起诉，该行为由市建设规划局委托港城大队作出，与镇政府、镇管委会和市国土资源局没有直接的关系，按照"谁行为、谁被告"的行政诉讼规则，镇政府、镇管委会和市国土资源局并没有以自己的名义独立对外开展行政活动，所以不应当由其作为被告独立承担行政责任。（2）强拆行为由市建设规划局委托港城大队作出，根据行政委托的规则，应当由委托人市建设规划局作为被告承担行政责任。综上，本案的被告应当为市建设规划局，原告起诉的被告存在错误。

4.《行政诉讼法》第46条第1款规定："公民、法人或者其他组织直接向人民法院提起诉讼的，应当自知道或者应当知道作出行政行为之日起六个月内提出。法律另有规定的除外。"王某起诉的强制拆除于2018年3月15日作出，王某知晓该行为内容且《城乡规划法》对起诉期也没有另外规定，所以，王某对强制拆除起诉期应当自知道作出行政行为之日起6个月内提出。

5. 准许。根据2020年生效《最高人民法院关于行政机关负责人出庭应诉若干问题的规定》，行政机关委托行使行政职权的组织或者下级行政机关的工作人员，可以视为行政机关相应的工作人员。本题中，港城大队是被告的委托机关，其工作人员可以视为被告市建设规划局工作人员出庭应诉。

6.《行政诉讼法》第38条第2款规定："在行政赔偿、补偿的案件中，原告应当对行政行为造成的损害提供证据。因被告的原因导致原告无法举证的，由被告承担举证责任。"因为行政机关强拆过程中没有履行法定程序导致当事人尚未搬离个人财产，当事人也无法就损害情况举证，被告应当承担举证责任，被告可以根据市场行情，结合王某实际情况以及所提供的现场照片、物品损失清单等，按照有利于王某的原则酌情确定赔偿数额，对房屋内财产损失依法赔偿。如果原告主张的的损失已经超出市场价值，不是符合生活常理的房屋内物品，应当由原告自行承担举证责任。

专题十六

行政诉讼的法律适用

一、行政诉讼法律适用的含义

行政诉讼的法律适用，是指法院按照法定程序将法律、法规以及法院决定参照的规章具体运用于各种行政案件，对被诉行政行为的合法性进行审查的活动。

由于我国行政法规范制定主体多元化，行政法规范的等级、效力不一，行政法规范的数量繁多，这些行政法规范是否都属于法院的行政诉讼法律适用对象，它们对法院的约束力和效力如何？法院该如何取舍、选择？这就是行政诉讼法律适用所要解决的问题。

二、行政诉讼法律适用的规则

（一）法律、行政法规与地方性法规是行政审判的依据

1. 法院行政审判的依据是法律、行政法规与地方性法规。"依据"的含义是指法院对行政行为合法性进行审查和裁判时，必须适用，不能拒绝适用。

2. 如果法院认为调整同一对象的数个法律规范因规定不同的法律后果而产生冲突，应当依法送请有权机关处理，除非依照法律适用规则能够判断和选择所应适用的法律规范。

⊙［知识点拨］

（1）所谓"法律适用规则"，包括上位法优于下位法、新法优于旧法、特别法优于一般法等。

（2）"送请有权机关处理"限于以下情形：①冲突规范所涉及的事项比较重大；②有关机关对是否存在冲突有不同意见；③应当优先适用的法律规范的合法有效性尚有疑问；④按照法律适用规则不能确定如何适用。

（二）规章的参照适用

"参照"是指法院审理行政案件，对规章进行参酌和鉴定后，对符合法律、行政法规规定的规章予以适用，法院审理行政案件，可以在裁判文书中引用合法有效的规章。参照规章进行审理，并将规章作为审查行政行为合法性的根据；对不符合或不完全符合法律、法规原则精神的规章，法院有灵活处理的余地，可以不予以适用。参照适用的本质是赋予了法院对规章一定的审查判断权，法院审理行政案件，可以在裁判文书中引用规章相关条款，但应当注明"参照"二字。

⊙［注意1］"参照"与"依据"的区别关键在于"依据"是法院对法律、法规无条件

的适用；而"参照"则不是无条件的适用，而是有条件的适用，即在某些情况下可以适用，在某些情况下也可以不予适用。

⊙ ［注意2］法院只能判断规章的合法有效性，不判断其合理适当性。

⊙ ［注意3］法院即使认为规章违法无效，也不得裁判撤销或确认其无效，而只能不予适用。

（三）其他规范性文件的参考适用

其他规范性文件不是正式的法律渊源，对法院不具有法律规范意义上的约束力。当其他规范性文件有明确的法律、法规和规章依据，同时不违反法律、法规和规章的情况下，法院应对其他规范性文件予以参考。"参考"是指法院经审查认为被诉具体行政行为依据的具体应用解释和其他规范性文件是合法、有效并合理、适当的，在认定被诉具体行政行为合法性时应承认其效力；法院可以在裁判理由中对具体应用解释和其他规范性文件是否合法、有效、合理或适当进行评述。法院审理行政案件，可以在裁判文书中引用合法有效的其他规范性文件。

因此，法院在参考适用其他规范性文件时，享有对其他规范性文件的审查权，而且拥有比对待规章更大的取舍权力。在其他规范性文件发生冲突时，法院不必送有关机关裁决，可直接决定一般规范性文件的适用与否。

⊙ ［注意1］法院在行政诉讼中既要审查行政规定的合法有效性，也要审查其合理适当性。

⊙ ［注意2］法院即使认为行政规定违法、无效或不合理、不适当的，也不得在裁判主文中撤销或确认其无效，只可在裁判理由中对其是否合法、有效、合理或适当进行评述。评述是司法权中的浅层次的评价权。真正意义上的司法权应当包括对其他规范性文件的处分权、形成权，也就是经过合法性审查认为其他规范性文件违法或不合理的，可以判决撤销、变更或宣告无效。但目前，中国的法院还不具有深层次评价权。① 通俗地说，评价就是光动动嘴说："你怎么这样！"而深层次的司法审查权是有行动力的，是一边说"你怎么这样！"一边后续的相关措施也会立即跟进。

（四）法院对司法解释的援引

司法解释是最高人民法院就在审判过程中如何具体应用法律问题进行的解释，是对法律的具体化。法院审理行政案件，适用最高人民法院司法解释的，应当在裁判文书中援引。

表 16-1　行政诉讼中法律文件的适用

项目	种类	说明
依据	法律、法规	1. 必须适用，不能拒绝适用。 2. 下位法和上位法冲突，直接适用上位法，但不能在判决书中作出合宪性、合法性判断
参照	规章	选择适用。对符合法律、行政法规规定的规章予以适用，参照规章进行审理，并将规章作为审查具体行政行为合法性的根据；对不符合或不完全符合法律、法规原则精神的规章，法院有灵活处理的余地，可以不予以适用。法院审理行政案件，可以在裁判文书中引用合法有效的规章

---

① 梁凤云：《新行政诉讼法讲义》，人民法院出版社 2015 年版，第 362 页。

项目	种类	说明
参考	其他规范性文件	法院参考其他规范性文件也只是考虑其规定，其他规范性文件仍只具有辅助作用（规章在符合法律、法规的情况下法院必须参照适用）。法院审理行政案件，可以在裁判文书中引用合法有效的其他规范性文件
转化	WTO 规则	转化成国内法后才可以适用
援引	司法解释	如果行政审判适用司法解释，要在裁判文书中指出

三、法律规范冲突解决规则

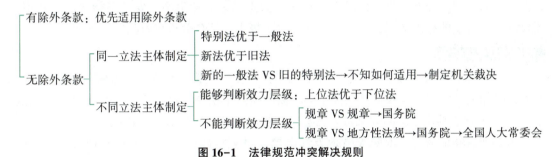

图 16-1　法律规范冲突解决规则

1. 如果存在除外条款，应当优先适用除外条款的豁免规则。

首先应当判断发生冲突的两个法律规范中是否存在除外条款，除外条款是指立法者在制定某一法律规范的同时，规定在某种情况下免除适用该法律规范的法律制度。除外条款一般在法律条文中体现为"但……除外""有……情形的，不适用……规定"等。比如，2001 年原信息产业部制定的规章《电信业务经营许可证管理办法》第 25 条规定："经营许可证有效期届满，需要继续经营的，应当提前 90 日，向原发证机关提出续办经营许可证的申请。不再继续经营的，应当提前 90 日向原发证机关报告，并做好善后工作。"而《行政许可法》第 50 条第 1 款规定："被许可人需要延续依法取得的行政许可的有效期的，应当在该行政许可有效期届满 30 日前向作出行政许可决定的行政机关提出申请。但是，法律、法规、规章另有规定的，依照其规定。"两个规范性法律文件就延续申请提出的时间规定不一致，《行政许可法》为 30 日，《电信业务经营许可证管理办法》为 90 日，此时，不应按照新法优于旧法、上位法优于下位法等规则解决两者冲突，既然《行政许可法》规定了除外条款"法律、法规、规章另有规定的，依照其规定"，那么就应当优先适用《电信业务经营许可证管理办法》90 日的规定。

2. 如果无除外条款，则需要判断是否为同一立法主体制定。

（1）如果发生冲突的法律规范是同一立法主体制定的，则应当按照"特别法优于一般法""新法优于旧法"的规则解决冲突，如果新的一般法和旧的特别法发生冲突，不知如何适用时，则应当由制定机关裁决。

（2）如果发生冲突的法律规范是不同立法主体制定的，则应当判断两个文件是否存在效力高低。

①如果两个法律规范存在效力高低之分，则应当按照上位法优于下位法的规则，优先适用上位法。低层级的法律规范与某一高层级的法律规范冲突时，法院一般应依高层级的

法律规范来解决该案中的实体争议。

②如果两个法律规范居于同一效力层次，则应当由有权机关予以裁决。一般有以下两种具体需要裁决的情形：第一，部门规章之间、部门规章与地方政府规章之间对同一事项的规定不一致时，由国务院裁决。第二，地方性法规与部门规章之间对同一事项的规定不一致，不能确定如何适用时，向国务院提出意见，国务院认为应当适用地方性法规的，应当决定在该地方适用地方性法规的规定；认为应当适用部门规章的，应当提请全国人大常委会裁决。

主观题命题规律

在主观题命题趋向实践化的命题背景下，行政诉讼法律适用制度作为能够与诉讼实务紧密结合的知识，必然会成为命题人所青睐的重点知识。考生不仅要掌握行政法的知识，还要结合法理学的相关知识，比如法律冲突解决规则，综合分析行政法实践案例。

主观题知识提升

高某系 A 省甲县个体工商户，其持有的工商营业执照载明经营范围是林产品加工，经营方式是加工、收购、销售。高某向甲县工商局缴纳了松香运销管理费后，将自己加工的松香运往 A 省乙县出售。当高某进入乙县时，被乙县林业局执法人员拦截。乙县林业局以高某未办理运输证为由，依据 A 省地方性法规《林业行政处罚条例》以及授权省林业厅制定的《林产品目录》（该目录规定松香为林产品，应当办理运输证）的规定，将高某无证运输的松香认定为"非法财物"，予以没收。高某提起行政诉讼要求撤销没收决定，法院予以受理。①

有关规定：

《森林法》及行政法规《森林法实施条例》涉及运输证的规定如下：除国家统一调拨的木材外，从林区运出木材，必须持有运输证，否则由林业部门给予没收、罚款等处罚。

A 省地方性法规《林业行政处罚条例》规定："对规定林产品无运输证的，予以没收"。

问题：

1. 如何确定本案的地域管辖法院？如高某经过行政复议再提起诉讼，如何确定地域管辖法院？

2. 如高某在起诉时一并提出行政赔偿请求，法院应如何立案？对该请求可否进行单独审理？

3. 省林业厅制定的《林产品目录》的性质是什么？可否适用于本案？理由是什么？

4. 高某运输的松香是否属于"非法财物"？理由是什么？

5.（1）法院审理本案时应如何适用法律、法规？理由是什么？

（2）依《行政处罚法》，法律、行政法规对违法行为已经作出行政处罚规定，地方性法规需要作出具体规定的，应当符合什么要求？本案《林业行政处罚条例》关于没收的规定是否符合该要求？

---

① 本题为 2009 年行政法卷四第 6 题。

解析：

1. 按照《行政诉讼法》的规定，当事人直接提起行政诉讼，由最初作出具体行政行为所在地的法院管辖。本案的被诉行政行为由乙县林业局作出，故乙县法院具有管辖权。如高某经过行政复议提起行政诉讼，复议机关所在地或原机关所在地的法院均有管辖权。

2. 根据《最高人民法院关于审理行政赔偿案件若干问题的规定》的相关规定，法院应当对撤销没收决定请求与赔偿请求分别立案；可以根据具体情况对行政赔偿的请求进行单独审理或对二项请求合并审理。

3. 省林业厅制定的《林产品目录》是根据地方性法规授权制定的规范性文件，在行政诉讼中不属于法院应当依据或者参照适用的规范，但可以作为证明被诉行政行为合法的事实依据之一。

4. 高某运输的松香不是"非法财物"。因为高某具有加工、收购、销售松香的主体资格，也向甲县工商局缴纳了松香运销管理费，因此对该批松香享有合法所有权，不能将该批松香认定为"非法财物"予以没收。

5. （1）《森林法》及《森林法实施条例》均未将木材以外的林产品的无证运输行为纳入行政处罚的范围，也未规定对无证运输其他林产品的行为给予没收处罚。A省地方性法规《林业行政处罚条例》的有关规定，扩大了《森林法》及其实施条例关于应受行政处罚行为以及没收行为的范围，不符合上位法。根据行政诉讼法律适用规则，法院应当适用《森林法》及《森林法实施条例》。

（2）按照《行政处罚法》的规定，法律、行政法规对违法行为已经作出行政处罚规定，地方性法规需要作出具体规定的，必须在法律、行政法规规定的给予行政处罚的行为、种类和幅度的范围内规定。本案《林业行政处罚条例》关于没收的规定超出了《森林法》及《森林法实施条例》行政处罚行为、种类和幅度的范围，不符合有关要求。

专题十七
行政诉讼的裁判与执行

第一节 一审判决

行政诉讼判决，是指法院审理行政案件终结时，根据审理所查清的事实，依据法律规定对行政案件实体问题作出的结论性处理决定。行政诉讼判决是法院行使国家行政审判权对行政机关进行监督的集中体现，是法院处理解决争议的基本手段，也是法院审理行政案件和当事人参加诉讼的结果的表现形式。

《行政诉讼法》明确确定了行政诉讼一审判决的 8 种方式，分别为驳回原告诉讼请求判决、撤销判决、履行判决、给付判决、确认违法判决、确认无效判决、变更判决和被告承担继续履行、采取补救措施或者赔偿损失等责任判决。从应试上，以列举式的方式讲授判决形式，对于考生做题而言，迷宫一样的关系会将考生的思维扰乱，为保证做题思路的明晰，我们此处遵照逻辑步骤，一层一层地来讲。

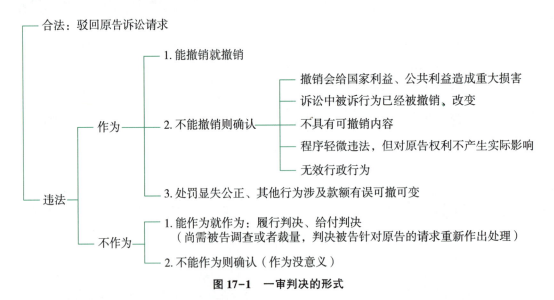

图 17-1 一审判决的形式

一、具体行政行为合法时的判决形式

在 2014 年修订的《行政诉讼法》中，法院经审理认为被诉具体行政行为合法时，法

院应当判决驳回原告诉讼请求。其中背后的逻辑是"具体行政行为合法→被告胜诉、原告败诉→驳回原告诉讼请求"。被诉行政行为合法须同时满足以下五个条件：

1. 主体合法。即行政主体遵守法律的授权开展行政活动，不同部门的行政机关各司其职，上下级行政机关各安其位。

2. 证据确凿。即行政行为所依据的证据确实可靠，并足以证明行政行为认定事实的存在。

3. 适用法律、法规正确。即被诉行政行为所适用的法律、法规及相应条款正确合理。

4. 符合法定程序。即被告作出的行政行为必须符合法律规定的行政程序。

5. 没有滥用职权和明显不合理现象的存在。

⊙ ［注意1］与行政复议不同，行政诉讼在被诉行政行为合法时，并不存在维持判决或者确认合法判决，那是因为法院是外部的、中立的第三方主体，不便于通过维持判决为行政机关的行为合法性作背书。

⊙ ［注意2］若被诉行为是行政不作为时，命题人对行为合法的表述往往是"原告申请被告履行法定职责或者给付义务理由不成立"或"被告已经履行了法定职责"。

二、具体行政行为违法时的判决形式

（一）"作为"违法

具体行政行为可以分为行政作为与行政不作为。行政作为是指行政主体积极改变行政相对人现有权利义务状态的具体行政行为，如行政处罚、行政强制、行政征收和颁发许可证等。行政行为具备下列情形之一的即构成违法：超越职权，主要证据不足，适用法律、法规错误，违反法定程序，滥用职权或明显不当。

1. 撤销判决

被诉行政行为是行政作为时，一审判决形式主要是撤销判决，"能撤销就撤销"。撤销判决之所以会成为首选，是因为撤销法律后果的彻底性，撤销诉讼系人民请求除去加诸己身之违法行为[①]。我们在专题四"具体行政行为概述"中讲授过，当行政行为被撤销后，要溯及既往地失去效力，该行为曾经产生的法律效果和效力要回溯到行为原点上。

撤销判决可分为：（1）全部撤销，适用于整个行政行为全部违法或行政行为部分违法但行政行为不可分；（2）部分撤销，适用于行政行为部分违法、部分合法，且行政行为可分，法院只作出撤销违法部分的判决。

2. 确认判决

确认判决是指法院通过对被诉行政行为的审查，确认被诉行政行为违法或无效的一种判决形式。撤销判决和确认判决的关系是"能撤销就撤销，不能撤销则确认"，这说明对于违法的行政作为，撤销判决是首选，而确认违法判决是备胎。只有在没有撤销对象或存在特殊原因无法撤销的情况下，才会适用确认违法或无效判决，具体而言：

（1）被诉行政行为违法应当撤销，但撤销将给国家利益和公共利益带来重大损失的。通常情况下，被诉行政行为违法，法院应当作出撤销判决，通过撤销被诉行政行为保护当事人的合法权益，让行为的效力及效果回溯到行为作出的原点；但如果撤销该行政行为将

---

① 徐瑞晃：《行政诉讼法》，台湾地区五南图书出版股份有限公司2012年版，第101页。

会给国家利益和公共利益带来重大损失，从维护国家利益和公共利益的大局出发，法院不应作出撤销判决，而应作出确认违法判决。

⊙ [例] 某县规划局为东光房地产公司颁发了《建设工程规划许可证》，并建立了房屋。万某认为规划局发放许可违法，将本应规划为绿地的部分规划为了商品房，于是起诉。法院经审理认为许可行为违法。

问：本案法院应当如何判决？

答：本案无法撤销该许可行为。因为如果要撤销，那么就要让许可行为溯及既往失去效力，已建好的商品房需要被拆除。不仅浪费了公共资源，而且撤销许可会导致诸多法律关系处于不确定的状态，有损公众利益。于是法院应当判决确认许可行为违法。

（2）被告改变原违法行政行为，原告仍要求确认原行政行为违法的。在诉讼中，行政机关依据职权改变原行政行为，但如果原告不撤诉，依然要求法院对原行政行为的违法性作出确认，相应地，法院仍需要对原行政行为的合法性进行审查并作出判决。如果法院审理认为原行政行为违法，<u>但由于该行为在诉讼中已被撤销或改变，早已不复存在，就没有可供法院撤销的内容了</u>，那么，法院应当判决确认该行政行为违法。

（3）行政行为程序轻微违法，但对原告权利不产生实际影响的。

⊙ [例] 区公安局向小新送达罚款 500 元的行政处罚决定书，但是该决定书超过了法定送达时间，延期 1 天后才送达，小新起诉。法院经审理认为实体内容合法，小新确实需要被罚款 500 元，但程序有轻微瑕疵。

问：本案法院应当如何判决？

答：由于当事人的实体权益并未受到影响，不需要撤销，在程序轻微违法的情况下，法院只需要确认违法即可。

🔗 **关联法条**

《行政诉讼法司法解释》第 96 条　有下列情形之一，且对原告依法享有的听证、陈述、申辩等重要程序性权利不产生实质损害的，属于行政诉讼法第七十四条第一款第二项规定的"程序轻微违法"：

（一）处理期限轻微违法；

（二）通知、送达等程序轻微违法；

（三）其他程序轻微违法的情形。

⊙ [知识点拨] 考生需要记忆程序轻微违法的情形，因为只有在轻微违法的时候才不予撤销，影响当事人听证、陈述、申辩等重要的程序性权利是有可能影响当事人的实体权利的。比如，《行政处罚法》和《行政许可法》规定的听证程序，因为听证程序有搜集证据的功能，应听证而未听证就属于有可能会损害原告合法权益的程序违法，法院是可以撤销该具体行政行为的。再如，行政强制执行程序中的催告程序也属于会直接影响原告权利义务的程序。[1]

（4）<u>被诉行政行为违法，但不具有可撤销内容的</u>。被诉行政行为违法，法院可以作出撤销判决，但在被诉行政行为不具有可撤销内容时，法院就只能作出确认违法判决。关于

---

[1]　梁凤云：《新行政诉讼法讲义》，人民法院出版社 2015 年版，第 461、462 页。

不具有可撤销的内容，同学只需要形象地记住"不能一夜回到解放前"，行为无法溯及既往时，就会不具有可撤销的内容。

⊙［例1］A市张某到C市购货，因质量问题，张某拒绝支付全部货款，双方发生纠纷后货主即向公安机关告发。C市公安机关遂以诈骗嫌疑将张某已购货物扣留，并对张某采取留置盘问审查措施。两天后释放了张某，但并未返还所扣财物。张某欲提起行政诉讼。

问：如果法院受理起诉，可能作出的是何种判决？

答：公安机关不当干预普通经济纠纷，此乃违法行政行为。对于扣货行为，由于货物可退还，所以，完全能够溯及既往，于是应当判决撤销。而对于扣人行为，题干表明"两天后释放了张某"，人身自由一旦失去，行为效力无法撤销，溯及既往失去效力，所以应当确认留置盘问决定违法。

⊙［例2］某镇政府以一公司所建钢架大棚未取得乡村建设规划许可证为由责令限期拆除。该公司逾期不拆除。镇政府现场向其送达强拆通知书，并组织人员拆除了大棚。该公司向法院起诉要求撤销强拆行为。

问：如一审法院审理认为强拆行为违反法定程序，应当判决撤销，还是确认违法？

答：由于该行为已实际实施，房屋已然被拆除，没有可撤销的内容，此时判决撤销已无实际意义，应当判决确认违法。

⊙［例3］被告公安局公开了黄某嫖娼的违法事实，黄某认为侵犯自己的隐私权，于是提起行政诉讼。法院认为该信息确实属于个人隐私，公开行为违法。

问：本案法院应当如何判决？

答：法院应当判决确认违法。《关于审理政府信息公开行政案件若干问题的规定》对此有明确的规定：被告公开政府信息涉及原告商业秘密、个人隐私且不存在公共利益等法定事由的，法院应当判决确认公开政府信息的行为违法，并可以责令被告采取相应的补救措施；造成损害的，根据原告请求依法判决被告承担赔偿责任。政府信息尚未公开的，应当判决行政机关不得公开。

⊙［例4］2011年6月，王某向刘某借款共计470万元，并协商用王某房产抵债。该房产系王某、朱某夫妇共同共有。12月29日，王某与刘某办理过户手续，房管局向刘某颁发了房屋所有权证。法院查明申请材料中丈夫"朱某"的签名均非本人所签，房管局对该事项的审查未尽到审慎审查职责，产权转移登记行为违法。但法院还查明，刘某对王某隐瞒丈夫处理房产并不知晓，故法院认定刘某取得房屋属善意取得。

问：本案法院应当如何判决？

答：依据《关于审理房屋登记案件若干问题的规定》的规定，被诉房屋登记行为违法，但房屋已为第三人善意取得的，判决确认被诉行为违法，不撤销登记行为。所以，本案最终判决是判决确认市房管局作出的房屋产权转移登记行为违法。

（5）行政行为有实施主体不具有行政主体资格、没有依据或行为的内容客观上不可实施等重大且明显违法情形，原告申请确认行政行为无效的，法院判决确认无效。无效行政行为的法律后果为自始无效、当然无效和确定无效，由于该行政行为从行为伊始就不具有任何法律上的约束力，自然没有可供法院撤销的内容。于是，法院应当确认行政行为无效。

对于明显且重大违法的行政行为，法院判决确认无效，对于一般违法的情形，法院撤销行政行为，这一处理方式和民法是类似的，均为二元化处理方式。在民法中，因欺诈而签订的合同属于可撤销合同，当事人起诉，法院应当撤销该合同；因买卖毒品而严重违法的合同属于无效合同情形，当事人起诉，法院应当确认无效。

🔗 **关联法条**

《行政诉讼法司法解释》第 99 条　有下列情形之一的，属于行政诉讼法第七十五条规定的"重大且明显违法"：

（一）行政行为实施主体不具有行政主体资格；

（二）减损权利或者增加义务的行政行为没有法律规范依据；

（三）行政行为的内容客观上不可能实施；

（四）其他重大且明显违法的情形。

⊙ ［知识点拨］"不具有行政主体资格"指的是完全不具有行政主体资格的情形，区别于有行政主体资格但无相应职权的情形。比如，根据《药品管理法》，药监局有权对销售假药的行为进行处罚，公安局却越权作出了处罚。公安局是有行政主体资格的，只是缺乏对于本事项具体的管辖权，公安局的行为属于超越职权，而非无权，只能将其撤销，而不可确认无效。但如果是没有任何法律授权的消协作出了该处罚，则属于没有行政主体资格，应当被归类为无效。① 在实践中，不具有行政主体资格主要有以下两种情形：一是没有法律法规、规章授权的内设机构、派出机构，但实践中以自己的名义作出的行政行为；二是根本不具有行政管理职能的社会团体、组织和法人，没有法律法规的依据，擅自以自己的名义对外实施行政管理的行为，如钢铁厂对于进入厂区道路的车辆进行处罚的行为。②

3. 变更判决

变更判决是指法院经审理，认定行政处罚明显不当，或者其他行政行为涉及对款额的确定、认定确有错误的，直接改变行政行为的判决。鉴于司法权与行政权的界分，变更判决的适用范围不应太广。变更判决的适用范围只包括如下两处：

（1）行政处罚明显不当。有两个条件要求：第一，只能针对行政处罚行为作出；第二，行政处罚行为明显不当。法院并非能对所有违法的行政处罚行为都有权变更，法院只能对明显不当的行政处罚行为适用变更判决。

⊙ ［注意］对于明显不当的行政处罚行为，法院既可以判决撤销，也可以判决变更，这取决于法院的裁量。

（2）其他行政行为涉及对款额的确定、认定确有错误的。第一，其他行为是指除了行政处罚以外的行政行为，包括行政征收、行政给付和行政奖励等。第二，款额认定或确定有误。款额认定有误，是指行政机关对客观事实的认定有误，例如行政机关按照营业额计算的缴税数额，营业额认定有误。款额确定有误，是指行政机关的决定认定的基本事实成立，但在金额计算上存在主观失误。

⊙ ［注意］本条规定为"可以"作出变更判决，而不是一定要作出变更判决，法院还有撤销判决等其他选择，这也就意味着，法院有双重选择，既能作出变更判决也能作出撤销

---

① 梁凤云：《新行政诉讼法讲义》，人民法院出版社 2015 年版，第 455 页；江必新、邵长茂：《新行政诉讼法修改条文理解与适用》，中国法制出版社 2014 年版，第 280 页。

② 最高人民法院行政庭编著：《中华人民共和国行政诉讼法及司法解释条文理解与适用》，人民法院出版社 2015 年版，第 497、498 页。

判决。一旦囿于各种客观条件难以对行政行为内容作出判断时，法院作出变更判决的基础欠缺，就不宜作出变更判决，而应该选择撤销判决。[①] 在确定行政行为对于款额的确定、认定存在错误后，法院能够完全确定准确款额的情况下，才可以适用变更判决。否则，应当适用撤销判决，并可以责令行政机关重新处理。[②] 所以我们说"处罚显失公正、其他行为款额有误可撤可变"。

（二）"不作为"违法

1. 能作为就作为

既然行政机关不作为违法，那么判决形式就应该是其反面的"作为"。比如小新法考成绩合格，某司法局拒绝授予其法律职业资格证，法院认为不作为违法，则判决形式应当作出"作为"判决，要求司法局为小新颁发资格证。具体而言，作为判决分为履行判决、给付判决和责令被告重新处理判决。

（1）履行判决

行政不作为是行政主体应当履行某种法律职责，能够履行而不履行的行为。只要行政机关在某种状态下"当为不为"就构成了不作为，对于被告应当作出某种具体行政行为而没有作出，法院应当判决被告履行职责。履行判决必须同时满足三个条件：

① "当为"，被告负有履行某项义务的法定职责。这是法院作出履行判决的前提。

② "能为"，被告有能力履行。

③ "不为"，被告没有履行该法定职责。没有履行包括不履行和拖延履行两种。不履行是指行政机关明示拒绝履行法定职责；拖延履行是指行政机关不及时履行自己的法定职责，或者是否履行态度不明确。

法院判决被告履行法定职责，应当指定履行的期限，因情况特殊难以确定期限的除外。

⊙ [知识点拨] 积极不作为与消极不作为不同，积极不作为是向当事人作出不予履行的法律文书，比如不予许可的决定，不予公开的决定。行政机关明确拒绝履行职责，当事人起诉，法院审理被诉行为违法，那么，需不需要通过撤销判决首先将该决定的效力否定，而后再要求行政机关履行义务呢？

我国司法解释对此作出了肯定性答复，《关于审理政府信息公开行政案件若干问题的规定》第9条第1款规定，被告对依法应当公开的政府信息拒绝或者部分拒绝公开的，人民法院应当判决被告在一定期限内公开，并撤销被诉不予公开决定。除了判决履行职责之外，之所以还需要撤销拒绝性决定，是因为被告能够履行职责"逻辑上的先决条件是先要排除已存在的拒绝处分"。

（2）给付判决

给付判决是指被告负有公法的给付义务，但没有履行给付义务，法院判决给付的判决形式。原告申请被告依法履行支付抚恤金、最低生活保障待遇或者社会保险待遇等给付义务的理由成立，被告依法负有给付义务而拒绝或者拖延履行义务且无正当理由的，法院可

[①] 信春鹰主编：《中华人民共和国行政诉讼法释义》，法律出版社2014年版，第202页。关于其他行为款额有误，除了变更判决，是否还可以选择撤销判决，理论和实践中存在争议。但最权威的观点是全国人大的准立法解释和最高人民法院的司法解释，所以本书采纳该观点。但考生大可不必纠结，有争议的地方考试原则上不会涉及。

[②] 最高人民法院行政庭编著：《中华人民共和国行政诉讼法及司法解释条文理解与适用》，人民法院出版社2015年版，第508页。

以判决被告在一定期限内履行相应的给付义务。

◉ [知识点拨] 履行判决与给付判决均为"作为类"判决，但适用的范围有所不同。履行判决，又被称为课予义务判决，其诉讼目的在于请求行政机关作出特定具体行政行为，比如颁发许可证等。给付判决，又被称为一般给付判决，其诉讼目的可能是任何一种非行政行为之给付。[1]

要说明一般给付诉讼的意涵，可用减法的方式，除了请求行政机关作出具体行政行为的履行判决之外，剩下的请求行政机关"作为"的请求，均被归类为给付判决。[2] 在德国，除了具体行政行为之外的法律行为和事实行为，均可提起给付诉讼；但中国大陆的行政诉讼制度中，由于事实行为不可受案，同时，返还财产、排除妨碍和恢复原状等非财产性义务又没有列入法律中。所以，给付判决的范围就只剩下为支付抚恤金、最低生活保障待遇或者社会保险待遇等金钱类义务。

◉ [技术流] 在应试中，考生只需要记住，履行判决针对的是具体行政行为，给付判决针对的是金钱。

（3）答复判决

履行和给付判决都是在"作为"的裁判时机成熟的情况下作出的判决形式，如果裁判时机不成熟，为避免司法过度干预行政，法院应当判决被告在一定期限内重新处理、作出答复。[3]《行政诉讼法》第72条规定，判决被告在一定期限内依法履行原告请求的法定职责。如尚需被告调查或者裁量的，应当判决被告针对原告的请求重新作出处理。《关于审理政府信息公开行政案件若干问题的规定》第9条第4款规定："被告依法应当更正而不更正与原告相关的政府信息记录的，人民法院应当判决被告在一定期限内更正。尚需被告调查、裁量的，判决其在一定期限内重新答复。被告无权更正的，判决其转送有权更正的行政机关处理。"

裁判时机不成熟就是指"尚需被告调查、裁量"，也就是说，行政机关需要对相应的行政事项进一步调查核实，经过仔细地斟酌、裁量才能作出行政决定。法院不宜代替行政机关调取证据、不宜代替行政机关作出专业判断。而答复判决的优势是它只是要求行政机关重新处理，但行政机关如何处理，决定权还在行政机关自己手中，这一点体现了司法权对于行政权的尊重。

法院判决时，明确知道做什么，那就判决履行或给付，全面满足原告的诉讼请求，通俗地说，履行和给付判决是法院向被告指出一条唯一的路；如果法院还不知道该做点啥，那就把判断权交给行政机关自己，让它自己去处理，法院不要越俎代庖。通俗地说，答复判决意味着法院只是让被告继续往前走，但被告到底走哪条具体的路法院并不干涉，让被告自己去选。

◉ [例1] 张三法考成绩达到国家线，司法局不予颁发法律职业资格证书，张三起诉。法院经审理查明，张三符合颁发法律职业资格证书的条件。此时，第一，法院对于案件事实的把握是充分的，不需要继续调查；第二，颁发法律职业资格证书是羁束行政行为，达

---

[1] [德] 弗里德赫尔穆·胡芬：《行政诉讼法》，莫光华译，法律出版社2003年版，第305页。

[2] 林腾鹞：《行政诉讼法》，台湾三民书局股份有限公司2013年版，第179页。

[3] 在裁判时机不成熟的情况下，法院不仅不能作出履行判决，也不能作出给付判决，只能作出答复判决。江必新、梁凤云：《最高人民法院新行政诉讼法司法解释理解与适用》，中国法制出版社2015年版，第228页。

到法定条件即需颁发，被告没有裁量空间。所以，既然不需被告调查、裁量，法院应当判决被告在一定期限内履行职责，向原告颁发许可证。

⊙［例2］刘林向区民政局提出申请，要求其履行评定刘清为烈士的法定职责。被告对原告的申请事项未作任何处理。法院审理查明，被告怠于履行职责行为，对原告不理不睬的行为违法。但刘清是否为烈士，目前证据不足。

问：本案法院应当如何判决？

答：确认违法判决。因为证据不足，法院无法直接判决被告履行职责确认刘清为烈士，所以，法院只能判决"责令被告区民政局在本判决生效后60日内对刘林的申请事项作出处理意见"。

2. 不能作为则确认

被告不履行法定职责，但判决责令履行法定职责已无实际意义时，法院应当确认不作为违法。被告不履行法定职责，通常应作出履行或给付判决，判令被告积极履行职责，满足当事人诉求；但在被告履行法定职责已为时过晚，达不到对原告救济目的时，法院判决责令被告履行法定职责已无实际意义，在此情况下法院应当作出认定被诉行政行为违法的确认判决。

⊙［例1］夜夜笙歌夜总会开设在某居民小区中，小区居民张某不堪噪声污染，请求环保局予以制止，环保局对张某请求不理不睬，张某起诉。法院经审理查明，环保局不履行职责行为违法，但在诉讼中，该歌厅因经营不善已然倒闭。

问：本案法院应当如何判决？

答：法院应判决确认违法。由于歌厅倒闭，噪音不复存在，被告履行职责已然毫无必要，所以，法院应当判决确认不作为违法。如果题干中没有"该歌厅因经营不善已然倒闭"这一信息，法院的判决形式就应当是"判决被告履行职责，制止噪音扰民行为"。

⊙［例2］张某申请县国土局对其居住地界发生地质灾害的责任单位作出认定，县国土局拒绝认定，张某起诉。法院经审理认为被告不履行职责行为违法，但审理中，被告已委托专家对灾害的成因进行分析论证，并作出了责任认定书。

问：本案法院应当如何判决？

答：法院应当作出确认违法判决。虽然行为违法，但被告已经履行了职责，再履行一次职责已经毫无意义，所以，法院应当判决确认不作为违法。

三、几种类型判决的特别说明

表17-1 一审判决的特殊适用

撤销判决的特殊适用	1. 撤销判决类型： 全部撤销、部分撤销
	2. 撤销判决的补充判决：重作判决。 ［具体要求］判决重新作出行为的，被告不得以同一事实和理由作出与原行为基本相同的行为，但因违反法定程序被撤销的除外。 ［违法后果］行政机关以同一事实和理由重新作出与原具体行政行为基本相同的具体行政行为，法院应当判决撤销或者部分撤销，并可以按照行政机关不履行生效判决时的执行手段强制执行

撤销判决的 特殊适用	3. 撤销判决与确认无效判决的转换： （1）原告请求撤销行政行为，法院经审查认为行政行为无效的，应当作出确认无效的判决。 （2）原告起诉请求确认行政行为无效，但法院审查为属于可撤销的： ①经释明，原告请求撤销行政行为的，应当继续审理并依法作出相应判决； ②经释明，原告拒绝变更诉讼请求的，判决驳回其诉讼请求。 ［口诀］想变就变，不变就败。 ［注意］原告起诉请求确认行政行为无效，而法院审查为属于可撤销的，但如果撤销行政行为已超过法定起诉期限的，裁定驳回起诉
变更判决的 特殊适用	1. 不得对当事人作出更为不利的决定，但利害关系人同为原告，且诉讼请求相反的除外。 2. 对行政程序中未处罚的人，法院不得在诉讼程序中直接判决处罚
确认违法或 者无效的 特殊适用	法院判决确认违法或者无效的： 1. 可以同时判决责令被告采取补救措施。 2. 可能给原告造成损失，经释明，原告请求一并解决行政赔偿争议的，法院可以就赔偿事项进行调解；调解不成的，应当一并判决。法院也可以告知其就赔偿事项另行提起诉讼。 ［注意1］法院不能主动判决赔偿。 ［注意2］如果原告一审自己遗漏赔偿请求，法院既可以释明后一并判决，也可以告知另行起诉

（一）撤销判决的特殊适用

1. 撤销判决的补充判决：重作判决

重作判决是指法院判决被告重新作出具体行政行为，重作行为不具有独立性，必须以撤销判决为前提，形象地说就是，重作判决是撤销判决的"跟屁虫"。法院判决重新作出行为的，被告不得以同一事实和理由作出与原行为基本相同的行为，但因违反法定程序被撤销的除外。

（1）"基本相同"的判定

重新作出的具体行政行为与原具体行政行为基本相同，必须同时满足以下条件：

①事实依据相同，即行为据以认定的主要事实和证据相同；

②法律依据相同，即适用的法律、法规或规章等相同；

③结果相同，即处理结果相同。

也就是说，被告在重作具体行政行为时，在法律依据、事实依据或行为处理结果三个要素中，至少有一个要素与原来的行政行为明显不同，否则，就是行政权对司法权威的藐视。

（2）程序违法性的例外

因为程序本身具有独立性，不一定会直接影响当事人的实体权利义务。比如，法院认为某公安局罚款 2000 元未听证，以程序违法为由予以撤销。但撤销后，行政机关补正了听证程序，还是可能会发现并未获得任何新证据，行政机关自然只能适用同一事实和理由作出与原行为基本相同的行为，这并不是行政机关有意蔑视司法。

（3）违反的后果

① ［可诉］法院判决撤销行政机关的行政行为后，公民、法人或者其他组织对行政机关重新作出的行政行为不服向法院起诉的，法院应当依法立案。这是因为原行为被撤销之后，后果是"一夜回到解放前"，视同原行为不存在，当事人对新的行为起诉，哪怕新的行为和原行为内容相同，但是也是行政机关在另外一个新的日期作出的影响当事人权利义务的独立行为，自然可诉，并不构成重复起诉。

② ［司法建议］行政机关以同一事实和理由重新作出与原行政行为基本相同的行政行为，法院应当判决撤销或者部分撤销，并根据《行政诉讼法》第96条第4项的规定处理。

关联法条

《行政诉讼法》第96条 行政机关拒绝履行判决、裁定、调解书的，第一审人民法院可以采取下列措施：

（一）对应当归还的罚款或者应当给付的款额，通知银行从该行政机关的账户内划拨；

（二）在规定期限内不履行的，从期满之日起，对该行政机关负责人按日处五十元至一百元的罚款；

（三）将行政机关拒绝履行的情况予以公告；

（四）向监察机关或者该行政机关的上一级行政机关提出司法建议。接受司法建议的机关，根据有关规定进行处理，并将处理情况告知人民法院；

（五）拒不履行判决、裁定、调解书，社会影响恶劣的，可以对该行政机关直接负责的主管人员和其他直接责任人员予以拘留；情节严重，构成犯罪的，依法追究刑事责任。

2. 撤销判决与复议决定

（1）复议决定改变原行为违法的，法院判决撤销复议决定时应责令复议机关重新作出决定或者判决恢复原行政行为的法律效力。

复议改变后的基本逻辑线索是："被告（复议机关）→审理对象（复议决定）→判决对象（复议决定）"，这是符合"诉什么、审什么、判什么"的诉讼线索的，那么如果法院将改变后的复议决定撤销，自然也只能要求复议机关自己重作了。诉的是复议机关，审的是复议机关，撤的是复议机关，那么要求重作的只能还是复议机关。

除了责令复议机关重新作出复议决定，2018年《行政诉讼法司法解释》还增加了一个新的处理方案——判决恢复原行政行为的法律效力。如果法院认定复议改变错误，而原行为合法的话，那么传统的责令复议机关重作固然可以，但是程序繁琐、浪费法律资源。比如原行为罚款500元，复议机关违法增加为800元，那么如果法院选择撤销800元的复议决定，责令复议机关重作；复议机关接到判决，重新审理复议案件后，认为原行为罚款500元合法，再责令原机关作出罚款500元；原机关接到复议决定后，重新罚款500元。兜兜转转一大圈，还是"复活"了原行为。此时，法院不如直接一步到位判决恢复原行为的法律效力来的干脆，所以，新司法解释增加了"恢复原行政行为的法律效力"的情形。

（2）复议决定维持原行为的，法院应当对复议决定和原行政行为一并作出裁判。

复议维持后的基本逻辑线索是："被告（原机关和复议机关）→审理对象（原机关和复议机关的行为）→判决对象（原机关和复议机关一并裁判）"，这也是符合"诉什么、审什么、判什么"的诉讼线索的，"诉两个，审两个，判两个"。具体而言，可以区分如下四种情况：

①撤销原行政行为和复议决定，可以判决作出原行政行为的行政机关重新作出行政行为。

⊙ [例] 原行为罚款 500 元，当事人提起复议，复议机关维持原行为的合法性，当事人不服，提起诉讼。法院认定罚款 500 元违法，罚款违法对应的判决形式应当是撤销判决。同时，原行为违法，复议维持决定自然违法，法院应当将复议决定一并撤销。但还有另外一个问题，如果涉及重作的话，由哪一个机关重作呢？答案是原机关。虽然复议维持后，审理对象为原行为和复议维持，但维持本身并没有独立的内容，其内容的合法性是依附于原行为之上的，主要的审理对象还是原行为的合法性，所以，要求重作的只能是原机关。

②判决作出原行政行为的行政机关履行法定职责或者给付义务，应当同时判决撤销复议决定。

⊙ [例] 原行为是不予许可，当事人提起复议，复议机关维持原行为的合法性，当事人不服，提起诉讼。法院认定不予许可违法，复议维持决定受到牵连而违法。对于原行为判决形式自然是履行判决，复议维持违法则应当将其撤销。

③原行政行为合法，复议决定违反法定程序的，应当判决确认复议决定违法，同时判决驳回原告针对原行政行为的诉讼请求。

⊙ [例] 原行为罚款 500 元，当事人提起复议，复议机关维持原行为的合法性，当事人不服，提起诉讼。法院认定原行为合法，但复议程序违法。那么，原行为合法，判决形式自然是驳回原告诉讼请求，而复议程序违法，法院应根据程序违法的程度选择撤销或确认复议决定违法。

④原行政行为不符合复议或者诉讼受案范围等受理条件，复议机关作出维持决定的，法院应当裁定一并驳回对原行政行为和复议决定的起诉。

⊙ [例] 2012 年 1 月 1 日，县公安局罚款张某 500 元。2018 年 1 月 1 日张某提起复议，复议机关市公安局维持罚款决定合法性。当事人不服，于 2018 年 2 月 10 日提起诉讼。法院审理查清原行为于 2012 年作出，超过了行政诉讼起诉期，不符合行政诉讼受理条件，那么，法院应当裁定一并驳回对原行政行为罚款 500 元和复议维持决定的起诉。这里一定要注意的是，由于不符合受案条件，法院不是判决驳回诉讼请求，而是裁定驳回起诉。

表 17-2　复议维持后再起诉的判决形式

原行为判决	复议维持判决
原行为不符合受理条件→裁定驳回	复议维持→裁定驳回
原行为合法→驳回原告诉求	复议维持合法→驳回原告诉求
作为违法→撤销	维持违法→撤销
不作为违法→履行或给付	维持违法→撤销
原行为合法→驳回原告诉求	维持违法→确认违法或撤销

表 17-3　经过复议的案件考点总结

被告	1. 复议不作为：原告对谁不服，谁就是被告。 2. 复议改变：复议机关是被告。（复议改变只包括改变结果） 3. 复议维持：原行政机关和复议机关是共同被告（告漏了，通知加；原告不加，加为共同被告）	
管辖	级别	复议维持：以作出原行政行为的机关确定级别管辖。 复议改变：以复议机关确定。 复议不作为：看具体诉求，告原机关，以原机关确定；告复议机关，以复议机关确定
	地域	经过复议的案件，原行政机关所在地或复议机关所在地法院均可管辖
起诉期	复议作为	收到复议决定之日起 15 日内，有例外的从例外
	复议不作为	复议期限届满之日起 15 日内，有例外的从例外
一审对象	复议维持	原行政行为的合法性+复议决定的合法性
	复议改变	复议决定的合法性
	复议不作为	看具体诉求，告原机关，审原行为；告复议机关，审复议不作为
举证责任	复议维持	1. 作出原行政行为的行政机关和复议机关对原行政行为的合法性共同承担举证责任，可以由其中一个机关实施举证行为。 2. 复议机关对复议决定的合法性承担举证责任
	复议改变	复议机关对复议决定承担举证责任
	复议不作为	看具体诉求，告谁，谁承担
判决类型	复议维持	1. 复议决定维持原行政行为的，法院应当对复议决定和原行政行为一并作出裁判。 2. 法院判决撤销原行政行为和复议决定的，可以判决作出原行政行为的行政机关重新作出行政行为。 3. 原行政行为合法、复议决定违法，应当判决确认复议决定违法或撤销复议决定，同时判决驳回原告针对原行政行为的诉讼请求。 4. 原行政行为不符合受理条件，复议机关作出维持决定的，法院应当裁定一并驳回对原行政行为和复议决定的起诉
	复议改变	复议决定改变原行政行为错误的，判决撤销复议决定时应责令重新作出复议决定或者判决恢复原行政行为的法律效力

3. 撤销判决和确认无效判决的转换

"诉什么，审什么，判什么"是行政诉讼的一条一以贯之的逻辑线索，当事人起诉的诉讼请求会直接决定后续的审理对象和判决对象。如果当事人起诉要求撤销，法院认为构成撤销，那就支持当事人的诉讼主张；如果法院认为不构成撤销，那一般就应当反对当事人的诉讼主张，法院会选择判决驳回原告诉讼请求。但 2018 年《行政诉讼法司法解释》规定了一种例外情形，《行政诉讼法司法解释》第 94 条第 1 款规定："公民、法人或者其他组织起诉请求撤销行政行为，人民法院经审查认为行政行为无效的，应当作出确认无效的判决。"这是因为可撤销和无效行为均是两种违法行政行为，只是违法程度有所不同而已，可撤销是一般违法，而无效是明显且重大违法。既然均属于违法情形，当事人也很难像法学家那样有能力精准的界定"一般违法"与"明显且重大违法"，如果直接驳回当事人诉讼请求，法院也于心不忍，所以就创制了"判决形式转换制度"，将撤销之诉自动转换为确认无效之诉。

类似的，当事人起诉确认无效，法院发现不构成确认无效，正常情况法院应当反对当事人的诉讼主张，也就是判决驳回当事人诉讼请求。不过，法律制度还是给了当事人一线生机，司法解释规定确认无效诉讼也可以转换为撤销诉讼，2018 年生效的《行政诉讼法司法解释》第 94 条第 2 款规定，当事人起诉请求确认行政行为无效，法院审查认为行政行为不属于无效情形，经释明，原告请求撤销行政行为的，应当继续审理并依法作出相应判决。当然原告拒绝变更的话，法院只能判决驳回原告诉讼请求了。

考生仔细甄别两种转换制度的细节，会发现"撤销诉讼→确认无效诉讼"（由低到高）不需要经过当事人同意，而"确认无效诉讼→撤销诉讼"（由高到低）应当经过当事人同意，如果当事人不同意诉讼类型转换，那就只能判决驳回其诉讼请求。

这是因为无效针对的是明显且重大违法，违法程度比较重，所以法律制度对无效行为的否定性更强，无效的后果是"自始无效、当然无效、确定无效"。举一个例子就可以说明二者的差别，无效行为没有除斥期间，当事人永远都可申请法院宣告无效行为无效，而申请法院撤销"一般违法"的可撤销行为，需要在 6 个月内起诉，过了起诉期法院不会给予任何救济。所以，"撤销诉讼→确认无效诉讼"是由低到高，给予当事人更妥帖的保障，不需要征求当事人同意也无所谓；而"确认无效诉讼→撤销诉讼"是由高到低，当事人有可能坚定主张确认无效，不接受低配版本。所以，要实现判决类型的转变，必须经过当事人同意。这就类似于，你买了张李佳演唱会的门票，结果换成了陈奕迅来演唱，不需要经过你同意估计你也无所谓；但你买了张陈奕迅演唱会的门票，临时换成了李佳来演出，如果这都不需要经过你的同意的话，估计你到现场会吐血的。

以上内容可以概括为一句话："就高不就低，就低要同意，如果不同意，哪来回哪去。"

除此以外，还应区分另外一种情况：如果原告请求撤销行政行为，但超过法定起诉期限的，法院应当裁定驳回起诉。如果经过原告同意，确认无效诉讼转换为撤销诉讼，但撤销诉讼是有起诉期的限制的，就像我们在专题十四里讲授的，行政诉讼一旦超过了起诉期，法院应当裁定不予立案，已经受理的也应裁定驳回起诉。因为原告起诉超期，法院爱莫能助，就没有办法帮助原告实现诉讼请求的转换，只能裁定驳回起诉了。

关联法条

《行政诉讼法司法解释》第 94 条 公民、法人或者其他组织起诉请求撤销行政行为，人民法院经审查认为行政行为无效的，应当作出确认无效的判决。

公民、法人或者其他组织起诉请求确认行政行为无效，人民法院审查认为行政行为不属于无效情形，经释明，原告请求撤销行政行为的，应当继续审理并依法作出相应判决；原告请求撤销行政行为但超过法定起诉期限的，裁定驳回起诉；原告拒绝变更诉讼请求的，判决驳回其诉讼请求。

（二）变更判决的特殊适用

法院对行政处罚行为作出变更判决，原则上只能减轻不能加重，不得加重原告的义务或者减损原告的权益。这主要是为了保护公民、法人或者其他组织的诉权，消除公民、法人或者其他组织在起诉时面临可能被加重或减损权益的种种顾虑而作出的规定，这类似于刑诉法中的"上诉不加刑"。不过，"上诉不加刑"也有例外，在检察院抗诉等情形下可以加重。与此类似，在行政诉讼中，法院原则上不得加重对原告的处罚，但利害关系人同为原告，且诉讼请求相反的除外。这里我们借助刑诉法的"上诉不加刑"的原理，来理解行政诉讼中该条款的规定。

⊙ ［例1］ 甲市原市长季某一审被判决15年，假设季某上诉，要求减轻刑罚，公诉机关检察院抗诉要求加重刑罚。此时，二审法院面对着"加重""减轻"两个针锋相对的观点，究竟如何处理，这取决于哪方观点更合乎法律规定，如果二审法院认为检察院的观点在理，是可以加重刑罚的。

⊙ ［例2］ 类似的，张三打李四，公安局罚款张三500元，张三认为处罚过重，提起诉讼，受害人李四认为处罚过轻，提起诉讼（利害关系人李四同为原告，且诉讼请求相反）。法院如果认为李四的观点更为合法合理，是有可能支持李四的主张，加重对于张三的处罚的。

在本知识点上，刑事诉讼和行政诉讼的结构是高度类似的。

（三）确认违法或者无效的特殊适用

法院判决确认违法或者无效的：

1. 可以同时判决责令被告采取补救措施。

2. 可能给原告造成损失，经释明，原告请求一并解决行政赔偿争议，法院可以就赔偿事项进行调解；调解不成的，应当一并判决。法院也可以告知其就赔偿事项另行提起诉讼。

⊙ ［注意1］ 法院不能主动判决赔偿。

⊙ ［注意2］ 如果原告一审自己遗漏赔偿请求，法院既可以释明后一并判决，也可以告知另行起诉。

四、宣判制度

法院对公开审理和不公开审理的案件，一律公开宣告判决。

当庭宣判的，应当在10日内发送判决书；定期宣判的，宣判后立即发给判决书。

宣告判决时，必须告知当事人上诉权利、上诉期限和上诉的法院。

第二节　二审判决

二审判决是法院在第二审程序中就上诉案件作出的判决。由于我国实行两审终审制，因而二审判决是生效判决，亦称终审判决，当事人对其不能提出上诉。第二审法院运用第二审程序对上诉案件进行审理后，可以作出如下类型的判决：

1. 维持原判。指二审法院通过对上诉案件的审理，确认一审判决、裁定认定事实清楚，适用法律、法规正确，从而判决或者裁定驳回上诉人的上诉，维持原判决、裁定。维持原判必须同时具备两个条件：一是原判决认定事实清楚，即一审判决、裁定对行政行为的合法性裁判有可靠的事实基础和确凿的证据支持；二是适用法律、法规正确，即一审法院适用法律、法规恰如其分。

2. 改判。指第二审法院直接改正第一审判决的错误内容的判决形式。改判适用于两种情形：一是原判决认定事实清楚，但适用法律、法规错误。一审判决认定事实正确，只是适用法律、法规错误，第二审法院应在正确适用法律、法规后，依法更正一审判决的内容。二是原判决认定事实不清、证据不足的，第二审法院可以在查清事实后改判。

3. 发回重审。第一审判决遗漏当事人或者违法缺席判决等严重违反法定程序的，裁定撤销原判决，发回原审法院重审，不能适用改判。一审判决如果是基本事实不清、证据不足，二审法院除了查清事实，直接改判外，也可以发回一审法院重审。

⊙ ［注意］问：一审判决认定事实错误，二审法院既可以发回重审，也可以改判，这一表达是否正确？

答：错误。只有一审法院判决认定事实不清的情况下，才是既可以发回重审，又可以改判。既然二审法院认为一审判决认定事实错误，那说明二审法院知道正确的事实是什么，否则怎么可能知道事实错误呢？既然知道正确的事实是什么，直接改判就好了，何必要发回重审呢？所以，法律规定原判决、裁定认定事实错误或者适用法律、法规错误，应当依法改判、撤销或者变更。

4. 一审遗漏了赔偿请求

行政诉讼二审判决，高度类似于民事诉讼，但有一点不同，就是一审遗漏了赔偿请求的情况。

⊙ ［例1］小新被公安局拘留15日、罚款5000元，小新就拘留和罚款同时起诉，结果一审法院只审理了小新对拘留的诉讼请求，遗漏了对罚款的诉讼请求。小新不服，提起上诉，二审法院应当如何处理？

答：如果一审遗漏的是普通诉讼请求（罚款决定），二审法院的处理方法是和民诉相同的，先调解，调解不服，发回一审法院重审。因为如果二审法院直接对罚款决定作出判决的话，那对当事人是不公平的。因为这样的话，法院只经过一次审判就对罚款决定作出终局判决，这剥夺了当事人的上诉权，违背了"两审终审制"的要求。

⊙ ［例2］小新被公安局拘留15日、罚款5000元，小新起诉，要求确认拘留决定违法并赔偿误工费1000元，一审法院认为公安局认定事实错误，于是确认拘留决定违法，但是遗漏了小新的赔偿请求。小新不服，提起上诉，二审法院发现一审遗漏了赔偿请求，应当如何处理？

答：按照2018年《行政诉讼法司法解释》第109条的规定，分两种情况予以处理：

(1) 原审判决遗漏行政赔偿请求，第二审法院经审查认为依法不应当予以赔偿的，应当判决驳回行政赔偿请求。

(2) 原审判决遗漏行政赔偿请求，第二审法院经审理认为依法应当予以赔偿的，在确认被诉行政行为违法的同时，可以就行政赔偿问题进行调解；调解不成的，应当就行政赔偿部分发回重审。

第三节　行政诉讼的裁定和决定

一、行政诉讼裁定

（一）行政诉讼裁定的概念与特征

行政诉讼的裁定，是指法院在审理行政案件过程中或者执行案件的过程中，就程序问题所作出的判定。

（二）行政诉讼裁定的适用范围及法律效力

行政诉讼中的裁定主要适用于下列事项：

1. 不予受理；

2. 驳回起诉；

3. 管辖异议；

4. 终结诉讼；

5. 中止诉讼；

6. 移送或者指定管辖；

7. 诉讼期间停止行政行为的执行或者驳回停止执行的申请；

8. 财产保全；

9. 先予执行；

10. 准许或者不准许撤诉；

11. 补正裁判文书中的笔误；

12. 中止或者终结执行；

13. 提审、指令再审或者发回重审；

14. 准许或者不准许执行行政机关的行政行为；

15. 其他需要裁定的事项。

行政诉讼裁定的法律效力有两种情况：对一审法院作出的不予受理裁定、驳回起诉裁定和管辖权异议裁定，当事人可以在一审法院作出裁定之日起10日内向上一级法院提出上诉，逾期不提出上诉的，一审法院的裁定即发生法律效力；对于除以上三类裁定之外的其他所有裁定，当事人无权提出上诉，一经宣布或者送达，即发生法律效力。

裁定书应当写明裁定结果和作出该裁定的理由。裁定书由审判人员、书记员署名，加盖法院印章。口头裁定的，记入笔录。

二、行政诉讼决定

（一）行政诉讼决定的概念

行政诉讼决定，是指法院为了保证行政诉讼的顺利进行，依法对行政诉讼中的某些特殊事项所作的处理。

（二）行政诉讼决定的适用范围及效力

行政诉讼中的决定主要有：

1. 有关回避事项的决定。法院对于是否回避的决定以口头或者书面方式作出，申请人对决定不服，可以申请法院复议一次，但不停止执行。

2. 对妨害行政诉讼的行为采取强制措施的决定。法院作出训诫、责令具结悔过强制措施的，通常由审判长当庭作出口头决定，并记入笔录；对采取罚款、拘留强制措施的，应由合议庭作出书面决定，并报院长批准，当事人不服的，可以申请复议一次。

3. 审判委员会对已生效的行政案件的裁判认为应当再审的决定。对法院已发生法律效力的裁判，发现违反法律需要再审的，由院长提交审判委员会讨论决定是否再审。审判委员会决定再审的，该行政案件应进行再审。

4. 有关起诉期限事项的决定。公民、法人或者其他组织因不可抗力或者其他不属于其自身原因耽误起诉期限的，被耽误的时间不计算在起诉期限内。公民、法人或者其他组织因上述以外的其他特殊情况耽误起诉期限的，在障碍消除后 10 日内，可以申请延长期限，是否准许由法院决定。对于下级法院需要延长审理期限的申请，高级法院和最高法院作出是否延长的决定。此外，如诉讼费用的减免、强制执行措施的采取等事项，都可适用决定。

在行政诉讼中，无论何种性质的决定，一经宣布或送达，即发生法律效力，义务人必须履行相关义务。对决定不服，不得提出上诉。法律规定当事人可以申请复议的，当事人有权申请复议，但复议期间不停止决定的执行。

第四节　行政诉讼的执行

一、执行机关

发生法律效力的行政判决书、行政裁定书、行政赔偿判决书和行政调解书，由一审法院执行。一审法院认为情况特殊，需要由二审法院执行的，可以报请二审法院执行；二审法院可以决定由其执行，也可以决定由一审法院执行。

二、执行措施

（一）原告败诉时，对公民、法人或者其他组织的执行措施

《行政诉讼法》并未对公民、法人或者其他组织的执行措施作出具体规定，法院可以参照《民事诉讼法》的有关规定执行。在行政机关作为执行机关时，行政机关必须严格按照现行法律、法规规定的执行措施执行。

（二）被告败诉时，对行政机关的执行措施

法院判决行政机关履行行政赔偿、行政补偿或者其他行政给付义务，行政机关拒不履行的，对方当事人可以依法向法院申请强制执行，法院可以采取下列措施：

1. 对应当归还的罚款或者应当给付的款额，通知银行从该行政机关的账户内划拨；

2. 在规定期限内不履行的，从期满之日起，对该行政机关负责人按日处 50 元至 100 元的罚款；

3. 将行政机关拒绝履行的情况予以公告；

4. 向监察机关或者该行政机关的上一级行政机关提出司法建议。接受司法建议的机关，根据有关规定进行处理，并将处理情况告知法院；

5. 拒不履行判决、裁定、调解书，社会影响恶劣的，可以对该行政机关直接负责的主管人员和其他直接责任人员予以拘留；情节严重，构成犯罪的，依法追究刑事责任。

三、执行程序

行政诉讼判决的执行程序与民诉基本相同，《行政诉讼法》及其司法解释仅仅规定了执行期限：

申请执行的期限为 2 年。申请执行时效的中止、中断，适用法律有关规定。逾期申请的，除有正当理由外，法院不予受理。

申请执行的期限从法律文书规定的履行期间最后一日起计算；法律文书规定分期履行的，从规定的每次履行期间的最后一日起计算；法律文书中没有规定履行期限的，从该法律文书送达当事人之日起计算。

🟩 主观题命题规律

本专题客观题和主观题考查的广度和深度是一致的，在客观题和主观题中都属于黄金考点。判决同样是典型的会者不难、不会则难的知识点，不需要考生有太多的背诵，但是需要反复理解知识背后的法理，这部分需要多听课，真正做到理解。

🟩 主观题知识提升

进阶案例 1

益民公司于 1999 年 4 月工商注册成立（未取得燃气经营资格），经营范围为管道燃气、燃气具、高新技术和房地产。2000 年 7 月 7 日，原周口地区建设局对益民公司作出《关于对周口市益民燃气有限责任公司为"周口市管道燃气专营单位"的批复》（2003 年 11 月 9 日，周口市建设委员会以缺少法律依据，不符合有关规章和规范性文件，属越权审批为由废止了该文），批准益民公司为周口城市管道燃气专营单位。此后，益民公司又先后取得了燃气站《建设用地规划许可证》、部分路段的燃气管网铺设《建设工程规划许可证》和《建设工程施工许可证》等批准文件。截至一审判决，益民公司已在周口市川汇区建成燃气调压站，并在该区的主要街道和部分小区实际铺设了一些燃气管道。2002 年 9 月 23 日，面对当时周口市两家燃气公司并存的状况，周口市规划管理局根据市政府常务会议的决议，要求益民公司必须停止管道铺设。

2003 年 4 月 26 日，周口市发展计划委员会（以下简称市计委）根据建设部 272 号文《关于加快市政公用行业市场化进程的意见》的要求，着手组织周口市天然气城市管网项目法人招标，5 月 2 日发出《周口市天然气城市管网项目法人招标方案》（以下简称《招标方案》）。6 月 19 日，市计委依据评标结果和考察情况向亿星公司下发了《中标通知书》，确定亿星公司中标。6 月 20 日，市政府作出周政（2003）54 号《关于河南亿星实业集团有限公司独家经营周口市规划区域内城市管网燃气工程的通知》（以下简称 54 号文），确定由亿星公司独家经营周口市规划区域内城市天然气管网工程。54 号文送达后，亿星公司办理了天然气管网的有关项目用地手续，购置了输气管道等管网设施，于 2003 年 11 月与中国石油天然气股份有限公司西气东输管道分公司（以下简称中石油公司）签订了用气协议，并开始动工开展管网项目建设。

益民公司认为，市计委、市政府作出的上述《招标方案》《中标通知》和 54 号文违反了法律规定，并侵犯了其依法享有的管道燃气经营权，向河南高院提起行政诉讼，请求法院撤销上述三个具体行政行为，并赔偿其除铺设管道之外的经济损失 3500 万元。

法院审理查明，市计委、市政府作出的上述《招标方案》《中标通知》和 54 号文存在适用法律错误、违反法定程序之情形。同时还查明，"西气东输"工程在周口市的接口问题已迫在眉睫，同时，亿星公司已于 2003 年 11 月与中石油公司签订了用气协议，并将于 2004 年 7 月开始向周口市民大规模供气，亿星公司在招标程序并未存有过错。

问题：

1. 市计委、市政府作出的上述《招标方案》《中标通知》和 54 号文是否违反了信赖利益保护原则？

2. 本案应当如何判决？

解析：

1. 本案满足信赖利益保护原则的构成要件：（1）信赖基础：存在对益民公司燃气专营权的批准，"益民公司已取得了燃气专营权"；（2）信赖利益："益民公司基于信赖该批准行为"已有合法投入，益民公司原来基于有关行政机关授予的燃气经营权而进行的工程建设和其他资产投入将形成益民公司的损失，信赖利益的构成就是工程建设和其他资产投入；（3）信赖利益具有正当性，益民公司信赖的发生出于相对人的善意且无过错。市计委、市政府作出的《招标方案》《中标通知》和 54 号文侵犯了其依法享有的管道燃气经营权，违反了信赖利益保护原则。

2. 虽然市计委作出《招标方案》、发出《中标通知书》及市政府作出 54 号文的行为存在违法情形，但如果撤销被诉行政行为，就会对周口市的公共利益造成较大不利影响，影响周口市民对于燃气的正常使用，同时，也会影响善意第三人亿星公司的利益。根据相关法律规定，行政行为依法应当撤销，但撤销会给国家利益、社会公共利益造成重大损害的，法院应当判决确认违法，同时判决责令被告采取补救措施；给原告造成损失的，依法判决被告承担赔偿责任。

进阶案例 2[①]

余某在紧临三亚金冕混凝土有限公司海棠湾混凝土搅拌站旁种有 30 亩龙眼果树。为掌握搅拌站产生的烟尘对周围龙眼树开花结果的环境影响情况，于 2013 年 6 月 8 日请求三亚市国土环境资源局（以下简称三亚国土局）公开搅拌站相关环境资料，包括：三土环资察函〔2011〕50 号《关于建设项目环评审批文件执法监察查验情况的函》、三土环资察函〔2011〕23 号《关于行政许可事项执法监察查验情况的函》、三土环资监〔2011〕422 号《关于三亚金冕混凝土有限公司海棠湾混凝土搅拌站项目环评影响报告表的批复》《三亚金冕混凝土有限公司海棠湾混凝土搅拌站项目环评影响报告表》。7 月 4 日，三亚国土局作出《政府信息部分公开告知书》，同意公开 422 号文，但认为 23 号、50 号文系该局内部事务形成的信息，不宜公开；《项目环评影响报告表》是企业文件资料，不属政府信息，也不予公开。原告提起行政诉讼，请求判令三亚国土局全部予以公开。

问题：

1. 三亚国土局认为 23 号、50 号文系该局内部事务形成的信息，不宜公开，对此，你是否赞同？

2. 法院查明《项目环评影响报告表》可能存在涉及第三方商业秘密的情形，法院应当如何判决？

---

① 根据余穗珠诉海南省三亚市国土环境资源局案改编，本案例为全国法院政府信息公开十大案例，部分案情有调整。

解析：

1. 不赞同。根据《政府信息公开条例》第 16 条第 1 款：行政机关的内部事务信息，包括人事管理、后勤管理、内部工作流程等方面的信息，可以不予公开。可见，内部政府信息是不会对外部公民、法人或其他组织的权利义务构成影响的，23 号文、50 号文虽然文件形式表现为内部报告，但实质已经产生了"内部信息外部化"的效果，该信息仍是行政管理职能的延伸，不属于内部管理信息。凡属于政府信息，如不存在法定不予公开的事由，均应予以公开。被告未能证明申请公开的信息存在法定不予公开的情形，简单以政府内部信息为由答复不予公开，属于适用法律错误。

2. 考虑到行政机关获取的企业环境信息可能存在涉及第三方商业秘密的情形，法院应当首先由行政机关在行政程序中作出判断，不应越俎代庖直接判决公开，以体现对行政机关首次判断权的尊重，根据《关于审理政府信息公开行政案件若干问题的规定》第 9 条第 1 款规定："被告对依法应当公开的政府信息拒绝或者部分拒绝公开的，人民法院应当撤销或者部分撤销被诉不予公开决定，并判决被告在一定期限内公开。尚需被告调查、裁量的，判决其在一定期限内重新答复。"法院应当撤销三亚国土局不予公开的决定，判决其在一定期限内对原告重新答复。

进阶案例 3[①]

1993 年 3 月，第一调味品厂经依云市工商局批准核发营业执照，负责人张强，经济性质为个体工商户。

依云市大风村某块土地为大风村第三村民组集体所有。1995 年 11 月 25 日，大风村三组与第一调味品厂向依云市国土管理局申请补办征地手续，申请的名义为第一调味品厂是大风村村办企业。1996 年 3 月 14 日，依云市国土管理局同意补办征地手续。同年 3 月 15 日，大风村三组与第一调味品厂共同向依云市国土管理局递交的免交征地费用申请中载明，第一调味品厂是大风村三组新建工厂。1996 年 3 月 26 日，依云市国土管理局向第一调味品厂下达《关于申请建设用地的批复》，同意该厂征用涉案土地。第一调味品厂随后填写相关申请表，其中在《办理土地使用证申请表（二）》的经济性质栏填写为"个体"。

1996 年 12 月 25 日，依云市政府为第一调味品厂颁发国有土地使用证，其中载明土地性质为划拨，面积 12612.7 平方米。同年 3 月 16 日，大风村三组与第一调味品厂曾达成协议约定涉案土地由大风村三组以第一调味品厂的名义自征自用，权属归大风村三组，由第一调味品厂租用。双方及大风村村委会均加盖公章。

1999 年，第一调味品厂与大风村三组因涉案土地权属开始发生争议。

大风村三组于 2006 年 9 月 14 日向依云市政府提出要求撤销该证的申请。依云市政府相关工作人员在 2006 年 9 月 22 日对第一调味品厂负责人进行了口头询问并制作了调查笔录，但询问时未告知调查目的，也未告知可能因涉嫌欺骗且未如实登记，行政机关拟注销涉案土地使用证等情况。2006 年 12 月 28 日依云市政府作出了《关于注销第 3483 号国有

[①] 本案例以 2017 年最高人民法院行政审判十大典型案例（第一批）第 5 号案例为基础改编而成，案例案情、问题及解析均来源于国家统一法律职业资格考试案例分析指导用书编委会著：《2018 年国家统一法律职业资格考试案例分析指导用书》，法律出版社 2018 年版，第 229-233 页。

土地使用证的决定》（以下简称4号决定），以第一调味品厂与大风村三组采取欺骗手段、未如实登记获颁土地使用证为由，决定注销该土地使用证。第一调味品厂不服，申请行政复议，省人民政府复议维持了4号决定。第一调味品厂仍不服，提起行政诉讼，请求撤销4号决定。涉案土地在诉讼过程中已用于房地产开发。

2007年11月10日，依云市中级人民法院一审认为，第一调味品厂当时不属于可补办用地手续的范围，依云市政府作出被诉注销决定符合《省实施〈土地管理法〉办法》相关规定，遂判决维持4号决定。第一调味品厂上诉后，省高级人民法院在2008年二审作出驳回上诉、维持原判的判决。申请再审后，2014年4月28日，最高人民法院决定受理此案。

材料一：按照20世纪90年代的规定，申请补办征地手续主体为"农村集体经济组织兴办的经济实体"。而且，"被占地群众的生产和生活已得到依法补偿和妥善安置"。

材料二：某省《实施〈土地管理法〉办法》第11条规定，土地登记和颁发土地证书后发现有错登、漏登或有违法情节的，原登记发证机关应依法更正，收回或注销原发土地证书，换发新的土地证书。

问题：

1. 1996年依云市政府颁发的国有土地使用权证是否合法？为什么？

2. 2006年依云市政府的4号决定是否合法？为什么？

3. 最高人民法院受理本案后，可以由哪个法院来审理本案？

4. 法院应当使用何种判决？为什么？

5. 第一调味品厂就其利益损失还可以采取哪些途径寻求救济？

解析：

1. 1996年依云市政府颁发的国有土地使用权证是不合法的。因为存在事实认定有误的问题。根据当时的规定，个体工商户不能取得国有土地使用权证，而必须是"农村集体经济组织兴办的经济实体"。因此，国有土地使用权证的颁发是错误的。

2. 2006年依云市政府的4号决定不合法。第一，主要证据不足。因为4号决定所撤销的1996年国有土地使用权证，不是单纯由申请人提供的信息有误造成的，不能认定是申请人欺骗申领国有土地使用权证，而也与颁证机关未尽谨慎审查义务有关。再加上当时的复杂情形，4号决定简单将国有土地使用权证撤销，增加了事后处理的难度。第二，违反正当程序。4号决定做出之前没有告知当事人调查的原因和后果，也未听取当事人陈述和申辩，对当事人权益造成如此重大影响的行政决定的作出违反《行政处罚法》的规定，属于程序违法。

3. 本案可以由最高人民法院、省高级人民法院或者其他下级人民法院审理，由最高人民法院决定。因为《行政诉讼法》第92条第2款规定，最高人民法院对地方各级人民法院已经发生法律效力的判决、裁定按照审判监督程序受理的，有权提审或者指令下级人民法院再审。

4. 最高人民法院应当使用确认判决。因为按照《行政诉讼法》的规定，本应当作出撤销判决，但是根据《行政诉讼法》第70条和第74条第1款第1项的规定，撤销违法行政行为会给社会公共利益造成重大损害的，应当不予撤销，而是作出确认违法的判决。

5. 第一调味品厂就其利益损失还可以向行政机关请求行政赔偿．行政机关拒绝赔偿的，可以向人民法院提起行政赔偿诉讼。

专题十八

行政公益诉讼

一、行政公益诉讼的原告资格

2017 年修改的《行政诉讼法》增加了公益诉讼制度：人民检察院在履行职责中发现生态环境和资源保护、食品药品安全、国有财产保护、国有土地使用权出让等领域负有监督管理职责的行政机关违法行使职权或者不作为，致使国家利益或者社会公共利益受到侵害的，应当向行政机关提出检察建议，督促其依法履行职责。行政机关不依法履行职责的，人民检察院依法向法院提起诉讼。

◉ [注意 1] 普通公民、法人和其他组织依然不具有公益诉讼的原告资格，只有检察院具有公益诉讼的原告资格。在民事诉讼中，法律规定的机关和有关组织提起公益诉讼是首选，这些组织提起公益诉讼时，检察院只能够"摇旗呐喊"（支持起诉），只有在这些组织不提起诉讼的情况下，检察院才可以向法院提起诉讼。背后的法理是，检察院是法律监督机关，其监督对象主要是公权力机关，检察院不便于过分积极介入到平等主体的民事争议中，只有在没有人维护民事公共利益时，检察院才可提起民事公益诉讼，民事诉讼是"民告民"，自然是公益组织优先起诉。而行政诉讼的被告是行政机关，属于检察院监督对象，所以，检察院在行政公益诉讼中自然具有当仁不让的起诉地位。行政公益诉讼实际上创造了一种"官告官"的行政诉讼新类型。

◉ [注意 2] 适用领域局限于发现生态环境和资源保护、食品药品安全、国有财产保护、国有土地使用权出让等领域。

二、管辖法院

基层检察院提起的一审行政公益诉讼案件，由被诉行政机关所在地基层法院管辖。

三、诉讼程序

（一）诉讼前置程序

检察院不能直接向法院提起公益诉讼，需要完成以下前置步骤，才可以向法院起诉：

第一步，检察院应当向行政机关提出检察建议（必经程序），督促其依法履行职责。

第二步，行政机关应当在收到检察建议书之日起 2 个月内依法履行职责，并书面回复检察院。出现国家利益或者社会公共利益损害继续扩大等紧急情形的，行政机关应当在 15 日内书面回复。

第三步，行政机关不依法履行职责的，检察院依法向法院提起诉讼。

⊙ [注意] 民事公益诉讼是以公告为起诉前提，行政公益诉讼是以检察建议为起诉前提。

（二）起诉和受理

检察院提起行政公益诉讼应当提交下列材料：

1. 行政公益诉讼起诉书，并按照被告人数提出副本；

2. 被告违法行使职权或者不作为，致使国家利益或者社会公共利益受到侵害的证明材料；

3. 检察机关已经履行诉前程序，行政机关仍不依法履行职责或者纠正违法行为的证明材料。

对于符合起诉条件的，法院应当登记立案。

（三）庭前程序

法院开庭审理检察院提起的公益诉讼案件，应当在开庭3日前向检察院送达出庭通知书（不是传票）。

检察院应当派员出庭，并应当自收到人民法院出庭通知书之日起3日内向人民法院提交派员出庭通知书。派员出庭通知书应当写明出庭人员的姓名、法律职务以及出庭履行的具体职责。

（四）审理程序

1. 公益诉讼可以适用人民陪审制。行政公益诉讼7人合议庭进行（法官3人，人民陪审员4人）。

2. 出庭检察人员履行以下职责：第一，宣读公益诉讼起诉书；第二，对检察院调查收集的证据予以出示和说明，对相关证据进行质证；第三，参加法庭调查，进行辩论并发表意见；第四，依法从事其他诉讼活动。

（五）上诉和二审程序

1. 检察院不服法院第一审判决、裁定的，可以向上一级法院提起上诉。

2. 法院审理第二审案件，由提起公益诉讼的人民检察院派员出庭，上一级人民检察院也可以派员参加。

（六）撤诉程序

审理中，被告纠正违法行为或者依法履行职责而使检察院的诉讼请求全部实现：

1. 如果检察院撤诉，法院应当裁定准许；

2. 如果检察院不撤诉而变更诉讼请求，请求确认原行为违法，法院应当判决确认违法。

四、证据制度

检察院办理公益诉讼案件，可以向有关行政机关以及其他组织、公民调查收集证据材料；有关行政机关以及其他组织、公民应当配合；需要采取证据保全措施的，依照民事诉讼法、行政诉讼法相关规定办理。

五、一审判决和执行

法院区分下列情形作出行政公益诉讼判决：

1. 被诉行政行为具有《行政诉讼法》第74条①、第75条②规定情形之一的，判决确认违法或者确认无效，并可以同时判决责令行政机关采取补救措施；

2. 被诉行政行为具有《行政诉讼法》第70条③规定情形之一的，判决撤销或者部分撤销，并可以判决被诉行政机关重新作出行政行为；

3. 被诉行政机关不履行法定职责的，判决在一定期限内履行；

4. 被诉行政机关作出的行政处罚明显不当，或者其他行政行为涉及对款额的确定、认定确有错误的，判决予以变更；

5. 被诉行政行为证据确凿，适用法律、法规正确，符合法定程序，未超越职权，未滥用职权，无明显不当，或者人民检察院诉请被诉行政机关履行法定职责理由不成立的，判决驳回诉讼请求。

⊙ [注意1] 公益诉讼的判决和普通诉讼的判决没有本质区别。

⊙ [注意2] 法院可以将判决结果告知被诉行政机关所属的人民政府或者其他相关的职能部门。

检察院提起公益诉讼案件判决、裁定发生法律效力，被告不履行的，人民法院应当移送执行。

⊙ [例] 白山市江源区中医院新建综合楼时，未建设符合环保要求的污水处理设施即投入使用。吉林省白山市人民检察院发现该线索后，进行了调查。调查发现白山市江源区中医院通过渗井、渗坑排放医疗污水。经对其排放的医疗污水及渗井周边土壤取样检验，化学需氧量、五日生化需氧量、悬浮物、总余氯等均超过国家标准。还发现白山市江源区卫生和计划生育局在白山市江源区中医院未提交环评合格报告的情况下，对其《医疗机构职业许可证》校验为合格，且对其违法排放医疗污水的行为未及时制止，存在违法行为。检察机关在履行了提起公益诉讼的前置程序后，诉至法院。

法院认为，根据国务院《医疗机构管理条例》第5条及第40条的规定，白山市江源区卫生和计划生育局对辖区内医疗机构具有监督管理的法定职责。《吉林省医疗机构审批管理办法（试行）》第44条规定，医疗机构申请校验时应提交校验申请、执业登记项目

---

① 《行政诉讼法》第74条：行政行为有下列情形之一的，人民法院判决确认违法，但不撤销行政行为：

（一）行政行为依法应当撤销，但撤销会给国家利益、社会公共利益造成重大损害的；

（二）行政行为程序轻微违法，但对原告权利不产生实际影响的。

行政行为有下列情形之一，不需要撤销或者判决履行的，人民法院判决确认违法：

（一）行政行为违法，但不具有可撤销内容的；

（二）被告改变原违法行政行为，原告仍要求确认原行政行为违法的；

（三）被告不履行或者拖延履行法定职责，判决履行没有意义的。

② 《行政诉讼法》第75条：行政行为有实施主体不具有行政主体资格或者没有依据等重大且明显违法情形，原告申请确认行政行为无效的，人民法院判决确认无效。

③ 《行政诉讼法》第70条：行政行为有下列情形之一的，人民法院判决撤销或者部分撤销，并可以判决被告重新作出行政行为：

（一）主要证据不足的；

（二）适用法律、法规错误的；

（三）违反法定程序的；

（四）超越职权的；

（五）滥用职权的；

（六）明显不当的。

变更情况、接受整改情况、环评合格报告等材料。白山市江源区卫生和计划生育局在白山市江源区中医院未提交环评合格报告的情况下，对其《医疗机构职业许可证》校验为合格，违反上述规定，该校验行为违法。白山市江源区中医院违法排放医疗污水，导致周边地下水及土壤存在重大污染风险。白山市江源区卫生和计划生育局作为卫生行政主管部门，未及时制止，其怠于履行监管职责的行为违法。白山市江源区中医院通过渗井、渗坑违法排放医疗污水，且污水处理设施建设完工及环评验收需要一定的时间，故白山市江源区卫生和计划生育局应当继续履行监管职责，督促白山市江源区中医院污水处理工程及时完工，达到环评要求并投入使用，符合《吉林省医疗机构审批管理办法（试行）》第四十四条规定的校验医疗机构执业许可证的条件。

白山市中级人民法院于 2016 年 7 月 15 日以（2016）吉 06 行初 4 号行政判决，确认被告白山市江源区卫生和计划生育局于 2015 年 5 月 18 日对第三人白山市江源区中医院《医疗机构执业许可证》校验合格的行政行为违法；责令被告白山市江源区卫生和计划生育局履行监管职责，监督第三人白山市江源区中医院在三个月内完成医疗污水处理设施的整改。①

---

① 本案为最高人民法院 136 号指导案例"吉林省白山市人民检察院诉白山市江源区卫生和计划生育局、白山市江源区中医院环境公益诉讼案"。

专题十九

行政协议及其诉讼制度

一、行政协议的概念

行政协议，又称为行政合同，指行政机关为实现公共利益或者行政管理目标，在法定职责范围内，与公民、法人或者其他组织协商订立的具有行政法上权利义务内容的协议。行政协议包括4个要素：

一是主体要素，即必须一方当事人为行政机关；

二是目的要素，即必须是为了实现行政管理或者公共服务目标；

三是内容要素，协议内容必须具有行政法上的权利义务内容；

四是意思要素，即协议双方当事人必须协商一致。

在此基础上，行政协议的识别可以从以下两方面标准进行：

一是形式标准，即是否发生于履职的行政机关与行政相对人之间的协商一致；

二是实质标准，即协议的标的及内容有行政法上的权利义务，该权利义务取决于是否行使行政职权、履行行政职责；是否为实现行政管理目标和公共服务；行政机关是否具有优益权。

二、行政协议与相关概念的区别

（一）行政协议与具体行政行为

行政协议属于行政行为的一种，但并不属于具体行政行为。具体行政行为是单方的，不需要行政相对人的同意，即能够以命令形式单方面为行政相对人增减义务或减损权利；而行政协议是双方的，建立在行政机关与公民、法人或其他组织意思表示一致的基础上。

（二）行政协议与内部协议

行政机关之间因公务协助等事由而订立的协议、行政机关与其工作人员订立的劳动人事协议属于内部行为，不属于行政协议。行政协议当中必须有一方当事人为与行政机关没有隶属关系的普通公民、法人或其他组织。

◉ ［例］为解决河流上下游跨界水污染和防洪问题，中山市政府和珠海市政府签订的《中山珠海两市区跨界区域防洪及河涌水污染综合整治合作协议》，该协议属于机关与机关之间的内部协议，该协议只对缔约政府及其职能部门产生约束，不会对外部的公民、法人或其他组织产生影响，不属于本专题所论述的行政协议。

（三）行政协议与民事合同

一般而言，行政协议有一些普通民事合同所不具备的特征：

1. 行政机关为当事人是行政协议的主体特征。行政机关是行政协议不可缺少的当事人，涉及国家公共利益和行政职权方面的权利义务需要由行政机关来享有和承担。公民、法人或者其他组织之间缔结的合同一般不属于行政协议。

2. 对行政相对人自由的限制、行政优益权与经济补偿的平衡是行政协议的内容特征。行政相对人的合同自由范围受到法律的限制，违反法律的限制规定将由国家承担法律责任；行政机关可以享有为维护公共利益和公共安全所必需的行政优益权，并且以向对方承担经济补偿义务作为平衡手段。

3. 行政协议双方当事人承担更多的公法责任。行政协议涉及国家公共利益和公共安全。合同当事人不仅享有行政协议带来的利益，而且要承担专门的行政协议责任。这种合同责任不仅包括承担普通违约责任，而且包括根据法律规定承担必要的行政处罚责任。

4. 引发的争议可以通过行政诉讼途径解决。行政协议属于公法性质，因此引发的争议应当通过行政诉讼加以解决。

⊙ [例] 2013 年 7 月，为实现节能减排目标，回马镇政府与永佳公司签订了《大英县永佳纸业有限公司资产转让协议书》，永佳公司关停退出造纸行业，回马镇政府受让永佳公司资产并支付对价补偿金。

问：该《协议书》为行政协议还是民事合同？

答：行政协议。《协议书》系回马镇政府为履行环境保护治理法定职责与永佳公司签订的行政协议，其意在通过受让排污企业永佳公司资产，让永佳公司退出造纸行业，以实现节能减排和环境保护的行政管理目标，维护公共利益，符合上述行政协议的四个要素和两个标准。

⊙ [注意 1] 就行政协议（行政合同）和民事合同的区分，理论与实践界争议较大，比如，民法学家梁慧星教授就认为，依据民事合同的本质，行政法学界所界定大多数行政合同都属于民事合同，争议的类型亦是。所以，考生对于合同的定性问题在应试中不需要太深入的思考，考生只需要背诵上文的行政协议的四个要素和两个标准，像回答简答题一样回答考查该知识点的主观题。在选择题中，考生只需要重点记忆下文中已经成为通说的行政协议的种类即可。

⊙ [注意 2] 推定管辖制度。如果民庭以涉案的协议属于行政协议为由，裁定不予立案、驳回起诉的，当事人再次向法院提起行政诉讼，行政庭能不能再以其认为涉案协议是一个民事合同再推出去呢？不可以，既然民庭的生效法律文书认为不属于民事案件，那么就推定本案属于行政案件，这样就有效避免了当事人被不同的审判部门之间来回"踢皮球"的情况。《行政协议司法解释》第 8 条规定："公民、法人或者其他组织向人民法院提起民事诉讼，生效法律文书以涉案协议属于行政协议为由裁定不予立案或者驳回起诉，当事人又提起行政诉讼的，人民法院应当依法受理。"

⊙ [注意 3] 行政协议属于行政诉讼审理范围，所以，排斥了民事诉讼和仲裁对这类案件的管辖权。即使行政协议约定仲裁条款的，人民法院应当确认该条款无效，但法律、行政法规或者我国缔结、参加的国际条约另有规定的除外。

三、行政协议的种类

(一) 政府特许经营协议

政府特许经营协议是指通过招投标等公平竞争的方式，以合同的形式授权特定经营者经营某项公用事业，向公众提供某项公共产品或公共服务的协议。特许经营协议广泛地存在于城市供水、供气、污水处理、垃圾处理、市政工程和城市公共交通运营等领域。政府特许是行政机关以合同方式授予当事人独占性权利。当事人享有的独占权以政府行使禁止其他人从事相同活动的行政职权为条件，因此政府行政职权的行使成为合同标的。

⊙ [例]《城市公共汽车和电车客运管理规定》第 14 条第 1 款规定了特许经营协议的取得："城市公共汽电车客运按照国家相关规定实行特许经营，城市公共交通主管部门应当根据规模经营、适度竞争的原则，综合考虑运力配置、社会公众需求、社会公众安全等因素，通过服务质量招投标的方式选择运营企业，授予城市公共汽电车线路运营权；不符合招投标条件的，由城市公共交通主管部门择优选择取得线路运权的运营企业。城市公共交通主管部门应当与取得线路运营权的运营企业签订线路特许经营协议。"第 17 条规定了特许经营协议的内容："城市公共汽电车线路特许经营协议应当明确以下内容：(一) 运营线路、站点设置、配置车辆数及车型、首末班次时间、运营间隔、线路运营权期限等；(二) 运营服务标准；(三) 安全保障制度、措施和责任；(四) 执行的票制、票价；(五) 线路运营权的变更、延续、暂停、终止的条件和方式；(六) 履约担保；(七) 运营期限内的风险分担；(八) 应急预案和临时接管预案；(九) 运营企业相关运营数据上报要求；(十) 违约责任；(十一) 争议调解方式；(十二) 双方的其他权利和义务；(十三) 双方认为应当约定的其他事项。在线路特许经营协议有效期限内，确需变更协议内容的，协议双方应当在共同协商的基础上签订补充协议。"

(二) 房屋、土地等征收征用补偿协议

征收征用补偿协议是指政府依法征收、征用农村土地或房屋时，就补偿方式、补偿期限和支付期限等问题和被征收人意思表示一致而达成的行政协议。《土地管理法》和《城市房屋拆迁管理条例》对此都有明确的规定。

(三) 矿业权等国有自然资源使用权出让协议

国有自然资源使用权出让协议包括许多类型，比如国有土地使用权出让协议，这是为了提高国有土地资产的使用效益，行政机关代表国家与公民、法人或其他组织签订的将国有土地使用权在一定期限内出让给行政相对人，行政相对人支付国有土地出让金并按合同的规定开发利用国有土地的合同。又比如，根据《国土资源部关于进一步规范矿业权出让管理的通知》，国务院批准的重点矿产资源开发项目，经批准允许以行政协议方式出让采矿权，对勘察实施方案实行合同管理。

⊙ [例] 2013 年 6 月 9 日湘阴政府与驭龙公司签订《出让合同》，约定湘阴政府将晏家洲、荷叶湖等 10 个分采区的采砂权出让给驭龙公司，砂卵石储量约 3 亿吨，出让期限 3 年。后驭龙公司提起民事诉讼，湖南省高院驳回了驭龙公司的起诉，理由为本案所涉《出让合同》既涉及对国有资源的处分，也涉及湘阴政府对其管辖范围内的工程船主的利益安

排，还涉及河道疏浚等问题，当事人之间的纠纷应当通过行政诉讼解决。[①]

（四）政府投资的保障性住房的租赁、买卖等协议

为保障城市低收入群体的合法权益，政府投资兴建保障性住房，然后和低收入群体签订的租赁、买卖等协议属于行政协议。购房者与租房者在享受政府福利保障的同时，也需要按照行政协议的要求遵照政府的管理规定，比如，当出现房屋空置、转租等行为时，政府有权单方解除行政协议。

（五）部分政府与社会资本合作协议

政府与社会资本合作协议（Public-Private Partnerships 协议，简称 PPP 协议），是指政府和社会资本以合作协议的方式提供公共产品和服务的行为。但 PPP 协议概念内涵较为宽泛，其中可以包含或部分涵盖的现有法律概念至少有特许经营协议、政府采购协议等。在教育、社保、医疗卫生及残疾人服务等基本公共服务领域，政府会选择以签订合同的方式向社会购买公共服务[②]，民间资本能够有财力、人力和专业性在诸多领域提供更优质的公共服务，而这是行政机关以传统的管理方式无暇或无力而为的。但并不是所有的 PPP 协议均为行政协议，属于行政协议的 PPP 协议需要满足前述行政协议的四大要素和两大标准。

四、行政协议的本质

行政协议融合了"行政性"与"合同性"双重要素，是矛盾的统一体，既有私法的平等因素，当事人可以自由选择合同相对方、合同价款和支付方式、风险转移规则和违约责任等，又有公法的"高高在上"的管理因素。"行政性"与"合同性"双重要素会直接影响行政诉讼中起诉期、审查内容和法律适用规则等问题。

首先，行政协议必须具有"行政性"，最明显的行政性体现是行政协议往往会赋予行政机关行政优益权，允许其出于公共利益需要，单方变更或解除合同。比如，国有自然资源使用权出让协议中，由于国有土地资源的稀缺性和对国民经济社会发展的重要性，对使用者没有按法律要求或合同约定履行义务，如使用者未妥善开发利用土地、改变土地用途等，行政机关有权责令改正并作出处罚，甚至会无偿收回土地使用权[③]。这就是行政协议"行政性"，或者说"管理性"的体现。

其次，行政协议必须具有"合同性"，合同需要建立在双方自主、自愿、意思表示一致的基础上，需要根据合同双方意志决定其相互间权利义务关系；合同相对方对于是否签署合同有自主选择权，并可以就合同内容、方式和违约责任等条款和行政机关充分协商。政府不得强迫公民、法人或其他组织接受合同条款。否则，就成了单方的具体行政行为，而不是行政协议了。

---

① 湖南驭龙实业开发有限公司诉湘阴县人民政府合同纠纷案裁定书，（2015）湘高法民一初字第 13 号。

② 刘飞：《PPP 协议的法律性质及其争议解决途径的一体化》，载《国家检察官学院学报》2019 年第 4 期。

③ 根据《城镇国有土地使用权出让和转让暂行条例》第 17 条规定：土地使用者应当按照土地使用权出让合同的规定和城市规划的要求，开发、利用、经营土地。未按合同规定的期限和条件开发、利用土地的，市、县人民政府土地管理部门应当予以纠正，并根据情节可以给予警告、罚款直至无偿收回土地使用权的处罚。

五、行政协议的主体

因行政协议的订立、履行、变更、终止等发生纠纷，公民、法人或者其他组织作为原告，以行政机关为被告提起行政诉讼的，人民法院应当依法受理。行政协议案件依然遵守"民告官"的行政诉讼的基本格局。

（一）行政主体（被告）

根据"谁行为，谁被告"的逻辑，签订行政协议的行政机关，应当作为行政协议案件的被告。但因行政机关委托的组织订立的行政协议发生纠纷的，委托的行政机关是被告。

（二）相对人和相关人（原告）

除了签订行政协议的公民、法人或者其他组织（相对人）有资格作为原告外，《行政协议案件规定》规定了行政协议中的利害关系人的原告资格，不局限于民事合同的相对性原则。《行政协议案件规定》列举了以下三类利害关系人：

1. 公平竞争关系。参与招标、拍卖、挂牌等竞争性活动，认为行政机关应当依法与其订立行政协议但行政机关拒绝订立，或者认为行政机关与他人订立行政协议损害其合法权益的公民、法人或者其他组织。

2. 物权关系。认为征收征用补偿协议损害其合法权益的被征收征用土地、房屋等不动产的用益物权人、公房承租人。

3. 其他关系。其他认为行政协议的订立、履行、变更、终止等行为损害其合法权益的公民、法人或者其他组织，详情参阅行政诉讼参加人原告资格部分，但考试会重点考查的只有前两种情形。

◎ ［注意］ 如果公民、法人或者其他组织不履行协议或未按照约定履行协议，行政机关可以以公民、法人或者其他组织为被告提起行政诉讼吗？答案是否定的。或者，法院受理行政协议案件后，被告就该协议的订立、履行、变更、终止等提起反诉的，法院应当准许吗？答案也是否定的。"民告官"永远是行政诉讼的基本格局。

行政协议虽然不是具体行政行为，但也是行政行为的一种，行政机关享有国家法律赋予的命令权、强制权等，完全能够通过强制、命令的方式迫使当事人履行行政合同所设定的义务，而无须通过向法院提起行政诉讼的方式实现目的。2019年《行政协议案件规定》就行政协议的强制执行作出如下规定：

第24条 公民、法人或者其他组织未按照行政协议约定履行义务，经催告后不履行，行政机关可以作出要求其履行协议的书面决定。公民、法人或者其他组织收到书面决定后在法定期限内未申请行政复议或者提起行政诉讼，且仍不履行，协议内容具有可执行性的，行政机关可以向人民法院申请强制执行。

法律、行政法规规定行政机关对行政协议享有监督协议履行的职权，公民、法人或者其他组织未按照约定履行义务，经催告后不履行，行政机关可以依法作出处理决定。公民、法人或者其他组织在收到该处理决定后在法定期限内未申请行政复议或者提起行政诉讼，且仍不履行，协议内容具有可执行性的，行政机关可以向人民法院申请强制执行。

对于该条内容，我们应注意如下细节：

第一，有权要求当事人履行义务并有权向法院申请强制执行的，除了签订行政协议的行政机关外，还有对行政协议享有监督协议履行的职权的行政机关。比如，某市路桥收费管理中心与大桥公司签订《大桥通行收费协议》，在该行政协议中，市交通局是交通收费主管部门，而市路桥收费管理中心根据授权具体负责征收管理，如果大桥公司不履行行政协议内容，除合同签订者市路桥收费管理中心有权向法院申请强制执行外，对行政协议享有监督协议履行职权的市交通局也有权向法院申请强制执行。

第二，行政机关不能直接将行政协议作为强制执行的根据，行政机关首先需要在催告后做出要求行政相对人履行协议的决定，这样就把"双方平等协商式"的行政协议转换为了"单方命令服从式"的可执行的具体行政行为（行政决定）①，将当事人不履约的状态转换成了不履行具体行政行为的状态，此时，才可以申请法院强制执行。也就是说，温顺的小绵羊变身为凶恶的大灰狼之后才会放大招，动画片里不也都是先变身后才会放大招的嘛！

第三，行政协议申请法院强制执行的时间条件与前述具体行政行为的强制执行的条件基本一致，需要在"不诉讼、不复议、也不履行"的情况下，才可以向人民法院申请强制执行。

第四，《行政协议案件规定》还细化增加了申请条件，要求协议内容具有可执行性。有些行政协议的内容是无法强制执行的，比如，具有属人性的国家科研委托协议是无法强制执行的，行政机关与科研人员之间签订的国家科研委托协议，由国家财政提供了资助，但科研人员最终无法提供科研成果，在这种情况下，行政机关无法向法院申请强制执行。

六、行政协议的效力

（一）行政协议的未生效

除了遵照一般生效要件外，有些法律、行政法规规定行政协议应当经过其他机关批准等程序后生效的，如果未经批准该行政协议则不具备生效要件而无法生效。比如，根据《湖北省河道采砂管理办法》，省管河道的采砂规划，报省人民政府批准。其他河道采砂规划，报同级人民政府批准。如果某县水利局未经批准即以行政协议的形式允许当事人在河道上采砂，该协议不产生法律效力。

《民法典·合同编》对此类"特别生效要件"也有类似规定，而且更为细致，"法律、行政法规规定应当办理批准等手续生效的，依照其规定。未办理批准等手续的，该合同不生效，但是不影响合同中履行报批等义务条款以及相关条款的效力。应当办理申请批准等手续的当事人未履行义务的，对方可以请求其承担违反该义务的责任。"例如，我国的《中外合资经营企业法》②规定，中外合资经营合营各方签订的合营协议、合同，应报国家对外经济贸易主管部门审查批准，才具有法律效力。再比如，中外合作勘探、开采石油、天然气合同根据特别法的规定，也是不经过相关行政机关批准，合同不生效。

在当事人起诉后，应批准而在一审法庭辩论终结前未获得批准的，法院应当确认该协议未生效。行政协议约定被告负有履行批准程序等义务而被告未履行，对于当事人的损失，行政机关承担赔偿责任。

---

① 为了便于实务部门理解，具体行政行为概念一般在法条中表述为行政决定或行政处理决定。

② 此法条已失效，但仍具有示例意义。

（二）行政协议的效力终止

对于存在违法性或者意思表示不真实等"基因缺陷"的行政协议，不可能允许其"大摇大摆"的存在于世，于是，我们创造了无效和可撤销制度。

1. 行政协议的无效

（1）无效的情形

第一，行政协议存在重大且明显违法情形的，构成无效，当事人起诉后法院应当确认行政协议无效。"重大且明显违法"的三个典型表现为"无资格，无依据，无可能"，具体而言是行政协议实施主体不具有行政主体资格；减损权利或者增加义务的行政协议没有法律规范依据；行政协议的内容客观上不可能实施。

第二，由于行政协议具有"合同性"，所以，可以根据民事法律规范确认行政协议无效，比如根据《民法典》第153、154条，违背公序良俗的行政协议无效，恶意串通，损害他人合法权益的行政协议无效等条款不仅会导致民事合同无效，也会导致行政协议无效。

⊙ ［例1］在"宿迁汇龙实业有限公司诉泗洪县人民政府、泗洪经济开发区管委会、泗洪县国土资源局要求履行合作协议"案中，汇龙公司与泗洪开发区管委会订立合作协议，该协议载明：被告在两个月内向原告提交土地使用权证；投资超过1000万元，应免缴土地出让金。

问：该协议是否构成无效？

答：构成。行政协议中关于公司投资超过1000万元，则免缴土地出让金的约定违反了《土地管理法》的强制性规定，属于无效条款。从公共利益看，土地作为有限的自然资源，签订出让合同是行政机关代表国家行使土地所有权人的权利，在土地上设置用益物权，收取土地出让金目的在于促进国有土地的有偿使用，最大限度提高国有土地的价值，从公共利益角度来看，本协议也是无效的。

⊙ ［例2］2013年，安丘市政府设立指挥部，对徐某某房屋实施旧村改造，并公布安置补偿政策为"房屋产权调换：每处3间以上的合法宅基地房屋在小区内安置调换200m²楼房，分别选择一套80m²、一套120m²的十二层以下小高层楼房屋；2间以下的安置一套100m²的小高层楼房。实际面积超出或不足部分，按安置价找差"。同年8月5日，指挥部与徐某某签订《产权调换补偿协议书》，该协议第2条约定的补偿方式为"徐某某选择住宅楼回迁，选择住宅楼两套均为十二层以下小高层，户型以120m²和80m²户型设计……"2017年7月，指挥部交付徐某某一套100m²楼房安置。对此，相关部门答复称"根据当时的拆迁政策，徐某某只能享受100m²安置房一套"。

问：该协议是否构成无效？

答：构成。安丘市政府作为旧城改造项目的法定实施主体，制定了安置补偿政策的具体标准，该标准构成签订安置补偿协议的依据，而涉案《产权调换补偿协议书》关于给徐某某两套回迁安置房的约定条款严重突破了安置补偿政策，应当视为该约定内容没有依据，属于无效情形。同时考虑到签订涉案协议的目的是为改善居民生活条件、实现社会公共利益，如果徐某某依据违反拆迁政策的协议条款再获得100m²的安置房，势必增加政府在旧村改造项目中的公共支出，侵犯整个片区的补偿安置秩序，损害社会公共利益。因此，涉案争议条款关于给徐某某两套回迁安置房的约定不符合协议目的，损害社会公共利益，亦应无效。故徐某某在按照安置补偿政策已获得相应补偿的情况下，其再要求安丘市政府交付剩余100m²的安置楼房，缺乏事实和法律依据，人民法院遂判决驳回徐某某的诉讼请求。

（2）无效行政协议的可补正性

对于一些效力瑕疵可补正的无效行为，与其让当事人起诉后，法院宣告无效，行政机关再作出新行政行为，不如直接允许行政机关在诉讼中修复其违法性，补正行政行为的效力，后一种做法更有利于提高行政效率和节约行政资源，相当于允许行政机关在诉讼中用合法的新行为替换违法的旧行为。《行政协议案件规定》对此规定为："行政协议无效的原因在一审法庭辩论终结前消除的，人民法院可以确认行政协议有效。"

2. 行政协议的可撤销

与民事合同类似，如果行政协议存在胁迫、欺诈、重大误解、显失公平等情形时，为可撤销的行政协议，当事人可以向法院起诉，法院经审理认为符合法律规定可撤销情形的，可以依法判决撤销该协议。

◎ ［例］ 铜山办事处决定协议搬迁年近70岁的王某某房屋。2017年8月4日早晨，仪征市真诚房屋拆迁服务有限公司工作人员一行到王某某家中商谈搬迁补偿安置事宜。2017年8月5日凌晨1：30，王某某在《房屋搬迁协议》上签字。2017年8月5日凌晨5：20，王某某被送至医院直至8月21日出院，入院诊断为多处软组织挫伤。王某某因认为签订协议时遭到了胁迫，向法院提起诉讼。

问：本案行政协议是否属于可撤销协议？

答：本案例为最高法发布的10个《行政协议案件规定》参考案例之一。法院认为，在签订本案被诉的搬迁协议过程中，虽无直接证据证明相关拆迁人员对王某某采用了暴力、胁迫等手段，但考虑到协商的时间正处于盛夏的8月4日，王某某的年龄已近70岁，协商的时间跨度从8月4日早晨一直延续至8月5日凌晨1点30分左右等，综合以上因素，难以确定王某某在签订搬迁协议时系其真实意思表示。一方以欺诈、胁迫的手段或者乘人之危，使对方在违背真实意思的情况下订立的合同，受损害方有权请求法院予以撤销，据此，判决撤销本案被诉的房屋搬迁协议。

（三）不生效或效力停止的法律后果

行政协议无效、被撤销或者确定不发生效力后，行为人因行政协议取得的财产，应当予以返还；不能返还的，应当折价补偿。

因行政机关的原因导致行政协议被确认无效或者被撤销，法院可以同时判决责令其采取补救措施；给原告造成损失的，法院应当判决予以赔偿。

七、行政协议的管辖

（一）级别管辖

同具体行政行为案件的级别管辖规则，其中最容易考查的是，国务院部门和县级以上地方政府为被告的案件由中院管辖，而其他行政机关一般由基层法院管辖。

（二）地域管辖

首先，专属管辖优先原理。不动产案件强制要求由不动产所在地法院专属管辖。

其次，其他情形"有约定，从约定"，遵照当事人意思自治原理，当事人书面协议约定与争议有实际联系地点的法院管辖的，法院从其约定。与争议有实际联系地点的法院具体包括：

1. 被告所在地；

2. 原告所在地；

3. 协议履行地；

4. 协议订立地；

5. 标的物所在地等。

多重地域管辖，不仅遵照了当事人意愿，便利当事人起诉，还有利于减少行政干预，充分地保障民营企业在内的行政相对人在行政协议案件当中的一些合法权益，并且营造良好的营商环境。

八、行政协议的诉讼程序

（一）起诉

1. 起诉期

因行政案件的起诉期较短，而且行政案件一旦超过起诉期，法院会裁定不予立案，不利于当事人权利保障。所以，《关于审理行政协议案件若干问题的规定》明确将行政协议的"行政因素"和"合同因素"拆分开来，除了具有"高高在上"的行政管理因素的单方变更、解除协议等行为需要适用行政诉讼起诉期的规定外，剩下的情形适用民事诉讼时效规定：

第一，行政机关单方变更、解除协议等行为，行政因素更强，所以，适用行政诉讼起诉期限的规定。

第二，行政机关不依法履行、未按照约定履行协议，民事因素更强，所以，参照民事法律规范关于诉讼时效的规定。

⊙ ［例1］ 2011年4月1日，亿嘉利公司与沙湾区政府签署《投资协议》，约定亿嘉利公司租赁约800亩土地，投资5000万元建设观光农业项目，区政府负责提供"一站式服务"，为加快项目建设进度和协调相关部门的手续尽快落实。亿嘉利公司投资后，每年均反复向区政府提出履行请求，但区政府均未按照约定履行《投资协议》，一直怠于协调其项目行政手续办理事宜，隐瞒土地性质真相，无法办理相关手续。

问：亿嘉利公司于2016年8月31日提起本案诉讼要求解除协议，是否超过诉讼时效？

答：没有。本案属于区政府未履行《投资协议》而提起的行政诉讼，应当参照适用民事法律规范关于诉讼时效的规定，不再适用行政诉讼起诉期限的规定。

本案例为最高法发布的10个《行政协议案件规定》参考案例之一。试想如果本案适用行政诉讼起诉期6个月的规定，那么当事人就丧失了获得救济的机会。但在被告不履约的情况下，适用民法时效，不仅适用向法院请求保护民事权利的3年诉讼时效期间的规定，还能适用诉讼时效中断制度，在反复提出履行请求的情况下，诉讼时效期间可以重新计算。所以，正因为此类纠纷能够适用民法的时效制度，最终当事人才获得了有效的司法救济。

⊙ ［例2］ 市政府与大旺公司签订了特许经营协议，协议约定由大旺公司负责兴建垃圾焚烧站，合同期限为 10 年，政府给予大旺公司每年 20 万元财政补贴。第二年，市政府认为垃圾焚烧站的焚烧技术会释放致癌物质"二噁英"，于是，要求解除该协议，大旺公司提起行政诉讼，本案遵照行政诉讼起诉期。

[知识点拨] 无效行政协议和可撤销行政协议的起诉期：

在行政协议的起诉期上，考生只需要记住一句话："除了行政机关单方变更/单方解除外，其他内容同民法/同民诉"。在不依法履行、未按照约定履行协议的问题上是同民法的，适用民法 3 年的时效制度，在接下来要探讨的两个疑难问题上，实际上也是适用民法制度的。

1. 无效的行政协议

和民事合同一样，无效的行政协议没有起诉期限的限制，随时可以宣判无效。最高院行政庭对此明确表述为："无论是行政行为无效诉讼还是民事合同无效诉讼，主流观点还是秉持着传统的理论观点，即无效诉讼不应受到期限限制。行政协议作为行政行为与民事合同融合的产物，无论是从行政性角度而言还是合约性角度分析，其也不应受到期限的限制。"①

2. 可撤销行政协议

行政协议撤销权的除斥期间应当适用《民法典》关于撤销权的规定，其中，第 152 条规定："有下列情形之一的，撤销权消灭：

（一）当事人自知道或者应当知道撤销事由之日起一年内、重大误解的当事人自知道或者应当知道撤销事由之日起九十日内没有行使撤销权；

（二）当事人受胁迫，自胁迫行为终止之日起一年内没有行使撤销权；

（三）当事人知道撤销事由后明确表示或者以自己的行为表明放弃撤销权。

当事人自民事法律行为发生之日起五年内没有行使撤销权的，撤销权消灭。"

2. 诉讼请求

在行政协议案件中，当事人可以提出以下具体的诉讼请求：

（1）请求判决撤销行政机关变更、解除行政协议的行政行为，或者确认该行政行为违法；

（2）请求判决行政机关依法履行或者按照行政协议约定履行义务；

（3）请求判决确认行政协议的效力；

（4）请求判决行政机关依法或者按照约定订立行政协议；

（5）请求判决撤销、解除行政协议；

（6）请求判决行政机关赔偿或者补偿；

（7）其他有关行政协议的订立、履行、变更、终止等诉讼请求。

（二）审理

[合法性审查] 法院审理行政协议案件，应当对被告订立、履行、变更、解除行政协议的行为是否具有法定职权、是否滥用职权、适用法律法规是否正确、是否遵守法定程

---

① 最高人民法院行政审判庭编著：《最高人民法院关于审理行政协议案件若干问题的规定理解与适用》，人民法院出版社 2020 年版，第 354 页。

序、是否明显不当、是否履行相应法定职责进行合法性审查。

[合约性审查] 原告认为被告未依法或者未按照约定履行行政协议的，人民法院应当针对其诉讼请求，对被告是否具有相应义务或者履行相应义务等进行审查。

（三）调解制度

法院审理行政协议案件，可以依法进行调解。法院进行调解时，应当遵循自愿、合法原则，不得损害国家利益、社会公共利益和他人合法权益。

九、行政协议案件实体问题

（一）行政协议的解除

行政协议解除，是指行政协议成立后，尚未履行或履行完毕前，当事人一方或者双方依照法律规定或者当事人的约定，依法解除合同效力的行为。与民事合同的解除类似，行政协议解除分法定解除和约定解除两种情形。

⊙ [例] 在《最高人民法院公报》2018 年第 9 期"寿光中石油昆仑燃气有限公司诉寿光市人民政府、潍坊市人民政府解除政府特许经营协议案"中，2011 年 7 月 15 日，寿光市住建局与昆仑燃气公司签订《天然气综合利用项目合作协议》，约定由昆仑燃气公司在寿光市从事城市天然气特许经营，特许经营期限为 30 年。协议签订后，昆仑燃气公司一直未能完工。有关部门多次催促昆仑燃气公司完成天然气项目建设，但燃气公司长期无法完工，致使授权经营区域内居民供气目的无法实现，损害了社会公共利益，解除特许经营协议的法定条件成立。2016 年 4 月 6 日，寿光市人民政府决定解除特许经营协议并收回昆仑燃气公司的特许经营权。

行政机关在行政协议案件中，往往有行政优益权，可以单方解除协议。那如果公民、法人或其他组织意图解除行政协议该怎么办呢？答案很简单，找法院。《行政协议案件规定》规定，原告请求解除行政协议，法院认为符合约定或者法定解除情形且不损害国家利益、社会公共利益和他人合法权益的，可以判决解除该协议。

（二）行政协议的抗辩权

当事人依据民事法律规范的规定行使履行抗辩权的，法院应予支持。即同时履行抗辩权、先履行抗辩权和不安抗辩权制度不仅适用于民事合同，也适用于行政合同领域。

十、证据制度和法律适用制度

（一）举证责任

行政诉讼中，一般由被告就行政行为的合法性承担举证责任，行政协议案件自然也不例外。《行政协议案件规定》规定，被告对于自己具有法定职权、履行法定程序、履行相应法定职责以及订立、履行、变更、解除行政协议等行为的合法性承担举证责任。

但行政协议毕竟具有一部分"合同因素"，所以，《行政协议案件规定》规定仿照民事诉讼式的"谁主张，谁举证"的模式例外确定举证责任：

1. 原告主张撤销、解除行政协议的，对撤销、解除行政协议的事由承担举证责任；
2. 对行政协议是否履行发生争议的，由负有履行义务的当事人承担举证责任。

在中国，举证责任更多的是一种结果责任，在真伪不明的情况下，由负有举证责任的一方当事人承担败诉的风险，而"谁主张，谁举证"实际上是对积极事项承担举证责任。比如，乙说甲打我了，甲说我没有打乙，积极事项为打了，那么由乙承担举证责任，又如，乙说我和甲签订过合同，甲说我没和乙签过，积极事项为签订了，那么就应该由乙承担举证责任，为什么要由主张积极事项的人承担举证责任呢？因为一般而言证明存在相对容易，证明不存在相对困难，大家可以想象下如果甲真的没有打过乙，甲也真的没和乙签过合同，但如果由其承担举证责任，那怎么证明没有呢？根据以上原理：

1. 原告主张撤销、解除行政协议，被告主张不撤销、不解除行政协议，此时，积极事项为撤销、解除行政协议，那么自然由主张撤销、解除行政协议的原告就主张事由承担举证责任。

2. 行政协议是否履行发生争议，一方主张没有履行，一方主张履行了，此时，已履行义务是积极事项，自然应该由负有履行义务的当事人承担举证责任。

⊙ ［基本规律］只要涉及"合法性"问题，则由被告承担举证责任，其他事项同民诉。

（二）法律适用

1. ［程序问题］既然行政协议属于行政诉讼受案范围，那么就和普通行政案件一样，法院应当适用《行政诉讼法》的规定；《行政诉讼法》没有规定的，参照适用《民事诉讼法》的规定（补充适用）。

［实体问题］法院审理行政协议案件，可以适用行政法相关规定，也可以参照适用民事法律规范关于民事合同的相关规定（选择适用）。

2. "老案老办法，新案新办法"。2015 年 5 月 1 日后订立的行政协议发生纠纷的，适用行政诉讼法及《关于审理行政协议案件若干问题的规定》。2015 年 5 月 1 日前订立的行政协议发生纠纷的，适用当时的法律、行政法规及司法解释。之所以以 2015 年 5 月 1 日为界限，是因为 2015 年 5 月 1 日为新修改的《行政诉讼法》生效日，法不溯及既往。

十一、行政协议判决形式

法院应当根据当事人的诉讼请求和发生纠纷的具体类型，确定具体的判决类型。

（一）被告变更、解除行政协议的判决形式

被告变更、解除行政协议是体现了行政协议"行政性""单方支配性"一面的行为类型，其判决模式类似于针对具体行政行为的判决类型。

1. 合法的变更、解除行政协议行为

在履行行政协议过程中，可能出现严重损害国家利益、社会公共利益的情形，被告作出变更、解除协议的行政行为后，原告起诉，法院经审理认为该行为合法的，判决驳回原告诉讼请求；给原告造成损失的，判决被告予以补偿。

2. 违法的变更、解除行政协议行为

被告变更、解除行政协议的行政行为违法的，法院判决撤销或者部分撤销，并可以责令被告重新作出行政行为，还可以判决被告继续履行协议、采取补救措施；给原告造成损失的，判决被告予以赔偿。

⊙ ［注意］对于违法的变更或解除协议的作为类行为，首先需要通过撤销判决，清除变更、解除决定带来的影响，接着才能继续履行、赔偿或补救。"当被告作出了单方变更解除协议的单方行政行为时，即发生了行政协议变更或解除的法律效果，由此导致原行政协

议变更为新的行政协议，或者原行政协议因解除行为而失去法律效力。此时，法院审理认为被告单方变更解除协议违法而作出继续履行判决，就会出现继续履行因违法变更行为而导致的已经发生变更的行政协议，或者继续履行因违法解除行为而导致的已经失去法律效力的行政协议的奇怪现象。"① 所以，需要首先通过撤销判决将以告知函、通知等形式体现的"单方变更解除决定"的影响力消除之后，才可以判决继续履行。

◉ [例] 甲公司与某区国土局签订国有土地出让合同，取得位于某片土地的使用权。甲公司开始投入资金对该地块实施建设改造。4 年后，区国土局以甲公司至今未投入开发为由，决定解除土地使用权出让合同，无偿收回该地块土地使用权。甲公司不服，提起诉讼，法院经审理认为，区国土局法律适用错误，未考虑土地使用权人是否存在"因不可抗力或者政府、政府有关部门的行为或者动工开发必需的前期工作造成动工开发迟延的除外"的法定免责事由。

问：法院应当如何判决？

答：法院应当撤销区国土局"解除土地使用权出让合同，无偿收回该地块土地使用权"的决定，要求被告继续履行协议并采取补救措施；给原告造成损失的，判决被告予以赔偿。

（二）未履约行为的判决形式

被告未履约（未依法履行、未按照约定履行或预期违约）是体现了行政协议"合同性""双方约定性"一面的行为类型，其判决模式类似于针对民事合同的判决类型。

1. 合法的不履约

被告或者其他行政机关因国家利益、社会公共利益的需要依法行使行政职权，导致原告履行不能、履行费用明显增加或者遭受损失，原告请求判令被告给予补偿的，人民法院应予支持。

◉ [例] 市政府与大旺公司签了特许经营协议，协议约定由大旺公司负责兴建垃圾焚烧站，合同期限为 10 年，政府给予大旺公司每年 20 万元财政补贴。第二年，市政府认为垃圾焚烧站的焚烧技术会释放致癌物质"二噁英"，于是，要求解除该协议，大旺公司提起行政诉讼。

问：法院如何判决？

答：行政机关为了公共利益单方解除合同是合法的，给原告利益带来影响的，应当判决给予补偿。

2. 违法的不履约

（1）被告未依法履行、未按照约定履行行政协议

①判决被告继续履行，并明确继续履行的具体内容。

②被告无法履行或者继续履行无实际意义的，法院可以判决被告采取相应的补救措施；给原告造成损失的，判决被告予以赔偿。

③原告要求按照约定的违约金条款或者定金条款予以赔偿的，人民法院应予支持。

（2）预期违约

被告明确表示或者以自己的行为表明不履行行政协议，原告在履行期限届满之前向法院起诉请求其承担违约责任的，法院应予支持。

---

① 陈思融：《论行政协议诉讼各类判决方式之关系》，载《政治与法律》2017 年第 8 期。

⊙ [基本规律] 被告行为合法，判决为驳回+补偿；对于违法的不作为（不履行、不充分履行），因为没有撤销的内容，所以直接适用"继续履行→补救+赔偿"模式。但违法的作为（行政机关变更、解除决定），需要首先判决撤销。

除此以外，《行政协议案件规定》规定还创造了判决转换制度。原告以被告违约为由请求法院判令其承担违约责任，法院经审理认为行政协议无效的，应当向原告释明，并根据原告变更后的诉讼请求判决确认行政协议无效；因被告的行为造成行政协议无效的，法院可以依法判决被告承担赔偿责任。原告经释明后拒绝变更诉讼请求的，法院可以判决驳回其诉讼请求。

⊙ [注意] 在当事人诉讼请求有误的情况下，法院不能主动适用无效制度，需向原告释明，根据原告变更后的诉讼请求才可判决确认行政协议无效。

▇ 主观题知识提升

因旧城区改建需要，甲市乙区政府发布《国有土地上房屋征收决定公告》，决定对项目范围内的国有土地房屋实施征收，乙区管委会设立的征拆事务所负责此次征拆事宜，黄某开办的塑料厂（个体工商户）的厂房（黄某为房屋所有权人）在征收范围内，征收事务所与黄某协商选定了某房地产评估公司作为房屋评估机构，对房屋进行丈量登记，对涉案房屋市场评估总价为 260 万元。征拆事务所与黄某签订了《资产收购协议书》，协议款项 300 万元。《资产收购协议书》载明："如本协议执行过程中发生纠纷，双方应协商解决；协商不成，任何一方均可向某仲裁委员会申请仲裁。"后黄某以补偿数额过低为由，向法院起诉请求确认《资产收购协议书》无效。

诉讼中，黄某申请乙区政府公布其他被征收人的征收补偿款数额，乙区政府以涉及被征收人隐私为由拒绝。

法院另查明：乙区管委会系甲市乙区政府设置的派出机构。2013 年 5 月 7 日，乙区政府与乙区管委会签订《国有土地上房屋征收工作授权书》，将乙区范围内国有土地上房屋征收工作授权给区管委会，由区管委会以区政府的名义的行使有关权限。

关联法条：《国有土地上房屋征收补偿条例》

第 4 条 市、县级人民政府负责本行政区域的房屋征收与补偿工作。

市、县级人民政府确定的房屋征收部门（以下称房屋征收部门）组织实施本行政区域的房屋征收与补偿工作。

第 8 条 为了保障国家安全、促进国民经济和社会发展等公共利益的需要，有下列情形之一，确需征收房屋的，由市、县级人民政府作出房屋征收决定：

（一）国防和外交的需要；

（二）由政府组织实施的能源、交通、水利等基础设施建设的需要；

（三）由政府组织实施的科技、教育、文化、卫生、体育、环境和资源保护、防灾减灾、文物保护、社会福利、市政公用等公共事业的需要；

（四）由政府组织实施的保障性安居工程建设的需要；

（五）由政府依照城乡规划法有关规定组织实施的对危房集中、基础设施落后等地段进行旧城区改建的需要；

（六）法律、行政法规规定的其他公共利益的需要。

第 29 条 房屋征收部门应当依法建立房屋征收补偿档案，并将分户补偿情况在房屋征收范围内向被征收人公布。

审计机关应当加强对征收补偿费用管理和使用情况的监督，并公布审计结果。

问题：

1. 如何确定本案原告？

2. 如何确定本案被告？

3. 《资产收购协议书》是否属于行政协议？

4. 本案约定的仲裁条款是否有效？

5. 本案的起诉期限应当适用什么规定？

6. 甲市政府以涉及第三人隐私为由拒绝黄某的公开申请的行为是否合法？

答案：

1. 黄某具有原告资格。《行政诉讼法》第 25 条规定，行政行为的相对人以及其他与行政行为有利害关系的公民、法人或者其他组织，有权提起诉讼。本案中，黄某是房屋所有权人，也是《资产认购协议书》的行政相对人，与被诉协议具有法律上的利害关系，所以黄某具有原告资格。

2. 区政府是被告。第一，本题并没有市、县级人民政府确定的房屋征收部门，所以被告不可能是房屋征收部门。第二，《行政诉讼法司法解释》第 20 条规定，没有法律、法规或者规章规定，行政机关授权其内设机构、派出机构或者其他组织行使行政职权的，属于《行政诉讼法》第 26 条规定的委托。当事人不服提起诉讼的，应当以该行政机关为被告。本案中，区政府授权乙区管委会没有法律依据，属于"假授权，真委托"，视为管委会是受区政府委托的组织，其与黄某签订行政协议的，应当由区政府作为被告承担责任。

3. 《资产认购协议》属于行政协议。《行政协议案件规定》第 1 条规定，行政机关为了实现行政管理或者公共服务目标，与公民、法人或者其他组织协商订立的具有行政法上权利义务内容的协议，属于《行政诉讼法》第 12 条第 1 款第 11 项规定的行政协议。本案中，区政府为了对外实施行政管理，与黄某签订的具有行政法上权利义务内容的协议，属于行政协议。

4. 仲裁条款无效。根据《行政协议案件规定》第 26 条规定，行政协议约定仲裁条款的，人民法院应当确认该条款无效，但法律、行政法规或者我国缔结、参加的国际条约另有规定的除外。因此，本案中行政协议中约定的仲裁条款是无效的。

5. 本案适用民事法律规范时效。根据《行政协议案件规定》第 25 条规定，公民、法人或者其他组织对行政机关不依法履行、未按照约定履行行政协议提起诉讼的，诉讼时效参照民事法律规范确定；对行政机关变更、解除行政协议等行政行为提起诉讼的，起诉期限依照行政诉讼法及其司法解释确定。本案中，黄某并不是对行政机关变更、解除行政协议等行政行为提起诉讼，所以，诉讼时效参照民事法律规范确定。

6. 区政府拒绝公开的行为违法。《政府信息公开条例》第 21 条规定，土地征收属于行政机关主动公开的事项。《国有土地上房屋征收与补偿条例》第 29 条规定，房屋征收部门应将分户补偿情况在房屋征收范围内向被征收人公布。

同时《政府信息公开条例》第 15 条规定，涉及个人隐私等公开会对第三方合法权益造成损害的政府信息，行政机关不得公开。但是，第三方同意公开或者行政机关认为不公开会对公共利益造成重大影响的，予以公开。本案中，乙区政府以涉及被征收人的隐私为由拒绝公开，并没有征求被征收人意见，没有衡量社会公共利益，其直接拒绝的行为是违法的。

专题二十

行政复议制度

行政复议，是指行政机关根据上级行政机关对下级行政机关的监督权，在当事人的申请和参加下，按照行政复议程序对具体行政行为进行合法性和适当性审查，并作出裁决解决行政侵权争议的活动。行政复议是为公民、法人或其他组织提供法律救济的行政监督制度。行政复议制度和行政诉讼制度都属于通过处理行政争议对受到行政侵害的公民、法人或其他组织合法的权益提供法律救济，所以两者在制度规定上是高度一致的。在完成了行政诉讼法部分的学习后，我们再来学习行政复议法，将会事半功倍。只要我们不特别强调，那就意味着行政诉讼和行政复议制度的规定内容一样，大家主要学习有差别的地方即可。

第一节　行政复议受案范围

行政复议受案范围和行政诉讼受案范围一致，不赘述。

第二节　行政复议参加人和行政复议机关

一、行政复议申请人

行政复议申请人是依法申请行政复议的公民、法人或者其他组织。行政复议申请人制度和行政诉讼原告制度内容一样。

二、行政复议被申请人

行政复议被申请人，是作出被申请复议的具体行政行为的行政机关。行政复议被申请人和行政诉讼被告制度规定基本相同，都是"行政主体理论"在行政救济法中的具体体现。二者内容相同的地方就不再赘述了，这里仅关注存在差异的地方：

1. 经批准的行政行为

下级行政机关依照法律、法规、规章规定，经上级行政机关批准作出具体行政行为的，批准机关为被申请人。行政诉讼采纳的是形式标准被告，一般是"看名义"的，而行政复议采纳的是实质标准，经过上级批准，意思表示作出者一般是上级行政机关，所以，复议的被申请人永远是行政级别比较高的上级行政机关。对于经批准的具体行政行为，提起行政救济，究竟告上级，还是告下级，完整的口诀是"诉讼看名义，复议的被告是上级"。

⊙ ［例］区社保局在报请区政府批准后以自己的名义对某企业罚款 20 万元。

问 1：某企业提起行政诉讼，被告是谁？

答：被告是区社保局，因为诉讼不管职权属于哪个机关，也不管实质的意思表示是哪个机关的，只看名义。

问 2：某企业提起行政复议，复议被申请人是谁？

答：区政府是被申请人。复议不管职权属于哪个机关，也不管以谁的名义作出，永远以两个机关中行政级别较高的机关为被申请人。与区社保局相比较，区政府的行政级别较高，所以被申请人为区政府。此时，我们这里确定的是复议被申请人，并不是复议机关，复议机关是另外一个独立的问题了，在本题中，复议机关应当是被申请人区政府的上一级政府，也就是市政府。

为什么复议要采用以批准机关为被申请人的实质标准，而不采用简单易用的形式标准呢？我们以上题为例，就可以发现其中奥妙。假设行政复议也像诉讼一样采用形式标准，被申请人为区社保局，那么，对应的复议机关就是区政府和市社保局，此时就有可能出现，该行为是区政府暗中授意作出的，然后该企业还要自己去找区政府复议，岂不荒唐？

2. 共同行为"告漏了"

当事人对共同行政行为申请复议时，应当以实施这些行为的多个行政主体作为共同被申请人。如果申请人没有将共同行政行为的所有实施者全部列为被申请人，复议机关应当直接将遗漏的行政主体追加为共同被申请人。而同样情况下行政诉讼的处理方式并不相同，法院将这一部分行政主体列为第三人。

三、行政复议第三人

行政复议第三人，是同被申请的具体行政行为有利害关系，参加行政复议的其他公民、法人或者组织。第三人在行政复议开始后终结前，经过申请或者复议机关决定参加行政复议。同样的，第三人不参加行政复议，不影响行政复议案件的审理。行政复议第三人与行政诉讼第三人存在以下三个差别：

第一，第三人是同被申请行政复议的行政行为有利害关系，不存在同案件处理结果有利害关系的第三人；

第二，行政复议第三人的地位相当于行政复议申请人，不存在地位相当于复议被申请人的第三人；

第三，行政复议机构没有"应当通知"第三人参加复议的义务。

四、行政复议机关

行政复议机关是依法对被诉行政行为的合法性及合理性进行审查并最终作出处理的行政机关。复议机关的角色类似于诉讼中的法院，是准司法机关。复议机关一般是被申请人的上一级行政机关，具体地说，确定复议机关分为"两个上级机关""一个上级机关""自己作为复议机关"和"特别情况特别处理"四大类型。

📌 技术流

确定复议机关的操作步骤为首先应确定行政复议的被申请人，在此基础上再确定复议机关，通俗地说，就是"先找儿子，后找爹"。

表 20-1　复议机关的确定

类型	被申请人	复议机关	说明
两个上级机关	政府工作部门	同级政府或上一级主管部门	/
一个上级机关	省级以下政府	上一级人民政府	/
	国家垂直领导机关	上一级主管部门	海关、金融、外汇管理、国安、税务局视同国家垂直领导机关
	政府派出机关	设立该派出机关的政府	包括行政公署、区公所、街道办事处三类
	被授权组织	直接管理该组织的机关	/
自己作为复议机关	省部级机关	省部级机关	/
特别情况特别处理	被撤销机关的职权继承机关	其职权继承机关的上一级机关	/
	多个行政机关	其共同上一级机关	/
	派出机构	该机构所在的主管部门或该主管部门的同级政府	/

（一）两个上级机关

当县级以上地方政府工作部门作为被申请人时，行政复议机关应当是本级人民政府和上一级人民政府主管部门。比如被申请人是县公安局，县公安局既归于县政府领导（地域上的上一级），又归于市公安局领导（业务上的上一级），所以复议机关是县政府和市公安局。

（二）一个上级机关

1. 政府为被申请人

对省级以下政府的行政行为不服，上一级地方政府是行政复议机关。例如，对乡政府作出的具体行政行为不服的，应当向县级政府申请行政复议。不过，省级政府为被申请人时的逻辑有所不同，请见后文详述。

2. 国家垂直领导机关

对实行国家垂直领导的行政机关和国家安全机关的行政行为不服的，需要向上一级主管部门申请行政复议。如海关、金融、外汇、国安等国家垂直机关，只归于上一级业务主管部门管理，不归于地方政府管理，所以，只有上一级业务主管部门作为其复议机关。

图 20-1　国家垂直领导机关机构设置图

⊙ ［知识点拨］ 2018 年修改的《税务行政复议规则》第 16 条规定："对各级税务局的具体行政行为不服的，向其上一级税务局申请行政复议。"例如，县税务局对于王某不予退税，王某应当向市税务局申请复议。①

3. 派出机关作为被申请人

派出机关作为被申请人时，由设立该派出机关的人民政府作为行政复议机关。比如，行政公署作为被申请人时，复议机关就是设立行政公署的省级政府。

4. 法律、法规授权的组织作为被申请人

非政府组织、企业和事业单位等本身并没有行政权能，当它们取得法律、法规的授权而成了行政主体，进而成为复议被申请人时，由直接管理该组织的地方政府、政府工作部门或者国务院部门作为行政复议机关。通俗地说，就是谁能管得住它，谁就做复议机关。

⊙ ［例］ 中国政法大学为教育部直属高校，取得了《学位条例》的授权，有权发放学位证。如果某同学认为学校应发给其学位证却未发，若要提起复议，最合适的复议机关就是中国政法大学的主管部门教育部。

（三）自己作为复议机关

国务院部门或者省级政府作为被申请人时的行政复议机关，是作出该具体行政行为的国务院部门或者省级人民政府。也就是说，复议机关并不是国务院，而是省部级机关自己，在这里省部级机关可以"自己做自己案件的法官"。

（四）特别情况特别处理

1. 共同行为的复议机关

两个或者两个以上的行政机关作为共同被申请人时，由它们的共同上一级行政机关作为行政复议机关。②

⊙ ［例］ 县公安局和县卫生局共同罚款张某 500 元，那么复议机关只能是他们的共同上一级机关县政府，只有县政府才有足够的权威性和专业度去处理两者共同作出的行政行为。

2. 被撤销机关的职权继承机关

继续行使被撤销行政机关职权的行政机关作为被申请人时，由继续行使职权的行政机关的上一级行政机关作为行政复议机关。

⊙ ［例］ 某市食药局被撤销，其权力被归于市市场监督管理局，则当事人对原市食药局的行为不服申请复议的，就以市市场监督管理局为被申请人，相应地，复议机关就是该市政府或省市场监督管理局。

但有时候，一个行政机关被撤销是因为其职权已经无须行使了，不存在另外一个机关来继续行使它的职权，此时应当以撤销它的机关代替它作为复议被申请人，复议机关按照

---

① 在地方还存在着另外一种垂直领导——省以下垂直领导，他们归于省政府亲管亲问，比如质监系统就是省以下垂直领导，它的机构建制是这样的"省政府—省质监—市质监—县质监"，质监系统是省政府自己的人，但外汇、海关等部门则不同，它们是国务院的人，根本不搭理省政府。我们之所以特意将该知识点放到脚注中讲授，是因为省以下垂直领导机关在复议机关的确定上和一般机关没有差别，不知道这个知识点反而对同学们更有利。对经国务院批准实行省以下垂直领导的部门作出的具体行政行为不服的，可以选择向该部门的本级人民政府或者上一级主管部门申请行政复议；省、自治区、直辖市另有规定的，依照省、自治区、直辖市的规定办理。

② 如果申请人对两个以上国务院部门共同作出的具体行政行为不服的，依照《行政复议法》第 14 条的规定，可以向其中任何一个国务院部门提出行政复议申请，由作出具体行政行为的国务院部门共同作出行政复议决定。

被申请人的类型来予以确定。

3. 政府工作部门依法设立的派出机构作为被申请人时，设立该派出机构的部门或者该部门的本级地方人民政府作为行政复议机关。

⊙ ［例］县公安局派出所以自己的名义罚款王某 500 元，由于派出所取得了《治安管理处罚法》的授权且未越权，那么，复议被申请人就是派出所，对应的复议机关是县公安局和县政府。我们容易理解县公安局能成为复议机关的原因，可为什么县政府也能够成为复议机关呢？因为派出所和公安局的关系过于紧密，派出所没有独立的经费来源、没有人事编制权，也没有领导任命权，派出所需要依附于公安局而存在，如果派出所作为被申请人时，复议机关只能是县公安局，那么有可能审理的公正性不足，于是立法者增加了县级政府作为复议机关。

五、复议代理人和代表人

（一）复议代理人

申请人、第三人可以委托 1 至 2 名代理人参加行政复议。申请人、第三人委托代理人的，应当向行政复议机构提交授权委托书。授权委托书应当载明委托事项、权限和期限。公民在特殊情况下无法书面委托的，可以口头委托。口头委托的，行政复议机构应当核实并记录在卷。申请人、第三人解除或者变更委托的，应当书面报告行政复议机构。

（二）复议代表人

同一行政复议案件申请人超过 5 人的，推选 1 至 5 名代表参加行政复议。

第三节　行政复议程序

一、行政复议的一般程序

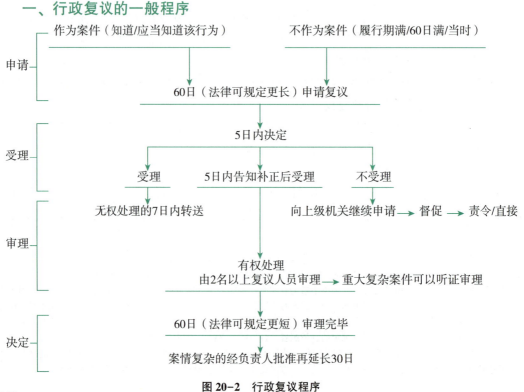

图 20-2　行政复议程序

（一）行政复议的申请

1. 申请时间

行政复议的申请应当从申请人知道作出该具体行政行为之日起①60 日内提出，但法律规定申请期限超过 60 日的除外。

- ⊙ ［细节1］ 行政诉讼起诉期为 6 个月，复议申请期为 60 日。
- ⊙ ［细节2］ 行政诉讼的起诉期原则上为 6 个月，但"有例外，从例外"，意味着只要特别法规定和 6 个月不一致的，就应当适用特别法的起诉期。但行政复议申请期限原则上为 60 日，法律规定超过 60 日的除外。那就意味着若特别法规定的多于 60 日的，适用特别法；但若特别法规定的少于 60 日的，仍应适用 60 日。用数学符号表达即行政复议的申请期限为"≥60 日"。
- ⊙ ［例］《环境保护法》规定，当事人对行政处罚决定不服，可以在接到处罚通知之日起 15 日内申请复议，也可以在接到处罚通知之日起 15 日内直接向法院起诉。某县环保局依据《环境保护法》对违法排污企业作出罚款处罚决定，该企业不服。

　　问1：如该企业申请复议，申请复议的期限应为多久？

　　答：60 日。

　　问2：如该企业直接起诉，提起诉讼的期限应当为多久？

　　答：15 日。

2. 申请形式

申请人书面申请行政复议的，可以采取当面递交、电子邮件邮寄或者传真等书面方式提出，也可以口头的方式提出。申请人口头申请行政复议的，复议机构应当场制作行政复议申请笔录交申请人核对或者向申请人宣读，并由申请人签字确认。

（二）对行政复议申请的受理

1. 受理和受理的期限

行政复议机关应当在收到行政复议申请后的 5 日内，对申请进行审查并作出有关受理的决定：

第一，对不符合法律规定的申请决定不予受理，并书面告知申请人。

第二，对符合法律规定但是不属于本机关受理的行政复议申请，应当告知申请人向有关行政机关提出。

第三，行政复议申请材料不齐全或者表述不清楚的，行政复议机构可以自收到该行政复议申请之日起 5 日内书面通知申请人补正。补正通知应当载明需要补正的事项和合理的补正期限。无正当理由逾期不补正的，视为申请人放弃行政复议申请。补正申请材料所用时间不计入行政复议审理期限。

---

① 如果被申请的具体行政行为是作为的，其申请期限按以下规则起算：（1）当场作出行为的，自其作出之日起计算；（2）载明行为的法律文书直接送达的，自签收之日起计算；（3）载明行为的法律文书邮寄送达的，自在邮件签收单上签收之日起计算；没有邮件签收单的，自在送达回执上签名之日起计算；（4）行为通过公告形式告知受送达人的，自公告规定的期限届满之日起计算；（5）行政机关作出行为时未告知当事人，事后补充告知的，自当事人收到补充告知之日起计算；（6）被申请人能够证明当事人知道其行为的，自证明之日起计算。行政机关作出具体行政行为，依法应当送达法律文书而未送达的，视为当事人不知道该行为。如果被申请的具体行政行为是不作为的，不作为成立之日起计算。

第四，除了前面三种情形以外，行政复议申请自行政复议机关负责法制工作的机构收到之日起即为受理。

2. 对行政复议机关无正当理由拒绝受理的处理

当事人依法提出行政复议申请，行政复议机关无正当理由不予受理的，当事人可以向复议机关的上级继续申请。上级行政机关收到申请后的具体处理程序是：

第一步，上级行政机关认为行政复议机关不予受理行政复议申请的理由不成立的，可以先行督促其受理；

第二步，经督促仍不受理的，应当责令其限期受理，必要时也可以直接受理。

同时，行政复议机关或者行政复议机构不履行行政复议职责，经有权监督的行政机关督促仍不改正的，对直接负责的主管人员和其他直接责任人员依法给予警告、记过、记大过的处分；造成严重后果的，依法给予降级、撤职、开除的处分。

（三）行政复议的审理

1. 行政复议机关审查行政复议案件，应当由 2 名以上行政复议人员参加。

2. 原则上实行书面方式，即行政复议机关根据书面材料查清案件事实并作出行政复议决定。对重大、复杂的案件，申请人提出要求或者行政复议机构认为必要时，可以采取听证的方式审理。

⊙ ［注意1］ 复议的听证既包括行政复议机构主动听证，也包括申请人申请听证，但被申请人无权申请复议听证。

⊙ ［注意2］ 复议的听证笔录是否具有排他效力，国务院法制机构认为："行政复议机关制作的听证笔录仅仅是双方当事人意见的记录，是帮助行政复议机关听取当事人意见，查清事实的一种证据材料，与其他证据方式不存在相互排斥，应当作为行政复议机关作出行政复议决定的依据之一，但不能是唯一依据。"①

3. 行政复议人员向有关组织和人员调查取证时，可以查阅、复制、调取有关文件和资料，向有关人员进行询问。调查取证时，行政复议人员不得少于 2 人，并应当向当事人或者有关人员出示证件。被调查单位和人员应当配合行政复议人员的工作，不得拒绝或者阻挠。

4. 复议审理对象为被诉行政行为的合法性及合理性。

⊙ ［知识点拨］ 在行政诉讼中，法院审查行政行为时只审查合法性，这是由于行政行为的合理性判断需要公安、卫生、城建等专业行政知识，法院的专业知识不足以支持其进行合理性审查。但是，在行政复议中，复议机关是被申请人的上级机关，既具有相应的行政知识，也具有足够的权威性，因此可以进行合理性的审查。

（四）行政复议的决定

1. 决定主体

如果行政复议案件情节简单、事实和法律问题清楚，就可以由行政复议机关的负责人对法制机构的处理意见作出同意的表示，形成最终的行政复议决定；如果复议案件情节、事实和法律问题较为复杂，就应当由行政复议机关的负责人集体讨论后作出决定。

---

① 国务院法制办公室行政复议司编写：《中华人民共和国行政复议法实施条例释解与应用》，人民出版社 2007 年版，第 150 页。

2. 决定期限

复议机关应当自受理申请之日起 60 日内结案；但是法律规定的行政复议期限少于 60 日的除外。情况复杂，不能在规定期限内结案的，经复议机关负责人批准可以适当延长，并告知申请人和被申请人，但延长期限最多不超过 30 日。

⊙ ［知识点拨］复议申请期限原则上是 60 天，法律可对其作出长于 60 天的例外规定，也就是"≥60 日"。复议审理期限原则上也是 60 天，法律可对其作出短于 60 天的规定，也就是"≤60 日"。申请期限和审理期限的例外条款恰好完全相反，是因为申请期限限制的对象是申请人，以宽松为宜，给当事人的考虑周期越长越好；而审理期限限制的是复议机关，以严格为宜，给行政机关的周期越短越好，越短说明越高效便民。

二、行政复议的特别程序

（一）撤回申请

申请人在行政复议决定作出前，自愿撤回行政复议申请的，经行政复议机构同意，可以撤回，复议程序即应终止。申请人撤回行政复议申请之后，不得再以同一事实和理由提出行政复议申请，但能够证明撤回行政复议申请违背其真实意思表示的除外。

⊙ ［细节］如果当事人撤回了复议申请，只要法律、法规未规定行政复议为提起行政诉讼必经程序，同时当事人还在起诉期内，撤回复议申请不妨碍当事人再去起诉。

⊙ ［例］2006 年 5 月 9 日，县公安局向甲送达 1000 元罚款的处罚决定书。甲不服，于同月 19 日向市公安局申请行政复议。6 月 8 日，复议机关同意甲撤回复议申请。6 月 20 日，甲就该处罚决定向法院提起行政诉讼。

问：法院是否应当受理甲的起诉？

答：应当。在撤回行政复议申请后，一般不能再次就同一事实理由提起复议，但是当事人还是有权向法院提起行政诉讼的，不过再起诉前提有两个：第一，法律、法规未规定行政复议为提起行政诉讼的必经程序，也就是不属于复议前置的情形，否则当事人不经复议无权起诉；第二，当事人尚在法定起诉期限内。甲直接起诉期限应为 6 个月，公安机关向甲送达罚款决定的日期是 2006 年 5 月 9 日，行政诉讼的期间从次日计算，所以向法院起诉的期间是 2006 年 5 月 10 日—2006 年 11 月 9 日，本题中当事人是在 2006 年 6 月 20 日起诉的，仍在法定起诉期限内。

（二）原具体行政行为的改变

复议期间被申请人改变原具体行政行为的，不影响行政复议案件的审理，但申请人因此撤回复议申请的除外。在行政复议期间被申请人可以改变原具体行政行为。如果申请人接受改变原具体行政行为的后果，撤回行政复议申请并获得行政复议机关的同意，行政复议程序结束。但是，如果申请人不提出撤回复议申请或者虽提出申请而未获得准许，不影响行政复议案件的审理，行政复议机关应当继续就原具体行政行为进行审查，并根据不同情况依法作出决定。

（三）行政复议中的和解

当事人对行政机关行使法律、法规规定的自由裁量权作出的具体行政行为不服，申请行政复议，申请人与被申请人在复议决定作出前自愿达成和解的，应当向复议机构提交书面和解协议；和解内容不损害社会公共利益和他人合法权益的，复议机构应当准许。命题人表示，对行政赔偿和行政补偿事项，也应属于可以和解事项。

（四）行政复议中的调解

1. 调解范围

行政复议的调解制度在范围上和行政诉讼是一致的，均为自由裁量行政行为、行政赔偿和行政补偿案件。

2. 调解程序

第一，行政复议机关应当依据自愿、合法的原则进行调解。

第二，当事人经调解达成协议的，行政复议机关应当制作行政复议调解书。调解书应当载明行政复议的请求、事实、理由和调解结果，并加盖行政复议机关印章。

第三，行政复议调解书经双方当事人签字，即具有法律效力。

第四，调解未达成协议或者调解书生效前一方反悔的，行政复议机关应当及时作出行政复议决定。

⊙ ［细节1］ 调解协议并不是加盖复议机关印章时生效，而是双方签字时生效，以体现调解协议是申请人和被申请人意思表示一致的结果。

⊙ ［细节2］ 调解协议可以成为强制执行的根据，说明调解协议具有处分性和执行力。复议的调解协议和行政实体法中的调解协议在效力上是不同的。行政实体法中的调解，是对张三、李四两个民事主体的矛盾进行调处，没有处分性，不可以被强制执行，被归类为事实行为。而行政复议的调解协议是正式的结案方式，是复议机关对申请人（民）、被申请人（官）的行政纠纷进行调处的行为。

⊙ ［知识点拨］ 行政复议调解程序高度类似于民诉的调解。

（五）具体行政行为在行政复议期间的执行力

原则上，在行政复议期间具体行政行为不停止执行。但是并不是所有的具体行政行为都需要在行政复议期间维持其执行力。《行政复议法》规定了四种可以停止执行的情形：

1. 被申请人认为需要停止执行的；

2. 行政复议机关认为需要停止执行的；

3. 申请人申请停止执行，行政复议机关认为其要求合理，决定停止执行的；

4. 法律规定停止执行的。

（六）行政复议的中止和终结

1. 行政复议中止

行政复议期间有下列情形之一，影响行政复议案件审理的，行政复议中止：

（1）作为申请人的自然人死亡，其近亲属尚未确定是否参加行政复议的；

（2）作为申请人的自然人丧失参加行政复议的能力，尚未确定法定代理人参加行政复议的；

（3）作为申请人的法人或者其他组织终止，尚未确定权利义务承受人的；

（4）作为申请人的自然人下落不明或者被宣告失踪的；

（5）申请人、被申请人因不可抗力，不能参加行政复议的；

（6）案件涉及法律适用问题，需要有权机关作出解释或者确认的；

（7）案件审理需要以其他案件的审理结果为依据，而其他案件尚未审结的；

（8）其他需要中止行政复议的情形。

行政复议中止的原因消除后，应当及时恢复行政复议案件的审理。

行政复议机构中止、恢复行政复议案件的审理，应当告知有关当事人。

2. 行政复议终止

行政复议期间有下列情形之一的，行政复议终止：

（1）申请人要求撤回行政复议申请，行政复议机构准予撤回的；

（2）作为申请人的自然人死亡，没有近亲属或者其近亲属放弃行政复议权利的；

（3）作为申请人的法人或者其他组织终止，其权利义务的承受人放弃行政复议权利的；

（4）申请人与被申请人依照《行政复议法实施条例》第40条，经行政复议机构准许达成和解的；

（5）申请人对行政拘留或者限制人身自由的行政强制措施不服申请行政复议后，因申请人同一违法行为涉嫌犯罪，该行政拘留或者限制人身自由的行政强制措施变更为刑事拘留的。

因为自然人死亡其近亲属尚未确定是否参加行政复议的、自然人丧失参加行政复议的能力尚未确定法定代理人参加行政复议的、法人或者其他组织终止尚未确定权利义务承受人的原因，行政复议中止，满60日行政复议中止的原因仍未消除的，行政复议终止。

第四节　行政复议的证据和法律适用制度

一、行政复议证据制度

行政复议在证据制度上与行政诉讼高度一致，在举证责任分配、证据调取规则等方面都和行政诉讼一致。在举证期限上，稍有不同。

复议被申请人应当自收到申请书副本或者申请笔录复印件之日起10日内，提出书面答复，并提交当初作出具体行政行为的证据、依据和其他有关材料。被申请人不履行这一义务的法律后果是具体行政行为被撤销。被申请人不按照申请答复程序要求提出书面答复、提交当初作出具体行政行为的证据、依据和其他有关材料的，视为该具体行政行为没有证据、依据。行政复议机关可以决定撤销该具体行政行为，而且直接负责的主管人员和其他直接责任人员还将受到警告、记过、记大过的行政处分，构成犯罪的，将被依法追究刑事责任。

二、行政复议法律适用制度

由于行政复议是一种内部监督与审查程序，因此，复议机关在审理案件时所适用的依据，在范围上比行政诉讼更宽，包括法律、法规、规章，甚至包括规章以下的一般行政规范性文件。

第五节　行政复议的决定

一、行政复议的决定

行政复议的决定事实上就是行政复议的判决，由于复议是内部监督制度，就没有像诉讼制度那样精细化地区分判决、裁定和决定了，而统一以复议决定的方式结案。行政复议决定和诉讼判决内容基本一致，而且考查频度很低，我们首先通过下表对复议决定有个概略性了解。

（一）复议决定的基本情况

表 20-2　行政复议的决定

决定类型		主要内容	适用条件
被申请人胜	维持决定	维持原行政行为	原行政行为完全合法
	驳回决定	驳回复议请求	1. 不应受理的案件；（类似于裁驳） 2. 对不作为的申请不成立
申请人胜	撤销决定	解除原行为法律效力	行政行为违法，一般适用撤销
	变更决定	作出新的权利义务安排	行政行为事实不清并查清事实、法律适用错误或明显不当
	履行决定	决定被申请人限期履行	不作为的行政行为违法且履行还有意义
	确认违法	确认原行为违法	违法但不适宜撤销；不作为违法但履行无意义

（二）复议决定和一审判决的差异

根据上表，我们发现在确认违法、履行决定和撤销决定上，行政复议和诉讼是一致的。主要存在差别的是变更决定和维持决定，对此我们予以重点讲解。

1. 维持决定

当行政行为合法时，行政诉讼的判决是驳回原告诉讼请求，而复议主要是维持决定。维持是行政复议机关维护支持具体行政行为的决定，使该具体行政行为保持或者取得法律效力。差别背后的原因是，法院的角色应当是中立的，行政诉讼作为司法权力对行政权力的监督制度，不应有为行政机关"保驾护航"、维护行政机关行使职权的功能；复议机关是被申请人的上级行政机关，着眼的是行政管理的整体秩序，"维持"可以被视作来自于上级领导对下级工作的肯定，有利于激发下级的工作动力。所以，行政行为合法，复议机关适用的是维持原机关合法决定，而法院适用的是判决驳回原告诉讼请求。

2. 驳回复议请求决定

由于维持决定成为行政行为合法时的主要结案方式，驳回复议请求的适用空间就被压缩到了以下两种情形：

一是申请人认为行政机关不履行法定职责申请行政复议，行政复议机关受理后发现该行政机关没有相应法定职责或者在受理前已经履行法定职责。

◉ [知识点拨] 对于不履行职责的行政不作为，事实上在物理意义上，这个行为并没有存在过，可能连一纸文书都不存在，对于不存在的行为，复议机关维持什么去呢？

二是受理行政复议申请后，发现该行政复议申请不符合《行政复议法》及其实施条例规定的受理条件。不过，如果上级行政机关认为行政复议机关驳回行政复议申请的理由不成立的，应当责令其恢复审理。

⊙ [知识点拨] 不符合受理条件，在行政诉讼中法院应当裁定不予立案或驳回起诉，但由于复议没有精细化的区分判决、裁定与决定，复议结案方式统一为决定，所以，只能是决定驳回复议请求。

3. 变更决定

行政诉讼的变更判决适用空间极窄，只有"行政处罚显失公正，其他行为涉及款额认定、确定有误"才适用变更判决。而行政复议变更决定的适用空间大为拓展，具体表现在：

第一，所有的具体行政行为均可以变更，而不局限于行政处罚和款额类行政行为。

第二，变更的理由包括：（1）明显不当；（2）适用法律依据错误；（3）行政行为认定事实不清，证据不足，并已查明事实。但是经行政复议机关审理查明事实清楚，证据确凿，原行为违反法定程序、超越职权的，一般不应作出变更决定，而应根据案件具体情形作出撤销或者确认违法决定。

适用变更决定还应遵循不利决定禁止原则，即行政复议机关在申请人的行政复议请求范围内，不得作出对申请人更为不利的行政复议决定。

表 20-3　复议变更决定与诉讼变更判决的差别

项目	法院变更判决	复议变更决定
针对对象	行政处罚；或其他行为涉及对款额的确定、认定	所有类型的具体行政行为
针对情形	显失公正（明显不当）；款额的确认、认定有误	（1）明显不当； （2）适用依据错误； （3）事实不清，证据不足

4. 行政赔偿

行政复议机关作出行政复议决定，可以依法同时决定行政赔偿的问题。这里有两种情形：一种是申请人提出赔偿请求的；另一种是申请人没有提出赔偿请求的。

在行政诉讼中，根据不诉不理的理念，如果当事人只诉行政行为，而没有提出赔偿请求的，法院不会主动判决被告赔偿，法院经审理认为被诉行政行为违法或者无效，可能给原告造成损失，经释明，原告请求一并解决行政赔偿争议的（法院不能主动判决赔偿），法院可以就赔偿事项进行调解；调解不成的，应当一并判决。但行政复议中，由于复议机关是上级机关，较为强势，复议机关可以在申请人申请行政复议时没有提出行政赔偿损失请求的情况下，依职权决定被申请人赔偿。

但主动赔偿也有其严格的适用条件，适用的法定情形是行政复议机关依法决定撤销或者变更罚款、撤销违法集资、没收财物、征收财物、摊派费用以及对财产的查封、扣押、冻结等具体行政行为时，同时责令被申请人返还财产，解除对财产的查封、扣押、冻结措施，或者赔偿相应的价款。

二、对于抽象行政行为附带性审查的复议决定

（一）依申请的附带性审查

申请人在申请行政复议时，一并提出对部分抽象行政行为的审查申请的，复议机关应当予以审查。

1. 审查方式

附带性的，申请人不能直接申请审查抽象行政行为，应当在申请审查具体行政行为时一并提出，该内容和行政诉讼相同。

2. 审查范围

规章以下的其他规范性文件（国务院制定的其他规范性文件除外）。

3. 申请时间

申请人认为具体行政行为所依据的规定不合法的，可以在对具体行政行为申请行政复议的同时一并提出对该规定的审查申请；申请人在对具体行政行为提出行政复议申请时尚不知道该具体行政行为所依据的规定的，可以在行政复议机关作出行政复议决定前向行政复议机关提出对该规定的审查申请。

4. 审查结果

行政复议机关对该行政规定有权处理的，自己依法处理；无权处理的，应当在 7 日内按照法定程序转送有权处理的行政机关依法处理，"能管就管，不管再转"。若行政复议机关自己处理的，必须在 30 日内依法处理；若转送处理的，有权处理的行政机关应当在 60 日内依法处理。

⊙ ［知识点拨］（1）行政复议机关有权处理的行政规定包括自己制定的行政规定以及下级行政机关制定的行政规定；（2）只能转送给有权处理的行政机关处理，不能转送给有权处理的权力机关处理；（3）所谓有权处理的行政机关，是指制定该行政规定的行政机关或者其上级行政机关。

⊙ ［例］某县公安局依据该县人民政府《关于禁止乱设摊点问题的规定》对小伟罚款 50 元，小伟不服向市公安局提出复议申请，并且一并提出审查县政府规定的申请。

问：复议机关应当如何处理？

答：市公安局无权处理县政府制定的文件，应当转送有权处理的行政机关，比如市政府，而不可转送该县人大常委会处理。处理期间，中止对具体行政行为的审查，即行政复议机关暂停对具体行政行为的审查。

（二）依职权的附带性审查

依职权的附带性审查，是指行政复议机关在对被申请人作出的具体行政行为进行审查时，认为其依据不合法，主动进行的审查。我们在专题十六"行政诉讼的法律适用"中讲授过依职权审查和依申请审查的存在必要性和区别，在复议中也是同样的道理。就像上面案例中，罚款 50 元依据的是《关于禁止乱设摊点问题的规定》，即使当事人没有主动申请审查该文件，但该文件是罚款 50 元存在的法律根据，它的合法或违法与 50 元罚款的合法或违法息息相关，复议机关是会主动地对该文件进行审查的。

1. 审查对象

依职权审查的范围很宽，可以是法律、法规、规章，也可以是其他规范性文件。

2. 审查结果

行政复议机关对该行政依据有权处理的，自己依法处理；无权处理的，应当在 7 日内按照法定程序转送有权处理的国家机关依法处理。若行政复议机关自己处理的，必须在 30 日内依法处理；若转送处理的，因为不同类型的有权机关的处理权限和程序会有所区别，所以《行政复议法》没有规定统一处理时间。

⊙ [知识点拨] 由于依职权附带性审查的对象不限于其他规范性文件，因此在行政复议机关无权处理的情形下，不能限定转送给行政机关处理。比如，如果审查的是国务院制定的行政法规，则有权处理的只有国家权力机关（全国人大常委会）。

⊙ [例] 某县公安局依据该县人民政府《关于禁止乱设摊点问题的规定》对小伟罚款 50 元，小伟不服罚款决定向市公安局提出复议申请，但未一并提出审查县政府的规定的申请。复议过程中，市公安局认为县政府规定不合法。

问：复议机关应当如何处理？

答：市公安局无权处理县政府制定的文件，在依职权审查中，应当转送有权处理的国家机关（包括行政机关和权力机关），比如市政府，也可以转送该县人大常委会处理。处理期间，中止对具体行政行为的审查，即行政复议机关暂停对具体行政行为的审查。

三、行政复议的执行

1. 被申请人不履行：行政复议机关或者有关上级行政机关应当责令其限期履行。

2. 申请人逾期不起诉又不履行：

（1）维持决定，由作出行政行为的行政机关强制执行或者申请法院强制执行；

（2）改变决定，由行政复议机关强制执行或者申请法院强制执行。

四、行政复议指导和监督

1. 复议意见书。在复议期间，复议机关发现被申请人或其他下级行政机关的相关行政行为违法或需要做好善后工作的，可以制作行政复议意见书。有关机关应当自收到行政复议意见书之日起 60 日内，将纠正相关行政违法行为或做好善后工作的情况通报行政复议机构。

2. 复议建议书。在复议期间，行政复议机构发现法律、法规、规章实施中带有普遍性的问题，可以制作行政复议建议书，向有关机关提出完善制度和改进行政执法的建议。

3. 县级以上各级人民政府行政复议机构应当定期向本级人民政府提交行政复议工作状况分析报告。

4. 重大复议决定的备案。下级行政复议机关应当及时将重大行政复议决定报上级行政复议机关备案。

主观题命题规律

主观题考查往往以行政诉讼为主线，兼顾行政实体法的部分知识点（行政行为定性、行政行为程序等），复议法并没有专门出题考查过，但依然不排除以行政复议法为主线出题的可能性。不过由于《行政复议法》大部分内容和《行政诉讼法》高度雷同，所以，就复议申请人、被申请人、复议受案范围等知识点上，以行政复议为主线和以行政诉讼为主线考查并没有本质区别。本专题需要考生重点关注的是行政复议程序和行政复议决定类型两大知识点。

■ **主观题知识提升**

进阶案例 1①

张春义（男）、张春芳（女）系兄妹关系，刘某为张春义妻子。张春义（男）、张春芳（女）兄妹父亲早逝，一直随其母陈氏居住在江洲市人民路 31 号老旧房屋中。2000年，张春义和妻子刘某与张春芳合力翻新房屋，在原有基础上加盖两层，并获得了有关部门的批准。2001 年 5 月 1 日，刘某向江洲市房管局提出为其办理江洲市人民路 31 号房屋产权和土地使用权登记的书面申请。江洲市房管局根据刘某提交的申请材料，经调查后于2001 年 9 月 1 日为刘某填发了江房字第 1180 号《房屋所有权证》，并加盖江洲市人民政府的印章，将人民路 31 号房屋登记为刘某所有、将房屋国有土地使用权登记为刘某使用。对此，陈氏和张春芳均不知情。2008 年，张春芳出嫁搬出人民路 31 号。2010 年，陈氏逝世。

2017 年 4 月 1 日，江洲市人民路 31 号一带列入旧城改造拆迁范围，相关补偿标准较高。张春芳认为，人民路 31 号房屋有自己一份，应当领取部分拆迁补偿。但刘某认为根据房屋产权证书，人民路 31 号房屋为自己个人所有，相关补偿款项与张春芳无关。此时张春芳才得知，早在 2001 年，人民路 31 号房屋已经登记在刘某名下。

2017 年 5 月 1 日，张春芳向有关行政复议机关提起行政复议，要求撤销江洲市政府2001 年作出的江房字第 1180 号《房屋所有权证》。行政复议机关在接到张春芳行政复议申请后，查阅相关资料，发现江洲市 2001 年作出的江房字第 1180 号《房屋所有权证》存在严重的法律和事实错误。在行政复议过程中，刘某要求参加行政复议，但该行政复议机关认为刘某是否参加行政复议不影响对江洲市 2001 年相关行政行为的判断，没有同意刘某参加行政复议。2017 年 7 月 1 日，该行政复议机关作出行政复议决定，撤销江洲市人民政府 2001 年给刘某颁发江房字第 1180 号《房屋所有权证》的行政行为。

刘某对该行政复议决定不服，提起行政诉讼。

说明：江洲市是地级市，江洲市属于东川省，江洲市人民政府的上级政府是东川省人民政府。江洲市房管局的上级业务指导单位为东川省房管局。

问题：

1. 张春芳对江洲市人民政府作出的江房字第 1180 号《房屋所有权证》行政行为不服，提起行政复议，具体行政复议机关是哪个行政机关？

2. 张春芳于 2017 年提起行政复议，要求撤销江洲市人民政府 2001 年作出的行政行为，是否超越行政复议的时效？

3. 张春芳不是江洲市政府 2001 年作出的江房字第 1180 号《房屋所有权证》行政行为的行政相对人，为什么可以就江洲市政府 2001 年作出的江房字第 1180 号《房屋所有权证》行政行为提起行政复议？

4. 在对江洲市人民政府作出的江房字第 1180 号《房屋所有权证》行政行为进行行政复议时，刘某是否有权利要求参加行政复议？

---

① 本案根据最高人民法院公报案例之"张成银诉徐州市人民政府房屋登记行政复议决定案"改编，案例案情、问题及解析均来源于国家统一法律职业资格考试案例分析指导用书编委会著：《2018 年国家统一法律职业资格考试案例分析指导用书》，法律出版社 2018 年版，第 253-259 页。

5. 刘某对撤销其江房字第 1180 号《房屋所有权证》的行政复议决定不服，能否就此再向有权行政机关提起行政复议？

解析：

1. 东川省人民政府。因为对地方各级人民政府的行政行为不服的，应当向上一级地方人民政府申请行政复议。江洲市人民政府的上级人民政府是东川省人民政府，所以应当向东川省人民政府提起行政复议。

2. 没有超过行政复议申请期限。因为行政复议申请期限从知道行政行为之日起算。张春芳是针对涉案房屋启动征收补偿工作之后才知道江洲市人民政府相关行政行为的。因此，张春芳行政复议的申请期限，应当从 2017 年 4 月开始计算。张春芳 2017 年 5 月 1 日提起行政复议的，没有超过行政复议申请期限。

3. 张春芳尽管不是江洲市政府相关行政行为的行政相对人，但该行政行为却直接影响张春芳的权利义务，张春芳是该行政行为的直接利害关系人。因此，张春芳有权针对此行政行为提起行政复议。

4. 刘某有权参加行政复议。因为该行政复议的结果涉及刘某在涉案标的物上的权利义务，刘某是该行政复议结果的直接利害关系人。因此，刘某有权参加该行政复议。

5. 不可以。因为根据《行政复议法》规定，对行政复议不服的，不能再次提起行政复议。

进阶案例 2[①]

山南市是云杉省省会城市。2002 年，该省出台《云杉省道路运输管理条例》，其中第 4 条规定"各级交通行政主管部门负责本行政区域内营业性车辆类型的调整、数量的投放"，第 24 条规定"经县级以上人民政府批准，客运经营权可以实行有偿使用"。2005 年，该省交通厅颁布《云杉省小型车辆客运管理规定》，其中第 8 条规定："各市、地、州运管部门对小型客运车辆实行额度管理时，经当地政府批准可采用营运证有偿使用的办法，但有偿使用期限一次不得超过两年。"同年，山南市人民政府（以下简称市政府）以通告的形式，宣布对本市区范围内客运人力三轮车经营权实行限额管理。2006 年，市政府向张某颁发了经营人力客运三轮车的运营证，并明确该经营许可权为有偿使用，但未告知该经营许可权是否存在期限，张某也不知道其人力客运三轮车经营许可权的期限，运营证上也未载明相关期限。同年，市政府向张某收取了 3500 元人力客运三轮车有偿经营使用费，市交通行政部门也收取了相关费用。2009 年，市政府认为张某的客运人力三轮车运营证到期，并根据当时该市整顿交通秩序的需要，发布《关于整顿城区小型车辆营运秩序的公告》（以下简称《公告》）和《关于整顿城区小型车辆营运秩序的补充公告》（以下简称《补充公告》）。其中，《公告》要求"原已具有合法证照的客运人力三轮车经营者必须在 2009 年 7 月 19 日至 7 月 20 日到市交警大队办公室重新登记"，《补充公告》要求"经审查，取得经营权的登记者，如果是原有经营权经营者每辆车按 7200 元／两年的标准交纳经营权有偿使用费"。张某看到《公告》和《补充公告》之后感到非常气愤，其认为 2006 年缴纳的 3500 元已经将相关经营权有偿使用费一次性付费完毕，2006 年获得的有偿

---

① 本案例以最高人民法院第 88 号指导案例为蓝本修改而成，案例案情、第 1-4 问、第 7 问问题及解析均来源于国家统一法律职业资格考试案例分析指导用书编委会著：《2018 年国家统一法律职业资格考试案例分析指导用书》，法律出版社 2018 年版，第 280-285 页。

运营许可是没有期限限制的，市政府作出的《公告》第6条和《补充公告》相关规定构成重复收费，严重侵犯其合法经营权。

材料一：

山南市政府之所以在2009年出台《公告》和《补充公告》，主要是当时该市存在道路严重超负荷、空气和噪声污染严重、"脏、乱、差""挤、堵、窄"等问题，人民群众反映极大。为了整顿市内交通秩序、加强对客运人力三轮车运营的管理，出台《公告》和《补充公告》。经过整顿，市内交通秩序明显好转。

材料二：

张某除了就相关问题提起行政诉讼外，也多次进行上访申诉。市政府考虑到张某的实际困难，对张某通过惠民政策进行物质补偿。张某通过上访获得的物质补偿已经基本弥补其因为《公告》和《补充公告》出台承受的物质损失。

问题：

1. 张某2006年获得的人力三轮车运营许可证是否有期限？为什么？

2. 山南市政府2006年针对张某人力三轮车运营作出行政许可决定时未明确行政许可的期限，这种做法是否合法？为什么？

3. 人民法院是否应当受理张某仅仅对《公告》和《补充公告》相关规定合法性提起的行政诉讼起诉？为什么？

4. 假如在针对"山南市作出《公告》和《补充公告》相关规定的行政行为"的行政诉讼一审普通程序审理中，人民法院发现该行政行为违法，是否应当判决撤销山南市《公告》和《补充公告》相关规定？

5. 如果张某就"山南市作出《公告》和《补充公告》相关规定的行政行为"提起行政复议，山南市政府是否有权以案情复杂为由请求复议机关以听证的方式审理本案？

6. 如果张某就"山南市作出《公告》和《补充公告》相关规定的行政行为"提起行政复议，但在复议过程中，张某死亡，复议机关应当如何处理？

7. 假如在针对"山南市作出《公告》和《补充公告》相关规定的行政行为"的行政复议过程中，行政复议机关发现该行政行为违法，能否作出更改山南市《公告》和《补充公告》相关规定的复议决定？

解析：

1. 有期限。2006年，市政府向张某颁发了经营人力客运三轮车的运营证，属于实施行政许可行为。该行政行为的依据是《云杉省道路运输管理条例》和《云杉省小型车辆客运管理规定》。根据《云杉省小型车辆客运管理规定》第8条规定，"各市、地、州运管部门对小型客运车辆实行额度管理时，经当地政府批准可采用营运证有偿使用的办法，但有偿使用期限一次不得超过两年"，小型客运车辆有偿营运许可是有期限的，一次不得超过2年。张某2006年获得的人力三轮车运营许可证属于小型客运车辆有偿营运许可，因此也是有期限的。

2. 不合法。行政许可实施机关在作出行政许可决定时，应当将行政许可决定的内容告知行政相对人。行政许可的期限是重要的行政许可决定内容，市政府作为行政许可实施机关，在作出行政许可决定时没有告知行政相对人行政许可的期限。构成违法。

3. 应当受理。《公告》和《补充公告》相关规定是针对特定的行政相对人可以反复使用的行政决定，不属于"具有普遍约束力的决定、命令"，故而当事人有权直接针对《公告》和《补充公告》这一具体行政行为起诉。

4. 不适用撤销判决。因为山南市政府 2009 年作出《公告》和《补充公告》相关规定的行政行为尽管违法，但对于改善山南市相关区域的交通秩序有明显的促进作用。撤销山南市政府 2009 年作出《公告》和《补充公告》相关规定的行政行为，会给国家利益、社会公共利益造成重大损害，不适用撤销判决。

5. 不可以。根据《行政复议法》的规定，对重大、复杂的案件，申请人提出要求或者行政复议机构认为必要时，可以采取听证的方式审理。所以，申请人张某有听证的请求资格，被申请人市政府无权提出听证的请求。

6. 作为申请人的自然人死亡，其近亲属尚未确定是否参加行政复议，复议机关应当中止复议程序。如果其近亲属确定参加复议案件，则复议案件继续审理；如果没有近亲属或者其近亲属放弃行政复议权利，则复议案件终止；作为申请人的自然人死亡，其近亲属尚未确定是否参加行政复议，复议中止后，满 60 日行政复议中止的原因仍未消除的，行政复议终止。

7. 可以变更。根据《行政复议法》第 28 条的规定，基于行政复议的性质和目的，行政复议机关对于违法行政行为，有权直接变更。

专题二十一

国 家 赔 偿

第一节　国家赔偿总论

一、国家赔偿的概念

国家赔偿是指国家对国家机关及其工作人员违法行使职权或存在过错等原因造成的损害给予受害人赔偿的制度。对于这一概念，可以作如下理解：

第一，国家赔偿是由国家承担的责任。虽然侵权行为是由不同的国家机关或机关工作人员实施的，但是承担责任的主体不是这些机关或工作人员，而是国家。国家给予受害人的赔偿费用来自国库。国家是抽象主体，不可能履行具体的赔偿义务，一般由具体的国家机关承担赔偿义务，形成了"国家责任，机关赔偿"的特殊形式。

第二，国家赔偿是国家对国家机关及其工作人员的行为所承担的责任。国家机关包括依照《宪法》和《组织法》设置的行政机关、审判机关和检察机关。国家赔偿包括行政赔偿和司法赔偿两部分内容，行政赔偿是行政法主干知识在《国家赔偿法》中的延续，而司法赔偿是法院、检察院和公安局等司法机关在行使职权时对当事人的合法权益造成侵害而承担的赔偿责任，司法机关的行为本身并不属于行政法的"控权"对象，但由于我国《国家赔偿法》采取将行政赔偿和司法赔偿统一立法的立法模式，基于历史原因，司法赔偿在学科划分上划分给了行政法。

二、国家赔偿的归责原则

归责原则是国家承担赔偿责任的依据和标准，以决定国家对何种行为应当赔偿，对何种行为不应赔偿。旧《国家赔偿法》采纳单一违法归责原则，2010年修改的《国家赔偿法》采用了多元归责原则，即国家机关及其工作人员的职权行为违法，或虽未违法但存在过错或者从结果上看已经造成损害的，国家就需承担赔偿责任。根据行为的不同类型，匹配相对应的归责原则，呈现了下图中的格局。

图 21-1　国家赔偿归责原则的变迁

(一) 过错归责

事实行为适用过错归责原则，过错的判定以理性第三人的合理注意义务为标准。国家机关未尽合理注意义务造成损害的，则有过错，应当赔偿；而如果国家机关尽到了合理的注意义务，依然无法避免损害结果的发生，则国家机关无过错，不应赔偿。

◉ [例1] 李某租用一商店经营服装。某区公安分局公安人员驾驶警车追捕时，为躲闪其他车辆，不慎将李某服装厅的橱窗玻璃及模特衣物撞坏。事后，公安分局与李某协商赔偿不成，李某请求国家赔偿。

问：公安分局是否应当赔偿？

答：公安分局不应赔偿。首先，撞坏橱窗玻璃及模特衣物的行为属于事实行为。然后，公安人员的行为没有过错，车辆在高速行驶中，难以控制平衡，损害结果的发生是为了躲避其他车辆"不慎"造成的，说明该工作人员已经尽到了一般范围内的合理注意义务，没有过错，国家不应赔偿。但是对于李某的损失，可以按行政补偿的方式予以解决。

◉ [例2] 2006年10月11日晚，王某酒后在某酒店酗酒闹事，砸碎店里玻璃数块。此时某区公安分局太平派出所民警任某、赵某执勤路过酒店，任某等人欲将王某带回派出所处理，王某不从，与任某发生推搡。双方在扭推过程中，王某被推倒，头撞在水泥地上，当时失去知觉，送往医院途中死亡，后被鉴定为颅内出血死亡。2006年12月20日，王某之父申请国家赔偿。

问：公安机关是否应当对王某的死亡承担国家赔偿责任？为什么？

答：公安机关应当对王某的死亡承担国家赔偿责任。因为公安民警在执行职务过程中与王某发生推搡致王某摔倒死亡，未尽到合理注意义务。对象为东倒西歪的"醉汉"、地为"水泥地"，这些因素民警并没有注意到，民警行为有过错，王某自身虽也有过错，但不能完全免除国家赔偿责任，因此符合国家赔偿责任的构成要件，国家应当承担赔偿责任。

(二) 结果归责

结果责任归责是以损害后果的发生作为确认国家是否应承担赔偿责任的归责原则，只要发生了损害结果，无论是否违反法律规范、是否存在过错，国家就应当承担赔偿责任。结果归责主要适用于《刑事诉讼法》中限制人身自由的逮捕和判决行为。司法机关对公民采取了逮捕措施或判处有期徒刑、拘役并实际执行，而后又通过撤销案件、不起诉或判决宣告无罪等方式确定公民"无罪"，将一个本身"无罪"之人的人身自由莫名其妙地限制了一段时间，造成了侵害结果，不管此前的刑事诉讼活动有无违法，国家均应承担赔偿责任。下面我们通过一个真实的案例来理解结果责任的含义，以及为什么要采用结果责任。

◉ [例] 1994年1月2日，佘某的妻子张某因患精神病走失，张某的家人怀疑张某被丈夫杀害。同年4月28日，佘某因涉嫌杀人被批捕，后经甲县法院和乙市中级法院审理，1998年9月22日，佘某被判处15年有期徒刑。2005年3月28日，佘妻张某突然从山东回到甲县。4月13日，甲县法院经重新开庭审理，宣判佘某无罪。

问：对于佘某7年的有期徒刑羁押，法院是否应当给予赔偿？

答：如果适用结果归责原则，答案是应当予以赔偿。佘某最终被证明并未犯罪，司法机关将无辜的佘某羁押了7年，就应当予以赔偿。结果归责是一种"事后诸葛亮"式的归责模式，适用该归责原理时，不管行为作出时是否合法，是否有过错，只看最终的结果是不是冤枉了好人，如果将清白之身予以羁押，那么就应当给予赔偿。结果归责的口诀是："不看事中看事后，没罪关了就要赔。"口诀的意思是不管行政行为作出时的状态，只看事后的结果，如果事后证明司法机关羁押了没罪的人，那么就应当给予赔偿。

（三）违法归责

违法归责是指国家赔偿责任的承担取决于国家机关是否违反法律规定而造成他人权益的损害。在国家赔偿中，除事实行为、刑诉中限制人身自由的错捕和错判之外剩下的行为都应适用违法归责。对于这些行为，如果是违法，则赔偿；如果是合法，则不赔偿。

违法的具体情形包括以下方面：第一，国家侵权主体的行为违反法律、法规、规章和其他具有普遍约束力的规范性文件；第二，国家侵权主体的行为虽然没有违反上述文件的明确规定，但违反了法的基本原则和精神；第三，国家侵权主体没有履行对特定人的职责义务，或违反了对特定人的职责与义务；第四，国家侵权主体在行使自由裁量权时滥用职权或没有尽到合理注意义务。

表 21-1　国家赔偿归责原则

项目	适用范围	判断方法	特别注意
过错归责	事实行为	"过错"的判定以理性第三人的合理注意义务为标准	/
结果归责	错捕、错判	"不看事中看事后，没罪关了就要赔"	1. 违法刑事拘留，适用违法归责。 2. 超期拘留，适用结果归责
违法归责	除事实行为、错捕、错判外，其他属于国家赔偿范围的行为种类	是否违反法律规定	/

三、国家赔偿的构成要件

（一）主体要件

侵权行为主体包括国家机关、国家机关工作人员、法律法规授权的组织和国家机关委托的组织及个人。对于上述人员实施的职务侵权行为，国家均应当承担赔偿责任，不能以实施侵权行为的主体不是国家自身为由免除其责任。

（二）行为要件

国家只对侵权主体实施的执行职务的行为承担赔偿责任，即致害行为必须是与执行职务有关的行为。所谓执行职务，是指国家机关或国家机关工作人员履行或不履行其职责和义务的行为。"执行职务"既包括行使权力的行为和非权力行为，也包括法律行为和事实行为，还包括作为和不作为行为。为了准确地判断某一行为是否属于执行职务行为，还必须根据上述理论结合一些具体标准进行。这些具体标准包括以下几个方面：

第一，职权标准。国家机关和国家机关工作人员根据法律赋予的职责权限实施的行为都是执行职务行为，无论该行为合法与否。即使是超越职权行为、滥用职权行为，也都是建立在国家机关或国家机关工作人员享有职权基础上的行为，不可能由普通人实施。所以，行为人是否享有职权是判断行为性质的重要标准。

第二，时空标准。国家机关或国家机关工作人员行使职权，在履行职责的时间、空间范围内的行为通常是执行职务行为。

第三，名义标准。通常情况下，凡是以国家机关及其工作人员的身份和名义实施的行为都是执行职务行为。例如，公务人员着装、佩戴标志、出示证件、宣布代表的机关所实施的行为一般都是执行职务行为。公务人员以个人名义和身份实施的行为则是个人行为，而不是执行职务的行为。

第四，目的标准。执行职务的行为通常是为了实现法定职责和义务而为的行为，其目的是维护公共利益，而非公务人员的个人利益。

当然，区分执行职务行为与非执行职务行为的标准不是单一孤立的，而是综合的。判断某一行为是否为职务行为，必须综合上述标准予以分析判断。

（三）损害结果要件

国家是否承担侵权责任，要看该行为是否造成特定人的财产或人身的损害。没有损害结果或遭受损害的是普遍对象，国家就不必负责赔偿。

（四）损害行为与损害结果之间的因果关系

确认国家赔偿必须符合两个条件：一是因果之间具有逻辑联系，此为符合逻辑联系的条件；二是因果之间有直接相关性，即依正常人的经验和理解，行为和结果之间有牵连。国家赔偿中的因果关系，实质上是国家机关与受害人之间的权利义务关系。只要国家机关违背了对权利人所承担的特定义务并因此导致其损害，且权利人无法通过其他途径受偿的，我们就认为存在国家赔偿责任中的因果关系。例如，警察发现有人殴打他人而不予制止，就违背了他所承担的特定义务，如果受害人由于无法向加害人求偿（如已逃跑，无支付能力）而向国家机关请求赔偿，应予支持。因为警察与受害人之间有一定的权利义务关系，违背法定义务即为因，受害人损失即为果，二者虽无必然联系，但有间接联系。

原则上《国家赔偿法》在举证责任的分配上采取类似于民事赔偿的"谁主张，谁举证"的原则，但在限制人身自由期间，发生公民死亡或丧失行为能力的后果时，举证责任会发生倒置，应当由赔偿义务机关就因果关系的问题进行举证。构成要件有两个：第一，限制人身自由期间。第二，期间发生死亡和丧失行为能力后果的，赔偿请求权人基本上是无法举证的，所以，立法者将举证责任分配给了赔偿义务机关。

第二节 行 政 赔 偿

一、行政赔偿的概念

行政赔偿是指行政机关及其工作人员在行使职权过程中违法侵犯公民、法人或其他组织的合法权益并造成损害，国家对此承担的赔偿责任。

⊙ ［注意］国家赔偿分为行政赔偿和司法赔偿，本节内容为第一节总论部分在行政赔偿领域的具体适用。

二、行政赔偿范围

行政赔偿范围是指国家对行政机关及其工作人员在行使行政职权时侵犯公民、法人和其他组织的合法权益造成损害的那些行为承担赔偿责任。以下属于国家赔偿的范围：

（一）侵犯人身权的行为

行政机关及其工作人员在行使行政职权时有下列侵犯人身权情形之一的，受害人有取得赔偿的权利：

1. 侵犯人身自由权的行为

（1）行政拘留。行政拘留是公安机关依法对违反行政管理秩序的公民采取限制其人身自由的惩罚措施。

（2）限制人身自由的行政强制措施。行政强制措施是行政机关依法定职责采取强制手段限制特定公民的权利或强制其履行义务的措施，这里的强制措施应当作广义理解，包括行政强制执行和行政强制措施。

（3）非法拘禁或者以其他方法非法剥夺公民人身自由。

2. 侵犯生命健康权的行为

（1）暴力行为。以殴打、虐待等行为或者唆使、放纵他人以殴打、虐待等行为造成公民身体伤害或者死亡的，是严重侵犯公民人身权的违法行为。行政机关采取暴力行为的形式多种多样，不论行政机关及其工作人员是否有履行职责的权限，不论行政机关及其工作人员主观上是出于什么样的目的，也不论是行政机关工作人员亲自实施还是唆使或放纵他人实施，采取暴力行为造成公民身体伤害或死亡的，受害人都有请求赔偿的权利。

⊙ [注意] 在限制公民人身自由期间，发生牢头狱霸殴打或虐待致人损害的情形，不由牢头狱霸个人承担民事赔偿，因为是监管机关监管不力出现的唆使或放纵的现象，应当由负责监管的行政机关作出行政赔偿。

（2）违法使用武器、警械。违法使用武器、警械，有多种表现形式。例如，在不该使用武器、警械的场合使用武器、警械；使用武器、警械程度与被管理者的行为不相应；使用武器、警械的种类选择错误；使用武器、警械违反法定批准程序；等等。凡是行政机关工作人员在执行公务过程中违法使用武器、警械致公民身体伤害或死亡的，国家都应当承担赔偿责任。

（3）其他造成公民身体伤害或者死亡的违法行为。

（二）侵犯财产权的行为

行政机关及其工作人员在行使行政职权中有下列侵犯财产权情形之一的，受害人有取得赔偿的权利：

1. 违法实施罚款、吊销许可证和执照、责令停产停业、没收财物等行政处罚的；

2. 违法对财产采取查封、扣押、冻结等行政强制措施的；

3. 违反国家规定征收财物、摊派费用的；

4. 造成财产损害的其他违法行为。

（三）不作为的赔偿责任

因行政机关不履行、拖延履行法定职责，致使公民、法人或者其他组织的合法权益遭受损害的，法院应当判决行政机关承担行政赔偿责任。在确定赔偿数额时，应当考虑该不履行、拖延履行法定职责的行为在损害发生过程和结果中所起的作用等因素。

⊙ [例] 李某被精神病人郑某追打，李某请求派出所保护自身人身安全，派出所对此不闻不问。李某为了求生，只得从派出所 2 楼跳下，摔成了四级残疾。对于李某的损失应当由郑某的监护人承担民事赔偿责任，还是由公安局承担行政赔偿责任？如果两者均需要承担，责任如何划分？

答：2001 年，最高人民法院对本案专门作出了批复："由于公安机关不履行法定行政职责，致使公民、法人和其他组织的合法权益遭受损害的，应当承担行政赔偿责任。"这说明，国家对于不作为行为需要承担赔偿责任。那国家赔偿责任和民事责任应当如何分割呢？该批复进一步表示："在确定赔偿的数额时，应当考虑该不履行法定职责的行为在损害发生过程和结果中所起的作用等因素。"也就是按照侵权双方对于损害结果的原因力来分割责任。2018 年生效的《行政诉讼法司法解释》第 98 条将该批复以司法解释的方式确认下来。

（四）国家不承担赔偿责任的情形

国家不承担赔偿责任的情形是指国家对某些在行政管理过程中发生的损害不承担赔偿责任的事项。属于下列情形之一的，国家不承担赔偿责任：

1. 行政机关工作人员实施的与行使职权无关的个人行为；
2. 因受害人自身行为致使损害发生的；
3. 不可抗力；
4. 第三人过错。

表 21-2　行政赔偿的范围

行政赔偿范围	1. 侵犯人身权	（1）违法的行政拘留、行政强制措施。 （2）非法拘禁或以其他方法非法剥夺公民人身自由。 （3）殴打、虐待（自己或唆使、放纵他人）→公民身体伤害或者死亡的。 （4）违法使用武器、警械→公民身体伤害或死亡。 （5）其他违法行为→公民身体伤害或死亡
	2. 侵犯财产权	（1）违法的行政处罚。 （2）违法的行政强制措施。 （3）违反国家规定征收、征用财产。 （4）造成财产损害的其他行为
	3. 不作为	因行政机关不履行、拖延履行法定职责，致使当事人合法权益遭受损害的，行政机关应承担赔偿责任。在确定赔偿数额时，应当考虑该不履行、拖延履行法定职责的行为在损害发生过程和结果中所起的作用等因素
	4. 不予赔偿的范围	（1）行政机关工作人员与行使职权无关的个人行为。 （2）因公民、法人或其他组织自己的行为致使损害发生。 （3）法律规定的其他情形

三、行政赔偿请求人和赔偿义务机关

（一）行政赔偿请求人

行政赔偿请求人是指依法享有取得国家赔偿的权利，请求赔偿义务机关确认和履行国家赔偿责任的公民、法人或者其他组织。行政赔偿请求人事实上就是行政赔偿中的"原告"，虽然和原告名称不同，但本质完全一致，考生不必专门掌握。行政赔偿请求人分为公民、法人或者其他组织三种。

1. 公民。公民作为行政赔偿请求人，分为三种情况：

（1）受害的公民本人。受害的公民本人是行政侵权行为的侵害对象，当然可以作为行政赔偿请求人。

（2）受害公民死亡的，其继承人和其他有抚养关系的亲属，可以成为赔偿请求人。继承人包括遗嘱继承人和法定继承人。其他有扶养关系的亲属是指上述继承人之外与死亡的公民具有抚养或者被抚养关系的亲属。

（3）受害公民为限制行为能力或者无行为能力人的，其法定代理人可以代为行使行政赔偿请求权。

2. 法人或其他组织。法人或其他组织作为行政赔偿请求人，有两种情况：

（1）受害的法人或其他组织，即其合法权益遭受行政侵权行为直接侵害的法人。

（2）受害的法人或其他组织终止的，承受其权利的法人或者其他组织是赔偿请求人。

（二）行政赔偿义务机关

行政赔偿义务机关是指代表国家处理赔偿请求、支付赔偿费用、参加赔偿诉讼的行政机关。行政赔偿侵权人事实上就是行政赔偿中的"被告"，虽然和被告名称不同，但本质基本相同，考生需重点掌握有差异的两个地方（第6点和第7点）。

1. 单独的赔偿义务机关。行政机关及其工作人员行使行政职权时侵犯公民、法人和其他组织的合法权益而造成损害的，该行政机关为赔偿义务机关，这是确认行政赔偿义务机关的一般情况。

2. 共同赔偿义务机关。两个以上行政机关共同行使行政职权时侵犯公民、法人和其他组织的合法权益而造成损害的，为共同赔偿义务机关。共同赔偿义务机关之间负连带责任。

3. 法律、法规授权的组织。法律、法规授权的组织在行使行政职权时侵犯公民、法人和其他组织的合法权益造成损害的，该组织为赔偿义务机关。

4. 委托的行政机关。受行政机关委托的组织或者个人在行使受委托职权时侵犯公民、法人和其他组织的合法权益造成损害的，委托的行政机关为赔偿义务机关。

5. 行政机关撤销时的赔偿义务机关。赔偿义务机关被撤销的，继续行使其职权的行政机关为赔偿义务机关；没有继续行使其职权的行政机关，那么撤销该赔偿义务机关的行政机关为赔偿义务机关。

6. 经过行政复议的赔偿义务机关。经复议机关复议，最初造成侵权行为的行政机关为赔偿义务机关，但复议机关的复议决定加重损害的，复议机关对加重的部分履行赔偿义务。复议机关与原侵权机关不是共同赔偿义务机关，不负连带责任，而是各自对自己侵权造成的损害承担责任。

⊙ ［知识点拨］第一，复议机关加重侵害本身是违法的，《行政复议法》要求复议机关不得作出更为不利的行政决定。第二，如果加重后提起行政诉讼，因为复议加重属于复议改变，所以，被告只有复议机关。第三，在国家赔偿法中，复议加重适用"亲兄弟、明算账"原理，比如原机关罚款500元，复议机关加为800元，此时，500元部分由原机关赔偿，增加的300元部分由复议机关赔偿，两个机关共同作为赔偿义务机关，彼此之间承担按份责任。

7. 派出机构行为的赔偿义务机关。由于派出机构并没有独立的经费来源，于是，均由其所属的行政机关作为赔偿义务机关。比如，派出所不论作出何种行为，永远不会成为赔偿义务机关，均由派出所所属的公安局负责赔偿。

8. 混合侵权的赔偿义务机关。原告或者第三人的损失系由其自身过错和行政机关的违法行政行为共同造成的，法院应当依据各方行为与损害结果之间有无因果关系以及在损害发生和结果中作用力的大小，确定行政机关相应的赔偿责任。

表 21-3　行政赔偿义务机关和赔偿请求权人

赔偿请求人	1. 受害的公民、法人或其他组织。	
	2. ［转移］公民死亡的，其继承人和其他有抚养关系的亲属有权请求。	
	3. ［转移］法人或组织终止的，权利承受人有权请求	
赔偿义务机关	1. 共同侵权机关	共同赔偿义务机关
	2. 法律、法规授权的组织	被授权组织
	3. 行政机关委托的组织或个人	委托机关
	4. 实施侵权的行政机关被撤销的	继续行使被撤销行政机关职能的行政机关或作出撤销决定的行政机关
	5. 复议机关作出的侵害行为	最初造成侵权行为的行政机关为赔偿义务机关，但复议决定加重损害的，复议机关对加重的部分进行赔偿（按份责任）
	6. 派出机构	派出机构所属行政机关
	7. 混合侵权的赔偿义务机关	原告或者第三人的过错和行政机关的违法共同造成的，应当依据有无因果关系及作用力的大小，确定行政机关相应的赔偿责任

四、行政赔偿程序概述

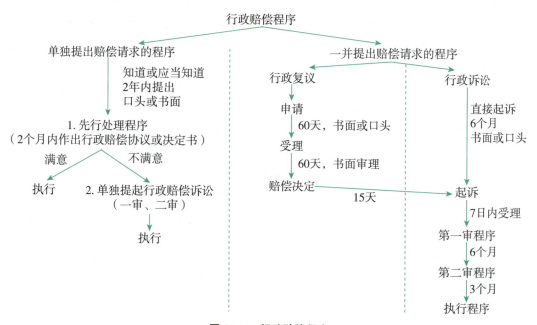

图 21-2　行政赔偿程序

当事人申请行政赔偿原则上有两种程序可供选择，第一种是一并提出行政赔偿程序（上图右侧），第二种是单独提出赔偿请求的程序（上图左侧）。

（一）普通行政诉讼与行政复议程序一并提出赔偿请求

行政诉讼程序与行政复议程序，均可对行政赔偿问题进行处理。所以，当事人在提起普通诉讼或复议的时候，可以请求一并解决赔偿问题，由法院或复议机关作出是否予以赔偿的决定。"一并提出赔偿程序"是一种"搭便车"的赔偿方式，让赔偿问题去搭诉讼和复议的便车，复议和诉讼程序既可以审查具体行政行为的违法性，也可以最终解决赔偿问题。

⊙ [例] A市张某到C市购货，因质量问题，张某拒绝支付全部货款，双方发生纠纷后货主即向公安机关告发。C市公安机关遂以诈骗嫌疑对张某采取留置盘问审查措施。2天后释放了张某。张某在提起行政诉讼时，可以只要求法院确认留置盘问行为违法，也可以在要求确认留置盘问违法的时候，一并要求赔偿人身自由被限制所带来的损失。

"一并提出赔偿程序"的"搭便车"的赔偿方式不仅对于当事人来说是一种省时又省力的好办法，而且对于考生也是个福音。由于赔偿是在搭便车，所以只能随着诉讼和复议的路线往前走，没有任何自己的独立性，人家怎么走，赔偿就跟着怎么来。所以，图21-2右侧的"一并提出赔偿请求的程序"的步骤图事实上就是普通诉讼和复议的流程图，这两套程序对赔偿问题的处理都是附带处理而非专门处理。

⊙ [注意] 在行政诉讼程序中，原告可以在一审庭审结束之前提出行政赔偿的诉讼请求。对于诉讼请求和赔偿请求，法院分别立案，根据具体情况可以合并审理，也可以单独审理。

（二）单独处理赔偿争议程序

1. 单独处理赔偿争议程序存在的必要性

"单独处理赔偿争议程序"中的"单独"是指该程序仅仅处理"赔偿"这一单一问题，不会对行政行为的合法性进行审查并作出处理。讲到这里，可能有同学会问，既然已经存在"一并提出赔偿程序"这种"搭便车"的省时省力的好办法了，为什么还要设置"单独处理赔偿争议程序"呢？原因如下：

第一，这是法律赋予当事人的选择权，从保障人权的角度来看，赋予当事人选择机会越多，越有利于当事人诉讼权益的保障。

第二，"单独处理赔偿争议程序"可以解决无车可搭的问题。"一并提出赔偿程序"要求当事人有车可搭。事实行为并不属于行政诉讼和复议的受案范围，所以，因事实行为而引起的赔偿，无法通过"搭便车"的程序得到解决。

第三，"单独处理赔偿争议程序"可以解决错过车的问题。当事人的赔偿问题若要通过"一并提出赔偿程序"解决，必须遵照普通诉讼或复议的列车时刻表，如果错过车了，没人等你。普通诉讼的起诉期一般为6个月，复议的申请时效为60天，而国家赔偿的请求时效则要长很多，是2年。如果当事人在第7个月的时候才想要申请赔偿，此时，虽然错过了普通诉讼和复议的"发车时刻"，无法搭便车解决，但是，尚在行政赔偿的保护时效内，当事人可以按照单独处理赔偿争议程序去解决赔偿问题。

🔗 **关联法条**

《**国家赔偿法**》**第39条** 赔偿请求人请求国家赔偿的时效为两年，自其知道或者应当知道国家机关及其工作人员行使职权时的行为侵犯其人身权、财产权之日起计算，但被羁押等限制人身自由期间不计算在内。在申请行政复议或者提起行政诉讼时一并提出赔偿请求的，适用行政复议法、行政诉讼法有关时效的规定。

赔偿请求人在赔偿请求时效的最后六个月内，因不可抗力或者其他障碍不能行使请求权的，时效中止。从中止时效的原因消除之日起，赔偿请求时效期间继续计算。

2. 单独处理赔偿争议程序

赔偿请求人单独就赔偿问题提出争议，应当遵循下列程序要求：

（1）先行处理程序

请求权人单独申请行政赔偿，应当由赔偿义务机关先行处理。先行处理程序的设计是尊重赔偿义务机关，尽量让赔偿义务机关在免于外界干扰的情况下，在自己系统内自我消化，完成对赔偿事务的处理。只要是属于行政赔偿范围的案件，无论是因具体行政行为引起的，还是因事实行为引起的，在单独处理程序中，都必须经过义务机关先行处理。先行处理程序遵循以下规则：

①赔偿请求人不是受害人本人的，应当说明与受害人的关系，并提供相应证明。

②赔偿请求人书写申请书确有困难的，可以委托他人代书，也可以口头申请，由赔偿义务机关记入笔录。

③赔偿请求人当面递交申请书的，赔偿义务机关应当当场出具加盖本行政机关专用印章并注明收讫日期的书面凭证。申请材料不齐全的，赔偿义务机关应当当场或者在5日内一次性告知赔偿请求人需要补正的全部内容。

④在先行处理程序中赔偿义务机关可以和赔偿请求人就赔偿方式、赔偿项目和赔偿数额进行协商。

⑤先行处理期限是自收到受害人申请之日起2个月内。

⑥赔偿义务机关决定赔偿的，应当制作赔偿决定书，并自作出决定之日起10日内送达赔偿请求人。赔偿义务机关决定不予赔偿的，应当自作出决定之日起10日内书面通知赔偿请求人，并说明不予赔偿的理由。

⑦经过先行处理程序，如果当事人对赔偿结果满意，可以走入执行程序；如果当事人对赔偿结果不满意，当事人可以接下来继续单独的行政赔偿诉讼，通过法院的判决来解决。

⊙ ［细节］当事人不满意的原因可能是赔偿义务机关不赔，也可能是赔偿义务机关决定给予赔偿，但受害人对赔偿方式、赔偿项目或赔偿数额有异议，还可能是赔偿义务机关未作任何决定。

（2）单独提起行政赔偿诉讼

行政赔偿诉讼是独立于行政诉讼之外的救济途径，它和行政诉讼并非存在隶属的"父子关系"，而是平起平坐的"兄弟关系"。所以，行政赔偿诉讼虽然和行政诉讼有很多类似的地方，但也有自己独立的程序特色。行政赔偿诉讼的程序要点包括：

①受案范围。单独提起的行政赔偿诉讼，除了可以受理具体行政行为而引发的赔偿案件之外，还可以受理因打人、错误的行政指导等事实行为而引起的赔偿案件。

②起诉时限。赔偿请求人单独提起行政赔偿诉讼，应当自知道先行处理决定作出之日起的 3 个月内提出。如果赔偿义务机关在先行处理程序中没有作出赔偿决定，受害人应当从赔偿义务机关先行处理程序期满（2 个月）之日起 3 个月内，单独提起行政赔偿诉讼。

③调解程序。法院可以在合法、自愿的前提下就赔偿范围、赔偿方式和赔偿数额进行调解。

④举证责任。法院审理行政赔偿案件，赔偿请求人和赔偿义务机关对自己提出的主张，应当提供证据。但是，赔偿义务机关在采取行政拘留或者限制人身自由的强制措施期间，被限制人身自由的人死亡或者丧失行为能力的，赔偿义务机关的行为与被限制人身自由的人的死亡或者丧失行为能力是否存在因果关系，赔偿义务机关应当提供证据。

⊙ [知识点拨] 原则上《国家赔偿法》在举证责任的分配上采取类似于民事赔偿的"谁主张，谁举证"的原则，但在限制人身自由期间，发生公民死亡或丧失行为能力的后果时，举证责任会发生倒置，应当由赔偿义务机关就因果关系的问题进行举证。构成要件有两个：第一，限制人身自由期间。在限制人身自由期间，可能会发生"躲猫猫死""喝开水死"等一些离奇死法，此时如果再僵化地适用传统的"谁主张，谁举证"原则，人民怎么证明躲猫猫能躲死人呢？第二，期间发生死亡和丧失行为能力后果的，赔偿请求权人基本上是无法举证的，所以，立法者将举证责任分配给了赔偿义务机关。

五、行政追偿的概念和条件

赔偿义务机关赔偿损失后，应当责令有故意或重大过失的工作人员或者受委托的组织或者个人承担部分或者全部赔偿费用。赔偿义务机关行使行政追偿权，应具备下列条件：

第一，行政赔偿义务机关已经履行了赔偿责任。

第二，行政机关工作人员具有故意或者重大过失。

对有故意或者重大过失的责任人员，有关机关应当依法给予处分；构成犯罪的，相关机关应当依法追究刑事责任。

第三节　司法赔偿

一、司法赔偿的概念

司法赔偿是指司法机关及其工作人员在行使侦查权、检察权、审判权和看守所、监狱管理职权时违法给无辜的公民、法人或者其他组织的生命、健康、自由和财产造成损害的，国家应当承担的赔偿责任。司法赔偿包括刑事司法赔偿、民事司法赔偿和行政司法赔偿。

⊙ [注意] 国家赔偿分为行政赔偿和司法赔偿，本节内容为第一节总论部分在司法赔偿领域的具体适用。

二、司法赔偿范围

（一）刑事司法赔偿的范围

1. 侵犯人身权的刑事赔偿

（1）逮捕和判决适用结果归责

图 21-3 刑事诉讼流程图

结果责任的含义是"不看事中看事后，没罪关了就要赔"，不论逮捕时是否违反《刑事诉讼法》的法律规定，只需要在事后判断是否将无罪的人不当羁押，逮捕后终止追究刑事责任的，或者无罪错判、原判刑罚已经执行的，国家均应当承担赔偿责任。其中的构成要件有两个要点：

第一，构成要件一："无罪"。

"没罪关了就要赔，有罪关了也白关"。所谓无罪，包括公民没有实施犯罪行为或者没有充分确凿的证据证明公民实施了犯罪行为两种情形。公民确实没有实施犯罪行为的，当然构成错捕和错判；公民具有实施犯罪行为的重大嫌疑，但是没有确凿充分的证据证明公民实施了犯罪行为的，根据无罪推定的原则，公民应当被视为无罪，仍然构成错捕和错判。无罪需要通过以下方式予以确立：

①对公民采取逮捕措施后，决定撤销案件、不起诉或者判决宣告无罪，终止追究刑事责任；

②虽尚未撤销案件、作出不起诉决定或者判决宣告无罪，但是符合下列情形之一的，也属于终止追究刑事责任：

A. 办案机关决定对犯罪嫌疑人终止侦查的；

B. 解除、撤销取保候审、监视居住、拘留、逮捕措施后，办案机关超过 1 年未移送起诉、作出不起诉决定或者撤销案件的；

C. 取保候审、监视居住法定期限届满后，办案机关超过 1 年未移送起诉、作出不起诉决定或者撤销案件的；

D. 人民检察院撤回起诉超过 30 日未作出不起诉决定的；

E. 法院决定按撤诉处理后超过 30 日，人民检察院未作出不起诉决定的；

F. 法院准许刑事自诉案件自诉人撤诉的，或者法院决定对刑事自诉案件按撤诉处理的。

③依照审判监督程序再审改判无罪。

"没罪关了就要赔"的"无罪羁押赔偿原则"的反面表现为"有罪关了也白关"，国家只赔偿无罪被羁押的公民，不赔偿有罪被羁押的公民。那何为"有罪"呢？有罪是国家司法机关根据案件事实和依照法律规定，确定被告人的行为符合犯罪构成要件的情形。但有罪不仅包括彻底有罪，还包括轻罪重判、此罪彼判的情形。对于彻底有罪，比如假设佘某确实杀害了妻子，那么，国家不予赔偿，这很好理解。但轻罪重判、此罪彼判类型的"有罪"是否应给予赔偿呢？答案是"不赔偿"。立法者认为"只有无罪被判有罪，并且全部或部分执行刑罚的，国家才承担责任……轻罪重判包括此罪错判为较重彼罪以及单纯的量刑畸重两种情形。司法实践中，任何一个判决都依赖于法官对于证据的采信、事实的认定、法律的理解、各种量刑情节的综合考虑，以及所处的一定区域的类似判决间的平稳，是一个非常复杂的系统。我国刑法对于刑罚幅度的设置较为宽泛，法官享有较大的自由裁量权，对同一罪名的判决，除非是出格的判决，否则很难界定是否属于轻罪重判。因此，轻罪重判的赔偿极为复杂，需要进一步探讨，目前不宜纳入国家赔偿的范围。"①

除上述"有罪""没罪"两种情形外，还有一种"部分有罪、部分没罪"的混合情形，2015年《关于办理刑事赔偿案件适用法律若干问题的解释》第6条规定："数罪并罚的案件经再审改判部分罪名不成立，监禁期限超出再审判决确定的刑期，公民对超期监禁申请国家赔偿的，应当决定予以赔偿。"这意味着数罪并罚案件中，尽管被超期监禁的公民并非完全无罪，但由于其中的部分罪名已经不成立，换言之，被告对于这部分罪名是彻底"无罪"的，针对这类具体个罪而言的超期羁押行为构成无罪羁押，应当予以赔偿。本条规则有严格的适用条件：第一，数罪中有一罪或部分罪被改判宣告犯罪不成立，也就是对于这些罪行的指控不成立，公民在这些罪名上是彻彻底底清白的，如果是因为轻罪重判而再审减轻，导致被超期羁押的，依然不能获得赔偿；第二，实际监禁的期限超出了再审判决确定的执行刑期，数罪并罚案件再审改判一罪或部分罪名不成立，因减刑实际执行刑期低于再审改判确定刑期的，不能获得国家赔偿。②

第二，构成要件二："关"。

"关"指的是有期徒刑、拘役、无期徒刑等对公民的人身自由构成实际羁押的刑事行为，如果对公民人身自由的限制不是通过实际羁押的方式来进行的，国家不承担赔偿责任。下列刑事行为国家不承担赔偿责任：

①在自由刑执行期间，被告人被依法减刑或者假释的，对被减刑或者假释部分的错判刑罚，国家不负赔偿责任；

②在刑罚执行中保外就医的，人身自由虽受限制但实际上未被羁押，此期间国家不负赔偿责任；

③有期徒刑缓期执行是附条件的不执行，不发生国家赔偿法上要求的侵犯人身自由权或者生命健康权的损害事实，国家不负赔偿责任；

④管制、剥夺政治权利等刑罚，国家不负赔偿责任。

（2）刑事拘留适用违法归责

刑事拘留并没有采用结果归责的归责模式，而采用了违法归责。对公民违法的刑事拘留，无论是违反《刑事诉讼法》规定的条件，还是违反《刑事诉讼法》规定的程序，抑或是拘留时间超过《刑事诉讼法》规定的时限，国家都要承担赔偿责任。

刑事拘留采用违法归责原则的立法理由是：刑事拘留是对现行犯或者重大犯罪嫌疑分子，在遇有特定的紧急情况下采取的刑事强制措施。刑事拘留的条件要明显低于逮捕，作出逮捕时有关机关已经掌握了比较充分的证据，而作出拘留决定时刑事诉讼程序才刚刚启动，证据掌握的较少，如果刑事拘留也适用与逮捕和判决一样严格的结果责任，只要事后证明抓错了人，国家都应当赔偿，那么对公安机关是过于严苛而不够公平的，于是该条款在立法时几经反复，最终对刑事拘留决定采用了违法归责的模式。③ 应给予赔偿的违法拘留包括两种情形：

一是违法采取刑事拘留措施。行使侦查权的机关违反《刑事诉讼法》规定的关于采取

---

① 参见许安标、武增主编：《中华人民共和国国家赔偿法解读》，中国法制出版社2010年版，第89、90页。

② 陶凯元、柯汉民主编：《最高人民法院最高人民检察院关于办理刑事赔偿案件司法解释理解适用与案例指导》，法律出版社2016年版，第111~120页。

③ 许安标、武增主编：《中华人民共和国国家赔偿法解读》，中国法制出版社2010年版，第85页。

刑事拘留的条件、程序实施的拘留，受害人有取得赔偿的权利。这是一种"只看事中不管事后"的归责模式，确定是否需要赔偿只需要判断拘留作出时是否违反法律规定，而不需要考虑当事人是否有罪。前述例子的佘某杀妻案中，如果刑事拘留作出时，在当时的情况下，证据达到法律条件且程序合法，虽然事后证明佘某并没有杀妻，但由于刑事拘留并没有违法，所以，国家不应当承担赔偿责任。

二是合法采取刑事拘留措施后终止追究刑事责任。行使侦查权的机关采取刑事拘留本身合法，但拘留超过法定期限，且其后决定撤销案件、不起诉或者判决宣告无罪终止追究刑事责任，受害人有取得赔偿的权利。《关于办理刑事赔偿案件适用法律若干问题的解释》第 5 条规定，依照《刑事诉讼法》规定的条件和程序对公民采取拘留措施，但是拘留时间超过《刑事诉讼法》规定的时限，属于《国家赔偿法》第 17 条第 1 项规定的违法刑事拘留。违法刑事拘留的人身自由赔偿金自拘留之日起计算。这就意味着合法拘留后又超过羁押期限、仅仅因为"超期"而违法的，国家赔偿的范围涵盖整个拘留期间，既包括法定期限内的拘留，又包括超过法定期限的拘留，并不限于赔偿超过规定期限的那部分期间。[①]

（3）例外情形：免罪

上述的错捕、错判的结果责任和拘留的违法责任有一种例外情形——免罪，免罪是介乎于有罪与无罪之间的特殊情形，我们将免罪的适用情形概括为"免罪关了分前后，赔后不赔前"。

①"免罪"的含义

国赔法当中"免罪"的对象包括两类人。

第一类免罪对象是《刑法》第 17 条、第 18 条[②]中规定不负刑事责任的人，也就是未成年人和精神病人。未成年人和精神病人的违法行为在《国家赔偿法》中被认为是免罪，因为我们认为，对于这两类人事实上从违法性要件上是构成违法的，他们的盗窃、强奸和故意杀人等犯罪行为客观上已经触犯了《刑法》的规定。但是，从主观有责性要件上这两类人没有意识辨知能力，故而没有承担责任的基础，免予追究他们的刑事责任。

第二类免罪对象是《刑事诉讼法》规定的不追究刑事责任[③]的情况。《刑事诉讼法》

---

① 陶凯元、柯汉民主编：《最高人民法院最高人民检察院关于办理刑事赔偿案件司法解释理解适用与案例指导》，法律出版社 2016 年版，第 102 页；许安标、武增主编：《中华人民共和国国家赔偿法解读》，中国法制出版社 2010 年版，第 86 页。

② 《刑法》第 17 条规定，已满 16 周岁的人犯罪，应当负刑事责任。已满 14 周岁不满 16 周岁的人，犯故意杀人、故意伤害致人重伤或者死亡、强奸、抢劫、贩卖毒品、放火、爆炸、投毒罪的，应当负刑事责任。对依照前三款规定追究刑事责任的不满 18 周岁的人，应当从轻或者减轻处罚。因不满 16 周岁不予刑事处罚的，责令他的家长或者监护人加以管教；在必要的时候，依法进行专门矫治教育。第 18 条第 1-3 款规定，精神病人在不能辨认或者不能控制自己行为的时候造成危害结果，经法定程序鉴定确认的，不负刑事责任，但是应当责令他的家属或者监护人严加看管和医疗；在必要的时候，由政府强制医疗。间歇性的精神病人在精神正常的时候犯罪，应当负刑事责任。尚未完全丧失辨认或者控制自己行为能力的精神病人犯罪的，应当负刑事责任，但是可以从轻或者减轻处罚。

③ 《刑事诉讼法》第 16 条规定："有下列情形之一的，不追究刑事责任，已经追究的，应当撤销案件，或者不起诉，或者终止审理，或者宣告无罪：（一）情节显著轻微、危害不大，不认为是犯罪的；（二）犯罪已过追诉时效期限的；（三）经特赦令免除刑罚的；（四）依照刑法告诉才处理的犯罪，没有告诉或者撤回告诉的；（五）犯罪嫌疑人、被告人死亡的；（六）其他法律规定免予追究刑事责任的。"第 177 条第 2 款规定："对于犯罪情节轻微，依照刑法规定不需要判处刑罚或者免除刑罚的，人民检察院可以作出不起诉决定。"第 284 条第 2 款规定："被附条件不起诉的未成年犯罪嫌疑人，在考验期内没有上述情形，考验期满的，人民检察院应当作出不起诉的决定。"第 290 条规定："对于达成和解协议的案件，公安机关可以向人民检察院提出从宽处理的建议。人民检察院可以向人民法院提出从宽处罚的建议；对于犯罪情节轻微，不需要判处刑罚的，可以作出不起诉的决定。人民法院可以依法对被告人从宽处罚。"

的免罪是指已经触犯刑法，但是由于被告人死亡、特赦、自诉案件未起诉等法定原因，国家最终不予追究其刑事责任，所以，也被归类为国赔法中的"免罪"情形。[①]

② "免罪关了分前后，赔后不赔前"

"免罪"和"无罪"在赔偿范围上也是不同的，对于余某那种"无罪"的人，"没罪关了就要赔，关多久赔多久"，而精神病人、特赦等"免罪"的人，按照法律规定，国家不承担赔偿责任。但是对起诉后被法院判处拘役、有期徒刑、无期徒刑、死刑并已执行的上列人员，有权依法取得赔偿，判决确定前被羁押的日期依法不予赔偿。换句话说，对有犯罪事实而不负刑事责任的未成年人、精神病人，判决确定前被羁押的，国家不承担赔偿责任；但对起诉后经法院判处拘役、有期徒刑、死刑并已执行的，国家仍需依法给予赔偿。"免罪关了分前后，赔后不赔前"就是以判决生效为界限区分前后，在判决生效前对当事人的羁押，不论拘留和逮捕，不赔偿；在生效判决生效之后，如果对当事人还有羁押，赔偿。

⊙ [例] 王某因盗窃被拘捕，经起诉，被法院判处有期徒刑 3 年，后经审判监督程序，认定此人犯罪时不满 14 周岁，不应负刑事责任。那么国家对王某被判刑造成的损害应依法给予赔偿，对判决确定前被羁押的日期则依法不予赔偿。"免罪关了分前后，赔后不赔前"的道理在于，免罪的人不比"无罪"的人，他还是实施了犯罪行为的，只是从法律政策上，对他网开一面，最终免予追究责任而已。在判决生效以前，王某的法定身份为犯罪嫌疑人，司法机关为了侦查犯罪事实，了解案情，对他有一段时间的羁押，在情在理。此外，在羁押之前，办案人员无从知晓王某是未成年人，因此，在判决生效前对当事人的羁押，不论拘留和逮捕，国家均不承担赔偿责任。但判决生效后，王某已经不是犯罪嫌疑人，更不是罪犯，但法院依然将其当作罪犯予以羁押，此时的羁押没有任何正当性理由作为支撑，是完全违反《刑法》规定的，属于"该免没免"的情形，所以，在生效判决生效之后，如果对当事人还有羁押，国家应当予以赔偿。

⊙ [总结] 对于限制人身自由，考生在应试时要区分"有罪""没罪"和"免罪"的不同情形，因为对于不同情形，赔偿范围也会有不同的确定标准。"没罪关了就要赔，有罪关了也白关；免罪关了分前后，赔后不赔前"。

2. 侵害公民生命权和健康权的刑事赔偿

（1）对有罪公民不应当判处死刑而判处死刑且已执行的，国家承担赔偿责任。

（2）刑讯逼供、殴打和虐待等暴力行为。司法机关及其工作人员在执行职务过程中，自己或唆使、放纵他人对犯罪嫌疑人或被告人进行刑讯逼供或者以殴打、虐待等行为或者唆使、放纵他人以殴打、虐待等行为造成公民身体伤害或者死亡的，国家应当承担赔偿责任。

[①] 被告人死亡、特赦等不追究刑事责任不难理解，唯独"情节显著轻微、危害不大，不认为是犯罪的"不好理解，为什么这会被归类为免罪，而非无罪呢？最高人民法院多次在司法批复中指出，"情节显著轻微，危害不大，不认为是犯罪"，又称为"免予刑事处罚"，是指这种行为本身业已触犯《刑法》，具备犯罪构成要件，但因其"情节显著轻微，危害不大"，也就是构成犯罪，但不予处罚，而"不认为是犯罪"这种行为与"不构成犯罪"行为的主要区别在于前者属《刑法》调整范围，而后者则不具备犯罪构成要件，属一般违法行为，不归于《刑法》调整。考生如果觉得难以理解，倒也不必纠结，放下身段，只要记住《刑事诉讼法》第16条属于国家赔偿法的"免罪"情形即可，这也是我们为什么把本内容放到脚注里的原因，有强迫症的同学可以看一看，其他同学大可浏览下，一笑而过即可。

（3）司法机关及其工作人员违法使用武器、警械造成公民身体伤害或者死亡的，受害人有取得赔偿的权利。

3. 侵犯财产权的刑事赔偿

行使侦查、检察、审判职权的机关以及看守所、监狱管理机关及其工作人员在行使职权时有下列侵犯财产权情形之一的，受害人有取得赔偿的权利：

（1）违法对财产采取查封、扣押、冻结、追缴等措施的。

对财产采取查封、扣押、冻结、追缴等措施后，有下列情形之一，且办案机关未依法解除查封、扣押、冻结等措施或者返还财产的，属于国家赔偿法规定的侵犯财产权：

①赔偿请求人有证据证明财产与尚未终结的刑事案件无关，经审查属实的；

②终止侦查、撤销案件、不起诉、判决宣告无罪，终止追究刑事责任的；

③采取取保候审、监视居住、拘留或者逮捕措施，在解除、撤销强制措施或者强制措施法定期限届满后超过 1 年未移送起诉、作出不起诉决定或者撤销案件的；

④未采取取保候审、监视居住、拘留或者逮捕措施，立案后超过 2 年未移送起诉、作出不起诉决定或者撤销案件的；

⑤人民检察院撤回起诉超过 30 日未作出不起诉决定的；

⑥法院决定按撤诉处理后超过 30 日，人民检察院未作出不起诉决定的；

⑦对生效裁决没有处理的财产或者对该财产违法进行其他处理的。

（2）依照审判监督程序再审改判无罪，原判罚金、没收财产已经执行的。

4. 国家不承担赔偿责任的情形

属于下列情形之一的，国家不承担赔偿责任：

（1）因公民自己故意作虚伪供述，或者伪造其他有罪证据被羁押或者被判处刑罚的；

（2）行使侦查、检察、审判职权的机关以及看守所、监狱管理机关的工作人员与行使职权无关的个人行为；

（3）因公民自伤、自残等故意行为致使损害发生的。

表 21-4 刑事司法赔偿范围

人身自由权	违法拘留	1. 违反《刑事诉讼法》的规定对公民采取拘留措施＝赔。 2. 合法拘留+超期羁押+被拘留人无罪＝赔
	错捕错判	没罪关了就要赔，有罪关了也白关。（结果责任） ［注解 1］"没罪"包括公民没有实施犯罪行为或者没有充分确凿的证据证明公民实施了犯罪行为两种情形。 ［注解 2］"关"指的是拘役、有期徒刑、无期徒刑等对公民的人身自由构成实际羁押的刑事行为，不包括减刑期间、保外就医期间、有期徒刑缓期执行和管制等
	例外	免罪关了分前后，赔后不赔前。 ［注解 1］免罪包括违法的未成年人、精神病人和《刑事诉讼法》第 16 条规定的不追究刑事责任的情况（显时特告死）。 ［注解 2］"前后"的含义是以判决生效为界限区分前后，在判决生效前的羁押，不论拘留和逮捕，不赔偿；在判决生效之后，如果对当事人还有羁押，赔偿

续表

财产权	1. 违法对财产采取查封、扣押、冻结、追缴等措施。 2. 依照审判监督程序再审改判无罪，原判罚金、没收财产已经执行。
生命 健康权	1. 对有罪公民不应当判处死刑而判处死刑且已执行。 2. 刑讯逼供、殴打、虐待（自己或唆使、放纵他人）造成公民身体伤害或者死亡。 3. 司法机关及其工作人员违法使用武器、警械造成公民身体伤害或者死亡
不予 赔偿	1. 因公民自己故意作虚伪供述，或者伪造其他有罪证据被羁押或者被判处刑罚的。 2. 司法机关工作人员行使与职权无关的个人行为。 3. 公民自伤、自残等故意行为致使损害发生

（二）民事、行政司法赔偿范围

法院在民事、行政诉讼过程中，违法采取对妨害诉讼的强制措施、保全措施或者对判决、裁定及其他生效法律文书执行错误，侵犯公民、法人和其他组织合法权益造成损害的，依法应由国家承担赔偿责任。

1. 违法采取排除妨害诉讼强制措施的司法赔偿

排除妨害诉讼的强制措施是指法院在审理案件过程中，为了保证审判和执行的顺利进行，依法采取的排除妨害诉讼秩序行为的强制措施。具体而言是指下列行为：

（1）对没有实施妨害诉讼行为的人采取罚款或者拘留措施的；

（2）超过法律规定金额采取罚款措施的；

（3）超过法律规定期限采取拘留措施的；

（4）对同一妨害诉讼行为重复采取罚款、司法拘留措施的。

2. 违法采取保全措施的司法赔偿

诉讼中的保全措施分为证据保全措施和财产保全措施两种。证据保全是指在证据可能灭失或者以后难以取得的情况下，法院根据当事人的请求或者依职权采取一定措施加以固定保存的调查取证措施；财产保全是指法院根据利害关系人的申请，或者依职权对与本案有关的财物采取的一种强制性措施。违法采取保全措施，是指法院依职权采取的下列行为：

（1）依法不应当采取保全措施而采取的；

（2）依法不应当解除保全措施而解除，或者依法应当解除保全措施而不解除的；

（3）明显超出诉讼请求的范围采取保全措施的，但保全财产为不可分割物且被保全人无其他财产或者其他财产不足以担保债权实现的除外；

（4）在给付特定物之诉中，对与案件无关的财物采取保全措施的；

（5）违法保全案外人财产的；

（6）对查封、扣押、冻结的财产不履行监管职责，造成被保全财产毁损、灭失的；

（7）对季节性商品或者鲜活、易腐烂变质以及其他不宜长期保存的物品采取保全措施，未及时处理或者违法处理，造成物品毁损或者严重贬值的；

（8）对不动产或者船舶、航空器和机动车等特定动产采取保全措施，未依法通知有关登记机构不予办理该保全财产的变更登记，造成该保全财产所有权被转移的；

（9）违法采取行为保全措施的。

3. 违法采取先予执行措施

包括以下情形：

（1）违反法律规定的条件和范围先予执行的；

（2）超出诉讼请求的范围先予执行的。

4. 错误执行判决、裁定和其他生效法律文书的司法赔偿

对判决、裁定及其他生效法律文书执行错误，是指对已经发生法律效力的判决、裁定、民事制裁决定、调解、支付令、仲裁裁决、具有强制执行效力的公证债权文书以及行政处罚、处理决定等执行错误。包括下列行为：

对判决、裁定及其他生效法律文书执行错误，包括以下情形：

（1）执行未生效法律文书的；

（2）超出生效法律文书确定的数额和范围执行的；

（3）对已经发现的被执行人的财产，故意拖延执行或者不执行，导致被执行财产流失的；

（4）应当恢复执行而不恢复，导致被执行财产流失的；

（5）违法执行案外人财产的；

（6）违法将案件执行款物执行给其他当事人或者案外人的；

（7）违法对抵押物、质物或者留置物采取执行措施，致使抵押权人、质权人或者留置权人的优先受偿权无法实现的；

（8）对执行中查封、扣押、冻结的财产不履行监管职责，造成财产毁损、灭失的；

（9）对季节性商品或者鲜活、易腐烂变质以及其他不宜长期保存的物品采取执行措施，未及时处理或者违法处理，造成物品毁损或者严重贬值的；

（10）对执行财产应当拍卖而未依法拍卖的，或者应当由资产评估机构评估而未依法评估，违法变卖或者以物抵债的。

5. 民事、行政诉讼中司法工作人员侵权的赔偿

这里所说的其他司法赔偿包括：一是法院工作人员以殴打等暴力行为或者唆使他人以殴打等暴力行为造成公民身体伤害或死亡的；二是法院工作人员违法使用武器、警械造成公民身体伤害或者死亡的。对司法工作人员的上述违法行为，国家应当承担赔偿责任。

关于赔偿的损害范围，仅承担直接损失的赔偿责任。因多种原因造成的损害，只赔偿因违法侵权行为所造成的直接损失。

6. 不予赔偿的范围

具有下列情形之一的，国家不承担赔偿责任：

（1）（申请保全错误）申请有错误的，申请人应当赔偿被申请人因保全所遭受的损失。

（2）（申请先予执行后申请人败诉）法院裁定先予执行的，被申请人有履行能力的。

（3）（错判执行回转）执行完毕后，据以执行的判决、裁定和其他法律文书确有错误，被法院撤销的，对已被执行的财产，法院应当作出裁定，责令取得财产的人返还；拒不返还的，强制执行。

（4）（执行标的物错误）申请执行人提供执行标的物错误的，但法院明知该标的物错误仍予以执行的除外。

（5）（保管人侵权）法院依法指定的保管人对查封、扣押、冻结的财产违法动用、隐匿、毁损、转移或者变卖的。

（6）（个人侵权）法院工作人员与行使职权无关的个人行为。

（7）因不可抗力、正当防卫和紧急避险造成损害后果。

7. 民事、行政司法赔偿与民事赔偿的责任分担

（1）对于数个原因造成同一损害结果的非刑事司法赔偿案件，主要根据作用力来确定国家赔偿责任的份额。除作用力以外，还应当考虑过错程度等其他因素，采取作用力为主、过错程度等其他因素为辅的原则来确定国家赔偿责任的份额。

（2）受害人对损害结果的发生或者扩大也有过错的，可以减轻赔偿义务机关的责任，这是与有过失情形中的过失相抵。

（3）损失已经在民事、行政诉讼过程获得赔偿、补偿的，法院对该部分损失不承担国家赔偿责任。在诉讼程序或者执行程序尚未终结时，当事人或者第三人通过司法强制措施的复议，保全和先予执行的复议，执行复议、异议以及执行监督等救济途径主张权利，法院查证属实并对其所遭受的损害通过回转、返还、修复或者赔偿予以权利救济的，应视为损失已经获得弥补。

三、司法赔偿请求人和赔偿义务机关

（一）司法赔偿请求人

司法赔偿请求人是指人身权和财产权被违法司法行为侵害，依法享有国家赔偿请求权的人，包括公民、法人和其他组织。

受害的公民、法人或者其他组织有权要求赔偿；受害的公民死亡的，其继承人和其他有扶养关系的亲属有权要求赔偿；受害的法人或者其他组织终止的，承受其权利的法人或者其他组织有权要求赔偿。

◉ [注意] 受害的公民死亡，其继承人和其他有扶养关系的亲属有权申请国家赔偿。依法享有继承权的同一顺序继承人有数人时，其中一人或者部分人作为赔偿请求人申请国家赔偿的，申请效力及于全体。赔偿请求人为数人时，其中一人或者部分赔偿请求人非经全体同意，申请撤回或者放弃赔偿请求，效力不及于未明确表示撤回申请或者放弃赔偿请求的其他赔偿请求人。

（二）司法赔偿义务机关的概念和特征

司法赔偿义务机关，是指在国家赔偿中代表国家接受赔偿请求、具体承担赔偿义务并支付赔偿费用的国家机关。

1. 原则上：谁做谁赔

司法赔偿义务机关确立的标准，原则上"谁做谁赔"。也就是哪个机关作出的行为，该机关自己作为赔偿义务机关，由侵权机关作为赔偿义务机关符合"好汉做事好汉当"的情理和法理。比如，公安局警察将小白打了一顿，由公安局赔；法院法警将小白打了一顿，由法院赔；看守所工作人员将小白打了一顿，由看守所的主管机关赔。

2. 例外时：赔偿义务机关后置原则

在刑事诉讼中，各司法机关呈现分工合作的状态，公安机关负责刑事拘留，检察院负

责批准逮捕及提起公诉，一审法院负责一审，二审法院负责二审。在这种情况下，赔偿义务机关应当如何确立呢？国家赔偿法采用的是赔偿义务机关后置模式，多个司法机关就同一案件事实，相继作出了错误的拘留、逮捕和判决决定，应当由最后一个作出侵害受害人合法权益的机关承担全部赔偿责任，此前其他司法机关均免于承担赔偿责任，简略地说就是"谁最后作有罪决定，谁赔偿"。

因为我们已经熟悉了"好汉做事好汉当"的生活情理，所以，初学者往往会觉得赔偿义务机关后置原则难以理解。其中背后的原因是，第一，刑事诉讼的拘留、逮捕、一审、二审的过程是环环相扣的，而后续程序的作出机关很容易有"偷懒""从众"的一般心理，它看看前面的机关都认定当事人有罪，那我也认定当事人有罪吧。这样的心态很容易导致后续机关本该发现前一司法行为的错误而未发现，不利于保障人权。为了提高后续机关的警觉性，立法者就加大了他们的责任，一旦某个司法机关不积极履行司法责任，因"偷懒"而成了最后一个认定当事人有罪的机关的话，所有属于赔偿范围的事项均由它一个机关承担。第二，刑诉环环相扣的几个阶段是相互关联的，对于一个刑事案件的错判，可能从拘留、逮捕、起诉到判决的执行都有责任，但如果让所有参与刑事诉讼的司法机关都承担赔偿责任，势必造成刑事赔偿义务复杂化，既不利于分清责任，也不利于赔偿请求权人及时获得赔偿。[1]

在明白了赔偿义务机关后置的含义和背后的法理后，下面的表格考生浏览下即可，不需要死记硬背，因为该表格只是赔偿义务机关原理的具体体现而已。

表 21-5　限制人身自由行为的赔偿义务机关后置原理

案件类型	赔偿义务机关
错拘案件	决定拘留的机关（公安机关、人民检察院）
错捕案件	决定逮捕的机关。（人民检察院、法院）既有错误拘留又有错误逮捕的，由决定逮捕的机关赔偿
一审判有罪，二审改判无罪	一审法院
一审判有罪，二审发回重审后，一审改判无罪	一审法院
一审判有罪，二审发回重审，人民检察院要求撤诉的	一审法院
一审判有罪，二审发回重审后，一审退回人民检察院补充侦查，人民检察院作出不起诉或者撤销案件	一审法院
再审改判无罪的	作出原生效判决的法院

⊙ [注意] 刑事赔偿义务机关后置的原则仅仅针对限制公民人身自由的行为而言，如果不同的司法机关在刑事诉讼中分别损害了公民的人身自由之外的其他权利，不适用赔偿义务机关后置的原则。

---

① 许安标、武增主编：《中华人民共和国国家赔偿法解读》，中国法制出版社2010年版，第85页。

⊙ [例] 2013 年 3 月 28 日，区公安分局以涉嫌故意伤害罪为由对方某违法刑事拘留。4 月 1 日，区检察院批准对方某的逮捕。5 月 1 日区法院判处方某有期徒刑 3 年，方某上诉。6 月 1 日市中级法院维持原判。7 月 1 日省高院再审重审后，判决方某无罪。判决生效后，方某请求国家赔偿。

问 1：本案的赔偿范围是？赔偿义务机关是？

答：(1) 赔偿范围：该刑事拘留是违法的，所以 3 月 28 日至 4 月 1 日的拘留应当给予赔偿；逮捕和判决适用结果归责，"没罪关了就要赔，关多久赔多久"，4 月 1 日至 7 月 1 日之间的实际羁押均要赔偿。综上，本案的赔偿范围为 3 月 28 日至 7 月 1 日。

(2) 赔偿义务机关：限制人身自由赔偿义务机关适用后置原则，市中院是最终作出有罪判决的机关，所以，赔偿义务机关为市中院。

问 2：如果区检察院在审查起诉阶段决定撤销案件，方某请求国家赔偿的，赔偿义务机关是？

答：最终作有罪决定的司法机关为批准逮捕的检察院，所以，检察院是本案的赔偿义务机关。

问 3：如果方某在 6 月 2 日被牢头狱霸打伤，看守所对其听之任之，于 6 月 2 日到 7 日保外就医，赔偿范围是？义务机关是？

答：(1) 赔偿范围：问 3 在问 1 的基础上增加了一个条件，该条件在范围上带来了两点变化。第一，由于保外就医不属于实际羁押的"关"，对于这段期间国家不应当赔偿，所以，限制人身自由事项的赔偿范围为 3 月 28 日至 6 月 1 日，6 月 8 日至 7 月 1 日；第二，由于看守所对于牢头狱霸打人行为听之任之，所以，方某被殴打受到的损害，国家应当予以赔偿。

(2) 赔偿义务机关：限制人身自由事项的赔偿义务机关是市中院，适用后置原则；打人一事赔偿义务机关是侵权机关，由看守所的主管机关（一般是公安局）赔偿。

问 4：如果 6 月 1 日市中院的判决是改判方某有期徒刑 3 年，缓期四年执行，赔偿范围是？赔偿义务机关是？

答：(1) 赔偿范围：问 4 在问 1 的基础上增加了一个条件，该条件在范围上带来了一点变化。由于有期徒刑缓期执行事实上为附条件不执行，所以，赔偿范围截止到 6 月 1 日，限制人身自由事项的赔偿范围为 3 月 28 日至 6 月 1 日。

(2) 赔偿义务机关：限制人身自由事项的赔偿义务机关是市中院，适用后置原则。这一问的价值在于提醒考生不要将赔偿义务机关和赔偿范围的知识点混淆起来，两个知识点各有各的逻辑。

四、司法赔偿程序

司法赔偿程序是指公民、法人或者其他组织行使司法赔偿请求权，要求有关的国家侦查、检察、审判、看守所、监狱管理机关履行司法赔偿责任，以及赔偿请求权不服有关机关处理的程序。

（一）赔偿义务机关为非法院的司法赔偿程序

知道或者应当知道司法行为

2年内提出赔偿申请，羁押期除外

1. 赔偿先行处理程序
（应充分听取意见，可协商，收到申请2个月作出决定）

赔、不赔、或不作为决定之日起30日

2. 赔偿义务机关上一级机关复议
（收到申请2个月作出决定）

赔、不赔、或不作为决定之日起30日

3. 上一级机关的同级法院的赔委会决定
（收到申请3个月作出决定，特殊案件经本院院长批准，可延长3个月）

图21-4　非法院的司法赔偿程序

赔偿义务机关是公安机关、国家安全机关、检察机关、监狱管理机关、看守所等不包括法院在内的国家机关，司法赔偿程序应当遵守"三步走"的程序步骤：

◉ ［例］县公安局是赔偿义务机关，当事人申请赔偿的三步走程序为：第一步，县公安先行处理；第二步，市公安司法复议；第三步，市中院赔委会处理。

1. 赔偿义务机关先行处理程序

在赔偿程序上，首先应当尊重赔偿义务机关，尽量让该机关自己解决本系统内的赔偿事务。司法赔偿的请求时效与行政赔偿一样，原则上为 2 年，而且赔偿处理的程序也与行政赔偿相同，先行处理期限是自收到受害人申请之日起 2 个月。

2. 司法赔偿复议程序

经过先行处理程序，如果当事人对处理结果满意，转入执行程序；如果对赔偿结果不满意，应当自先行处理决定作出之日起的 30 日内向赔偿义务机关的上一级司法机关提起司法复议，复议机关应当在 2 个月内作出复议决定。《关于办理刑事赔偿案件适用法律若干问题的解释》第 4 条第 1 款规定，赔偿义务机关作出赔偿决定，应当依法告知赔偿请求人有权在 30 日内向赔偿义务机关的上一级机关申请复议。赔偿义务机关未依法告知，赔偿请求人收到赔偿决定之日起 2 年内提出复议申请的，复议机关应当受理。

3. 法院赔偿委员会处理程序

当事人如果对复议决定依然不满意，可以在复议决定之日起 30 日内，向复议机关所在地的同级法院赔偿委员会申请作出赔偿决定；复议机关逾期不作决定的，赔偿请求人可以自期间届满之日起 30 日内，向复议机关所在地的同级法院赔偿委员会申请作出赔偿决定。法院赔偿委员会的决定程序的具体程序细节如下：

（1）申请书一式 4 份，不会书写的，法院代填。

（2）赔偿委员会审理时，申请人可以委托律师，<u>被申请人只能委托自身工作人员</u>。

（3）赔偿委员会的组成：<u>3 人以上单数</u>。

（4）<u>不公开审理</u>：赔偿委员会审理司法赔偿案件依法不公开进行。

（5）赔偿委员会的审理方式：

采取书面审查的办法。必要时，可以向有关单位和人员调查情况、收集证据。赔偿请求人与赔偿义务机关对损害事实及因果关系有争议的，赔偿委员会可以听取赔偿请求人和赔偿义务机关的陈述和申辩，并可以进行质证。《赔偿质证程序规定》① 第 2 条规定，有下列情形之一，经书面审理不能解决的，赔偿委员会可以组织赔偿请求人和赔偿义务机关进行质证：对侵权事实、损害后果及因果关系有争议的；对是否属于国家不承担赔偿责任的情形有争议的；对赔偿方式、赔偿项目或者赔偿数额有争议的；赔偿委员会认为应当质证的其他情形。根据此规定，<u>对于事实没有争议、只涉及法律适用的可采用书面审理方式</u>；<u>对于事实有争议的原则上均应当采用质证审理方式</u>。

<u>质证原则上应当公开进行，除涉及国家秘密、个人隐私或者法律另有规定的不公开进行</u>；同时，<u>赔偿请求人或者赔偿义务机关申请不公开质证。对方同意的，赔偿委员会可以不公开质证</u>。

赔偿委员会应当指定审判员组织质证，并在质证 3 日前通知赔偿请求人、赔偿义务机关和其他质证参与人。必要时，赔偿委员会可以通知赔偿义务机关实施原职权行为的工作人员或者其他利害关系人到场接受询问。赔偿委员会决定公开质证的，应当在质证 3 日前公告案由，赔偿请求人和赔偿义务机关的名称，以及质证的时间、地点。赔偿委员会认为必要时，可以通知复议机关参加质证，由复议机关对其作出复议决定的事实和法律依据进行说明。

（6）举证责任。法院赔偿委员会处理赔偿请求，赔偿请求人和赔偿义务机关对自己提出的主张，应当提供证据。<u>被羁押人在羁押期间死亡或者丧失行为能力的，赔偿义务机关的行为与被羁押人的死亡或者丧失行为能力是否存在因果关系，赔偿义务机关应当提供证据</u>。

（7）决定期限。法院赔偿委员会应当自收到赔偿申请之日起 3 个月内作出决定；属于疑难、复杂、重大案件的，经本院院长批准，可以延长 3 个月。

（8）调解程序。赔偿委员会审理赔偿案件，<u>可以组织赔偿义务机关与赔偿请求人就赔偿方式、赔偿项目和赔偿数额进行协商</u>。组织协商应当遵循自愿和合法的原则。赔偿请求人、赔偿义务机关一方或者双方不愿协商，或者协商不成的，赔偿委员会应当及时作出决定。

（9）赔偿决定书：<u>加盖法院印章</u>。

---

① 全称为《最高人民法院关于人民法院赔偿委员会适用质证程序审理国家赔偿案件的规定》。

（二）赔偿义务机关为法院的司法赔偿程序

知道或者应当知道司法行为

↓ 2年内提出赔偿申请，羁押期除外

1. 赔偿先行处理程序

（应充分听取意见，可协商，收到申请2个月作出决定）

↓ 赔、不赔、或不作为决定之日起30日

2. 上一级法院的赔委会决定

（收到申请3个月作出决定，特殊案件经本院院长批准，可延长3个月）

图21-5 法院的司法赔偿程序

当赔偿义务机关为法院时，司法赔偿程序应当遵守"两步走"的程序步骤。在先行处理程序和法院赔偿委员会处理程序上，法院司法赔偿"两步走"和非法院司法赔偿的"三步走"内容完全一致，但法院司法赔偿没有第二步司法复议程序，因为法院的上一级司法机关还是法院。对于法院而言，第二步和第三步合二为一了。

⊙ ［例］赔偿义务机关为县法院，当事人申请赔偿的两步走程序为：第一步，县法院先行处理；第二步，市中院赔委会处理。

⊙ ［注意1］司法赔偿程序与行政赔偿程序性质不同，属于非诉处理程序，虽然最终处理者是法院，但是只能被称为申请法院司法赔偿，不可能被称作向法院提起司法赔偿诉讼。

⊙ ［注意2］旧《国家赔偿法》中，司法赔偿程序中有独立的"确认违法程序"，但修改后的《国家赔偿法》已经取消了确认违法程序，今后在题目中见到这种表达就判断其错误即可。

⊙ ［注意3］按照《关于审理民事、行政诉讼中司法赔偿案件适用法律若干问题的解释》规定，公民、法人或者其他组织就民事和行政司法案件申请赔偿的，应当在民事、行政诉讼程序或者执行程序终结后提出，但下列情形除外：

（1）法院已依法撤销对妨害诉讼的强制措施的；

（2）法院采取对妨害诉讼的强制措施，造成公民身体伤害或者死亡的；

（3）经诉讼程序依法确认不属于被保全人或者被执行人的财产，且无法在相关诉讼程序或者执行程序中予以补救的；

（4）法院生效法律文书已确认相关行为违法，且无法在相关诉讼程序或者执行程序中予以补救的；

（5）赔偿请求人有证据证明其请求与民事、行政诉讼程序或者执行程序无关的；

（6）其他情形。

赔偿请求人依据前款规定，在民事、行政诉讼程序或者执行程序终结后申请赔偿的，该诉讼程序或者执行程序期间不计入赔偿请求时效。

五、赔偿委员会重新处理程序

对法院赔偿委员会生效的赔偿决定，如果发现确有错误，可以重新启动处理程序。

（一）法院启动重新处理

赔偿委员会作出的赔偿决定生效后，如发现赔偿决定违反《国家赔偿法》规定的，经本院院长决定或者上级法院指令，赔偿委员会应当在2个月内重新审查并依法作出决定，上一级法院赔偿委员会也可以直接审查并作出决定。同时，赔偿请求人或者赔偿义务机关对赔偿委员会作出的决定，认为确有错误的，可以向上一级法院赔偿委员会提出申诉。

（二）人民检察院启动重新处理

最高人民检察院对各级法院赔偿委员会作出的决定，上级人民检察院对下级法院赔偿委员会作出的决定，发现违反《国家赔偿法》规定的，应当向同级法院赔偿委员会提出意见，同级法院赔偿委员会应当在2个月内重新审查并依法作出决定。

⊙ ［知识点拨］赔偿委员会重新处理类似于民诉的再审制度，考生可以借助再审制度的知识，来理解本处内容。

六、司法追偿程序

我国司法赔偿的追偿范围包括：

第一，实施暴力侵权行为的工作人员。

第二，违法使用武器或者警械造成公民受害或者死亡的工作人员。

第三，在执行职务过程中贪污受贿、徇私舞弊、枉法裁判的工作人员。

从上述三种情形不难看出，我国国家赔偿法对司法追偿的范围采取了严格的限制，明显比行政追偿的范围狭窄。在行政追偿中，具有故意或者重大过失的工作人员都是追偿的对象；在司法追偿中，追偿的范围限于上述三种人员。

第四节　国家赔偿方式、标准和费用

一、国家赔偿方式和标准的含义

国家赔偿方式，是指国家对自己的侵权行为承担赔偿责任的各种形式。我国的国家赔偿是以金钱赔偿为主要方式，以返还财产、恢复原状为补充，此外，国家赔偿法还规定了恢复名誉、赔礼道歉、消除影响等赔偿方式。

国家赔偿标准指的是在给予国家赔偿费用时，费用的具体计算方式，比如，侵犯公民人身自由的，每日的赔偿金按照国家上年度职工日平均工资计算。

二、侵犯人身的赔偿方式和计算标准

表 21-6　侵害人身权的赔偿方式和标准

项目	支付赔偿金项目	标准
侵犯人身自由	按日支付赔偿金	按照作出赔偿决定时的国家上年度职工日平均工资计算。 ［注意］以作出赔偿决定时计算，不是解除羁押，也不是行为作出时

项目	支付赔偿金项目	标准
造成身体伤害	医疗费、护理费	护理期限应当计算至公民恢复生活自理能力时止
	按日支付误工收入赔偿金	不超过上一年度职工年平均工资5倍，公民因伤致残持续误工的，误工时间可以计算至作为赔偿依据的伤残等级鉴定确定前一日
造成死亡	丧葬费	总额为上一年职工年平均工资的20倍
	死亡赔偿金	/
	扶养的无劳动能力人的生活费	参照作出赔偿决定时被扶养人住所地所属省级人民政府确定的最低生活保障标准执行
完全丧失劳动能力（1~4级伤残）	医疗费、护理费、残疾生活辅助具费、康复费等因残疾而增加的必要支出和继续治疗所必需的费用	/
	残疾赔偿金	作出赔偿决定时的国家上年度职工年平均工资的10倍至20倍
	扶养的无劳动能力人的生活费	参照作出赔偿决定时被扶养人住所地所属省级人民政府确定的最低生活保障标准执行
部分丧失劳动能力（5~10级伤残）	医疗费、护理费、残疾生活辅助具费、康复费等因残疾而增加的必要支出和继续治疗所必需的费用	/
	残疾赔偿金	5至6级的，国家上年度职工年平均工资的5倍至10倍；7至10级的，国家上年度职工年平均工资的5倍以下
	扶养的无劳动能力人的生活费	不发放
精神损害	行使职权限制或剥夺公民的人身自由和侵害生命健康权并造成精神损害的，应消除影响、恢复名誉、赔礼道歉；后果严重的同时支付精神损害抚慰金。 [口诀] 关了打了才要赔，伤害轻了还不赔	

在上表中，还有其他几点需要说明的事项：

（一）国家上年度职工年（日）平均工资

"上年度"是指赔偿义务机关、复议机关或者法院赔偿委员会作出赔偿决定时的上年度；复议机关或者法院赔偿委员会决定维持原赔偿决定的，按作出原赔偿决定时的上年度执行。

◉ [例] 2000年，王某被市中级法院判处有期徒刑10年，后被市中级法院再审改判无罪释放。2001年王某向市中级法院要求赔偿，市中级法院于2002年作出赔偿决定。王某对赔偿数额不服，向省高级法院赔偿委员会申请作出赔偿决定，省高级法院赔偿委员会于2003年决定维持市中级法院赔偿决定。

问：对王某每日的赔偿金应按哪个年度的职工日平均工资计算？

答：法院赔偿委员会决定维持原赔偿决定的，按作出原赔偿决定时的上年度执行。原赔偿决定是 2002 年作出的，所以，应当以上一年（2001 年）的职工日平均工资计算。

（二）生活费

在公民死亡和完全丧失劳动能力的情况下，赔偿义务机关应当向其扶养的无劳动能力的人支付生活费。

能够确定扶养年限的，生活费可协商确定并一次性支付。不能确定扶养年限的，可按照 20 年上限确定扶养年限并一次性支付生活费，被扶养人超过 60 周岁的，年龄每增加 1 岁，扶养年限减少 1 年；被扶养人年龄超过确定扶养年限的，被扶养人可逐年领取生活费至死亡时止。

（三）致人精神损害

国家机关行使职权限制或剥夺公民的人身自由和侵害生命健康权，在侵权行为影响的范围内，为受害人消除影响、恢复名誉、赔礼道歉；造成严重后果的，还应当支付相应的精神损害抚慰金。精神损害抚慰金的口诀是"关了打了才要赔，伤害轻了还不赔"。其中具体的细节要求表现在：

1. 关了打了才要赔

精神损害抚慰金适用于司法赔偿中侵犯人身权的"关"或者"打"的行为。

第一，"关"是指在行政赔偿和司法赔偿（包括民事、行政和刑事司法赔偿）中限制公民人身自由的情况。具体表现为：违法行政拘留或者违法采取限制公民人身自由的行政强制措施，非法拘禁或者以其他方法非法剥夺公民人身自由，刑事拘留、逮捕和有期徒刑判决，对妨害民事、行政诉讼的司法拘留等。

第二，"打"是指在行政赔偿和司法赔偿（包括民事、行政和刑事司法赔偿）中有殴打、虐待或者唆使、放纵他人殴打、虐待等行为，以及违法使用武器、警械的行为。

2. 伤害轻了还不赔

只有"关"或"打"造成了严重后果，国家才会支付精神损害抚慰金，而如果没有造成严重后果，则只需要在侵权行为影响的范围内，为受害人消除影响、恢复名誉、赔礼道歉。2021 年最高法发布了《关于审理国家赔偿案件确定精神损害赔偿责任适用法律若干问题的解释》，对于精神损害赔偿的方式和标准等内容作出了进一步的细化规定，详细内容参见下表：

表 21-7 精神损害的赔偿方式和标准

申请资格	公民。 [注意] 法人或者非法人组织无请求资格	
申请条件	限制人身自由或侵害身体权、生命权（关或打）	
不诉不理	情形	1. 未请求精神损害赔偿； 2. 未同时请求消除影响、恢复名誉、赔礼道歉以及精神损害抚慰金的
	处理	法院应当向其释明，经释明后不变更请求，案件审结后又基于同一侵权事实另行提出申请的，人民法院不予受理

赔偿推定	国家应当承担赔偿责任的，可以同时认定该侵权行为致人精神损害。但是赔偿义务机关有证据证明该公民不存在精神损害，或者认定精神损害违背公序良俗的除外	
程度认定	特别严重	1. 受害人无罪被羁押 10 年以上； 2. 受害人死亡； 3. 受害人经鉴定为重伤或者残疾 1 至 4 级，且生活不能自理； 4. 受害人经诊断、鉴定为严重精神障碍或者精神残疾 1 至 2 级，生活不能自理，且与侵权行为存在关联的
	严重	1. 无罪或者终止追究刑事责任的人被羁押 6 个月以上； 2. 受害人经鉴定为轻伤以上或者残疾； 3. 受害人经诊断、鉴定为精神障碍或者精神残疾，且与侵权行为存在关联； 4. 受害人名誉、荣誉、家庭、职业、教育等方面遭受严重损害，且与侵权行为存在关联
	一般后果	以上内容之外为一般后果
赔偿方式	一般后果	消除影响、恢复名誉或者赔礼道歉
	严重+特别严重	造成严重及以上后果时，应当在支付精神损害抚慰金的同时，视案件具体情形，为受害人消除影响、恢复名誉或者赔礼道歉
	注意	消除影响、恢复名誉与赔礼道歉，可以单独适用，也可以合并适用，并应当与侵权行为的具体方式和造成的影响范围相当
方式协商	法院可以根据案件具体情况，组织赔偿请求人与赔偿义务机关就消除影响、恢复名誉或者赔礼道歉的具体方式进行协商	
赔偿决定	协商不成即决定	协商不成作出决定的，应当采用下列方式： 1. 在受害人住所地或者所在单位发布相关信息； 2. 在侵权行为直接影响范围内的媒体上予以报道； 3. 赔偿义务机关有关负责人向赔偿请求人赔礼道歉
	载入主文	决定为受害人消除影响、恢复名誉或者赔礼道歉的，应当载入决定主文
	替代方式	赔偿义务机关在决定作出前已为受害人消除影响、恢复名誉或者赔礼道歉，或者原侵权案件的纠正被媒体广泛报道，客观上已经起到消除影响、恢复名誉作用，且符合本解释规定的，可以在决定书中予以说明
赔偿标准	严重	人身自由赔偿金、生命健康赔偿金总额的 50%（含本数）以下酌定
	特别严重	人身自由赔偿金、生命健康赔偿金总额的 50% 以上酌定。 [注意] 虽不属于特别严重情况，但是确有证据证明前述标准不足以抚慰的，可以在 50% 以上酌定
	参考因素	精神损害抚慰金的具体数额，应当在兼顾社会发展整体水平的同时，参考下列因素合理确定： 1. 精神受到损害以及造成严重后果的情况； 2. 侵权行为的目的、手段、方式等具体情节； 3. 侵权机关及其工作人员的违法、过错程度、原因力比例； 4. 原错判罪名、刑罚轻重、羁押时间； 5. 受害人的职业、影响范围

续表

赔偿标准	参考因素	6. 纠错的事由以及过程； 7. 其他应当考虑的因素
	计算方式	数额一般不少于 1000 元；数额在 1000 元以上的，以千为计数单位 [注意] 赔偿请求人请求的精神损害抚慰金少于 1000 元，且其请求事由符合本解释规定的造成严重后果情形，经释明不予变更的，按照其请求数额支付
与有过失		受害人对损害事实和后果的发生或者扩大有过错的，可以根据其过错程度减少或者不予支付精神损害抚慰金

三、侵犯财产的赔偿方式和计算标准

关于侵犯财产的赔偿方式和计算标准，我们重点掌握两句话：第一句，能返还就返还，能复原就复原，实在不行才赔钱；第二句，原则上只赔直接损失，例外时赔偿间接损失。下面具体解释：

（一）能返还就返还，能复原就复原，实在不行才赔钱

1. 能返还就返还，能复原就复原

能够返还财产或者恢复原状的，应当返还财产或者恢复原状。比如，当处罚行为被认为违法时，即应返还受害人的财产；没收违法财物处罚被认为违法时，退还罚没财物；解除查封、扣押、冻结，如果被侵害的财产尚未灭失，应当返还，如果应当返还的财产被损坏，能够恢复原状的，应当恢复原状。

2. 实在不行才赔钱

财产不能恢复原状或者灭失的，则给付相应的赔偿金。比如，如果对财产已经进行了拍卖，原物已经不存在或已为他人所有，恢复原状已不可能，便应给予金钱赔偿；又如，被扣押财物因为保管不善，被损毁灭失且无法修复，则应支付赔偿金。

（1）财产不能恢复原状或者灭失的，计算直接损失的标准是市场价格，计算时间点是侵权行为发生时。市场价格无法确定或者该市场价格不足以弥补受害人所受损失的，可以采取其他合理方式计算损失。

（2）财产已拍卖的，给付拍卖所得的价款，但对于违法的民事、行政司法赔偿中的拍卖，应当依照上述（1）项目规定支付相应的赔偿金。

（3）财产已经变卖的，给付变卖所得的价款；变卖的价款明显低于财产价值的，应当依照上述（1）项目规定支付相应的赔偿金。

（二）原则上只赔直接损失，例外时赔偿间接损失

1. 原则上只赔直接损失

直接损失，是指因遭受不法侵害对现有财产带来的必然性、直接性的侵害，其中不包括受害人的可得利益或期待性利益。

🔗 **关联法条**

《国家赔偿法》第 36 条 侵犯公民、法人和其他组织的财产权造成损害的，按照下列规定处理：

……

（六）吊销许可证和执照、责令停产停业的，赔偿停产停业期间必要的经常性费用开支；

……

《关于审理民事、行政诉讼中司法赔偿案件适用法律若干问题的解释》第14条 国家赔偿法第36条第6项规定的停产停业期间必要的经常性费用开支，是指法人、其他组织和个体工商户为维系停产停业期间运营所需的基本开支，包括留守职工工资、必须缴纳的税费、水电费、房屋场地租金、设备租金、设备折旧费等必要的经常性费用。

2. 例外时赔偿间接损失

在国家赔偿法中，唯一会赔偿的间接损失是"利息"。返还执行的罚款或者罚金、追缴或者没收的金钱，解除冻结的存款或者汇款的，国家机关应当支付银行同期存款利息。

银行同期存款利息，以作出生效赔偿决定时中国人民银行公布的1年期人民币整存整取定期存款基准利率计算，不计算复利。计息期间自侵权行为发生时起算，至作出生效赔偿决定时止；但在生效赔偿决定作出前侵权行为停止的，计算至侵权行为停止时止。

⊙［注意1］应当返还的财产属于金融机构合法存款的，对存款合同存续期间的利息按照合同约定利率计算。应当返还的财产系现金的，还应按照上述的1年期人民币整存整取定期存款基准利率计算支付利息。

⊙［例］张三在银行的5年期合法存款被违法划拨，则应当按照当时的5年存款合同约定利率计算；张三的10万元人民币被当作赌资没收，则应当按照1年期人民币整存整取定期存款基准利率计算。

⊙［注意2］返还的财产系国家批准的金融机构贷款的，除贷款本金外，还应当支付该贷款借贷状态下的贷款利息。

⊙［例］张三从中国工商银行贷款5000万元，年利率7%，后行政机关认为张三非法借贷，将该笔款项没收。后法院认为没收行为违法，行政机关在退还5000万元本金的同时，还应按照7%支付贷款借贷状态下的贷款利息。

■ 主观题命题规律

在司考时代，国家赔偿在主观题中考查频度相对较低，2008年四川汶川地震后在四川延考卷中完整的出过一道国家赔偿的题目，在2011年《国家赔偿法》修改后第一年考查时卷四考查过3问，除此以外，很少在主观题中考查国家赔偿的内容，但是，这并不能说明未来国家赔偿法的地位不高，司法实践中行政诉讼往往不仅要确认行政行为的违法性，还需要赔偿当事人损失，所以，赔偿问题在主观题中占据1-2问也会逐渐成为常态。不过，与选择题以司法赔偿为主的命题规律不同的是，主观题中行政赔偿考查可能性应该较大，尤其是行政赔偿程序、赔偿项目与数额两块内容。

■ 主观题知识提升

进阶案例1

2006年10月11日晚，王某酒后在某酒店酗酒闹事，砸碎店里玻璃数块。此时某区公安分局太平派出所民警任某、赵某执勤路过酒店，任某等人欲将王某带回派出所处理，王某不从，与任某发生推搡。双方在扭推过程中，王某被推倒，头撞在水泥地上，当时失去知觉，送往医院途中死亡，后被鉴定为颅内出血死亡。2006 年 12 月 20 日，王某之父申请国家赔偿。

问题：

1. 公安机关是否应当对王某的死亡承担国家赔偿责任？为什么？

2. 王某的父亲是否有权以自己的名义提出国家赔偿请求？

3. 本案请求国家赔偿的时效如何计算？

4. 本案国家赔偿义务机关是谁？

5. 若本案公安机关需承担赔偿责任，赔偿方式和标准是什么？

6. 如果公安机关对受害人赔偿后，对民警如何处理？

7. 若王某的父亲获得国家赔偿，他能否再要求民警任某承担刑事附带民事责任？

解析：

1. 公安机关应当对王某的死亡承担国家赔偿责任。因为公安民警在执行职务过程中与王某发生推搡致王某摔倒死亡，未尽到合理注意义务，其行为构成违法，王某虽也有过错，但不能免除国家赔偿责任，符合国家赔偿责任构成要件，国家应当承担赔偿责任。

2. 王某的父亲有权以自己名义提出国家赔偿请求。因为《国家赔偿法》规定：受害的公民死亡，其继承人和其他有扶养关系的亲属有权要求赔偿。

3. 本案请求国家赔偿的时效应当自民警执行职务的行为被依法确认为违法之日起 2 年。

4. 本案的国家赔偿义务机关是某区公安分局。

5. 若公安机关承担国家赔偿，赔偿方式为支付被害人死亡赔偿金和丧葬费，总额为国家上年度职工年平均工资的 20 倍；对死者生前抚养的无劳动能力的人还应当支付生活费，标准参照当地民政部门有关生活救济规定办理，被抚养人是未成年人的，支付到 18 周岁为止，其他无劳动能力的人支付到死亡时止。

6. 如果公安机关对受害人赔偿后，若认为民警犯有重大过失，可以责令该民警承担部分或全部赔偿费用。

7. 王某的父亲不能再要求民警任某承担刑事附带民事责任。

进介案例 2

甲乡政府为了保护生态环境，于 2020 年 6 月同毛某签订《养殖场关停退养协议》，约定毛某关停其养牛场，不得在原址上再从事养殖活动，彻底拆除占地养殖设施，并要求以后不得重新修建，由乡政府给予其 10 元/平方米的奖励。在毛某依约将养殖场拆除后，乡政府将退养补助款转账支付至毛某账户。

2020 年 8 月 30 日，乡政府发现毛某存在恢复养殖的行为，向其发送《责令关停退养通知书》，责令其于当日无偿关停退养，并拆除栏舍。2015 年 9 月 1 日，乡政府发现毛某仍存在从事养殖活动，遂于当日下午组织工作人员对养牛场建筑进行了强制拆除。并组织乡政府工作人员、本乡其他村的部分村干部到场。毛某发现后，骑上摩托车追赶已经查处完毕的乡政府工作人员，不慎发生碰撞导致毛某受伤。

毛某对强制拆除行为不服，以乡政府和村委会为被告提起行政诉讼，请求法院确认强制拆除行为违法，赔偿其受伤花费的医疗费、误工费和精神损失费，并申请对县政府《关于深入推进生猪养殖污染整治和规范管理的通知》进行附带审查。

关联法条:

县政府《关于深入推进生猪养殖污染整治和规范管理的通知》

第3条 生猪补助数量按每2平方米实际拆除栏舍或设施占地面积计算1头猪的标准确认;逾期拆除的,扣减20%的补助款,逾期3个月以上未主动拆除的,依法给予强制拆除,并且不得享受补助。

国务院《畜禽规模养殖污染防治条例》

第25条 因畜牧业发展规划、土地利用总体规划、城乡规划调整以及划定禁止养殖区域,或者因对污染严重的畜禽养殖密集区域进行综合整治,确需关闭或者搬迁现有畜禽养殖场所,致使畜禽养殖者遭受经济损失的,由县级以上地方人民政府依法予以补偿。

问题:

1. 本案被告是谁?

2.《养殖场关停退养协议》的性质是什么?

3. 毛某请求对县政府《关于深入推进生猪养殖污染整治和规范管理的通知》附带性审查,法院应当如何处理?

4. 乡政府强制拆除行为是否合法?

5. 如果法院通知乡政府负责人出庭,但是负责人无政党理由未出庭,法院可以采取哪些措施?

6. 毛某要求赔偿因受伤遭受的损失能否支持?

答案:

1. 乡政府。乡政府组织工作人员对养牛场建筑进行了强制拆除,该强拆行为是乡政府行使行政权力,对外作出影响了毛某权利义务的具体行政行为,应当由强制拆除行为作出者乡政府作为被告。

2. 行政协议。《行政协议案件规定》第1条规定,行政机关为了实现行政管理或者公共服务目标,与公民、法人或者其他组织协商订立的具有行政法上权利义务内容的协议,属于行政协议。本案中,乡政府为了保护生态环境,与毛某签订约定毛某关停其养牛场的协议,是具有行政法上权利义务内容的协议,属于行政协议。

3. 不予以受理。只有作为被诉行政行为依据的规范性文件才可能成为法院的审查对象。而本案中,毛某请求法院审查的是强制拆除行为的合法性,而《关于深入推进生殖养殖污染整治和规范管理的通知》不是乡政府实施强制拆除的法律依据,法院将不予审查。

4. 不合法。第一,依照《行政强制法》的规定,行政机关作出强制执行决定前,应当履行催告义务,并告知当事人享有陈述和申辩权,经催告,当事人无正当理由逾期不履行行政决定的,行政机关可以作出强制执行决定。本案中,被告乡政府未履行相关程序,程序违法。第二,乡政府是没有强制拆除的直接强制执行权力的,只有县以上的政府才具有强制拆除的执行权,所以,强制拆除主体违法。第三,根据《行政强制法》第44条规定:"对违法的建筑物、构筑物、设施等需要强制拆除的,应当由行政机关予以公告,限期当事人自行拆除。当事人在法定期限内不申请行政复议或者提起行政诉讼,又不拆除的,行政机关可以依法强制拆除。"建设规划局既未公告,也没有在毛某起诉期和复议期过后就实施了强拆行为,属于时限违法。

5. 根据《最高人民法院关于行政机关负责人出庭应诉若干问题的规定》,行政机关负责人无正当理由未出庭应诉的，法院应当向监察机关、被诉行政机关乡政府的上一级行政机关提出司法建议，并应当记录在案并在裁判文书中载明。

6. 不支持。《国家赔偿法》第 2 条规定："国家机关和国家机关工作人员行使职权，有本法规定的侵犯公民、法人和其他组织合法权益的情形，造成损害的，受害人有依照本法取得国家赔偿的权利。"毛某发生交通事故受伤造成的医疗费、误工费、精神损失等相关费与强制拆除行为之间缺乏因果关系，不符合国家赔偿法赔偿情形，故不予赔偿。

众合法考 2021 年 "客观题学习包" 免费课堂课程安排

	教学内容	各科主讲老师简明扼要地讲授部门法纲领性内容，搭建知识框架				
理论先修阶段 （理论筑基——简明扼要地讲授部门法纲领性内容，培养法学逻辑思维能力）	教学目标	使考生初步形成对法考的认知，培养法学逻辑				
	课程安排	**部门法**	**授课老师**	**课时**	**配套图书**	**上传时间**
		民法	孟献贵	2 天	专题讲座· 先修卷	已上传
		刑法	徐光华	2 天		
		行政法	李佳	2 天		
		民诉法	戴鹏	2 天		
		刑诉法	左宁	2 天		
		商经知	郄鹏恩	2 天		
		理论法	马峰	2 天		
		三国法	李曰龙	2 天		
	教学内容	各科主讲老师全面系统地讲授部门法内容，构建各学科知识体系，深入学习法学理论				
专题强化阶段 （夯实基础——全面系统地讲授部门法知识点，构建各学科知识体系）	教学目标	让考生树立体系思维，掌握重点难点内容				
	课程安排	**部门法**	**授课老师**	**课时**	**配套图书**	**上传时间**
		民法	孟献贵	8 天	专题讲座· 精讲卷	2021 年 1 月中旬 开始陆续上传
		刑法	徐光华	8 天		
		行政法	李佳	6 天		
		民诉法	戴鹏	4 天		
		刑诉法	左宁	7 天		
		商经知	郄鹏恩	7 天		
		理论法	马峰	7 天		
		三国法	李曰龙	4 天		
	教学内容	通过对 10 年真题的全面讲解，归纳考试重点和规律，掌握考试方向，学会一道题，做对一类题				
题库破译阶段 （真题为王——透视命题规律，做到举一反三，真正把题做"透"）	教学目标	让考生了解考试规律，知道学习的重点，培养解题思路，学会解题技巧				
	课程安排	**部门法**	**授课老师**	**课时**	**配套图书**	**上传时间**
		民法	孟献贵	3 天	专题讲座· 真金题卷	2021 年 3 月中旬 开始陆续上传
		刑法	徐光华	3 天		
		行政法	李佳	3 天		
		民诉法	戴鹏	2 天		
		刑诉法	左宁	3 天		
		商经知	郄鹏恩	3 天		
		理论法	马峰	2 天		
		三国法	李曰龙	2 天		
	教学内容	对比梳理考点，总结归纳规律性知识内容，深化拔高				
背诵突破阶段 （精华背诵——系统化梳理考点，总结归纳规律性知识内容）	教学目标	帮助考生在复习后期，全面快速地回顾考点，提高应试能力				
	课程安排	**部门法**	**授课老师**	**课时**	**配套图书**	**上传时间**
		民法	孟献贵	4 天	专题讲座· 背诵卷	2021 年 6 月 下旬开始 陆续上传
		刑法	徐光华	4 天		
		行政法	李佳	3.5 天		
		民诉法	戴鹏	3 天		
		刑诉法	左宁	4 天		
		商经知	郄鹏恩	4 天		
		理论法	马峰	4 天		
		三国法	李曰龙	3 天		

注：课程上传时间如有变动，请以官网实际上传时间为准

听课方式

①电脑听课 众合官网（www.zhongheschool.com）-选择众合法考-选择公开课；B 站：UP 主-众合教育

②手机听课 下载竹马法考 APP -选择学习-选择公开课；下载众合在线 APP -选择众合法考-选择公开课

官网咨询热线 400-6116-858

众合全国分校咨询电话

序号	分校名称	咨询电话
01	北京众合	15511383383
02	上海众合	13818894921
03	广州众合	15992401274
04	天津众合	13752327078
05	济南众合	18663708655
06	保定众合	18101073995
07	唐山众合	18630507911
08	石家庄众合	0311-8926 5308
09	青岛众合	18669705081
10	太原众合	18835102114
11	沈阳众合	024-8100 2199
12	哈尔滨众合	17611039099
13	大连众合	15842658825
14	长春众合	18604303152
15	杭州众合	0571-8826 7517
16	南京众合	025-8479 8105
17	福州众合	18905011890
18	合肥众合	0551-6261 7728
19	徐州众合	18626007405
20	深圳众合	13717089464
21	南宁众合	13377183019
22	海口众合	15289735847
23	武汉众合	027-8769 0826
24	郑州众合	15670623227
25	长沙众合	13677369057
26	南昌众合	0791-86426021
27	西安众合	18691896468
28	兰州众合	18691819574
29	呼和浩特众合	15147157978
30	成都众合	15208448426
31	重庆众合	15825932808
32	贵阳众合	0851-8582 0974
33	昆明众合	18687506473
34	银川众合	18709605353
35	西宁众合	18997222862
36	乌鲁木齐众合	18999939621
37	华东市场拓展部	13851436246
38	加盟事业部	13701200741